D1492860

Andreas Kossert

Ostpreußen

Geschichte und Mythos

Pantheon

FSC

Mix

Produktgruppe aus vorbildlich
bewirtschafteten Wäldern und
anderen kontrollierten Herkünften

Zert.-Nr. SGS-COC-1940
www.fsc.org
© 1996 Forest Stewardship Council

Verlagsgruppe Random House FSC-DEU-0100
Das für dieses Buch verwendete FSC-zertifizierte
Papier *Munken Premium* liefert
Arctic Paper Munkedals AB, Schweden.

Der Pantheon Verlag ist ein Unternehmen der
Verlagsgruppe Random House GmbH.

Erste Auflage
Februar 2007

© der Originalausgabe 2005 by Siedler Verlag, München,
in der Verlagsgruppe Random House GmbH

Umschlaggestaltung: Jorge Schmidt, München
Satz: Ditta Ahmadi, Berlin
Karten: Peter Palm, Berlin
Reproduktionen: Mega Satz Service, Berlin
Druck und Bindung: GGP Media GmbH, Pößneck
Printed in Germany
ISBN 978-3-570-55020-5

www.pantheon-verlag.de

Inhalt

Wem gehört Ostpreußen?

»Deutsches Land« oder »reaktionäres Junkerland«?

Um Ostpreußen tobt seit 1945 so etwas wie ein Glaubenskrieg. »Propagandazentrum für Nationalismus, Faschismus und Revanchismus«, so polemisierte ein linkes Flugblatt 1987 gegen die Eröffnung des Ostpreußischen Landesmuseums in Lüneburg, denn im Westen Deutschlands hat man das Land nach 1945 in erster Linie wahrgenommen, wenn die Vertreter der Vertriebenenverbände sich zu Wort meldeten. Diese pflegten stets heftige Reaktionen der DDR, der Volksrepublik Polen und anderer Staaten des Warschauer Pakts auszulösen, denn ihre territorialen Ansprüche boten den kommunistischen Machthabern geradezu Steilvorlagen.

Während hinter dem Eisernen Vorhang alle gesellschaftlichen Gruppen Angst hatten vor der Rückkehr der Deutschen, war die Gesellschaft der Bundesrepublik in bezug auf die ehemaligen deutschen Ostgebiete schon früh in zwei Lager gespalten. Wo der vermeintliche Feind saß, machte der SPD-Bundestagsabgeordnete und Sprecher der Landsmannschaft Ostpreußen, Reinhold Rehs, am 3. Juli 1966 in seiner Rede »Ostpreußens Wort zur Stunde« vor mehr als zweihunderttausend Ostpreußen in Düsseldorf deutlich: »Dazu gehört bei uns jene Gruppe verklemmter intellektueller Eiferer, die über die Heimatvertriebenen reden und schreiben wie über geistig Kranke oder politisch Asoziale ... Übrig bleiben sollen ... von der 750jährigen deutschen Geschichte Ostpreußens ein paar letzte Jahrzehnte; 12 Jahre deutscher Verstrickung in Irrtum und Verbrechen einer Diktatur.«[1]

Seitdem der Eiserne Vorhang gefallen ist, nähern sich die Lager an, weil die jüngsten Entwicklungen und die neuere Forschung dazu führen, daß die extremen Positionen aufgegeben werden. Eine neue Generation blickt unbefangener auf das Land und seine Geschichte und ist mit ihren Fragen längst zum Kern der Dinge vorgestoßen: den deutsch-litauisch-polnischen Beziehungen des 19. und 20. Jahrhunderts. Damals richtete sich auf Ostpreußen das Augenmerk deutscher, litauischer und polnischer Nationalisten. Während die deutschtumszentrierte Historiographie mit Hilfe abstruser Konstruktionen den »urdeutschen« Charakter der Provinz zu beweisen suchte, leitete die polnische Seite aus der ethnisch polnischsprachigen Dominanz in der Bevölkerung Masurens und des südlichen Ermlandes ihren Anspruch auf das südliche Ostpreußen als »urpolnisches Land« ab, und Litauens Forderung nach »Wiedervereinigung« mit dem großlitauischen Mutterland war auf Preußisch Litauen im Nordosten gerichtet.

Nationen produzieren kollektive Erinnerungen. Das historische und kulturelle Gedächtnis ist das Ergebnis kollektiver Identitätsprozesse. Ostpreußen ist dafür ein wunderbares Beispiel: Litauer und Polen haben ihr Deutschlandbild überwiegend aus Ereignissen gewonnen, die auf ostpreußischem Boden stattgefunden haben. Das ist vor allem darauf zurückzuführen, daß Ostpreußen als kulturelle Schnittstelle in litauisch-baltische, polnische und russische Regionen hineinwirkte, andererseits ist diese Region wie keine andere Provinz des deutschen Sprachraums bestimmt gewesen von der ethnischen Eigenart der Bewohner.

Am Beispiel Ostpreußens läßt sich leider auch verfolgen, wie sehr das kollektive Gedächtnis der Nationen form- und fälschbar ist. Gegenspieler des Erinnerns ist das Vergessen, und das kann im Gedächtnis einer Gesellschaft ebenso beeinflußt werden wie das Erinnern.[2] Betrachtet man das historische Gedächtnis der um Ostpreußen ringenden Nationen, muß man auf allen Seiten ein gezieltes Ausblenden konstatieren. Die kollektive Erinnerung wurde seit dem 19. Jahrhundert jeweils im Sinne der eigenen Nation gesteuert.

Die ideologische Manipulation der historischen Hintergründe hat den deutschen Blick auf Preußen verengt. Während in der vornationalen preußischen Historiographie auf die besonderen Verflechtungen Ostpreußens mit seinen Nachbarn hingewiesen wurde und der preußische Historiker Christoph Hartknoch (1644–1687) in seinem Werk »Alt- und Neues Preußen« schrieb: »Es steht fest, daß das europäische Sarmatien die Polen, Litauer und Preußen wie eine gemeinsame Mutter ernährt«,[3] bemühte man sich noch lange nach dem Zweiten Weltkrieg, Ostpreußens nichtdeutschen Einfluß zu leugnen. In einer offiziellen Publikation der Landsmannschaft Ostpreußen war 1983 zu lesen: »Es handelte sich um keine Slawen, die hier wohnten, sondern um das Volk der heidnischen Prußen, das der baltischen Gruppe, einem Zweig der großen indoeuropäischen Sprach- und Völkergemeinschaft, zuzuordnen ist … Die prußische Bevölkerung wurde … weder vertrieben noch ausgerottet, sondern in die sehr allmählich geschaffene neue Volksschichtung eingebettet. Durch jahrhundertelange soziale Angleichung ist das altpreußische Volkstum blutsmäßig mit der deutschen Bevölkerung verschmolzen.«⁴ Noch 1990 verfielen Autoren in einen völlig unangebrachten Überschwang: »Es spricht für die Überlegenheit der deutschen Kolonisatoren, daß sie auch einer zahlenmäßig überlegenen fremdvölkischen Unterschicht den Stempel deutscher Kultur aufdrücken und sie in wenigen Jahrhunderten absorbieren konnten.«⁵

Ihren Anfang nahm diese deutschtumszentrierte Sichtweise mit Heinrich von Treitschkes Artikel über den Deutschen Orden, der bis in die nationalsozialistische Zeit und darüber hinaus das Bild des Ordens in Deutschland maßgeblich geprägt hat. Preußen sollte unter den europäischen Staaten nicht länger als Parvenu gelten, und dieses Ziel hoffte man zu erreichen, indem man seine Geschichte bis auf den Ordensstaat, eine deutsche Großmacht, zurückführte. Ostpreußen wurde zum »Bollwerk«. In der anarchischen Flut der slawischen Völker repräsentierten nach Treitschke der Ordensstaat wie das deutsche Volk schlechthin das Geordnete, Standhafte, aber auch das Wehrhafte.⁶ Der neuralgische Punkt in dieser Geschichte war Tannenberg. Das zwischen 1927 und 1934 erbaute Tannenberg-Nationaldenkmal sollte zweifellos Hindenburgs Sieg in der Schlacht von 1914 verherrlichen, aber man verfolgte noch ein anderes Ziel: die Demonstration germanischer Überlegenheit. Ganz im Sinne der deutschen »Volkstums- und Grenzlandpolitik« sollte das Denkmal *dem* Slawen – und zwar Russen wie Polen – künden, daß der Niederlage des Ordens gegen ein polnisch-litauisches Heer an diesem Ort im Jahre 1410 der endgültige Sieg gefolgt war.

Die Verbindung von Germanen und Ordensrittern, die unhistorische Verknüpfung von Ereignissen des Mittelalters und der Vorgeschichte mit denen der Gegenwart war kennzeichnend für die Ideologie des »Volkstumskampfes« und fand auch in der Belletristik Verbreitung. Max Halbe etwa schrieb in seiner im »Dritten Reich« publizierten Autobiographie über die Ordenszeit: »›Wir wollen gen Ostland reiten!‹ Der deutsche Ritterorden war es, der zuerst diesen Fanfarenruf durch das Deutschland der späten Stauferzeit erklingen ließ. Jahrhundertelang sind ihm Bürger- und Bauernsöhne aus allen deutschen Gauen und Stämmen gefolgt ... Jeder Deutsche hat die Fremde im Blut! (Leider auch meistens das Fremde!) ... Nicht umsonst hat ein historischer Seher wie Treitschke die germanische Rückwanderung nach Osten und die Besitzergreifung, Wiederbesiedelung der weiten, fruchtbaren Lande zwischen Weichsel und Düna die größte Tat nicht nur unseres Mittelalters, sondern unserer ganzen Geschichte genannt.«[7]

Erich Maschke, einer der Protagonisten der deutschen »Ostforschung« während des »Dritten Reiches«, hat in der Nachfolge von Treitschke im Deutschen Orden ein Symbol, eine mythische Verklärung des Führerprinzips gesehen, das zu neuer Größe heranwuchs: »Als Vorbild, als Symbol eines bleibend lebendigen Inhaltes steht die Erscheinung des Deutschen Ordens und seines preußischen Staates heute vor uns. Nichts in der Geschichte wiederholt sich; nichts kann kopiert werden. Aber was in unserer Zeit nach Gestaltung drängt, ist dem Wesen und Werk jenes Ordens der Deutschen im Tiefsten verwandt. Wieder sind Soldat und Staatsmann eins. Wieder wachsen Staat und Volk aus dem Werke der Gemeinschaft. Wieder herrscht die Idee des Ordens, wenn es gilt, in strengster Auslese und höchster Bindung dem deutschen Staate ... das Leben und die Größe des Volkes für alle Zukunft zu sichern. Diesem politischen Willen unserer Zeit bietet sich nur ein geschichtliches Symbol: der Deutsche Orden.«[8]

Symbole, die bereits Jahrhunderte überdauert haben, sind besonders wirkungsmächtig. Es ist daher nicht verwunderlich, daß die ideologisierte Ordensgeschichte das Geschichtsbild mehrerer Generationen bestimmt hat. Der damit verbundene Nationalitätenkampf hat Tod und Verderben über die Völker Europas gebracht. Die Staaten des Warschauer Pakts haben nach 1945 die Schuld dafür der Bundesrepublik Deutschland aufgebürdet. Auch die DDR schwenkte als Bündnispartner des östlichen Paktes ideologisch auf diesen Kurs ein. Walter Ulbricht erklärte bereits im Sommer 1945 den Bewohnern der Sowjetzone: »So schmerzlich es ist, so können wir es doch den anderen Völkern nicht verdenken, daß sie sich jetzt Sicherheiten verschaffen, nachdem unser Volk nicht imstande war, im eigenen Land die notwendigen Sicherheiten gegen die Kräfte des preußischen Militarismus und gegen die reaktionären Vertreter des ›Dranges nach Osten‹ zu treffen.«[9] Ulbricht rechtfertigte das Vorgehen der Sieger beziehungsweise Befreier mit dem Argument, es müsse vermieden werden, daß der deutsche Nationalismus wieder außer Kontrolle gerate. Er rief seine Landsleute auf, Verständnis aufzubringen für die Zerschlagung Preußens und die Oder-Neiße-Grenze, die 1950 im Görlitzer Vertrag von der DDR anerkannt wurde oder anerkannt werden mußte.

Die Lehrpläne der DDR folgten fortan den ideologischen Vorgaben Moskaus, die in puncto Ostpreußen dem polnischen Standpunkt sehr nahe kamen. Paul Wandel, Volksbildungsminister in der frühen DDR, sah 1952 in der Legitimierung der Oder-Neiße-Grenze lediglich eine Wiederherstellung des Status quo ante, da die verlorenen Ostgebiete erst »unter der Herrschaft der brandenburgischen Kurfürsten, unter Friedrich II. und seinen Nachfolgern im 18. und 19. Jahrhundert dem preußischen Staat als Eroberungen polnischer und anderer slawischer Gebiete eingegliedert worden« seien. Die übrigen Territorien dagegen seien ursprünglich von Slawen besiedelt gewesen und durch die »feudalen Eroberer« germanisiert worden. Damit schloß sich Wandel weitgehend der These polnischer und sowjetischer Historiker an, wonach die Westverschiebung Polens gewissermaßen die historisch-moralische Wiedergutmachung für den verbrecherischen deutschen »Drang nach Osten« darstellte.

Polnisch, litauisch oder russisch?

Tannenberg – das polnische Grunwald und litauische Žalgiris – steht für den polnisch-litauischen Triumph über den Deutschen Orden 1410, Ostpreußen insgesamt hingegen für den räuberischen Kreuzritterorden. Später repräsentierte es den Junkerstaat und wurde schließlich zum Synonym für den preußischen Militarismus schlechthin. In Polen und Litauen zog man – ebenso wie im Deutschen Reich – eine direkte Linie vom Mittelalter bis zur Gegenwart und kam zu dem Ergebnis, daß der den Slawen wie Balten feindlich gesinnte »Kreuzritter« fester Bestandteil des deutschen Volkscharakters sei.

Die hohen Auflagen der Kreuzritterromane von Henryk Sienkiewicz und Józef Ignacy Kraszewski im Nachkriegspolen, die Feiern zum 550. Jahrestag der Schlacht von Grunwald, zahlreiche Artikel in Zeitungen und Zeitschriften und nicht zuletzt die Kreuzritterfilme sprechen dafür, daß die »Ideologie des Kreuzrittertums« den nationalen Ressentiments der polnischen Bevölkerung entgegenkam. Parallelen zwischen der Niederlage des Ordens bei Tannenberg 1410 und dem Untergang des »Dritten Reiches« 1945 schienen sich geradezu aufzudrängen. Daß ein großer Teil der preußischen Ostgebiete ursprünglich von Slawen besiedelt, durch die »feudalen Eroberer« germanisiert und diese Fremdherrschaft nach Jahrhunderten durch die Oder-Neiße-Grenze beseitigt worden sei, in diesem Punkt waren sich sogar kommunistische Ideologen und katholisch-oppositionelle Kreise einig.

Das ursprünglich von polnischen Nationalisten des rechten Spektrums entwickelte Schlagwort vom »Drang nach Osten« fand Eingang in die marxistische Geschichtsschreibung. Es lieferte eine – wenn auch irrationale – Erklärung für komplexe Phänomene und trug zur Pflege des liebgewordenen Feindbildes bei. Das zeigte sich noch, als der Erste Sekretär der Polnischen Vereinigten Arbeiterpartei (PVAP), Edward Gierek, im Juni 1976 die Bundesrepublik Deutschland besuchte und in einem Interview mit dem Nachrichtenmagazin »Der Spiegel« äußerte: »Die tausend Jahre während Nachbarschaft war nicht immer gut. Im Laufe der Jahrhunderte waren wir dem Drang nach Osten Ihrerseits ausgesetzt, waren wir das Objekt der deutschen Expansion. Dieser Drang offenbarte sich nicht im Kulturbereich, obwohl es auch solche Perioden in der Geschichte der Beziehungen unserer Völker gab. Leider war es anders. Dieser Drang hatte das Hauptziel, uns Polen von dem Boden unserer Väter zu verdrängen.«[10]

Seit 1945 haben die Polen die Jahrestage des Sieges von 1410 auf dem Schlachtfeld von Grunwald begangen.[11] An diesem historischen Ort verwahrte man eine Metallurne mit der Erde von 130 Schlachtfeldern, auf denen zwischen 963 und 1945 Polen gegen Deutsche gestanden haben. Die mit den Sowjets kämpfende kommunistische polnische »Volksarmee« (Armia Ludowa) ist am Grunwaldtag, am 15. Juli 1943, in der Sowjetunion vereidigt worden. Drei Monate später erhielt sie in der Schlacht bei Lenino ihre Feuertaufe. Zehn Jahre danach verschmolzen die Schlachten von 1410 und 1943 in einem neuen Denkmal. Zum 550. Jahrestag des Sieges entstand in Grunwald eine ganze Denkmallandschaft, in deren Zentrum ein Obelisk mit zwei Ritterantlitzen aufragt. Diese richten den Blick drohend gen Westen, wo die »revanchistische« Bundesrepublik Deutschland lag, die die Oder-Neiße-Linie nicht als polnische Grenze anerkennen wollte.

Die Eingliederung des »urpolnischen« Ostpreußens wie aller preußischen Ostprovinzen 1945 feierte Polen als »Rückkehr« nach »700jährigem preußischen Joch«. Überall stößt man bis heute auf diese Auffassung. In das monumentale Denkmal vor dem Rathaus von Bischofsburg wurde nach 1945 eingemeißelt: »Myśmy tu nie przyszli, myśmy tu wrócili« (Wir sind hier nicht angekommen, sondern zurückgekommen). In einer polnischen Publikation aus dem Jahr 1958 ist zu lesen: »1944–45 wurden Ermland und Masuren befreit. Die Erde, um die Bażyński, Kalkstein, Kętrzyński und Pieniężny und viele ungenannte Aktivisten kämpften, kehrte zum Mutterland Polen zurück.«[12] Und auf der Internetseite der Stadt Rhein (Ryn) in Masuren wird verkündet:»Ryn do Polski prowrócił w 1945 roku« (Rhein ist 1945 nach Polen zurückgekehrt).

Eines der Forschungsinstitute, die den polnischen Charakter der Region wissenschaftlich belegen sollten, war das für die südöstliche Ostseeregion zuständige Wojciech-Kętrzyński-Institut im ermländischen Allenstein. Wojciech Kętrzyński, ehemals Adalbert von Winkler, nahm als ostpreußischer Mediävist bewußt einen nationalen Identitätswechsel vor und reklamierte fortan als Pole den historischen Anspruch Polens auf Ostpreußen. In seiner Schrift »O Mazurach« (Über die Masuren) verankerte er 1872 erstmals Ostpreußen im polnischen nationalen Gedächtnis als »urpolnisch«. Begründet wurde der polnische Anspruch auf Ostpreußen mit der Polnischsprachigkeit der Ermländer und Masuren, obwohl die nationalen polnischen Minderheitenvereine in den »urpolnischen« Regionen Ermland und Masuren lediglich Splittergruppen waren. Allein das Abstimmungsergebnis von 1920, als mehr als 99 Prozent der Masuren für den Verbleib bei Ostpreußen votierten, führte die Propaganda der polnischen Nationalisten von den »unerlösten polnischen Brüdern« ad absurdum. So schmerzlich das für Polens Nationalisten sein mag: Auch 1945 wartete in Ostpreußen niemand auf die »Heimkehr« nach Polen.

Litauen begann einst, wo Preußen endete: an den Ufern des Nemunas, den die Deutschen Memel und die Russen Njemen nennen. Diesem Strom, der in seinem letzten Stück zusammen mit dem Kurischen Haff, in das er mündet, die südliche und westliche Landschaft des heutigen Litauen prägt, fühlen sich die Litauer eng verbunden. Nach ihrer Überlieferung hat der Nemunas dem Eroberungsdrang der Ordensritter Einhalt geboten, weshalb er zum Schicksalsstrom Litauens wurde und entsprechend häufig in der litauischen Volkspoesie erwähnt wie in Liedern besungen wird.[13]

Ganz zweifellos gehört die Schlacht bei Tannenberg am 15. Juli 1410 zu den historischen Ereignissen, die bis heute für Europa eine wichtige politische und kulturelle Rolle spielen, denn an diesem Tag hat ein polnisch-litauisches Heer mit dem Sieg über die Ordensritter die Machtverhältnisse in diesem Teil des Kontinents grundlegend verändert. Für die Sieger hatte der Entscheidungskampf identitätsstiftenden Charakter. In Litauen wird allerdings nicht wie in Polen König Jagiełło (litauisch Jogaila), sondern sein Vetter, der litauische Großfürst Vytautas (polnisch Witold), als Sieger und Held der Nation gefeiert, und man spricht von der Schlacht bei Žalgiris, wobei es sich um eine Übersetzung des polnischen Namens Grunwald handelt, eine Abwandlung von Grunenvelt, also Grünfelde.

Vytautas dem Großen setzten die Litauer 1932 ein Denkmal vor der Militärakademie im litauischen Kaunas. Zu seinen Füßen lagen ein Deutschordensritter mit zerbrochenem Schwert, aber auch ein Russe, ein Pole und ein Tatar, die sich ihm unzweideutig unterwarfen. Das im Krieg zerstörte Denkmal wurde im März 1990 wieder aufgestellt, diesmal an der Laisvės alėja, der Freiheitsallee im Zentrum von Kaunas. Seither diskutieren die Litauer über die Anlage eines Ehrenhains für den »Helden von Žalgiris«.

Anders als in Polen herrscht in Litauen Nachholbedarf in puncto identitätsstiftender nationaler Symbolik, denn während der sowjetischen Ära sind Litauens Denkmäler nationalen Inhalts geschleift worden, und 1980 hat das KGB sogar Feiern zum 550. Todestag des Vytautas untersagt. Um diesen Bedarf zu befriedigen, begingen der litauische Präsident Valdas Adamkus und sein polnischer Kollege Aleksander Kwaśniewski den Tag des polnisch-litauischen Sieges von 1410 im Jahr 2000 gemeinsam, und die beiden Verteidigungsminister unterzeichneten eine Absichtserklärung für eine gemeinsame NATO-Eingreiftruppe. Schon 1999 war das bekannte Gemälde Jan Matejkos, das auf vierzig Quadratmetern die Schlacht von Grunwald (»Bitwa pod Grunwaldem«) darstellt, als Leihgabe des Warschauer Nationalmuseums nach Wilna gelangt: Zweihunderttausend Ausstellungsbesucher bezeugen, daß Großfürst Vytautas, der Sieger über den Deutschen Orden, der große Held der litauischen Nation ist.

Das nach 1918 neu entstandene Litauen hat historische Ansprüche auf das nördliche Ostpreußen erhoben, die weit über das eigentliche litauischsprachige Gebiet Preußisch Litauens hinausreichten und auch Königsberg einbezogen. Das ist zurückzuführen auf die vielfältigen und engen kulturellen Bezüge Litauens zu Ostpreußen, wie die Situation in Russisch-Litauen zwischen 1864 und 1904 zeigt. Der russische Generalgouverneur von Wilna hatte nach der blutigen Niederschlagung des Januaraufstandes von 1863 ein Druckverbot für litauische Schriften in lateinischen Lettern erlassen und auch die Einfuhr solcher Schriften untersagt. Bis heute lastet die Erinnerung daran auf Litauen, denn das Verbot wurde verhängt gegen die erste zaghafte, aus der Idee der nationalen Wiedergeburt erwachsende Blüte der modernen litauischen Literatur. Da erwies es sich als Segen, daß in Ostpreußen seit Jahrhunderten die lithuanistische Tradition gepflegt wurde und ostpreußische Druckereien darin geübt waren, litauische Bücher herzustellen. Diese wurden nun illegal bei Nacht und Nebel nach Russisch-Litauen gebracht und dort unter Lebensgefahr verbreitet. Daß der in Ostpreußen gesprochene litauische Dialekt zur litauischen Hochsprache wurde, lag an den sprachlichen und kulturellen Traditionen, die mit der Gründung der Universität Königsberg entstanden. Diese sind ein wesentlicher Bestandteil des litauischen Nationalbewußtseins. Ostpreußens preußische Litauer und ihre Kultur erlebten seit dem 18. Jahrhundert jedoch einen steten Niedergang. Für das kleine Volk war der Verlust der ethnischen Eigenart eine Katastrophe, auch wenn diese in einem kulturhistorisch so bedeutsamen Land wie Ostpreußen aufging. In dem Essay »Auf der Suche nach Deutschland« schildert die litauische Schriftstellerin Nerija Putinaitė, was die Litauer an der deutschen Kultur schätzten, die immer ganz besonders mit Ostpreußen verbunden sein wird:

»Mythen, die dazu einladen, Deutschland zu suchen. Deutschland ist für uns das Land der gerechten Helden, die die Eigenart Litauens erkennen und zu schätzen wissen: Johann Georg Hamann, Johann Gottfried Herder, Karl Friedrich Lessing, Johann Wolfgang Goethe, Georg Sauerwein, Eduard Gisevius und natürlich, an herausragender Stelle, Immanuel Kant. Sie alle nehmen einen Ehrenplatz auf dem Altar der litauischen Mythen von Deutschland ein. Sie alle haben sich nicht nur mit der litauischen Sprache und Kultur beschäftigt, sondern sie auch in Schutz genommen. Lessing etwa zeigte sich beeindruckt von der ›faszinierenden Einfachheit‹ der litauischen Volkslieder. Herder schloss in seiner Liedersammlung acht litauische Volkslieder mit ein, Hamann interessierte sich unter anderem für die mündliche Überlieferung. Ganz zu schweigen von Gisevius und Sauerwein, die sich mit Leib und Seele dem Litauertum verschrieben hatten.

Unser großes Idol Kant verfasste seine ›Nachschrift eines Freundes‹ zu dem 1800 von Mielke herausgegebenen litauisch-deutschen und deutsch-litauischen Wörterbuch. Dieser Text gilt noch vor seinen philosophischen, ethischen und politischen Überlegungen als Kants größter Beitrag zur litauischen Kultur und erhob ihren Verfasser in den Rang einer Ikone des litauischen kulturellen und philosophischen Lebens, Kant selber bekam das Werk, an dem er bis kurz vor seinem

Tod arbeitete, gar nicht mehr zu sehen. Die preußischen Litauer seien es wert, dass die Reinheit ihrer Sprache erhalten bliebe – Kant selbst wird sich der lang anhaltenden Wirkung seiner Worte wohl kaum bewusst gewesen sein. Er konnte nicht ahnen, dass dieser Tropfen im Ozean der deutschen Kultur solch gewaltige Auswirkungen auf das litauische Selbstverständnis haben könnte und zu einem Grundpfeiler des litauischen Heldenmythos von Deutschland werden würde.«[14]

Auf einem Triumphbogen in Memel, der zum achtzigsten Jahrestag der »Heimkehr« des Memellandes nach Litauen 2003 feierlich eingeweiht wurde, steht: »Wir sind ein Volk, ein Land, ein Litauen«. Die Worte stammen von Ieva Simonaitytė (1897–1978), einer Memelländerin, die zwischen den Weltkriegen zu dem kleinen Häuflein der prolitauischen Protagonisten zählte. Insbesondere die in den USA und Kanada lebenden Exillitauer bezeichnen den litauischen Einmarsch von 1923 bis heute als »Rückgewinnung«, den deutschen von 1939 aber als Annexion. Auf dem alten Memeler Stadtfriedhof steht seit 1977 ein Denkmal, das die »nationale Wiedervereinigung« symbolisiert und an die litauischen »Aufständischen« von 1923 erinnert. Es wurde aus einem deutschen Grenzpfahl der Kaiserzeit gefertigt, der einst bei Nimmersatt stand. Daß 1939 von hundertfünfzigtausend Memelländern nur 585 für Litauen optierten, will man bis heute nicht hören. Die zahlreichen litauischen Verstöße gegen das Memelstatut haben die Memelländer jedoch deutscher gemacht, als sie jemals waren. Letztlich scheiterte Litauen im Memelland – wie Polen in Masuren und Ermland – mit seinem nationalen Anspruch, der regionale Eigenarten mißachtete. Daß Litauisch die Muttersprache vieler Ostpreußen war, bedeutete nämlich nicht, daß sie auch ein prolitauisches nationales Bewußtsein hatten, vielmehr war die ostpreußische Vielsprachigkeit zurückzuführen auf die jahrhundertelang geübte Toleranz.

Für die Litauer ist Preußens Geschichte in Ostpreußen indes nur Episode und Preußen stets als Teil des vom Deutschen Orden annektierten Großlitauen betrachtet worden. Die Ultranationalisten Litauens beziehen sich in ihren Forderungen bis heute auf das Großlitauische Reich des Mindaugas, der sich am 6. Juli 1253 in Wilna selbst krönte, nachdem er die Oberherrschaft über mehrere baltische Stämme erlangt hatte. Das Memelland mit der nördlichen Kurischen Nehrung wurde 1945 Teil der Litauischen Sowjetrepublik und 1991 Teil der demokratischen Republik Litauen. Man kann sagen zum

Glück, denn die Litauer sind behutsam mit dem preußisch-litauischen Erbe umgegangen.

Mit der Unabhängigkeit von 1991 hat das freie Litauen einen Teil Ostpreußens erhalten und sich mit der Bestätigung der Grenzen verspätet unter die Siegermächte eingereiht. Die Nachfahren der Exillitauer pflegen das Erbe Preußisch Litauens und haben mit ihren Spenden an litauische und insbesondere kleinlitauische Organisationen schon viel zur Erforschung der litauischen Kultur in Ostpreußen beigetragen. So erschien im Jahr 2000 der erste Band der kleinlitauische Enzyklopädie »Mažosios Lietuvos Enciklopedija«. Die Forderung an Rußland, einen Teil der Kaliningrader Oblast an Litauen abzutreten, erheben sie indes noch immer von Zeit zu Zeit. Zuletzt löste Anfang der 1990er Jahre der litauische Botschafter in den USA, Stasys Lozoraitis, damit internationale Besorgnis aus.

Wie jüngst aufgefundene Dokumente zeigen, waren solche Forderungen auch den leitenden Funktionären der Litauischen Sowjetrepublik nicht fremd. Nationale Politik, selbst wenn sie sich nur in Forderungen zeigte, wurde während der Ära der Sowjetunion durchaus betrieben, und zwar nicht nur von den Staaten an der Peripherie, sondern auch von einigen Sowjetrepubliken.[15] Der Mythos von Žalgiris lebte in der Sowjetära auf, da die politisch abhängigen Litauer in dieser Zeit ihre einzigartige ethnische und religiöse Identität pflegten und sich dabei weit mehr von Wunschvorstellungen als von Realitäten leiten ließen. Die Sehnsucht, Stärke und Halt in der eigenen heldenhaften Vergangenheit zu finden, kreiste um den Kampf gegen die Kreuzritter, die jetzt wieder für das übermächtige Rußland standen. Was in der Vergangenheit gelungen war, mußte doch auch in der Zukunft möglich sein. Historische Genauigkeit war da fehl am Platze, denn sie hätte solche Träume zerplatzen lassen.

Im litauischen Kampf mit dem Deutschen Orden spielte auch der litauisch-polnische Gegensatz eine Rolle, der, von wenigen Ausnahmen abgesehen, die litauische Historiographie dominiert. In der litauischen Geschichte des 13. bis 15. Jahrhunderts spielen die Beziehungen zum Deutschen Orden nur eine Nebenrolle. In der Skala der moralischen Werte stand der Deutsche Orden immer höher als das polnische Königreich. An der Schlacht von Tannenberg im Jahr 1410, die in der polnischen Geschichtsschreibung traditionell mit starken antideutschen Ressentiments beladen ist, interessiert die Litauer im Grunde nur eines: Wer spielte in der Schlacht die größere Rolle – Polen oder Litauer?

Der nichtlitauische Teil der Sowjetunion in der Kaliningrader Oblast, das nördliche Ostpreußen, das direkt zur Russischen Sowjetrepublik gehörte, machte es sich mit dem Neuanfang 1945 besonders leicht. Hier sah man sich in keiner historischen Kontinuität und betrachtete den nördlichen Teil Ostpreußens schlicht als Kriegsbeute. Die Übernahme durch die Sowjetunion bedeutete zugleich Schlußstrich und Neubeginn aus dem Nichts. Aber auch das Nichts hatte eine Vergangenheit.

Während sich in Litauen und Polen nach 1991 zahllose regionale Initiativen wie befreit vom ideologischen Ballast der Vergangenheit des Themas Ostpreußen annahmen, scheint die Entwicklung im Königsberger Gebiet anders zu verlaufen. Auch in Kaliningrad erlebte Königsberg eine bemerkenswerte Renaissance. Der sozialistischen Betonmonotonie wurden Mosaiksteinchen des alten Königsberg entrissen, liebevoll, ja zärtlich bemühte man sich in der gesamten Oblast um die Spuren einer völlig verdrängten Vergangenheit. Das ist noch immer so, doch wird es offiziell zunehmend weniger gern gesehen. Vielmehr werden großrussische historische Bezüge herausgestellt, die an die Rolle der Russen in der Geschichte Ostpreußens anknüpfen sollen.

Die offiziellen Stellen bemühen sich, in einer komplexer werdenden Welt des politischen Wandels krampfhaft um eine regionale Identität, die das Königsberger Gebiet in einen rußländischen Kontext stellt. In Königsberg wächst eine fünfkuppelige orthodoxe »Erlöserkathedrale« empor zur zweitgrößten Kirche Rußlands – ein Zeichen russischen Territorialanspruchs. An der Nordseite des Pillauer Militärhafens krönt eine überdimensionierte Reiterstatue der Zarin Elisabeth Petrowna eine stilisierte »Elisabethanische Festung«. Das Denkmal sei Teil eines Kulturprogramms für das Gebiet Kaliningrad, welches die Region als europäischen Kulturraum und gleichzeitig als traditionell russisches Gebiet aufwerten soll, erklärte der russische Kulturminister Schwydkoi.[16] Während des Siebenjährigen Krieges haben die russischen Truppen der Zarin die preußische Ostseefestung Pillau erobert und Königsberg kurzzeitig besetzt. Beide Bauten sollen nun von der »jahrhundertealten Bindung« der Gegend an Rußland künden.

Zum Jubiläum der Stadt Königsberg hat der Kreml eine historisch fragwürdige Sondermünze »750 Jahre Kaliningrad« prägen lassen, und er bestand darauf, die Feierlichkeiten am 4. Juli 2005 abzuhalten, dem Jahrestag der Umbenennung der ostpreußischen

Mit dem Ende des Zweiten Weltkriegs ging auch die deutsche
Geschichte Ostpreußens zu Ende. Was dort deutsch gewesen
war, verschwand und versank. Nur die Vertriebenen schienen
die Erinnerung an das Untergegangene zu bewahren. Aber
mit dem Zerfall der Sowjetunion 1991 erwies sich das als Irrtum. Längst hatten die russischen Bewohner der »Oblast Kaliningrad« damit begonnen, nach der Vergangenheit ihrer
neuen Heimat zu fragen. Hobbyarchäologen und Historiker
förderten versunkene Zeugnisse der deutschen Vergangenheit
zutage wie diese Porzellanscherben, die Isaak Rutman in Tilsit sammelte und geduldig wieder zu Tassen zusammensetzte.
Solche Spurensuche wird von offizieller Seite zunehmend weniger gern gesehen, vielmehr wünscht man großrussische historische Bezüge herzustellen, die die russische Politik und
das Festhalten an diesem Gebiet rechtfertigen sollen.

Hauptstadt 1946 in »Kaliningrad«.[17] Der deutsche Name der Stadt durfte bei den offiziellen Veranstaltungen nicht genannt werden. Das mutet geradezu absurd an, nachdem große Städte Rußlands wie St. Petersburg, Twer, Nishnij Nowgorod und Ekaterinburg ihre historischen Namen wiedererhalten haben. In Königsberg hält man dagegen an den grotesken Bezeichnungen aus der Sowjetära fest: »Es hat den Anschein, als wären es Klangkörper in einem akustischen Reservat des bedrohten Sowjetjargons oder aber Exponate in einem Freilichtmuseum der untergegangenen Sowjetunion, die in ihrer Authentizität selbst Belarus oder Transnistrien in den Schatten stellen.«[18]

Ob den Bewohnern des nördlichen Ostpreußen in einer schwierigen Zeit des Umbruchs Namen wie »Sowjetstadt« (Sowjetsk), »Bannerstadt« (Znamensk) und »Rotbannerstadt« (Krasnoznamensk) zu neuer Identität verhelfen, sei dahingestellt. Königsbergs Benennung nach Stalins engstem Weggefährten Michail Iwanowitsch Kalinin (1875–1946), mehrere Jahrzehnte formales Staatsoberhaupt der Sowjetunion, ist auf jeden Fall eine Provokation. Während sich der litauische und polnische Teil Ostpreußens dynamisch verändert, wobei die Rückbesinnung auf gemeinsame historische Wurzeln hilft, ist mit Kalinin kein Staat zu machen. Daß zum sechzigsten Jubiläum von Kaliningrad Rufe nach einem Stalin-Denkmal als Dank an den Gründer der Stadt ertönen, läßt den Wunsch nach einer unzensierten Neuentdeckung der Kulturlandschaft Ostpreußen wachsen.

Wo liegt Preußen?

»Brus«, die Prußen und die Ursprünge Preußens

»Die alte preußische Geschichte ist sagenumwobener als die meisten sagenreichen Urgeschichten. Im Anklang an die gotische Einwanderung von Norden her werden die Brüder König Widewuto und Oberpriester oder Kriwe Pruteno als die ersten Führer bezeichnet, die von Gotland her übers Frische Haff auf Flößen ankamen und in Glück und Segen ihr Volk beherrschten. Sie haben ein Lebensjahrhundert überschritten, als sie bei einer Volksversammlung eichenlaubgeschmückt den Scheiterhaufen an der heiligen Eiche von Romowe besteigen. Brüderlich vereint, nach Ermahnungen ans Volk, ein Loblied den Göttern singend, scheiden sie unter Blitz und Donner im Feuer ab, nachdem die 12 Söhne Widewuts die 12 Gaue in Besitz genommen hatten. Damit soll wohl die glückliche Zeit vor der Zersplitterung in Gaue ... angedeutet werden.«[1]

Diese wunderbare Geschichte von den Prußen und ihrem sagenhaften König Waidewuth, die jedoch keinesfalls gesichert ist, hat der Volkskundler Franz Tetzner aufgeschrieben. Preußens Ursprünge sind von Mythen umrankt. Diese Zeit vor der Landnahme durch den Deutschen Orden im Jahr 1225 ist für den Historiker zumeist in wenigen Sätzen abgehandelt. Erst danach läßt sich am südöstlichen Ostseerand das Geschehene anhand historischer Quellen rekonstruieren. Damit tritt Preußen in den abendländischen Kulturkreis ein.

Ist Ostpreußen das Land der Prußen, Litauer, Polen, Russen oder Deutschen? Kaum waren die Geister des Nationalismus erwacht, erhoben die Nationen Ansprüche auf die Region zwischen Weichsel und Memel. Darüber gerieten die ursprünglichen Bewohner, die Prußen, beinahe in Vergessenheit. Deutsche und polnische, zum Teil auch litauische Wissenschaftler lieferten sich erbitterte Kontroversen und ließen die Geschichte dieses Landes willkürlich dort beginnen, wo es in die eigene ideologische Konzeption paßte. Es ist dem Historiker Hartmut Boockmann beizupflichten, der die Geschichte Ostpreußens mit den Prußen beginnen läßt, weil die »Kontinuität des

Wissens der Landesbewohner von ihrer eigenen Vergangenheit jahrhundertelang nicht hinter die Prußen zurückreichte«.[2] Es ist nicht leicht, sich den alten Preußen, den Prußen, objektiv zu nähern, weil das wenige, was von ihnen überliefert ist, oft bis zur Unkenntlichkeit im nationalen Sinne manipuliert ist.

Der Name Ostpreußen geht auf die Prußen zurück, die hier einst lebten. Die Ursprünge Preußens, das gemeinhin für preußisch-deutschen Untertanengeist steht, könnten kaum nichtdeutscher sein, denn die Prußen zählten zu den baltischen Völkern. Sie sind bereits – wenn auch schwerlich konkret geographisch nachweisbar – bei Tacitus und Ptolemäus bezeugt. Bekanntheit über die Region hinaus erlangten sie durch ihren größten Reichtum: den Bernstein. Dieses »ostpreußische Gold«, weltweit nur in Ostpreußen im Tagebau gefördert, gelangte über die Bernsteinstraße in den Mittelmeerraum, wo es reißenden Absatz fand. Die Geschichte des Bernsteins – im Prußischen heißt Bernstein *gintar*, im Litauischen *gintaras*, im Polnischen *bursztyn* und im Russischen *jantar* – beginnt mit einer schönen Sage aus der griechischen Götterwelt: »Phaeton, der Sohn des Helios, hatte sich von seinem zunächst widerstrebenden Vater die Erlaubnis erwirkt, auch einmal die feurigen Rosse des Sonnenwagens lenken zu dürfen. Seine Kraft erwies sich aber als zu schwach; der Wagen kam aus seiner Bahn und steckte Himmel und Erde in Brand. Vom Blitz des erzürnten Jupiter getroffen, stürzte Phaeton in die Fluten des Eridanos. Tiefe Trauer um Phaeton erfüllte seine Schwestern, ›die Heliaden‹, die das Mitleid der Götter zu Pappeln an den Ufern des Flusses verwandelte; aber noch in dieser Gestalt weinten sie Tränen, die sich zu dem ›Electron‹ verhärteten.«[3]

Man gewann den Bernstein im Laufe der Zeit auf verschiedene Weise: durch Schöpfen, Stechen und Baggern, aber auch durch die Bernsteingräberei. Das staatliche Bernsteinregal garantierte später dem Orden und den preußischen Folgestaaten sichere Einkünfte. Verstöße wurden streng geahndet. Im Samland stand für lange Zeit auf unberechtigtes Bernsteinlesen die Todesstrafe.

Bevor der Orden seine Herrschaft im Land der Prußen aufrichtete, hatte man westlich der Elbe nur vage Vorstellungen von dieser Region. Als erster erwähnte der sogenannte Bayerische Geograph das Volk der Prußen (Bruzi), der ihnen das gesamte Land zwischen Weichsel und Memel als Siedlungsgebiet zuschrieb.[4] Das war Mitte des 9. Jahrhunderts. Ein weiterer Hinweis stammt aus einem Bericht des jüdischen Reisenden Ibrahim ibn Ja'qub, der während der Re-

Succini Piſcator.   Der Agtſtein=Fiſcher.

Die Bernsteingewinnung an der Küste des Samlands hatte
eine lange Tradition und reichte bis in die prußische Zeit
zurück. Dieser frühneuzeitliche Holzschnitt eines unbekann-
ten Künstlers von 1662 zeigt Bernsteinfischer bei ihrer müh-
samen Arbeit. Das Gold der Ostsee war über Jahrtausende ein
Exportschlager. Es gelangte bereits in der Antike in den Mittelmeerraum, wo eine griechische Sage von seiner Entstehung
erzählte. Der auf der Kurischen Nehrung geborene preußische Baltist Ludwig Rhesa griff diese Sage in seinem »Lied der
Bernsteinfischer« auf:

> *Weise sagen: Heliaden*
> *Weinten einst im goldnen Hain*
> *Um den Bruder an Gestaden,*
> *Und die Träne ward zu Stein.*

gentschaft Kaiser Ottos I. im Jahre 965 oder 966 nach Magdeburg gelangte und dort über die – von ihm selbst aber nicht bereisten – östlicher gelegenen Regionen »Brus« berichtete.

Unklar ist die Bedeutung des Wortes Preußen (Prußen, Prusai). Einiger Forscher schließen auf einen Beinamen *(prausti* – waschen, *prusna* – Maul) oder eine Tätigkeitsbezeichnung (Pferdezüchter, im Kaschubischen bedeutet *prus* Hengst). Von den einzelnen prußischen Stammesnamen, die gleichzeitig als Territorialbezeichnungen dienten, seien erwähnt: Pomesanien (von Pamedian – »Vorwaldland«) und Pogesanien (Pagudian – »mit Pflanzen bewachsenes Land«). Das benachbarte Ermland (Warmien) könnte seinen Namen von dem Begriff *warmai* (Hummel – für diese Annahme spricht aber nicht viel) oder vom Adjektiv *wormyan, wurman* (rot in der Bedeutung »rotes Land«) herleiten.[5]

Erste Berichte über direkte Kontakte mit den Prußen stammen aus der Zeit der ersten Jahrtausendwende. Im Zuge der Missionspolitik Kaiser Ottos III. richtete sich damals das Augenmerk der Christen zunehmend auf die östlich des Reiches gelegenen Gebiete. Missionsreisen waren also durchaus keine Unternehmungen religiöser Einzelgänger, sondern standen im Kontext der päpstlichen und königlichen Politik. Die Missionierung der Prußen ist mit dem Namen Adalbert von Prag (tschechisch Vojtěch, polnisch Wojciech, ungarisch Béla) verbunden. Der aus altböhmischem Adel stammende Bischof von Prag konnte schon auf die erfolgreiche Missionierung der Ungarn zurückblicken, als er im Jahre 996 auf Kaiser Otto III. traf. Mit dessen Unterstützung begab er sich in das Land der Prußen, wo er 997 den Märtyrertod starb. Ludwig von Baczko, der Chronist Preußens, hat dazu 1792 in seiner »Geschichte Preußens« geschrieben:

»Dies war ... Adalberts Schicksal. Er ging in Begleitung seines Bruders Gaudentius und Benedicts, eines Mönches, von Danzig über das frische Haff, entließ seine polnischen Begleiter, wurde anfänglich von den gastfreyen Preußen liebreich aufgenommen, nachher verjagt, und aus unangezeigten Gründen, wahrscheinlich wegen eines unerwarteten Unglücksfalls, holten ihn die Preußen aus einem Orte, den er früh verlassen, Nachmittags ein, banden ihn, und ein Siggo, oder Pfaffe, durchbohrte ihn mit einem Spieße. Als Tag seines Todes wird der 24. [sic!] April 997 angegeben. Der Ort bleibt unsicher. Nach Ankunft des Ordens wurde St. Albrecht bey Tenkitten, ohnweit Fischhausen, zwischen der Ostsee und dem frischen Haffe gelegen, als die Stelle angegeben, wo Adalbert den Märtyrertod litt.«[6]

Der polnische König Bolesław I. Chrobry sorgte unverzüglich für die Überführung des Leichnams nach Gnesen. Dorthin reiste Kaiser Otto III. im Jahr 1000, um an der Beisetzung Adalberts teilzunehmen. Schon bald erfolgte dessen Kanonisierung. Adalbert stieg zum polnischen Nationalheiligen auf. Diese Verehrung stärkte Gnesens Bedeutung als erstes selbständiges römisches Erzbistum in Polen. Die Christianitas weihte dem Märtyrer Adalbert großartige Kirchen. Neben dem Dom von Gnesen und dem Veitsdom zu Prag wurde ihm – durch König Stephan von Ungarn – der Dom zu Esztergom (Gran) gewidmet; Reliquien des Heiligen befinden sich unter anderem in der Aachener Stiftskirche Sankt Adalbert sowie in San Bartolomeo zu Rom, wo er sich einige Zeit aufhielt. In einer Heiligenvita hatte Gerbert von Aurillac, der spätere Papst Sylvester II., um 998/999 im Schlußvers geschrieben:

Bischof Adalbert litt die Todesmarter für Christus
In dem Monat April am dreiundzwanzigsten Tage.
Durch sein beharrlich Gebet wolle Christus uns, seine Diener,
Die sich fromm ihm weih'n, beschützen auf immer und ewig.[7]

Das Patrozinium des Heiligen ist der 23. April. An diesem Tag ehrten 1997 – ein Jahrtausend nach seinem Tod – Deutsche, Polen, Tschechen und Ungarn den Missionar Mitteleuropas mit Feiern und Sonderbriefmarken als Apostel Preußens und Schutzpatron Böhmens und Polens.

Dem heiligen Adalbert folgte Brun (Bruno) von Querfurt als »Erzbischof der Heiden« mit einer weiteren Missionsreise zu den Prußen. Brun ist für das südliche Preußen noch bedeutender, da er der erste Christ war, der nachweislich in das Gebiet des späteren Masuren vordrang. Dort wurde er um 1009 in Sudauen, wahrscheinlich im östlichen Kreis Lyck, von den heidnischen Sudauern, einem Prußenstamm, erschlagen. Dennoch verbinden sich mit diesem aus dem deutschen Sprachraum stammenden Missionar die Ursprünge des Christentums in Preußen. An die Anfänge christlicher Mission im späteren Ostpreußen erinnert bis heute das sogenannte Brunokreuz am Großen Löwentinsee, das vor 1945 von Deutschen errichtet wurde und für die katholischen Polen ein Symbol der Christianisierung im Nordosten Europas darstellt.

Beide Missionsreisen waren letztlich Fehlschläge in bezug auf das damit verfolgte Anliegen, aber es setzte immerhin eine verstärkte

Wahrnehmung der Prußen durch westliche Chronisten ein. Adam von Bremen berichtete in der zweiten Hälfte des 11. Jahrhunderts in seiner »Chronik der Hamburger Bischöfe« von den Prußen und bestätigte – allerdings nicht aus eigener Anschauung – die Existenz des Samlands und seine Bewohner (Sembi) als einen Zweig der Prußen. Auch später wurden viele Informationen ohne genaue Kenntnisse der Situation in Preußen kolportiert und – aus religiösen Motiven – idealisiert.

Als eigene Ethnie bildeten sich die Prußen erst am Übergang von der Spätantike zum Frühmittelalter heraus. Eine erste Darstellung der Prußen findet sich auf einer der Bronzetüren des Gnesener Doms aus dem 11./12. Jahrhundert, auf der die Vita des heiligen Adalbert erzählt wird. Sie lebten in relativ autarken Stammes- und Familienverbänden, was dem Orden ihre Unterwerfung nach 1225 erleichterte. Über die prußische Kultur weiß man kaum etwas. Es gibt nur wenige Zeugnisse der Sprache, doch es hat sich bis 1945 eine erstaunlich große Anzahl von Orts- und Flurnamen erhalten, die im litauischen und teilweise sogar im polnischen Äquivalent noch heute erkennbar sind.

Die baltische Sprachgemeinschaft umfaßt vier Sprachen: Prußisch, Kurisch, Lettisch und Litauisch. Das Prußische weist zahlreiche Lehnworte aus dem benachbarten slawischen Sprachraum auf. Insgesamt sind nur etwa 1800 prußische Wörter überliefert. Bis ins 16. Jahrhundert fand die Sprache keinerlei schriftlichen Niederschlag. Erst mit Übersetzungen des lutherischen Katechismus ins Prußische unter Herzog Albrecht von Preußen erfolgte die Umsetzung der Laute in Lettern. Den Untergang der prußischen Sprache im 17. Jahrhundert hat das nicht aufhalten können.

Vor der Eroberung Preußens durch den Orden gliederte sich die Region in jene zwölf Landschaften, die der Legende nach Waidewuths Söhne in Besitz genommen hatten. Peter von Dusberg hat sie in seiner »Chronik des Preußenlandes« im 14. Jahrhundert benannt: Pomesanien, Warmien, Natangen, Samland, Kulmer Land, Löbau, Pogesanien, Nadrauen, Schalauen, Sudauen, Galinden und Barten. Nach Dusberg wurden sie von Völkern (nationes) bewohnt, was den autarken Charakter der einzelnen Regionen bekräftigt. Nach Schätzungen von Hartmut Boockmann lebten auf dem Gesamtgebiet Preußens einschließlich des Kulmer Landes vor der Eroberung durch den Orden etwa 220 000 Menschen.[8] Die polnischen Historiker Gerard Labuda und Marian Biskup schätzen die Einwohnerzahl an der Wende vom 12. zum 13. Jahrhundert auf etwa 170 000.[9]

Obwohl an der prußischen Küste ein so bedeutender Handelsplatz wie Truso lag, waren die Prußen keine Seefahrer, sondern eine eher ländliche Gemeinschaft, deren Handel mit anderen Völkern sich mehr oder weniger auf Bernstein und Pelze beschränkte. Daß dieser Handel nicht unbeträchtliche Gewinne abwarf, belegen Silberfunde aus der Zeit unmittelbar vor der Eroberung durch den Deutschen Orden, etwa der altsudauische Silberschatz bei Skomenten (Kreis Lyck).

Die Prußen mußten ihr Land gegen Westen, Süden und Osten verteidigen. Mit der Ankunft des Deutschen Ordens wurde die Westgrenze zur gefährdetsten. Dort tobte fortan der Abwehrkampf der einheimischen Stämme. Als letzte wurden die in den südlichen Landschaften Sassen, Galinden und Sudauen – dem späteren Masuren – lebenden prußischen Stämme unterworfen. Sie konnten sich länger als die anderen der äußeren Feinde erwehren, weil ihnen die natürlichen Gegebenheiten Masurens, die undurchdringlichen Wälder und die vielen Seen, zu Hilfe kamen. Der in Tilsit an der Memel geborene Schriftsteller Johannes Bobrowski hat diesem untergegangenen Volk der Prußen – durchaus politisch idealisiert – in seinem Poem »Pruzzische Elegie« ein Denkmal gesetzt:

> *Dir*
> *ein Lied zu singen,*
> *hell von zorniger Liebe –*
> *dunkel aber, von Klage*
>
> *…*
>
> *Namen reden von dir,*
> *zertretenes Volk, Berghänge,*
> *Flüsse, glanzlos noch oft,*
> *Steine und Wege –*
> *Lieder abends und Sagen,*
> *das Rascheln der Eidechsen nennt dich*
> *und, wie Wasser im Moor,*
> *heut ein Gesang, vor Klage*
> *arm –*[10]

In Ostpreußen wird eine mythenumwobene prußische Kultstätte »Romuva« (slawisiert Romove) vermutet – was wohl auf *ramus* oder *romus* zurückgeht und soviel wie »ruhevoll, friedlich« bedeutet –, von der man nicht genau weiß, wo sie sich befand. Es ist anzunehmen, daß sie im nadrauischen Gebiet lag. Vermutlich hat es mehrere »Romuva« gegeben, deren oberster Priester Krivê hohes Ansehen genoß. Das Wissen über die prußische Götterwelt, wie sie in Bobrowskis Poem anklingt, ist letztlich vage. Die Anzahl der Götter, die in heiligen Hainen und an geweihten Gewässern verehrt wurden, ist ungewiß, und man weiß auch nicht, welche Aufgabe sie im einzelnen zu erfüllen hatten. Der Chronist Simon Grunau zählte sechs Gottheiten auf: Pattollo, Potrimpo, Perkuno, Wurschaito (oder Borsskaito), Svaibrotto und Curcho. Aus der im Laufe der Zeit vielfach getrübten Überlieferung heben sich die Götternamen Perkuns, Natrimpe oder Patrimpe und Patollu heraus, wenn die Namensformen auch schwanken. Urkundlich verbrieft – nämlich im Christburger Friedensvertrag von 1249 – ist nur der Feldgott Curcho oder Curche.

Die Prußen verbrannten ihre Toten und behielten diese heidnische Praxis während der Ordenszeit bis tief ins 15. Jahrhundert bei. Zu Perkuno (oder Perjuns, Perkunas, Perkunos), dem Kriegsgott, der sich Blitze schleudernd und mit Donnergrollen bemerkbar machte, wurde vermutlich in Heiligtümern am See Perkune im Kreis Preußisch Eylau sowie im Dorf Perkuiken im Kreis Bartenstein gebetet. Auch in Litauen wurde er verehrt. In der vorchristlichen Welt Litauens sind nämlich identische oder ganz ähnliche Gottheiten bekannt, und in der litauischen Kultur und Sprache gibt es viele Übereinstimmungen mit der prußischen Tradition, wenn auch keine Deckungsgleichheit. Bis heute ist den Litauern der Berg »Rombinus« an der Memel heilig. Auf einer Anhöhe befindet sich dort der prußisch-litauische Opferstein des Gottes Perkun:

»Schräge der Stadt Ragnit gegenüber an der andern Seite der Memel erhebt sich hart an dem Ufer des Stroms ein ziemlicher Berg, mit vielen Spitzen und Löchern und bewachsen mit Fichten. Der Berg heißt der Rombinus. Hier war vor Zeiten der heiligste Ort, den die alten Litthauer hatten, denn dort war der große Opferstein, auf welchem ganz Litthauen dem Ersten seiner Götter, dem Perkunos, opferte; von dort aus wurde Heil und Segen über das ganze Land verbreitet. Der Opferstein stand auf der Spitze des Berges. Der Gott Perkunos hatte ihn selbst noch dort hingelegt. Unter dem Stein war eine goldene Schüssel und eine silberne Egge vergraben; denn Perkunos war der Gott der Fruchtbarkeit; darum begaben auch bis in die späteste Zeit die Litthauer sich zum Rombinus und opferten dort, besonders junge Eheleute, um Fruchtbarkeit im Hause und auf dem Felde zu gewinnen.«[11]

Nach Auffassung der Christianitas hatten die prußischen Heiden sich ihr Schicksal selbst zuzuschreiben. Schon der Chronist Peter von Dusberg hat diese Auffassung befördert, denn was er über die Lebensweise der Heiden schrieb, diente vorrangig dem Ziel, die Abscheulichkeit dieser Söhne des Satans zu zeigen, gegen die der Orden im Auftrag der Christenheit zu Felde zog.[12] Erst Jahrhunderte später haben sich einige ostpreußische Adelsfamilien prußischer Abstammung auf die vorchristlichen Traditionen Preußens besonnen und das Andenken an ihre Vorfahren aufleben lassen. So hörte ein Sproß der altpreußischen Familie von Kalnein im 19. Jahrhundert auf den Namen Natango Weidewuth Graf von Kalnein.

Die Prußen gingen indes nicht unter, sondern haben – wie die polnische Prußenexpertin Łucja Okulicz-Kozaryn herausgefunden hat – in einem langen Assimilationsprozeß während des 17. Jahrhunderts ihre kulturelle Eigenart und Sprache zugunsten der deutsch-, polnisch- oder litauischsprachigen Kultur Ostpreußens aufgegeben.[13] Spuren haben sie vor allem in den Namen von Orten und Seen hinterlassen. Die meisten Ortsnamen prußischer Herkunft konzentrieren sich im Samland, im Raum Königsberg, in den Kreisen Labiau, Wehlau, Preußisch Eylau, Bartenstein, im Ermland und in der Gegend um Rastenburg. Prußische Bezeichnungen sind aber über das gesamte Ostpreußen verteilt, bis tief in den Süden nach Masuren hinein. Namen wie Sangnitten, Canditten, Tykrigehnen, Skerwitten, Topprienen, Worglitten, Serpallen, Bieskobnicken, Palmnicken, Pertelnicken, Pentekinnen, Prilacken, Pokirren, Keykuth und Willgaiten haben Ostpreußen seinen besonderen Klang verliehen. Diese Ortsnamen erzählen auch vom alten Preußen, das seine Wurzeln hier am südöstlichen Rand der Ostsee in der nichtdeutschen Welt der Balten hatte.

Mit Feuer und Schwert?

Der Deutsche Orden in Preußen

»Der Heidenschaft hat er dieses Land abgewonnen, und mit seinem Blute hat er es gedüngt, mit dem edelsten deutschen Blute. Nicht leer hat er die Kampfstätte gelassen; aus allen Gauen des Heimatlandes hat er die kräftigsten Arbeiter hierher zusammenberufen und jedem seine Scholle angewiesen. Hier ist Sachsen und Franken, Bayern und Schwaben! Rundum aber bedrohen Polen und Massowier, Litauer und Szamaiten die Grenzen dieser deutschen Nordwacht und möchten das Licht auslöschen, das hier angezündet ist und ihnen die blöden Augen blendet. Deutsche Lehre, deutsche Sitte, deutsches Recht sind ihnen ein Greuel.«[1]

Ernst Wichert hat in seinem Ende des 19. Jahrhunderts entstandenen historischen Roman »Heinrich von Plauen« der nationaldeutschen Gesinnung mit diesen Worten Ausdruck verliehen. Mit seiner Interpretation der Ordenssiedlung führte er weiter, was einst der Ordenschronist Peter von Dusberg begonnen hatte. Auf der Gegenseite versammelten sich die Ideologen in Polen und Litauen, später auch die der DDR sowie der Linken im Westen, eben all jene, die eine direkte Linie vom »räuberischen« Orden zu den ostelbischen Junkern zogen, den Steigbügelhaltern Hitlers. Ostpreußen war Junkerland, und das stand für Kolonialismus, Unterwerfung, Großgrundbesitz, Reaktion und Arroganz. Das alles sind mythenüberfrachtete Bilder des 19. und 20. Jahrhunderts, die Wirklichkeit ist hingegen ganz anders.

Schon vor der Eroberung Preußens durch den Orden unternahm die Christenheit auf Drängen des Gnesener Erzbischofs Anstrengungen, die Mission in Ostmitteleuropa voranzutreiben. In Rom wurde 1215 der Abt von Łekno zum Bischof für die Preußenmission geweiht. Papst Honorius III. rief 1217 sogar zum Kreuzzug gegen die Prußen auf, allerdings vergeblich. Nachdem auch ein militärischer Versuch masowisch-polnischer Fürsten mißlungen war, die Region nach westlich-christlichem Verständnis zu »befrieden«, entschloß sich Konrad von Masowien 1226, den Deutschen Orden zu Hilfe zu rufen.

Der Orden, der 1198 während des dritten Kreuzzugs im Heiligen Land gegründet worden war, hatte zunächst in Siebenbürgen gewirkt, wo er auf Bitten Andreas' II. die Kumanen unterwarf. Noch bevor er sich dort etablieren konnte, hat der ungarische König ihn aber des Landes verwiesen. Auch dem masowischen Herzog schwebte kein langfristiges Engagement des Ordens in der Region vor, sondern eine befristete Aktion zur Befriedung und Christianisierung des nördlichen Nachbarn. Aber es sollte sich zeigen, daß die masowischen Teilfürsten und der polnische König an einen expansiv ausgerichteten Konkurrenten um die Vorherrschaft im südöstlichen Ostseeraum geraten waren.

Für dreihundert Jahre war der Deutsche Orden die gestaltende Kraft in der Region. Der Hochmeister Hermann von Salza hat nämlich nicht nur mit dem masowischen Herzog Konrad eine Vereinbarung getroffen, sondern sich sowohl beim Papst als auch beim Kaiser rechtlich abgesichert. Kaiser Friedrich II. sprach dem Orden 1226 in der Goldenen Bulle von Rimini alle Eroberungen in Preußen zu und hob ihn in den Stand eines Reichsfürsten. Im Jahr 1230 wurde in dem umstrittenen Vertrag von Kruschwitz die Übertragung des Kulmer Landes durch den Masowierfürsten Konrad auf den Deutschen Orden besiegelt. Vier Jahre später, am 3. August 1234, bestätigte Papst Gregor IX. im Vertrag von Rieti den Landbesitz des Ordens und erklärte das Gebiet zum Eigentum des Patrimonium Petri.

Seit 1230 nahm der Orden von seiner Burg in Thorn aus das Kulmer Land in Besitz. Schon 1233 erfolgte die Gründung der Städte Kulm und Thorn. Von der Weichsel und halbkreisförmig weiter entlang der Ostseeküste hat der Orden das noch zu erobernde Preußen von Westen und Norden umschlossen (Marienwerder 1233, Elbing 1237, Balga 1239) und schließlich 1255 auf einer Erhebung oberhalb der Pregelmündung eine Ordensburg angelegt, die zu Ehren des Kreuzzugsführers König Ottokar II. von Böhmen »Königsberg« genannt wurde. Um die Burg herum entstanden die selbständigen städtischen Siedlungen Altstadt (1286), Löbenicht (1300) und Kneiphof (1327), die 1724 zur »Königlich preußischen Haupt- und Residenzstadt Königsberg« vereinigt wurden. Fast alle späteren Stadtgründungen in Preußen erfolgten nach dem Vorbild der Kulmer Handfeste, ausgestellt bei der Gründung der Stadt Kulm an der Weichsel. Die »Handfeste« entsprach dem lateinischen »Privileg«. Die Bezeichnung geht auf den Akt zurück, durch den mit der Hand ein Vertrag gültig gemacht wurde (»manu firmata«).[2]

Im Vertrag von Christburg wurden 1249 auf Wunsch der Kurie den bekehrten Prußen umfangreiche Freiheitsrechte zuerkannt, und auch die nichtbekehrten genossen Privilegien und Schutz. Die Praxis sah hingegen anders aus: Die ursprünglichen Bewohner des Landes wurden unterdrückt und in untergeordnete Stellungen gedrängt. Der soziale und wirtschaftliche Ausgrenzungsprozeß ging einher mit der vom Orden geförderten Ansetzung deutschsprachiger Siedler in den neugegründeten Orten. In die südlichen Regionen Preußens kamen zunehmend polnische Siedler, die sich seit dem 14. Jahrhundert im späteren Masuren niederließen, während im Norden und Nordosten des Ordensstaates der Zuzug litauischer Siedler verzeichnet wurde.

Von Anfang an hat der Orden beabsichtigt, unabhängig von äußeren Einflüssen ein eigenes Souverän zu schaffen und seine Abhängigkeiten von Polen und dem Reich auf ein Mindestmaß zu beschränken. Dazu gehörte auch, daß die preußischen Bistümer nicht dem Erzbistum Gnesen, sondern dem als Metropolitanbistum eingerichteten Riga unterstanden. Noch wichtiger war, daß es dem Orden gelang, in drei der vier 1243 auf seinem Territorium gegründeten Bistümer, nämlich Kulm, Pomesanien, Ermland und Samland, die Domkapitel mit eigenen Ordensbrüdern zu besetzen und eine kuriale Einmischung von außen zu verhindern.

Im Innern hatte der Orden mehrere prußische Aufstände zu überstehen. Im Jahr 1260 erhoben sich die Prußen in einem vierzehn Jahre währenden Ringen gegen die Fremdherrschaft. An ihrer Spitze stand Herkus Monte, der um 1225 geborene Natanger Heerführer mit dem deutschen Taufnamen Heinrich. Nach der blutigen Niederschlagung des Aufstands floh Monte in die Wildnis des Stablack, wurde aber aufgegriffen und erhängt. Bis 1283 gelangte das von Prußen besiedelte Land vollständig in die Hand des Ordens. Nach der Eroberung Pommerellens 1308 verlegte der Orden seinen Hochmeistersitz von Venedig in die Marienburg und brachte damit unmißverständlich seinen Anspruch auf die uneingeschränkte säkulare Herrschaft über Preußen zum Ausdruck. Im 14. Jahrhundert strebte er eine Konsolidierung seiner Herrschaft an. Unter Hochmeister Winrich von Kniprode (1351–1382), der als geschickter Diplomat und Verwalter die Ordensinteressen brillant vertrat, erreichte der Orden den Höhepunkt seiner Macht.

Spätestens mit der Taufe des litauischen Großfürsten Jagiełło 1386 war der Auftrag des Ordens erfüllt, da es fortan in Ostmitteleuropa formal keine heidnischen Territorien mehr gab. Der ignorierte das jedoch und fuhr mit dem Aufbau eines weltlichen Staates fort. Durch seine machtpolitisch motivierten Eskapaden war er für die Nachbarn längst zu einem unberechenbaren Risiko geworden. Jagiełło hingegen hatte mit seiner Taufe den Grundstein gelegt für das im selben Jahr entstehende polnisch-litauische Großreich, denn er konnte nun die polnische Königstochter Jadwiga heiraten. Als Władysław II. Jagiełło (1386–1434) bestieg er den polnischen Königsthron und begründete die Jagiellonendynastie.

Im Mai 1409 kam es zum offenen Kampf Polen-Litauens mit dem Orden, als Hochmeister Ulrich von Jungingen gegen einen Aufstand im litauischen Schemaiten vorging. Im Sommer des folgenden Jahres schlug das polnisch-litauische Heer – verstärkt durch masowische Truppen und Tataren – zurück und besetzte große Teile des Ordensstaates. In der Schlacht von Tannenberg erlitt der Orden am 15. Juli 1410 dann jene vernichtende Niederlage. Hochmeister Ulrich von Jungingen fiel in der Schlacht. König Władysław II. Jagiełło besetzte große Teile Preußens. Dem neuen Hochmeister Heinrich von Plauen gelang es jedoch, moderate Friedensbedingungen auszuhandeln. Bis auf kleinere Gebietsverluste und ein Strafgeld behielt der Orden seinen Besitz, da Jagiełło die besetzten Gebiete nach dem Ersten Thorner Frieden von 1411 wieder räumte. Materiell konnte der polnische König von dem Sieg nicht profitieren, aber es gelang ihm ein gewaltiger Prestigegewinn, während der Orden politisch und moralisch nachhaltig geschwächt wurde.

Nach dem Friedensschluß setzten sich die Auseinandersetzungen zwischen Polen-Litauen und dem Ordensstaat jedoch fort. Dabei ging es vorwiegend um Sudauen, zu dem das östliche Masuren zählte. Die erbitterten Kämpfe endeten am 27. September 1422 mit dem Frieden vom Melnosee. Der Orden verzichtete auf die von ihm besetzten litauischen Gebiete und stimmte einer Teilung Sudauens zu. Die Grenzziehung wurde 1435 im Frieden von Brest (Brześć) bestätigt. Der in diesen Friedensschlüssen ausgehandelte Grenzverlauf zwischen Ostpreußen und Polen, die polnisch-ostpreußische Süd- und Südostgrenze, hatte – sieht man vom Soldauer Land ab – bis 1939 Bestand.

Der überwiegend ethnisch deutsche Adel und die einflußreicher werdenden Städte im Ordensgebiet begannen nun, gegenüber dem autokratischen Orden eigene Interessen zu vertreten. Im Jahr 1440 schlossen sie sich im »Preußischen Bund« zusammen, der für den Orden zur innenpolitischen Bedrohung werden sollte. Schon 1454 kam es zum Konflikt, als die Stände dem polnischen König Kazimierz IV.

Jagiellończyk die Oberherrschaft über Preußen anboten. Offiziell inkorporierte dieser das gesamte Ordensgebiet, wobei er Adel und Städten die zugesicherten Rechte bestätigte. Der Orden empfand das als unerhörte Provokation. Er sah seinen Einfluß schwinden, weigerte sich aber beharrlich, der Option der preußischen Stände, die unter seiner Herrschaft ihre Freiheit massiv beschnitten sahen, für die polnisch-litauische Union nachzugeben.

Der Kampf um die Oberherrschaft in Preußen wurde schließlich im Dreizehnjährigen Krieg zwischen Polen und dem Orden entschieden, der 1466 mit dem polnischen Sieg und dem Zweiten Thorner Frieden endete. Das Ergebnis war eine einschneidende territoriale Veränderung des Ordensstaates. Pommerellen mit Danzig, das Kulmer Land, Elbing, Marienburg und das Ermland wurden Polen zugesprochen, wodurch das ostmitteleuropäische Großreich Polen-Litauen einen Zugang zur Ostsee erhielt. Die neu geschaffenen Wojewodschaften Pommerellen, Kulm und Marienburg wurden als »Preußen königlichen Anteils« nicht direkt der Krone Polens unterstellt, sondern erhielten einen Sonderstatus, der ihnen weitgehende Freiheiten einräumte und zur Blüte der dortigen Hansestädte beitrug. Für den Orden dagegen läutete der Zweite Thorner Frieden den Anfang vom Ende ein.

Das im Thorner Frieden geteilte Preußen war erst unter der Herrschaft des Ordens aus dem Kulmer Land sowie dem eigentlichen Preußen und Pommerellen entstanden. Wenn der Orden auch pluralistisch von den Terrae Prussiae sprach, wurde das Gebiet als Einheit betrachtet. Landes- und Schirmherrschaft des Ordens hatten dazu geführt, daß sich bis Mitte des 15. Jahrhunderts die Bevölkerung in diesem Gebiet so entwickelt hatte, daß von einem Neustamm der Preußen gesprochen werden kann. Im Zuge der Ostsiedlung waren zudem Siedler aus vielen deutschsprachigen Regionen nach Preußen gekommen, die das Land kulturell nachhaltig prägen sollten.

Die Herrschaft des Deutschen Ordens hat eine für mittelalterliche Verhältnisse sehr wirkungsvolle Verwaltung hervorgebracht, nachdem das Land gleichmäßig in Verwaltungsbezirke unterteilt worden war. Das Abgaben- und Dienstsystem funktionierte vorbildlich, denn es gab klare Vorgaben für Längen-, Flächen-, Hohlmaße und Gewichte. Dagegen hat die ostmitteldeutsche Kanzleisprache des Ordens die Mundarten offenbar kaum beeinflußt. Die einheimischen Prußen sowie eingewanderte Polen, Litauer und Kuren (Letten) bewahrten zunächst ihre jeweiligen Sprachen.

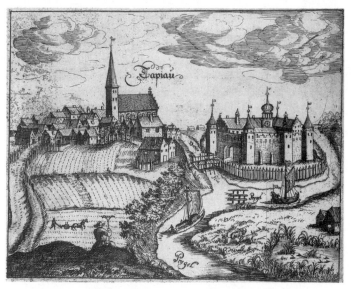

Tapiau, am Knie von Deime und Pregel gelegen, ist eine typische Gründung des Deutschen Ordens. Es dauerte nicht lange, bis sich im Schutz der Burg eine Siedlung herausbildete, die 1722 Stadtrecht erhielt. Die Ordensburg, deren heutige Gestalt um die Mitte des 14. Jahrhunderts entstand, beherbergte in den Jahren vor 1945 eine Armen- und Besserungsanstalt, danach ein staatliches Heim für geistig Behinderte, heute ein russisches Gefängnis. Der wohl berühmteste Sohn der Stadt ist der große impressionistische Maler Lovis Corinth, der hier 1858 geboren wurde. Er hat für die evangelische Pfarrkirche seiner Heimatstadt 1910 das Altargemälde »Golgatha« geschaffen, das seit der Auslagerung 1944 als verschollen gilt.

In der Spätzeit des Ordens bildete sich die adlige Grundstruktur heraus, die für Ostpreußen bis 1945 prägend sein sollte. Nach der Eroberung Preußens hob der Orden das prußische Sozialgefüge auf, so daß er den Neuaufbau ohne Rücksicht auf ältere Strukturen vornehmen konnte. Im Ordensland gab es Kleine und Große Freie. Große Freie waren Deutsche, Polen und Prußen, die einen oder mehrere Reiter zur Landesverteidigung stellten. Für ihre Dienste verlieh der Orden ihnen beachtliche Dienstgüter. Sie standen damit Grundherrschaften vor, die sich über Dörfer und Höfe vieler Bauern erstreckten. Sobald der Orden das Land militärisch gesichert hatte und der Dienste der Freien nicht mehr bedurfte, gab er größere Dienstgüter nicht mehr aus der Hand. Die Freien waren nicht adlig, glichen sich in der Lebensform aber immer mehr dem aristokratischen Habitus an, so daß schließlich aus der Schicht der Großen und Kleinen Freien die spätere preußische Adelsschicht erwuchs.

Eine zweite adlige Gruppe bildete sich im Ordensland infolge des Dreizehnjährigen Krieges heraus. Für den Krieg gegen Polen benötigte der Orden Söldnertruppen, deren Bezahlung allerdings mangels Barschaft mit Grundbesitz vergolten werden mußte. Umfangreiche Ländereien gelangten so in den Besitz weniger Familien. Es entstand die selbstbewußte Kaste der ehemaligen Söldnerführer, die zu mächtigen Grundherren aufstiegen, etwa die Dohnas, Eulenburgs und Schliebens. Am 8. April 1469 verschrieb der Statthalter des Hochmeisters Heinrich Reuß von Plauen den beiden Brüdern Georg und Christoph von Schlieben Schloß und Stadt Gerdauen mit Mühle sowie Schloß und Stadt Nordenburg mit Mühle, vierzehn Dörfern, drei Seen und Landbesitz.[3] Im Jahr 1468 gelangte zunächst als Pfand und 1474 als fester Besitz das Kirchdorf Mühlhausen, Kreis Preußisch Eylau, an den Söldnerführer Daniel von Kunheim aus dem Elsaß (um 1430–1507). Zum Besitz gehörte das Gut Knauten, mit dem fortan das Patronat über die Kirche Mühlhausen verbunden war. Einige besonders begüterte Adlige kauften Forderungen anderer Söldner an den Orden auf. Diese Entwicklung setzte sich nach Auflösung des Ordens 1525 fort. Auch Ämter wurden verpfändet. Das Amt Gilgenburg gelangte erstmals 1528 in die Hände der Erbhauptleute Finck von Finckenstein und blieb dort bis 1832, als die Finckensteinschen Privilegien durch den preußischen Staat aufgehoben wurden.[4]

Im Jahr 1511 wählte das Ordenskapitel Albrecht von Brandenburg aus der jüngeren Linie Hohenzollern-Ansbach zum Hochmei-

Von dem Preüssen land so etwan under dem Teütschen orden gewesen/ietz aber ist es zů eim hertzogtumb gemacht.

Ot zeitē hat Preüssen Hulmigeria geheissen/ wie dan noch zů unsern zeitē die gegēheit an ð Wixel heißt Culmigeria. Disse leüt haben zum ersten ge wonet bey dem ursprūng des wassers Tanais/ das Europam scheidet von Asia/

Diese alte Karte Preußens, die kurz nach dem Übergang vom Ordensstaat zum Herzogtum entstand, entstammt der »Cosmographia universalis« (1550) des Schweizers Sebastian Münster, der schon damals schwärmte: »Preußen ist ein so großes, so fruchtbares und so glückliches Land, daß Zeus, sofern es ihm bestimmt wäre, vom Himmel herabzustürzen, in kein besseres Land herabfallen könnte als nach Preußen.«

ster, der zugleich Reichsfürst war. Der Orden war zu dieser Zeit politisch am Ende und zählte zehn Jahre später nur noch etwa fünfzig Ritter. Der aus Franken stammende Albrecht suchte nach Lösungen für die Zukunft und beriet sich diesbezüglich in Nürnberg mit Osiander, der seit 1521 in der dortigen Sankt-Lorenz-Kirche predigte. Dieser machte ihn mit Luthers Lehren vertraut, worauf Albrecht in eine lebhafte Korrespondenz mit dem Wittenberger Reformator trat. Luther riet ihm 1523, den Ordensstaat in ein weltliches Herzogtum umzuwandeln und der Krone Polens zu unterstellen. Die Säkularisierung gelang. Am 10. April 1525 huldigte Albrecht feierlich seinem Onkel, dem polnischen König Zygmunt I. Stary, und wurde offiziell mit dem Herzogtum Preußen belehnt. Der Ordensstaat war nun ein weltliches Herzogtum.

Die Schlacht von 1410

In den heißen Julitagen des Jahres 1410 unterlag auf einem Feld zwischen den Dörfern Tannenberg und Grünfelde der Deutsche Orden unter seinem Hochmeister Ulrich von Jungingen einem Heer unter Führung des polnischen Königs Władysław II. Jagiełło und des litauischen Großfürsten Vytautas. Die Schlacht war ein Ringen um die Vorherrschaft im Ostseeraum zwischen dem Ordensstaat und der aufstrebenden Jagiellonendynastie.[5] Der »Große Krieg« (1409–1411) war ausgelöst worden durch die schemaitische Frage. Wiederholt waren die Ordensritter in die westlitauische Region Schemaiten eingedrungen, hatten dort Burgen errichtet, doch keine dauerhafte Herrschaft aufrichten können. Als dann im Mai 1409 ein allgemeiner Aufstand ausbrach, der von Vytautas geschürt wurde, drohte der Besitz in Schemaiten verlorenzugehen. Nur ein Krieg schien das verhindern zu können. Aus dem begrenzten Konflikt entwickelte sich eine länderübergreifende Auseinandersetzung, da sich neben Litauen auch Polen unter König Władysław II. Jagiełło gegen den Orden stellte. Seit der spektakulären Hochzeit mit der polnischen Regentin Hedwig in Krakau 1386 bildeten Polen und Litauen eine Union, die sich trotz schwerer innerer Konflikte im entscheidenden Kampf mit dem Orden bewährte.

Das Heer des Vytautas zog durch die Wildnis Schemaitens und vereinigte sich Anfang Juli mit den groß- und kleinpolnischen Heeren bei Czerwińsk an der Weichsel. Unter den Hilfstruppen befanden

Die Geschichte des Deutschen Ordens haben deutsche, polnische und litauische Nationalisten seit dem 19. Jahrhundert für ihre jeweiligen Ziele instrumentalisiert. Die prolitauische Minderheit Ostpreußens pflegte das große Erbe des litauischen Fürsten Mindaugas, der im Kampf gegen den Deutschen Orden obsiegte. Hier präsentiert sich die Laientheatertruppe der Gesellschaft Birutė anläßlich einer Aufführung des historischen Dramas »Zerstörung der Kaunas-Burg 1362« im Jahr 1895 in Tilsit.

sich auf litauischer Seite Russen und Tataren, auf polnischer Seite Söldner vor allem aus Böhmen und Mähren sowie Moldauer und Walachen. Die große Heeressäule drang in der ersten Julihälfte nach Norden in Richtung Preußen vor. Jagiełło und Vytautas hatten sich entschlossen, ihre Kräfte nicht an mehreren Fronten zu verteilen, sondern den Gegner durch einen einzigen Vorstoß gegen die Marienburg im Landesinnern zu bezwingen.

Das polnisch-litauische Heer überschritt die Grenze Preußens im südlichen Teil der Komturei Osterode und versuchte, über den Fluß Drewenz in das Kulmer Land vorzudringen. Nach drei Tagen erfolgte die Erstürmung und Einnahme der Stadt Gilgenburg. Die Schlacht fand auf den Feldern bei den Dörfern Tannenberg (Stębark), Grünfelde (Grunwald) und Ludwigsdorf (Lodwigowo) in der Komturei Osterode statt. Das Heer des Hochmeisters wurde umzingelt und vernichtet, wobei außer Ulrich von Jungingen und anderen hohen Gebietigern mehr als zweihundert Ordensbrüder den Tod fanden, fast ein Drittel der Ordensritter in Preußen. Der neue Hochmeister Heinrich von Plauen (1410–1413) ließ am Ort dieser schmerzlichen und vernichtenden Niederlage 1411 eine Marienkapelle erbauen, deren Grundmauern bis heute überdauert haben.

Die eroberten Fahnen des Ordensheeres gelangten als Siegestrophäen in die Kathedralen von Krakau und Wilna. Ihr Aussehen ist – jedenfalls was die in Krakau aufbewahrten Fahnen betrifft – durch farbige Abbildungen in der Pergamenthandschrift »Banderia Prutenorum« (Die Banner der Preußen) aus der Mitte des 15. Jahrhunderts überliefert. Das schwarze Kreuz auf weißem Grund, das Symbol des Deutschen Ordens, sollte im 19. Jahrhundert eine Renaissance erleben. Historisierend verfälscht diente es drei modernen Nationalismen zur Instrumentalisierung ihrer nationalen Ansprüche. Dem polnischen und litauischen Nationalismus galt das Ordenskreuz als Verkörperung des Bösen schlechthin. In diesem nach ihrer Ansicht urdeutschen Symbol kam der deutsche Eroberungsdrang, der immer wieder zitierte »Drang nach Osten«, zum Ausdruck. Den Deutschen hingegen wurde der Orden nach der Neubewertung durch die deutsche Historiographie zum Zeichen einstiger Glorie und zum Symbol der deutschen Kulturträgerschaft im Osten. Erniedrigung und Überhöhung, beide Extreme beriefen sich auf Ereignisse, die Jahrhunderte zurücklagen und deren genauer Hergang im Dunkel der Geschichte verborgen blieb. Dennoch gelang es Polen wie Deutschen, den Deutschen Orden phantasievoll im eigenen Sinn einzusetzen. Kaum ein anderes historisches Phänomen spaltete die deutsche und polnische Nation so tief wie die Geschichte des Deutschen Ordens in Preußen.

Im 19. Jahrhundert tauchte in Polen die Metapher vom »Kreuzritter« (Krzyżacy) auf als Synonym für die fremde Unterdrückung der polnischen Nation. Polens Nationalbarde Adam Mickiewicz (1798–1855), der in »Grażyna« und »Konrad Wallenrod« ein für den Orden abträgliches Bild entwarf, hat viel dazu beigetragen. Dabei stand für den aus Litauen stammenden Mickiewicz der Deutsche Orden eigentlich als Metapher für die russische Besatzung im Königreich Polen. Sein Epos »Grażyna«, das 1823 entstand, spielt im Großfürstentum Litauen:

> *Jedoch der Orden, diese Natternbrut,*
> *Wird niemals satt. Masowien hat gefressen*
> *Er wie das Prußenland mit Hab und Gut,*
> *Mit Land und Leuten, Geld nicht zu vergessen.*[6]

Zur Zeit seines Erscheinens fand das Werk kaum Beachtung. Erst während der Auseinandersetzungen infolge der preußisch-deutschen Germanisierungspolitik in den Provinzen Posen und Westpreußen erhielt es geradezu prophetische Weihen. Auch in »Konrad Wallenrod« richtet sich der Haß der Litauer gegen die aggressiven Eroberer, die nach ihrer Heimat trachteten. Allerdings stand auch hier der Orden als politische Allegorie für das Polen drangsalierende Rußland.

> *Schon hundert Jahre führt der Ritterorden*
> *Den Krieg gegen die Heiden aus dem Norden;*
> *Entweder sind die Prußen Knecht geworden,*
> *Oder sie lassen sich berauben, morden;*
> *Wer seine Seele retten will, der flieht,*
> *Verfolgt bis an das litauische Ried.*
> *Hier trennen uns, die Gegner, Njemens Wogen;*
> *Und während man dort Heidentempel sichtet,*
> *Der Urwald rauscht, durch den die Götter zogen,*
> *Ragt hier das Kreuz, am Himmel hochgerichtet.*
> *Das Ordenswappen hebt den Kopf nach oben,*
> *Die Arme gegen Litauen gestreckt,*
> *Als wolle es auch dieses Land erobern*
> *Aus purer Gier und ohne Gott-Respekt.*[7]

Erst in der zweiten Hälfte des 19. Jahrhunderts richtete sich der Haß auf den Orden gegen Preußen als Teilungsmacht und das neue Deutsche Reich insgesamt, den vermeintlichen Hort preußischer Expansionsgelüste. In »Jadwiga i Jagiełło«, einem 1861 von Karol Szajnocha veröffentlichten Werk, tritt der Orden als Verkörperung des deutschen »Drangs nach Osten« auf.[8] Aber noch waren derartig ideologisierte Darstellungen in der polnischen Historiographie und Publizistik die Ausnahme.

Wenn sich das Bild vom Orden in dieser Zeit dennoch verdüsterte und der Ordensstaat in Polen zum Vorläufer des aggressiven, germanisierenden preußischen Staates wurde, so ist das auf die Wirkung polnischer Romane zurückzuführen. Der antideutsche Mythos des brutalen »Kreuzritters« tritt in den historischen Romanen von Józef Ignacy Kraszewski, Eliza Orzeszkowa, Henryk Sienkiewicz, Bolesław Prus, Stefan Żeromski und Władysław St. Reymont deutlich zutage.

Besondere Bedeutung kommt Henryk Sienkiewiczs Roman »Die Kreuzritter« zu. Bis heute beeinflußt das von dem Nobelpreisträger und Autor des Epos »Quo vadis« entworfene Bild des Kreuzritters die polnische Sicht auf den Orden. Sein Werk wird noch immer in den Schulen gelesen. Sienkiewicz schildert Ordensritter von großer Grausamkeit, die mit Freude Wehrlose foltern, Frauen und Pfarrer ermorden und Säuglinge ins Feuer werfen. Der Sieg von Tannenberg ist der Sieg über eine brutale Fremdherrschaft: »Nicht bloß der Deutschritterorden lag bezwungen zu Füßen des Königs, sondern der Sieg, den er erfochten, befreite Polen von dem fressenden Geschwür, das an seinen Grenzen genagt hatte.«[9]

In diesen Zusammenhang gehört auch die von Maria Konopnicka verfaßte »Rota«, das patriotische Lied des polnischen Widerstands gegen die preußische Teilungsmacht in Großpolen bis 1918, denn die Dichterin bezieht ihre antideutsche Metaphorik ebenfalls auf den Deutschen Orden: »Der Kreuzritter wird uns ins Antlitz nicht spei'n / Unsere Kinder nicht germanisieren«, und weiter heißt es: »... bis zum letzten Atemzug verteidigen wir des Geistes Gut. Bis sich zu Schutt und Staub zerschlug der Kreuzritter böses Blut.« Solche Töne lösten eine Welle nationaler Übersteigerungen aus, und sowohl Konopnicka als auch Sienkiewicz stiegen zu Ikonen des Widerstands auf.

Für die frommen Protestanten in Preußen repräsentierte der Orden bis zum 18. Jahrhundert dagegen das verkommene katholische Mittelalter, das erst durch die preußische Reformation von 1525 überwunden werden konnte. Das änderte sich mit der Romantik. Mit der »Geschichte Preußens« schuf Johannes Voigt damals die Grundlage für eine wissenschaftliche Beschäftigung mit der Ordensgeschichte. Die Historiker Gustav Droysen und insbesondere Heinrich von Treitschke haben dann eine ideologische Neubewertung des Ordens vorgenommen. Heinrich von Treitschkes Artikel »Das deutsche Ordensland Preußen« ist das Paradebeispiel einer Deutung im nationalistischen Sinn. In dem 1862 erstmals erschienenen Aufsatz stellte er Preußen in die Kontinuität des Ordensstaates. Die Inbesitznahme des Landes Preußen durch den Orden wird bei ihm zur Geschichte eines anscheinend mühelosen, zwangsläufigen Erfolges, die im deutschen Reich ihren Ursprung nimmt. Damit war der Orden in die deutsche Geschichte integriert: »Kaum ist ein Stück Landes von den Deutschen durchstürmt, so führen deutsche Schiffe Balken und Steine die Weichsel herab, und an den äußersten Grenzen des Eroberten entstehen jene Burgen, deren strategisch glückliche Lage Kriegskundige noch heute bewundern – zuerst Thorn, Kulm, Marienwerder. Diese vorgeschobenen Posten sind im kleinen, was das Ordensland dem Reiche war: ein fester Hafendamm, verwegen hinausgebaut vom deutschen Ufer in die wilde See der östlichen Völker.«[10]

Treitschkes wilhelminische Interpretation schlug sich vier Jahrzehnte später in einem Gedenkstein nieder, der 1901 – zum 200. Jahrestag der Königsberger Krönung – auf dem Schlachtfeld von Tannenberg für den gefallenen Hochmeister enthüllt wurde. Er trug die Inschrift: »Im Kampf für deutsches Wesen, deutsches Recht starb hier der Hochmeister Ulrich von Jungingen am 15. Juli 1410 den Heldentod«.[11]

Für die Deutschen wird der Ordensstaat zur ordnenden Größe, zum beharrlichen, standhaften Bollwerk inmitten der slawischen Anarchie. Für Treitschke kündete er »von der größten, folgenreichsten That des späteren Mittelalters, von dem reißenden Hinausströmen deutschen Geistes über den Norden und Osten, dem gewaltigen Schaffen unseres Volkes als Bezwinger, Lehrer, Zuchtmeister unserer Nachbarn«.[12] Nicht mit einer christlichen, sondern mit einer deutschen Mission soll der Orden beauftragt gewesen sein: »Es weht ein Zauber über jenem Boden, den das edelste deutsche Blut gedüngt hat im Kampfe für den deutschen Namen und die reinsten Güter der Menschheit.« In diesem Sinne habe der Orden die slawischen Nachbarn bekehrt: »Die massiven Gaben deutscher Gesittung, das Schwert, der schwere Pflug, der Steinbau und die ›freie Luft‹ der Städte, die strenge Zucht der Kirche verbreiten sich über die leichtlebigen Völker des Ostens.«[13]

Dem deutschtumszentrierten Zivilisationsmodell wurde im wilhelminischen Kaiserreich gerne das östliche, das slawische, gegenübergestellt. Bewußt sprach man von Slawen, nicht von Polen. Den Deutschen, so sollte suggeriert werden, stand kein ebenbürtiger Gegner gegenüber, keine ehrbare Nation, sondern eine gestaltlose Masse, und diese Gestaltlosigkeit wurde noch durch das Bild vom Strom, von der Flut, akzentuiert.[14] Ernst Wicherts »Heinrich von Plauen« ist ein Beispiel dafür. Bei Wichert sind alle ritterlichen Tugenden im Orden vereint, während das polnisch-litauische Heer mit Lug und Trug vorgeht und das überlegene Ritterheer in der entscheidenden Schlacht von 1410 um den gerechten Sieg bringt. Dem bürgerlichen Leser wird vor Augen geführt, wie grausam Vytautas (Witold) im Süden Preußens gewütet haben soll:

»Dorthin kam Kunde von Greueltaten, die von den Königlichen in dem Städtchen Gilgenburg verübt waren. Die Bürger hatten sich nicht ergeben wollen und ihre Mauern tapfer verteidigt; Witowd aber mit seinen wilden Litauern und Tataren hatte sie in heftigem Anlaufe erstürmt und die Stadt geplündert. Schrecklich hausten die rohen Horden; von Männern machten sie alt und jung schonungslos nieder, Frauen und Jungfrauen, die sich in die Pfarrkirche flüchteten, peinigten sie in viehischer Weise. Das Sakrament zerrieben sie in den Händen und warfen es unter die Füße und trieben damit ihren Spott. Dann schleppten sie die schönsten von den Jungfrauen hinaus und ließen sie in die Sklaverei fortführen, die andern wurden in die Kirche eingeschlossen und mit derselben verbrannt.«[15]

In der »Ostmarkenpolitik«, die immer als Präventivmaßnahme gegen polnische Ansprüche gepriesen wurde, konnte man sich also in einer langen Reihe mit den ersten Rittern sehen, die einsam und todesmutig mitten im »Slawenmeer« der feindlichen Übermacht trotzten. Nahtlos ging diese wilhelminische Ordensinterpretation über die Weimarer »Ostforschung« in die Ideologie des Nationalsozialismus über. Das »Dritte Reich« bezog sich besonders gerne auf den Deutschen Orden, da dieser als rassisch rein galt und auf dem Führer- und Eliteprinzip basierte. Darauf beruhte nach der NS-Ideologie auch der Erfolg des Ordens, der seine historische Mission erfüllt habe mit der Eroberung und Zivilisierung des barbarischen Ostens. Das Vorbild hatte Hitler schon in »Mein Kampf« bemüht: »Wollte man in Europa Grund und Boden, so konnte dies im großen und ganzen nur auf Ko-

Im Zuge der wilhelminischen »Ostmarkenpolitik« entwikkelte sich der Ordensritter zum Symbol der deutschen »Wacht im Osten«, eine Mahnung, nicht nachzulassen in der Abwehr gegen die slawische Welt. Die Postkarte der Königsberger akademischen Vereinigung »Tuiskania« von 1910 unterstreicht diese Wächterfunktion für das »Deutschtum«. Ernst Wichert hat in seinem Roman »Heinrich von Plauen« die Überhöhung besonders weit getrieben und damit viel Erfolg gehabt. Der Sieg in der Schlacht von Tannenberg 1410, so schrieb er, »wäre für Polen verloren gewesen, wenn Ulrich von Jungingen weniger ritterlich gedacht und gefühlt hätte. Drei Stunden lang stand nun schon sein Heer und der Mittag nahte heran. Von allen Seiten bedrängte man ihn, daß er des Feindes Zögern nützen und ihn überfallen solle, ehe er sich zur Schlacht geordnet hätte. Unwillig aber wies er diesen Rat zurück. Es ziemt uns nicht, sagte er, zu kämpfen wie wilde Horden und den Feind anzufassen, ehe er gerüstet dasteht. Ein Ritter legt seine Lanze nur ein gegen den festen Schild des Gegners in Waffen; eine Ehre soll es ihm sein, zu siegen. Sie haben uns herausgefordert, und sie sollen uns auf dem Plan finden. Die ganze Christenheit sieht auf uns; ritterlich wollen wir ihre Sache verfechten.«

sten Rußlands geschehen, dann mußte sich das neue Reich wieder auf der Straße der einstigen Ordensritter in Marsch setzen, mit dem deutschen Schwert, dem deutschen Pflug die Scholle, der Nation aber das tägliche Brot zu geben.«[16] Nicht von ungefähr nannte man die nationalsozialistischen Eliteschulen »Ordensburgen«.

Bis in die Frühphase der Bundesrepublik setzte die »Ostforschung« die Traditionslinien der unkritischen Ordensforschung fort. Einer ihrer Protagonisten, der ehemalige Königsberger Archivdirektor Fritz Gause, meinte, es sei dem Orden gelungen, »durch die Staatskunst seiner Hochmeister, die gläubige Tapferkeit seiner Ritter und die Hilfe des christlichen Abendlandes im Widerspiel imperialer und kurialer Politik einen Staat zu gründen, der beiden Mächten verpflichtet und von beiden doch wieder unabhängig war«. Damit sei der Orden »die Vormauer der Christenheit und der Eckpfeiler des Abendlandes« geworden.[17]

Was die deutsche Nationalhistoriographie seit dem 19. Jahrhundert als tiefe Schmach deutete, glorifizierte die polnische Seite als Sieg über die Deutschen, der unter schwierigsten Bedingungen errungen worden war. Für Polen wurde Grunwald in der Zeit der Teilungen zu einem Ort des nationalen Gedenkens, mit dem sich die Hoffnung auf Befreiung und Wiedererlangung der eigenen Staatlichkeit verband. Grunwald wurde zur deutsch-slawischen Schicksalsschlacht und der Kreuzritter zur Chiffre für die Ostmarkenpolitik. Nirgendwo fand das deutlicher Ausdruck als in Jan Matejkos monumentalem Gemälde der »Schlacht von Grunwald«.

An der 500-Jahr-Feier der Schlacht von Grunwald nahmen 1910 in Krakau – gefeiert werden konnte infolge der preußisch-deutschen Germanisierungspolitik nur im nichtpreußischen Galizien – hundertfünfzigtausend Menschen teil. Dabei kam es zur feierlichen Enthüllung eines Jagiełło-Denkmals, gestiftet von dem Pianisten und späteren Staatspräsidenten Ignacy Paderewski. Es trug auf polnisch die Inschrift: »Den Vorfahren zum Ruhm, den Brüdern zur Hoffnung«. Nach dem Ersten Weltkrieg hat Polen seine Staatlichkeit wiedererlangt, und nach dem Zweiten Weltkrieg hat es den Sieg über Hitler-Deutschland als zweites Grunwald gefeiert.

Für die Deutschen bedeutete Tannenberg eine nationale Schmach, bis mit Hindenburgs Sieg über die Russen 1914 die Demütigung durch die »Slawen« beseitigt wurde – so die deutsche Propaganda nach der Schlacht. Nach dem deutschen Überfall auf Polen wollte das nationalsozialistische Regime die Schmach von 1410 dann ein für alle

Das monumentale Gemälde der Schlacht von Tannenberg/
Grunwald/Žalgiris im Jahr 1410, das der polnische Maler Jan
Matejko 1871 anfertigte, beruht auf einem sorgfältigen Quellenstudium. Der Maler bemühte sich um eine genaue Wiedergabe dessen, was man von der Schlacht wußte. Und doch ist
das Bild ein Zeugnis seiner Zeit: Der polnische König ist ein
christlicher Held, der Hochmeister ein schwarzer Bösewicht.
Die Schlacht wird nicht nur als Kampf der Nationen, sondern
als Auseinandersetzung zwischen Gut und Böse gezeigt. Das
extreme Gegenbeispiel ist die nationaldeutsche Darstellung
Heinrich von Treitschkes. Dieser beklagte entgegen aller historischen Erkennnis die unritterliche Behandlung des gefallenen Hochmeisters Ulrich von Jungingen: »Mit der Leiche
des Hochmeisters trieb der Tatar und Kosak sein scheußliches
Spiel.« In Wahrheit ließ König Władysław II. Jagiełło den toten Hochmeister suchen, behandelte den Leichnam ehrenvoll
und sorgte für dessen Überführung in die Marienburg, wo der
Ordensritter in der Hochmeistergruft beigesetzt wurde.

Male tilgen. Im Rahmen einer »Feier der Einholung der Fahnen des Deutschen Ritterordens von der Burg Krakau, dem Sitz des General-gouverneurs für die besetzten polnischen Gebiete, in die Marienburg im Reichsgau Danzig-Westpreußen« am 19. Mai 1940 wurden die im Krakauer Wawel aufbewahrten polnischen Nachbildungen der in Tannenberg 1410 eroberten Fahnen in die Marienburg überführt. Das Grunwald-Denkmal in Krakau wurde zerstört. Wo es gestanden hatte, haben die Polen am 28. Januar 1945 – unmittelbar nach der Befreiung von der deutschen Zwangsherrschaft – eine Tafel angebracht mit der Inschrift: »Der niederträchtige Kreuzritter wollte die Spuren seiner historischen Niederlage verwischen ... An dieser Stelle wird das Volk ein Denkmal seines alten und neuen Grunwalds errichten.«[18]

Ludwig von Baczko, der frühe Chronist der Geschichte Preußens, hält eine wohl zutreffende Diagnose zum Niedergang des Ordens bereit: »Seit dem Verluste der unglücklichen Schlacht bey Tannenberg ist die Geschichte des deutschen Ordens der Krankengeschichte des Schwindsüchtigen gleich, den, bey den unzähligen Uebeln, die er täglich empfindet, immer noch die Hoffnung der Genesung aufrecht erhält, bis ihm endlich ein unerwarteter Schlag plötzlich ein Ende macht. Unsere Chroniken enthalten von nun an die größten Beschwerden über den Orden.« Weiter führt er aus, daß das Nationale keine Rolle spielte beim Untergang des Ordens, sondern eine viel ältere Macht wie so oft auch hier den Ausschlag gab: »Geld forderte der deutsche Söldner und diente jedem, der es ihm darbot: und so schlugen vorzüglich deutsche Söldner, unter Jagello's Fahnen, zuerst den deutschen Orden.«[19]

Das protestantische Herzogtum

Die preußische Reformation und ihre
europäische Bedeutung

Preußen war das erste protestantische Land der Welt. Sein frommer Landesherr Albrecht von Brandenburg-Ansbach, vormalig letzter Hochmeister des Deutschen Ordens in Preußen, hat mit der bewußten Bekehrung zur Lehre Martin Luthers sowohl Kultur- als auch Weltgeschichte geschrieben. Von diesem im europäischen Vergleich kleinen Herzogtum am südöstlichen Rand der Ostsee sollten im 16., 17. und 18. Jahrhundert geistige Impulse in alle Welt ausgehen. Unter der Regentschaft dieser außergewöhnlichen Persönlichkeit wurde Preußen im 16. Jahrhundert zu einem einzigartigen Staat, der neue Normen setzte.

Die nationale polnische Historiographie des 19. Jahrhunderts hat die Lehnsabhängigkeit Preußens von der Krone Polens als nationalen Triumph gefeiert, woran noch heute ein Gedenkstein auf dem Krakauer Marktplatz erinnert, doch die Krakauer Huldigung Albrechts um 1525 war keinesfalls ein Akt der Demütigung, sondern ein brillanter Schachzug. Nicht nur der Herzog gewann dabei, der den nicht mehr zu rettenden Ordensstaat in ein weltliches Herzogtum umwandelte, sondern auch Zygmunt I. Stary, denn die Integration des Herzogtums Preußen in den Lehnsverband der polnischen Krone war ein großer Erfolg für den König.

Das Lehnsverhältnis sollte bis 1656 gelten. Beide Seiten haben während dieser Zeit viel zur Entwicklung der religiösen Toleranz beigetragen. Ludwig von Baczko hat dazu geschrieben: »Albrecht kehrte nun nach Preußen zurück, wurde mit Freuden empfangen; und da durch die allgemein angenommene Reformation das ganze Land vorbereitet war, so fand sich auf dem Landtage gegen die Absichten des Herzogs, von Seiten der Stände, gar kein Widerspruch ... Die pohlnischen Abgeordneten, Achatius von Czemen und Georg von Baysen, überreichten dem Herzoge das angezeigte Diplom, und in Gegenwart dieser pohlnischen Abgeordneten leisteten die preußischen

Stände zuerst dem Könige von Pohlen, und dann ihrem neuen Herzoge den Eid der Treue.«[1]

Von dem ersten protestantisch-katholischen Lehnsverhältnis profitierten beide Seiten nachhaltig. Enge verwandtschaftliche Bande zwischen den Hohenzollern und Zygmunt I. Stary hatten die preußisch-polnische Zusammenarbeit befördert und sollten sie auch weiter festigen. Dazu trug die Hochzeit des brandenburgischen Kurfürsten Joachim III. mit Hedwig, der Tochter Zygmunts I. Stary, bei, denn nun trat auch die Kurlinie der Hohenzollern in ein enges Verhältnis zum polnischen Herrscher.

Mit dem Bischof von Samland, Georg von Polentz, an der Spitze haben sich die Stände Preußens zur Anerkennung des neuen Herrschers bereitgefunden. Dazu hat der Pfarrer Caspar Henneberger 1595 in seiner »Preußischen Landtafel« geschrieben: »Es muß unser lieber Herrgott dies Preußenland sehr lieb gehabt haben, daß er nicht allein den ersten papistischen Bischof zum Evangelio bekehrt, sondern auch des teuren Mannes Gottes Luthers Kinder darinnen zu ruhen verordnet hat.«[2]

In der Tat war Luther dem Land verbunden. Seine jüngste Tochter Margarete (1534–1570), für die Luther sein bekanntes Weihnachtslied »Vom Himmel hoch, da komm' ich her« gedichtet hat, heiratete den preußischen Edelmann Georg von Kunheim d. J. (1532 bis 1611), der Amtshauptmann in Bartenstein war. Im Jahr 1557 zog das jungvermählte Paar von Wittenberg auf den Kunheimschen Besitz Knauten. Ein Sohn Luthers studierte auf herzogliche Kosten an der Königsberger Albertus-Universität, und ein Schwager bekleidete den Posten eines Burggrafen von Memel.

Nach Einführung der Reformation und der damit verbundenen Säkularisation des Ordensstaates heiratete Herzog Albrecht 1526 die dänische Königstochter Dorothea. Über ein halbes Jahrhundert, nämlich 57 Jahre lang, hielt er die Geschicke Preußens in Händen, vierzehn Jahre als Hochmeister des Ordens und 43 Jahre als weltlicher Herzog. Daß ihm eine so lange Regierungszeit vergönnt war, hat sicher zum Gelingen der Transformation beigetragen. Sein ungewöhnlicher Lebensweg war auf seinem Grab in der Fürstengruft des Königsberger Doms festgehalten:

Unbesiegbaren Muts, mächtig im Krieg und im Frieden,
Markgraf Albrecht ruht hier im Grabe bedeckt.
War sein Vater ein Sohn von jenem Deutschen Achilles,

Seine Mutter entstammt König Casimirs Haus.
Zum Ersatz für den schwindenden Ruhm der Marienritter
Nimmt ihren Meister jetzt Preußen als Herzog an.
Seine erste Gemahlin war dänischer Könige Tochter,
Und die andere nennt Welfen ihr Ahnengeschlecht.
Luthers Weisung gemäß hat er den Glauben gereinigt
Und auch gar rühmenswert hohe Schulen gebaut.
Friedesam und gerecht, voll Weisheit, fromm und auch milde,
War er, selber gelehrt, auch der Gelehrten Freund.
Unter dem Regiment erblühete Segen dem Lande,
Und der Wohlstand wuchs, den die Bevölkerung hob.
Sechsundfünfzig Jahr hat er uns an der Spitze gestanden,
Siebenundsiebenzig Jahr hat ihm das Schicksal beschert.
Darum, Preußen, gedenk an den Vater des Vaterlandes;
Ein heilsamer Regent; Gott sei gedankt dafür![3]

Die Nachfolge Albrechts gestaltete sich schwierig. Der einzige überlebende männliche Nachkomme, sein Sohn Albrecht Friedrich (1553
bis 1618), erwies sich als regierungsunfähig. Er leistete zwar 1569 auf
dem polnischen Reichstag in Lublin den Lehnseid, doch zugleich erfolgte zur Absicherung der Herrschaftsfolge die Belehnung seines
Vetters Georg Friedrich von Ansbach und des Kurfürsten Joachim II.
von Brandenburg.

Unmittelbar nach Albrechts Tod 1568 haben Vertreter der preußischen Stände – des Adels und der Städte Königsberg – versucht,
über eine Kuratorenherrschaft ihre Machtbasis auszubauen. Dem
letzten aus der Linie der Ansbacher Hohenzollern, Markgraf Georg
Friedrich, gelang es aber, die vormundschaftliche Regierung im Herzogtum zu übernehmen. Im Jahr 1578 erfolgte die offizielle Bestätigung seiner Belehnung mit dem preußischen Herzogstitel. Der polnische König Stephan Báthory hat bei der Herrschaftssicherung des
Hauses Hohenzollern direkt mitgewirkt und damit einen weiteren
Machtzuwachs der preußischen Stände verhindert. Aber auch Georg
Friedrich hinterließ keine Nachkommen, als er Preußen 1586 verließ,
um sich seinen Ansbacher Stammlanden zu widmen. Wieder stand die
Erbfolgefrage im Raum. Immerhin gelang es dem abwesenden Herrscher, Preußen bis zu seinem Tod 1603 in halbwegs stabiler Ordnung
zu halten. Nach Georg Friedrichs Tod fiel das Herzogtum in die Vor-
mundschaft der kurfürstlichen Brandenburger.

Die administrative Anpassung an die neuen Gegebenheiten war

unter Albrechts Führung schnell vollzogen. Bereits gegen Ende der Ordensherrschaft glich man die Verfassungsstrukturen denen eines Fürstenstaates an. Lokale Grundherren übten fortan auch wirkliche lokale Macht aus. Aus Komtureien, Vogteien und Pflegen wurden Hauptämter, aus den bisherigen Amtsinhabern herzogliche Amtsleute. Die Kammerämter blieben in ihrer Funktion und ihrem Namen nach vollständig unverändert. Im kirchlichen Bereich hielt man im Herzogtum an der bischöflichen Verfassung fest. Auch die Einteilung der beiden Diözesen Samland und Pomesanien wurde nach 1525 zunächst nicht angetastet, deren Grenzen in Übereinkunft mit den Bischöfen von Ermland und Kulm so festgelegt worden waren, daß sie kein der Krone Polens unterstelltes Gebiet mehr umfaßten. Die Bischöfe Erhard von Queis und Georg von Polentz behielten ihre Ämter und heirateten schließlich beide. Im Jahr 1587 schuf Herzog Georg Friedrich Konsistorien in Königsberg und Saalfeld, die an die Stelle der Bistümer traten.

Den beispiellosen Transformationsprozeß unterstützten auswärtige Helfer, die Albrecht ins Land rief. Auf Anraten Luthers wandte er sich bereits 1523 an Johannes Briesmann und Johannes Amandus, 1524 kamen Paul Speratus und Johannes Poliander. Bis auf wenige Ausnahmen verlief die Reformation in den von der Obrigkeit vorgegebenen Bahnen. Bilderstürmende Massen, Klosterplünderungen und Tumulte gegen den alten Klerus gab es kaum.[4] Als sich Albrecht im Reich aufhielt, kam es allerdings zu einem Bauernaufstand im Samland und in Teilen Natangens. Im östlichen Samland brach er am 3. September 1525 aus. Bauern hoben den verhaßten Amtmann Andreas Rippe auf Schloß Caymen aus und führten ihn mit sich auf ihrem Plünderungszug durch das Land. Im östlichen Natangen schlugen sie wenige Tage später los, als im Samland schon alles vorüber war. Anführer waren hier die Pfarrer Frenzel aus Klein Schönau und Markus aus Allenau sowie der Müller Pflegel aus Pöhlen. Pflegel richtete am 8. September 1525 einen Aufruf an die natangischen Bauern:

»Gnade und Frieden in Gott unserm Herrn!

Nachdem Ihr Wissen traget, daß wir eine große Beschwerung haben gehabt von den gottlosen Edelleuten, die uns gnugsam haben behandelt wider Gott und alle Gerechtigkeit an Leib und Gut mit Stocken und Pflocken, darum ist unser Fürnehmen, daß wir ein göttliches Regiment aufrichten, welches sich freuen soll Kinds Kind. Deshalben ist an Euch unsere Vermahnung, Ihr wollet einer dem andern beistehen, daß wirs Preußenland unserm gnädigsten Herrn wieder überantworten und alle Unkraut ausrotten! Eilends von Dorf zu Dorf ohn all Versäumung bei Verlust Leibs und Guts!«[5]

Nach der Rückkehr des Herzogs setzte am 30. Oktober 1525 das Strafgericht gegen die Bauern ein, die den Schaden ersetzen mußten. Ihre Anführer wurden hingerichtet, darunter auch Pfarrer Frenzel. In der Folge verschlechterte sich die Lage der Bauern.

Mit Paul Speratus, geboren 1482 zu Rötlen bei Ellwangen, kam einer der wichtigsten Reformatoren Preußens 1524 nach Königsberg. Schon 1529 wurde er lutherischer Bischof von Pomesanien. Eines seiner bis heute gesungenen Lieder preist den Sieg der lutherischen Gnadenlehre über die katholische Werkgerechtigkeit:

> *Es ist das Heil uns kommen her, von Gnad und lauter Güte;*
> *Die Werk die helfen nimmermehr, sie mögen nicht behüten.*
> *Der Glaub sieht Jesus Christus an, der hat g'nug für uns all' getan,*
> *er ist der Mittler worden.*[6]

Noch stand das Land im Zeichen reformatorischen Eifers, doch das Credo des neuen Glaubens hielt bereits Einzug in die Kirchenmusik, und zwar erstmals in der Muttersprache. 1527 entstanden die ersten ostpreußischen Liedsammlungen »Etlich gesang, dadurch Got ynn der gebenedeiten muter Christi und opfferung der weysen Heyden / etc.« sowie »Etliche newe verdeutschte unnd gemachte ynn göttlicher schrifft gegründete Christliche Hymnus un geseng etc.«.

Nach der Verabschiedung der preußischen Kirchenordnung »Repetitio corporis doctrinae Prutenicae« erfolgte die theologische Ausrichtung Preußens auf eine streng lutherische Lehre. Bereits 1525 plante Albrecht unter Mithilfe Luthers die Ausarbeitung einer neuen Kirchenordnung. Die persönliche Teilnahme des Wittenberger Reformators wurde aber durch den Ausbruch des Bauernkriegs verhindert. Luther hat das Land am Pregel nie in Augenschein nehmen können.

Mit der Gründung der lutherischen Universität Königsberg 1544 fand der neue Glaube seinen endgültigen institutionellen Ausdruck. Auf Initiative Albrechts entstand die Albertus-Universität als nach außen sichtbare Manifestation seiner landesherrlichen und kirchenpolitischen Ansprüche.[7] Königsberg war nach Marburg die zweite Universitätsgründung eines evangelischen Landesfürsten. Ihr theologischer Einfluß reichte über die Landesgrenzen weit in das ostmitteleuropäische Umfeld Polens und des Baltikums hinein. Der Standort auf der Kneiphofinsel in der Nähe des ehrwürdigen Doms und des Schlosses unterstrich die Nähe zur geistlichen und weltlichen Führung. Die Privilegien waren von den Universitäten Frankfurt/Oder und Wittenberg abgeleitet. Als Ratgeber und Förderer des Universitätsgedankens tat sich aus dem Wittenberger Kreis vor allem Philipp Melanchthon hervor, der Herzog Albrecht seinen Schwiegersohn Georg Sabinus (1508–1560) empfahl. Sabinus war einer der bedeutendsten Vertreter der neulateinischen Lyrik. Er wurde Königsbergs erster Universitätsrektor.

Neben Sabinus hatte Andreas Osiander (1498–1552) Einfluß auf die Reformation in Preußen. Albrecht hörte dessen Predigten bereits in Nürnberg und berief Osiander 1549 in die Pfarrstelle der Altstädtischen Kirche zu Königsberg. Der Prediger sollte später im Zentrum eines heftigen, weit über die Grenzen Preußens hinausreichenden theologischen Disputs stehen. Es ging dabei um die Lehre von der Rechtfertigung. Auf die auch Luther bewegende Frage: Wie kann der sündige Mensch Gottes Gnade erlangen? fand Osiander die Antwort, daß die Gerechtigkeit des Menschen mit der sündentilgenden Einwohnung Christi im Wort und im Glauben gegeben sei. Durch den Glauben an das Evangelium wohne Christus im Menschen und damit auch die Gerechtigkeit Christi. Die Gerechtigkeit veranlasse den Menschen, das Rechte zu tun. Sie sei das Heil des Menschen und gebe ihm die Gewißheit der Versöhnung mit Gott. Die Gegner Osianders übten vor allem an der Geringschätzung der Sündenvergebung und des Opfertodes Christi Kritik. Das Wissen des Menschen um Schuld und Erlösung aufgrund göttlicher Gnade komme nicht zur Geltung. Osianders Rechtfertigungslehre führte zu heftigen Kontroversen und persönlichen Verfemungen. Der Streit schlug international Wellen und beschäftigte viele Gutachter. Einer der Parteigänger Osianders, Johannes Funck (1518–1566), Hofprediger und Berater des Herzogs, war nach dem Tod Osianders massiven Anfeindungen ausgesetzt und wurde nach einem fragwürdigen Prozeß 1566 in Königsberg enthauptet.

Das Schicksal Funcks ist beklagenswert, aber nicht bezeichnend für die Verhältnisse im Herzogtum, vielmehr begann damals eine lange, friedvolle Epoche, in der unter anderem die Tradition der protestantischen Geschichtsschreibung begründet wurde. Deren Hauptvertreter im 18. Jahrhundert, Georg Christoph Pisanski, faßte die Ereignisse der Reformation folgendermaßen zusammen: »Der starke Einfluß, den die Glaubensreinigung und die weitere Aufklärung der

Wissenschaften hatten, äußerte bald überall seine heilsame Wirkung. Viele bisherige Irrthümer wurden entdeckt und glücklich bestritten: das Joch des Aberglaubens ward abgeworfen und der Abhängigkeit von den Aussprüchen des römischen Stuhles ein Ende gemacht. Dieses Glücks hatte Preußen vorzüglich sich zu erfreuen. Nächst Sachsen war es das erste Land in Europa, welches die durch Luther wieder hergestellte Lauterkeit der religion freywillig und begierig annahm; und Königsberg war die erste große Stadt in der Welt, die der evangelischen Lehre den Eingang bey sich öffnete.«[8]

Albrechts Preußen wurde zu einer Schutzmacht verfolgter Protestanten aus ganz Europa. Die seit der Ordenszeit bestehenden engen Beziehungen zwischen Preußen und England beispielsweise erhielten seit der Hinwendung Heinrichs VIII. zum Protestantismus 1534 neue Impulse. Albrecht suchte Heinrichs Unterstützung gegen die Reichsacht, die das Reichskammergericht ein Jahr zuvor über ihn verhängt hatte. Seinerseits unterstützte er den Protestantismus in England, etwa den Seelsorger Johannes Laski, gewährte dem unter Maria der Katholischen vertriebenen Bischof von Bath und Wells, William Barlow, Exil und setzte sich bei Elisabeth I. für dessen Rückkehr nach England ein. Sogar die Königin selbst versuchte er von der Augsburger Konfession zu überzeugen.[9]

Cuius regio eius religio – für kaum ein Land war dieser Satz aus den Erläuterungen zum Augsburger Religionsfrieden von 1555 zutreffender als für Preußen. Von einem Tag auf den anderen verfügte der Landesherr Albrecht über die Änderung des religiösen Bekenntnisses und überführte sein Land aus einer überkommen Rechtsordnung in eine neue. Das war bis dahin einmalig in Europa. Daß der Kaiser nicht nur über den bisherigen Hochmeister, sondern auch über die Untertanen die Reichsacht verhängte, verdeutlicht, welch einen Einschnitt der Schritt des Herzogs im Bewußtsein der Menschen darstellte.

Preußische Litauer und Masuren

Albrecht hatte nicht nur ein Augenmerk auf die Etablierung der evangelischen Reformation, sondern auch auf die Komplettierung der Siedlung. Dafür bedurfte es vor allem eines: Ruhe an den Grenzen. Für die sorgte das Lehnsverhältnis zum polnischen König. Es garantierte, daß das preußisch-polnische Verhältnis weitgehend span-

Bevor der Nationalismus sich der Menschen bemächtigte, erlebte das Land eine lange Phase des Friedens und des einträchtigen Miteinanders. Damals legten Herzog Albrecht und der polnische König Zygmunt I. Stary einen bereits aus der Ordenszeit herrührenden Streit um die preußische Südostgrenze friedlich bei. Der Grenzstein in der Nähe von Prostken an der ehemaligen preußisch-polnischen Grenze kündet seit 1545 davon. In lateinischer Sprache ist auf ihm zu lesen: »Einst, als Sigismund II. August in dem väterlichen Grenzlande und Markgraf Albrecht I. die Rechte ausübten und jener die alten Städte des Jagiello, dieser die Macht der Preußen in Frieden regierte, da ward diese Säule errichtet, welche die Grenzen genau bezeichnet und den Länderbesitz der beiden Herzöge trennt.«

nungsfrei blieb und der Region eine lange friedliche Zeit beschert war. Auch der aus der Ordenszeit stammende Grenzstreit im Südosten Masurens wurde 1545 endgültig beigelegt.

Über dem Neuanfang stand ein guter Stern. Frei von außenpolitischen Konflikten, galt Albrechts Interesse der Besiedlung seines Landes, die er mit großer Energie vorantrieb. Noch lagen weite Landstriche der Großen Wildnis wüst. Vor allem die nordöstlichen und östlichen Landschaften Preußens wiesen Siedlungslücken auf. Wo der Orden sein Kolonisationswerk nicht hatte vollenden können, setzte der herzogliche Landesausbau die Siedlungsvorhaben fort. Zu dieser Zeit wird der Nordosten Preußens, zu dem Litauen und Teile Ostmasurens zählten, noch als »vasta« oder »ingens solitudo« beschrieben. Im Hauptamt Insterburg gab es 1544 nur ein einziges Kirchspiel, und zwar in der Stadt selbst, bis 1558 folgte dann Gawaiten und bis 1562 Pillupönen. Im Jahr 1590 nennt das Kirchspielverzeichnis für das Hauptamt Insterburg dreizehn Kirchspiele und etwa fünfhundert Ortschaften. Auch Tilsit ist ein Kind der Reformationszeit. Unweit der alten Ordensburg Tilsit an der Memel siedelten zuerst Prußen und Schalauer. Zwischen deren älteren Siedlungen entstand in den ersten Jahrzehnten des 16. Jahrhunderts der deutsche Marktflecken »Tils« oder »Tilse«. Schon 1551 erhielt »Tilse« Stadtrecht, das Stadtprivileg datiert vom November 1552. Erst im 19. Jahrhundert entstand der moderne Name »Tilsit«.

Auch am Kurischen Haff war die Besiedlung nicht abgeschlossen. Noch gehörten die Fischerdörfer Inse, Tawe und Loye am Ostufer des Haffs kirchlich zum Dorf Kunzen auf der Kurischen Nehrung. Der Kirchgang war höchst beschwerlich, denn man mußte mit dem Kahn etwa sechs Meilen über das wetterlaunige Haff fahren. Es kam vor, daß die Gläubigen dann wochenlang bei der Kirche ausharren mußten, weil Unwetter die Rückkehr in ihre Dörfer unmöglich machten. Unter diesen Umständen unterblieb der Kirchgang allzuoft, weshalb schließlich das Kirchspiel Inse an der Ostseite des Haffs eingerichtet wurde.

Seit 1525 war Preußen ein evangelisches Land. Sollte die Reformation aber in allen Landesteilen zum Erfolg geführt werden, war einem wesentlichen Element des reformatorischen Geistes Beachtung zu schenken: der Verkündigung des Evangeliums in der Muttersprache. Herzog Albrecht hat, seinem Auftrag als Spiritus rector der Reformation in Preußen verpflichtet, großen Wert gelegt auf Übersetzungen der wichtigsten Werke Luthers in die polnische, litauische und in die prußische Sprache. 1545 erschien der von Albrecht in Auftrag gegebene Katechismus in prußischer Sprache, eine große Leistung, da es für diese Sprache bis dahin keine Schriftform gab.

Um die anderssprachige Bevölkerung in dieser Zeit des gewaltigen Umbruchs nicht noch mehr zu verunsichern, behielt man in Preußen die lateinische Sprache zunächst für einzelne Liturgieteile bei. Aber schon damals offenbarte sich der Mangel an qualifizierten polnisch- und litauischsprachigen Pfarrern, der bis ins 20. Jahrhundert nicht behoben werden konnte. In den ersten Jahrzehnten nach der Reformation suchte man sich durch Übersetzer – sogenannte Tolken (prußisch) – zu behelfen, die mancherorts gar den Pfarrer ersetzen mußten. Die mühsame und langwierige Übersetzung der Gebete während des Gottesdienstes war der Verbreitung des neuen Glaubens allerdings nicht zuträglich. Zudem war es den Pfarrern unmöglich, mit den Gläubigen in ein vertrauliches Gespräch zu treten. Ihrer seelsorgerischen Aufgabe konnten sie kaum gerecht werden. Das waren Umstände, die der Ausbreitung von Schwärmern und Sekten zugute kamen. Herzog Albrecht suchte daher die muttersprachliche Versorgung zu verbessern, indem er Stipendien für vierundzwanzig Theologen an der Universität Königsberg stiftete, von denen jeweils sieben polnisch- und litauischsprachigen Kandidaten vorbehalten waren.

Für Masuren war die Verbreitung der reformatorischen Schriften in polnischer Sprache von entscheidender Bedeutung. Bereits 1533 wurde der polnische Kleine Katechismus in Königsberg gedruckt. Der aus Polen geflohene Jan Seclutian erstellte 1547 die erste Übersetzung des Großen Katechismus, 1559 folgte das erste polnische Gesangbuch. Seit 1537 entfaltete der aus Polen geflüchtete protestantische Pfarrer Jan Maletius eine rege Übersetzungstätigkeit in Lyck. Sein Sohn Hieronymus, der ihm im Lycker Pfarramt folgte, betrieb eine Buchdruckerei, in der ein Katechismus von Maletius hergestellt wurde, der mehr Erfolg hatte als der von Seclutian und sogar tief nach Polen hinein Wirkung entfaltete. Maletius' Hauptverdienst war jedoch die Übersetzung von Luthers Hauspostille, die 1574 in Königsberg erschien. Als Mitarbeiter von Hieronymus Maletius besorgte schließlich Johann Radomski, Diakon und Pfarrer in Neidenburg, die Übersetzung der Augsburger Konfession, die 1561 in Königsberg erschien.[10]

Ältere deutsche Darstellungen betonen gerne die Bedeutung der Reformation als »geistige Mauer gegen Polen, die sich allmählich in einem unüberwindlichen Bollwerk auswuchs«.[11] In Wahrheit gingen von der Reformation neue Impulse für das preußisch-polnische Ver-

Die Zehen Gebot

Wie sie ein Haußvater seinem ge-
sinde einfeltiglich fürhalten solle.

Das Erste Gebot.

Ich bin der HERR dein Gott / du
solt nicht andere Götter neben mir haben.

Was ist das? Antwort.

Wir sollen GOTT den HERREN über
alle ding förchten vnd liebhaben / vnd jm vertrawen

Das Ander Gebot.

Du solt den Namen des Herren deines
Gottes nicht vergeblich führen. Dann der
HERR wird den nicht vnschuldig hal-
ten der seinen Namen vergeblich führet.

Was ist das? Antwort.

Wir sollen GOTT den HERREN über
Stai

Stai Dessimton

Vallaipsai täigi stans ains
Butti Täws / swaiäsinu sei-
minan preigerbt turri.

Stas Virmois Vallaips.

Tou niurei kittans Deiwans pagär
mien turritwei.

Ka ast sta billiton? Ettrais.

Mes turrimai Deiwan stan Rikijan kirscha
wissan powijstin biätwei bhe mijlan turic / bhe stesi-
mu auschaudinwei.

Stas Antars Vallaips.

Tou turri stan Emnan twaisei Dei-
was ni enbändan westwei.

Ka ast sta billiton? Ettrais.

Mes turrimai Deiwan stan Rikijan kirscha
B ij alle

Neben Deutsch, Polnisch und Litauisch wurde in Ostpreußen Prußisch gesprochen, doch diese Sprache kannte lange
keine Schriftform. Um der Verkündigung in der Muttersprache Genüge leisten zu können, ließ Herzog Albrecht eine
Schriftsprache entwickeln und den Kleinen Katechismus
Martin Luthers ins Prußische übertragen. Diese deutsch-
prußische Übersetzung erschien 1611 in Königsberg. Doch
auch die Schriftsprache konnte den Untergang des Prußischen
am Ende des 17. Jahrhunderts nicht aufhalten.

hältnis aus, denn Königsberg und Masuren spielten für die Verbreitung reformatorischer Schriften und den polnischen Buchdruck insgesamt eine ganz beachtliche Rolle. Nach 1600 erlebte die polnische
Sprache in Ostpreußen ihre weiteste Verbreitung. Zwar vollzog sich
bereits eine beträchtliche polnischsprachige Binnenwanderung, doch
blieb die Einwanderung aus Polen ebenfalls stattlich. Im 17. Jahrhundert erfuhr die polnische Sprachgrenze ihre größte Ausdehnung nach
Norden. Polnisch wurde nicht nur in den masurischen Kreisen gesprochen, sondern auch in den ermländischen Kreisen Allenstein und
Rößel sowie im Bereich des herzoglichen Preußen in den Kreisen Rastenburg, Darkehmen, Gerdauen und Goldap. Zwischen 1607 und
1646 wurde in Insterburg polnisch gepredigt, in Zinten zwischen
1543 und 1630, ebenso in Pillupönen, Bartenstein und Saalfeld. Die
Steindammer Kirche in Königsberg bot bis ins 20. Jahrhundert polnische Gottesdienste für masurische Zuwanderer an.

Wie stark die polnische Sprache nach 1600 auf dem Vormarsch
war, zeigt das Beispiel des Amtes Angerburg. Während die erste Kir-
chenrechnung nach der Reformation nur einen Polen verzeichnete,
zählte die Gemeinde 1694 insgesamt 426 deutsche und 2567 polnische
Abendmahlsgäste. Wenige Jahre später – 1725 – bemerkte der Angerburger Amthauptmann, daß sämtliche Bewohner »einzig und allein
der polnischen Sprache« mächtig seien.[12] In der zweiten Hälfte des
17. Jahrhunderts taucht erstmals der Begriff »polnische Ämter« für
weite Teile Masurens auf.

Die Litauer waren das letzte heidnische Volk Europas. Erst 1387
ließen sich die Bewohner von Hochlitauen-Aukschtaiten und sogar
erst 1413 die von Niederlitauen-Schemaiten taufen. Ihre sprachliche
und geographische Nähe zu den westbaltischen Prußen führte im
Zeitalter des Nationalismus zu einem Streit, ob Teile der prußischen
Stämme gar zu den Litauern zu rechnen seien. Es ging dabei insbesondere um die baltischen Stämme im Grenzgebiet zwischen der
prußischen und der litauischen Siedlung. Während die einen keine
Zweifel hegten, daß sowohl Schalauer, Nadrauer als auch Sudauer litauische Stämme seien, was die litauischen Forderungen nach der
Angliederung Nordostpreußens an Litauen bekräftigte, haben deutsche Forscher nach 1919 die Behauptung aufgestellt, die Stämme seien
prußischen Ursprungs und hätten nur nachbarschaftliche Beziehungen zu den Litauern unterhalten. Diese Fragen werden sich wohl
nicht mehr klären lassen und eine Glaubenssache bleiben. Unbestrit-
ten ist indes, daß seit dem Mittelalter eine bis ins 18. Jahrhundert an-

Herzog Albrecht von Preußen, den der berühmte Lucas Cranach d. Ä. 1528 porträtierte, verschrieb sich mit ganzem Herzen der Reformation und der Verbreitung des Evangeliums in den vier Sprachen seines Landes. Mit Luther hat er die Suche nach dem rechten Glauben erörtert, und er hat selbst religiöse Texte und Lieder verfaßt, unter anderem das Kirchenlied »Was mein Gott will«, das bis heute in den evangelischen Kirchen Deutschlands gesungen wird:

Was mein Gott will, gescheh allzeit, sein Will der ist der beste.
Zu helfen dem er ist bereit, der an ihn glaubet feste.
Er hilft aus Not, der fromme Gott, er tröst' die Welt ohn Maßen.
Wer Gott vertraut, fest auf ihn baut, den will er nicht verlassen.

dauernde litauische Einwanderung nach Preußen, in das sogenannte preußische Litauen, stattfand.

Der 1638 auf kurfürstliches Geheiß ausgearbeitete »Recessus generalis der Kirchen Visitation Insterburgischen und ander Littowischen Embter im Herzogthumb Preussen« stellte Litauer als Bewohner Preußens fest. Die westliche Sprachgrenze des Litauischen, die durch viele historische Quellen bestätigt wird, verlief bei Scharkau, Schacken, Labiau, Wehlau, Nordenburg, Engelstein, Angerburg und Dubeningken. Max Toeppen und Adalbert Bezzenberger umreißen dagegen ein kleineres litauisches Sprachgebiet. Ihrer Meinung nach verlief die litauische Sprachgrenze von Labiau den Fluß Deime entlang, danach den Pregel aufwärts bis zur Alle und hier entlang der Alle und Aschwoene über Nordenburg, Angerburg, Goldap und Dubeningken bis zur litauisch-polnischen Grenze.[13]

Schon 1545 erwähnte der pomesanische Bischof Paul Speratus einen Pfarrer für Litauer in Engelstein bei Angerburg, 1578 werden in den Haushaltsbüchern sechs litauische Weiler bei Benkehmen genannt, die von einem litauisch sprechenden Kaplan aus Angerburg versorgt wurden. Litauer lebten damals auch in Wehlau, wo sie 1623 forderten, daß einer der örtlichen Lehrer Litauisch sprechen müsse. 1748 wurden im Amt Tarplauken und 1777 im Amt Nordenburg litauische Gottesdienste abgehalten. In der Kirchengemeinde Gurnen südlich von Dubeningken haben noch Mitte des 19. Jahrhunderts von 2597 Gliedern 600 Litauisch gesprochen.

Preußen wurde durch Albrechts Initiative zum Wegbereiter des litauischen Buchdrucks, der hier schon ein halbes Jahrhundert früher einsetzte als in Großlitauen. Herzog Albrecht lud Litauer ein, nach Königsberg zu kommen. Der von den Katholiken verfolgte Schemaite Martin Mosvid (Martynas Mažvydas, um 1510–1563) schloß 1548 sein Studium an der Albertina ab und wurde Pfarrer in Ragnit an der Memel. Ihm verdankt Litauen das erste litauische Buch, den am 5. Dezember 1547 in Königsberg erschienenen »Catechismusa prasty szadei«. Den 450. Jahrestag des Erscheinens hat man 1997 in Litauen festlich begangen.

Das Büchlein von 79 Seiten im Kleinformat ließ Herzog Albrecht auf eigene Kosten drucken. Auf der Rückseite des Titelblatts richtet sich ein Widmungsgedicht in lateinischer Sprache an die Gläubigen im mehrheitlich katholischen Litauen und sendet damit eine reformatorische Botschaft von Preußen in das benachbarte Großherzogtum:

AD MAGNUM DUCATUM LITHVANIAE
Fausta ducum magnorum altrix, Lithuania clara,
Haec mandata Die, suscipe mente pia,
Ne te, cum dederis rationes ante tribunal
Augustum, magni iudicis ira premat.

(Gesegnete Ernährerin großer Herzöge, berühmtes Litauen,
diese Gebote nimm an mit frommem Sinn, auf daß,
wenn du dich am Jüngsten Tag zu verantworten hast,
dich, erhabenes [Land], nicht der Zorn des großen Richters treffe.)[14]

In den folgenden anderthalb Jahrhunderten bildete sich in Ost-preußen ein evangelisches litauisches Schrifttum aus. Es erschienen Katechismen, Gesangbücher und Gebetbücher. Eine Übersetzung der Lutherbibel durch Johann Bretke (litauisch Jonas Bretkūnas, 1536–1602) entstand in den Jahren 1590 bis 1602. Das Gesamt-werk ist nur handschriftlich überliefert, einen Teil aber, und zwar die Psalter Davids, hat Johann Rehsa (litauisch Jonas Rėza) 1625 herausgegeben.

Die Grundlage der litauischen Schriftsprache bildete damals die Mundart der West-Aukschtaiten in Kleinlitauen, in der beispielsweise auch Bretke, der aus Bambeln bei Friedland stammte, schrieb. Die erste litauische Grammatik, die »Grammatica Lituanica«, erschien 1653 in lateinischer Sprache in Königsberg. Ihr Verfasser war Daniel Klein (1609–1666), Pfarrer in Tilsit. Im Jahr darauf folgte – ebenfalls in Königsberg – sein »Compendium Lithuanicum«, die Grammatik in deutscher Sprache. War das Litauische bis dahin nur für geistliche Texte und amtliche Schriften gebraucht worden, machten nun die Lehrbücher von Daniel Klein die litauische Sprache verständlich und zugänglich für Anderssprachige. Sie lieferten eine Bestandsaufnahme des Litauischen in der Mitte des 17. Jahrhunderts und boten feste Grundlagen zur weiteren Normierung der Rechtschreibung, des For-mengebrauchs und der Satzstruktur.[15]

Königsberg wurde zum Buchdruckzentrum für nichtdeutsche Sprachen. Hier erschien schließlich 1561 auch eine Übersetzung des Katechismus ins Prußische durch Pfarrer Abel Will, der in der zwei-sprachigen Gemeinde Pobethen bei Königsberg tätig war. Von Will stammt eines der wenigen überlieferten prußischen Sprachzeugnisse, nämlich die Übersetzung des Vaterunser:

Tāwa Noūson kas tu essei Endangon.
Swintints wirst twais Emnes.
Perēit twais Rijjs.
Twais Quāits audāsin, kagi Endagon tijt dēigi nosemien.
Nouson deinennien geitien dais noūmans schan deinan.
Bhe etwerpeis noūmans noāsans āuschantins,
Kai mes etwērpimai noūsons auschautenīamans.
Bhe ni weddeis mans emperbandāsnan.
Schlāit isrankeis mans, esse wissan wargan. Amen.[16]

Neben polnischen und litauischen Siedlern gelangten Kuren entlang dem südlichen Ostseeufer aus der Bucht von Riga in das nördliche Ostpreußen, wo sie bis 1945 in einer kleinen Gruppe auf der Kurischen Nehrung überlebten. Neben den ethnischen Gruppen, die aus wirtschaftlich-sozialen Gründen kamen, fanden zunehmend auch religiöse Asylanten in Preußen Zuflucht. Freilich beschränkte sich die religiöse Toleranz auf verfolgte Protestanten und einige Freikirchler; Katholiken begegnete man mit größter Skepsis und Ablehnung, während Juden überhaupt nicht siedeln durften. Dennoch entstand seit der Reformation eine Tradition religiöser Toleranz, so daß bis ins 19. Jahrhundert unterschiedliche Gruppen Aufnahme fanden. Im 16. Jahrhundert wurde polnischen und böhmischen Protestanten in Preußen Asyl gewährt, ebenso schottischen und niederländischen Reformierten. Auch Arianer, die im 17. Jahrhundert in Polen viel Zulauf hatten, fanden Zuflucht, als sie 1658 per Edikt aus dem Nachbarland ausgewiesen wurden.

»Sancta Warmia« – Heiliges Ermland

Besucher im Herzen Ostpreußens reiben sich die Augen: Aus der hügeligen Moränenlandschaft erhebt sich die barocke Wallfahrtskirche Heiligelinde, Wahrzeichen des katholischen Ermlands inmitten des evangelischen Preußen. Die Ermländer sind seit 1466 einen anderen Weg gegangen als die übrigen Ostpreußen. Ihre konfessionelle Andersartigkeit hat sie schließlich zu einem regionalen Spezifikum ganz besonderer Art im ostpreußischen Schmelztiegel werden lassen.

Der am 19. Oktober 1466 zwischen Polen und dem Deutschen Orden geschlossene Zweite Thorner Frieden hat Preußen in zwei Teile geteilt: in das Königliche Preußen, oft auch Polnisch-Preußen genannt, und in Ordenspreußen. Das Gebiet des Königlichen Preußen umfaßte – einschließlich der 4250 Quadratkilometer des Ermlands – etwa 23 900 Quadratkilometer. Dagegen behielt der Orden ein Gebiet von etwa 32 000 Quadratkilometern. Zum Königlichen Preußen gehörten das Kulmer Land, Pommerellen und Gebiete auf dem rechten Weichselufer mit Marienburg und Elbing sowie das bischöfliche Ermland. Das Hochstift Ermland nahm innerhalb des Ordensstaates eine exponierte Stellung ein.[17] Das war die Voraussetzung gewesen für die eigenständige Politik, die Bischof Paul von Legendorf (1458–1467) während des Dreizehnjährigen Krieges betrieben hatte. Der Neutralitätserklärung von 1460 war vier Jahre später im Vertrag von Neustadt-Korczin ein Sonderfrieden mit Polen gefolgt, in dem der Bischof König Kazimierz IV. von Polen zum neuen Lehnsherrn gewählt und damit das Hochstift aus dem Verband des Ordensstaates gelöst wurde. Als im Zweiten Thorner Frieden die mit jenem Abkommen errungene Autonomie des Bistums durch den Deutschen Orden anerkannt wurde, schien zugleich die verfassungsrechtliche Seite der Oberherrschaft des polnischen Königs, der lediglich Schutzherr der Kirche war, bestätigt zu sein.

Die Grenzen der politischen Selbständigkeit des Ermlands in dem neuen polnischen Staatsverband wurden jedoch schon bei der ersten Sedisvakanz deutlich, als das Domkapitel in gewohnter Ausübung seines freien Wahlrechts Nikolaus von Tüngen (1467–1489) zum Bischof wählte, während der König das ihm in Polen zustehende Nominationsrecht bei der Bischofseinsetzung wahrnahm und den Polen und bisherigen Kulmer Bischof Vincent Kielbassa zum ermländischen Bischof ernannte. Die Folge war der Pfaffenkrieg (1467–1479), in dessen Verlauf das Ermland zwar noch einmal seine außenpolitische Selbständigkeit demonstrierte und eigene Bündnisse abschloß, schließlich aber die Oberhoheit Polens anerkennen mußte. Im Vertrag von Petrikau 1479 wurde es »ad corpus et unionem Poloniae« aufgenommen. Das Domkapitel verpflichtete sich, in Zukunft nur einen dem König genehmen Bischof zu wählen, und leistete den Treueeid auf den Monarchen. Der ermländische Bischof wurde Mitglied des polnischen Senats und mußte König und Krone Polens in allen Kriegen mit Rat und Tat zur Seite stehen. Das Hochstift geriet damit in eine Abhängigkeit, wie sie gegenüber dem Orden nie bestanden hatte.

Als 1551 mit Stanislaus Hosius (1504–1579) ein Pole den Bischofsstuhl bestieg, bedeutete das den ersten Bruch des Zweiten Petrikauer Vertrages von 1512, der gewisse Zugeständnisse des Königs an das ermländische Domkapitel enthielt. Von den sechzehn Bischöfen bis Ignacy Krasicki stammten nur drei aus Preußen (Petrus Tilicki, Johann Konopacki, Adam Grabowski) und außer Hosius nur einer aus den Reihen des Domkapitels. Tatsächlich wurde der ermländische Bischofsthron seit 1551 durch königliche Nomination besetzt.

Stanislaus Hosius galt als eifriger Streiter der Gegenreformation. Seine Predigten in lateinischer, deutscher und polnischer Sprache machten ihn berühmt. Sein Hauptwerk »Confessio catholicae fidei christiana« erschien 1552/53 und erlebte zu seinen Lebzeiten dreißig Auflagen. Hosius forcierte die innerkirchliche Erneuerung im Verbund mit den Kräften der Gegenreformation. Er wirkte mit am Konzil von Trient, das die Neubelebung der Gesamtkirche anstrebte. Zu seiner Unterstützung holte er die Jesuiten in das Hochstift, denn im Ermland hatte der Katholizismus unter der reformatorischen Bewegung arg gelitten. Viele Ermländer waren evangelisch geworden, die Klöster verlassen. In einer Visitationsakte über die Wartenburger Klosterkirche St. Andreas hieß es 1565: »Monasterium ipsum totum est desolatum ... In refectorio habitat silvanus« (Das ganze Kloster selbst ist verfallen ... Im Refektorium wohnt der Wald).[18]

Herzog Albrecht hat stets freundschaftliche Beziehungen zu den katholischen Bischöfen des Ermlands unterhalten. Eine Wende trat erst ein, als Bischof Hosius den Jesuitenorden in das Hochstift holte, unter dessen Ägide in Braunsberg 1565 ein Gymnasium und ein Priesterseminar entstanden. Als am Braunsberger Jesuitenkolleg 1579 auch noch ein päpstliches Missionsseminar ins Leben gerufen wurde, stieg die ermländische Stadt zu einem geistigen Zentrum des Katholizismus im Ostseeraum auf.

In engem humanistischen Austausch mit Königsberg stand auch das ermländische Heilsberg mit seiner Bischofsburg. Hierher hatte Bischof Lukas Watzenrode (1489–1512) seinen Neffen Nikolaus Kopernikus gerufen. Dieser war 1473 in Thorn geboren worden, hatte in Krakau, Bologna, Padua und Ferrara studiert und einen juristischen Doktorgrad erworben. Schon während des Studiums war er Domherr in Frauenburg. Sein astronomisches Hauptwerk »De revolutionibus orbium coelestium« (Nürnberg 1543, Ausgaben Basel 1566 und Amsterdam 1617) sollte die Welt verändern. Kopernikus kehrte 1503 aus Italien in das Ermland zurück und siedelte 1510 von Heilsberg nach Frauenburg über, in dessen ehrwürdigem Dom am Frischen Haff er seine letzte Ruhestätte fand.

Die Gegenreformation brachte das religiöse Leben im Ermland

Die Wallfahrtskirche Heiligelinde ist eine katholische Insel im evangelischen Ostpreußen. Nicht im katholischen Ermland, sondern auf herzoglichem Gebiet im Kreis Rastenburg entstand seit 1687 unter dem Einfluß der Jesuiten dieser barocke Prachtbau, der im krassen Gegensatz zur ansonsten nüchternen norddeutschen Backsteinarchitektur Ostpreußens steht.

zum Blühen. Die Gründung der Kongregation der heiligen Katharina von Alexandria im Jahr 1579, des einzigen in Ostpreußen entstandenen weiblichen Ordens, legt dafür Zeugnis ab. Bereits 1583 erhielt der Orden seine Bestätigung durch Bischof Martin Kromer, 1602 durch den Heiligen Stuhl. Die Braunsberger Bürgertochter Regina Prothmann (1552–1613), die im Juni 1999 von Papst Johannes Paul II. seliggesprochen wurde, hat die Kongregation, die – ungewöhnlich für die Zeit – kein Ordensleben in Klausur vorschrieb, ins Leben gerufen. Die Katharinerinnen widmeten sich der tätigen Nächstenliebe in Schulen, Krankenhäusern, Altersheimen und anderen sozialen Einrichtungen. Im Jahr 1906 erbauten sie in Braunsberg das Neue Kloster, das den Krieg überstand. Das Generalat befindet sich heute nicht mehr in Braunsberg, sondern in Grottaferrate bei Rom.

Heiligelinde, die imposante barocke Wallfahrtskirche inmitten der ostpreußischen Landschaft, stellt eine religiöse Obskurität dar. Obwohl katholisch, liegt das Gotteshaus gar nicht im Ermland, sondern auf ehemals herzoglichem Territorium im Kreis Rastenburg. Eine mittelalterliche Wallfahrtskapelle zu Heiligelinde, die an der Stelle eines prußisches Heiligtums gestanden haben soll, war zu Beginn der Reformation völlig zerstört worden. Kaum hatte Kurfürst Joachim Friedrich bei der Belehnung mit Preußen dem polnischen König 1605 freie Religionsausübung für die Katholiken zugesagt, bat der Bischof von Ermland die Königsberger Regierung auch schon, in Heiligelinde wieder katholische Gottesdienste feiern zu dürfen. Otto von der Groeben, der den Besitz Heiligelinde von seinem Schwiegervater Hans von Tettau übernommen hatte, wurde vom polnischen König Zygmunt III. Waza ersucht, das Land an den begüterten Sekretär des Königs, Stephan Sadorski, zu verkaufen. Das tat Groeben 1617. Wenige Jahre später trat er selbst zum Katholizismus über, und Sadorski begann mit dem Bau der heutigen Kirche. Nachdem diese 1636 an das ermländische Domkapitel übergegangen war, nahmen die Jesuiten das eindrucksvollste barocke Gotteshaus Ostpreußens in ihre Obhut.

Das im alten Glauben verharrende Ermland, das so gar nicht in das Bild Preußens als protestantischem Staat paßte, erwies sich als fruchtbares Element im geistigen Austausch mit dem evangelischen Umfeld. Hier florierten andere geistige Strömungen, und es gab eine großzügig geförderte Kultur, die im lebhaften Wettbewerb stand mit dem lutherischen Herzogtum Preußen, was für beide Seiten ein Gewinn war.

»Caressiret die Preussen«

Brandenburg-Hohenzollern und das
widerspenstige Preußen

Kurfürst Friedrich Wilhelm hat in seinem politischen Testament eine schonungslose Einschätzung der Verhältnisse im 17. Jahrhundert hinterlassen. Der Brandenburger hatte es schwer mit Preußen, denn das Herzogtum im Osten entwickelte sich in vielfacher Hinsicht nicht in seinem Sinne. Der ständische Widerstand gegen den nach absolutistischer Macht strebenden Herrscher war nicht gebrochen, alte Freiheiten wurden erbittert verteidigt. Der Nachfolger tat also gut daran, »stetz ein wachendes auge« auf diese Preußen zu haben.

Der erste preußische Herzog aus der Kurlinie der Brandenburger war Joachim Friedrich (1598–1608). Ihm folgten Johann Sigismund (1608–1619), der 1613 zum Kalvinismus konvertierte, und Georg Wilhelm (1619–1640). Die Anerkennung der kurbrandenburgischen Nachfolge in Preußen durch den polnischen Lehnsherrn 1603 war nicht selbstverständlich gewesen. Der König von Polen hatte eine gewisse Öffnung gegenüber den Katholiken zur Bedingung gemacht. Infolge dieser Abmachung entstand 1616 die erste katholische Kirche in Preußen seit der Reformation auf dem Königsberger Sackheim. Noch lebte Albrecht Friedrich, der inzwischen entmündigte Sohn Herzog Albrechts. Nach dem Tod dieses Nachkommen 1618 wurde der brandenburgische Kurfürst Georg Wilhelm dann erster erblicher Herzog in Preußen. Zwei Jahre später nahm der polnische König seine Belehnung vor. Auf Georg Wilhelm folgten Friedrich Wilhelm (1640–1688) und Friedrich III., der sich 1701 als Friedrich I. zum König in Preußen krönen ließ und die Verschmelzung Brandenburgs mit Preußen endgültig besiegelte.

Während des gesamten 17. Jahrhunderts zeigte Preußen sich widerspenstig gegen den brandenburgischen Landesherrn. Als das kurfürstliche Brandenburg von den Schrecken des Dreißigjährigen Krieges heimgesucht wurde, erkor Friedrich Wilhelm, der als Großer Kurfürst in die Geschichte einging, Königsberg zu seiner Residenz. In Preußen waren seine Rechte jedoch vielfach beschränkt, da es den

Nach langen Jahrzehnten zäher Auseinandersetzungen mit den widerspenstigen preußischen Ständen setzten sich die absolutistischen Herrscher schließlich durch. Es begann die innere Festigung Preußens und der Aufstieg Brandenburgs zum Königreich, der mit der Krönung Friedrichs I. im Jahre 1701 in Königsberg besiegelt wurde. Ein zeitgenössischer Kupferstich stellt die Erbhuldigung der preußischen Stände vor Kurfürst Friedrich Wilhelm, dem Großen Kurfürsten, 1663 auf dem Königsberger Schloßhof dar.

preußischen Ständen nach dem Tod Herzog Albrechts gelungen war, die Macht des Landesherrn einzudämmen. Diese Entwicklung wurde durch die polnische Lehnshoheit noch gefördert, weshalb der Kurfürst das rebellische Preußen fest im Griff hielt. Er ging dabei nicht zimperlich vor. Außen- und innenpolitisch lief die Zeit ohnehin für ihn, denn die Neuordnung Europas nach 1648 ermöglichte den Aufbau absolutistischer Strukturen.

In seinem Drang nach Souveränität riskierte Friedrich Wilhelm einiges. So schlug er sich im Zweiten Schwedisch-Polnischen Krieg auf die Seite Schwedens mit dem Ziel, die polnische Lehnsherrschaft abzuschütteln. Dafür nahm er vorübergehend die schwedische in Kauf, die er jedoch nach dem schwedisch-preußischen Sieg bei Warschau mit dem Vertrag von Labiau am 20. November 1656 sogleich wieder loswerden konnte. Unmittelbar danach sah man ihn gegen Schweden auf der Seite Polens und Rußlands. Mit den Verträgen, die am 19. September 1657 in Wehlau und am 6. November 1657 in Bromberg unterzeichnet wurden, erlangte er schließlich die Anerkennung der preußischen Souveränität. Noch aber konnte Preußen bei einer Erbfolgekrise an Polen zurückfallen, und noch behielt sich Polen das Recht auf Überprüfung der rechtsgültigen Thronfolge vor. Diese formellen Einspruchsmöglichkeiten wurden erst mit der ersten Teilung Polens 1772 beseitigt.

Bis dahin galt der im Frieden von Oliva 1660 besiegelte polnisch-brandenburgische Ausgleich. Die brandenburgischen Erwerbungen von 1657 – die hinterpommerschen Herrschaften Lauenburg und Bütow – wurden darin als polnische Lehen bestätigt. Das preußisch-polnische Verhältnis war damit für die nächsten hundert Jahre geregelt und der schwedisch-polnische Thronstreit beigelegt. Die Ergebnisse von Oliva lassen erkennen, daß Friedrich Wilhelm noch keine klare deutsche Tradition in Preußen verfolgte. Im Jahr 1661/62 bewarb er sich sogar um die Krone Polens und war bereit, dafür Brandenburg-Preußen aufzugeben.

Mit dem Frieden von Oliva festigte Friedrich Wilhelm seine Stellung nach außen, aber noch war er nicht alleiniger Herr im eigenen Land. Die Stände behaupteten nämlich, die Lehnsabhängigkeit von Polen beruhe auf einer Entscheidung der preußischen Stände von 1454 und könne daher nicht ohne deren Zustimmung aufgehoben werden. Das waren Vorstellungen der alten Freiheit, deren Vorbilder in der nichtabsolutistischen polnischen Adelsrepublik entstanden waren.

Der Widerstand gegen Friedrich Wilhelm verdichtete sich in einer Person: Christian Ludwig von Kalckstein (1627–1672), ein persönlicher Gegner des Kurfürsten, der die Sache der preußischen Stände zu seiner eigenen machte. Er und sein Vater Albrecht (1592–1667), Gutsherren auf Knauten und Patrone der Kirche Mühlhausen, waren Wortführer jener preußischen Adligen, die vom Großen Kurfürsten Freiheiten forderten, wie der Adel im benachbarten Polen sie errungen hatte. Christoph Albrecht von Kalckstein dagegen unterstützte diese Forderungen nicht und zeigte seinen Bruder Christian Ludwig an, der daraufhin verhaftet und wegen Hochverrats zu 5000 Talern Strafe verurteilt wurde. Der Verurteilte entzog sich der Urteilsvollstreckung, indem er nach Polen floh und dort den König dafür zu gewinnen suchte, in Preußen einzugreifen. Unter Bruch des Völkerrechts ließ der Kurfürst den Flüchtigen in einem Teppich eingerollt aus Warschau in die Festung Memel entführen, wo der preußische Adlige zum Tode verurteilt und am 8. November 1672 enthauptet wurde.

Kaum besser erging es dem Königsberger Ratsherrn Hieronymus Roth, der ebenfalls die freiheitlichen Traditionen Preußens verteidigte und die Ansicht teilte, daß die Stände am Zustandekommen der Verträge von Wehlau und Oliva hätten beteiligt werden müssen. Als Wortführer der Opposition ging er 1662 nach Warschau und bewegte die Vertreter der drei Städte Königsberg dazu, sich an den polnischen König zu wenden. Auch Roth wurde gefangengenommen. Mit einem Prozeß hielt sich der Kurfürst gar nicht erst auf. Er verlangte ein Schuldbekenntnis, das Roth aber verweigerte, weshalb er bis zu seinem Tod 1678 in Haft blieb.

Daß Kalckstein und Roth sich nach Polen wandten, war naheliegend, denn sie konnten erwarten, dort weiterhin ein Auskommen zu finden. Militärische Laufbahnen preußischer Adliger sowohl in polnischen als auch in preußischen Diensten waren nicht ungewöhnlich. So führte Friedrich von der Groeben (1645–1712), Herr auf Groß Schwansfeld im Kreis Bartenstein, das Kommando über das ausländische Regiment unter Jan III. Sobieski, als dieser in der Schlacht am Kahlenberg 1683 Wien gegen die Türken verteidigte. Sowohl Jan III. Sobieski als auch seinem Nachfolger August II. diente Groeben als loyaler und mit vielen polnischen Orden geehrter Feldherr.

Friedrich Wilhelm suchte die Stände, vor allem den Adel, für sein Staatswesen zu gewinnen. Das gerade geschaffene Heer bot ihm dabei vortreffliche Möglichkeiten, denn es eröffnete dem nach Titeln heischenden Adel glanzvolle Karrieren. Es ist dem Großen Kurfürsten im Laufe der Zeit tatsächlich gelungen, den Adel zu bezähmen. Dennoch hat er seinem Nachfolger empfohlen: »Caressiret die Preussen, aber habt stetz ein wachendes auge auff Sie.«[1]

Als absolutistischer Herrscher bemühte sich Friedrich Wilhelm freilich auch um Kolonialpolitik. Für dieses Abenteuer gewann der Kurfürst den Ostpreußen Otto Friedrich von der Groeben (1656 bis 1728), der bereits als junger Mann in polnischen Diensten sein Geschick bewiesen hatte. Mit einer Flotte brach er von Pillau aus auf und gründete 1683 im preußischen Auftrag die Kolonie »Groß-Friedrichsburg« an der afrikanischen Goldküste im heutigen Guinea. Das koloniale Ausgreifen blieb jedoch Episode, da es die Staatsfinanzen zu ruinieren drohte. Ein weiterer preußischer Landgewinn fiel 1691 durch Erbschaft an, nämlich die litauischen Herrschaften Tauroggen und Serrey, die nahe der ostpreußischen Grenze lagen und zur kurbrandenburgischen Erbmasse der Prinzessin Luise Charlotte Radziwill gehörten, der Gemahlin des Markgrafen Ludwig von Brandenburg.

Kurfürst Johann Sigismund hat 1611 erreicht, daß der polnische König die Erbfolge der brandenburgischen Kurlinie im Herzogtum Preußen anerkannte und der evangelische Charakter des Landes gewahrt blieb. Als der preußische Landesherr Weihnachten 1613 zum reformierten Bekenntnis übertrat, verlangte er – entgegen der damals üblichen Praxis – nicht, daß seine Untertanen es ihm gleichtaten. Die preußischen Stände waren von der landesherrlichen Toleranz aber keineswegs angetan, sondern protestierten im Verbund mit der lutherisch-orthodoxen Geistlichkeit und der Königsberger Universität gegen die ihrer Ansicht nach drohende reformierte Dominanz. In der Tat hatte der Kurfürst als Summus episcopus Rechte über eine Kirche, der er selbst nicht mehr angehörte.

In dem konfessionellen Zwist mit der lutherischen Kirche Ostpreußens suchte der reformierte Landesherr die Bekenntnisunterschiede innerhalb des Protestantismus zu nivellieren, indem er eine Einheitskirche anstrebte. Lutherische Stände und Pfarrerschaft traten diesen Bestrebungen jedoch entgegen, weil sie darin den Versuch witterten, Geistlichkeit und Landstände zu entmachten und einen modernen frühabsolutistischen Staat durchzusetzen.

Die Königsberger Universität und die preußischen Stände ließen sich 1619 vom polnischen König den lutherischen Konfessionsstand garantieren. Die Kirche Preußens blieb dem lutherischen Bekenntnis treu. Die innere Festigkeit, die sie in den Jahren des Suchens und Haderns gewonnen hatte, floß nun in die Bewahrung der Lehre. Daher begann die Epoche der lutherischen Orthodoxie nicht in konservativer Erstarrung, sondern zeichnete sich aus durch Sammlung und Besinnung auf das Wesentliche. Intoleranz gegenüber anderen Konfessionen blieb freilich nicht aus, und es gestaltete sich äußerst mühsam für Angehörige nichtlutherischer Konfession – Katholiken, reformierte Schotten und Niederländer, anglikanische Engländer und natürlich Juden –, das Recht auf Religionsausübung durchzusetzen.

»Ännchen von Tharau«
Simon Dach und der Königsberger Dichterkreis

Ännchen von Tharau ist's, die mir gefällt,
Sie ist mein Leben, mein Gut und mein Geld.
Ännchen von Tharau hat wieder ihr Herz
Auf mich gerichtet in Lieb und in Schmerz.
Ännchen von Tharau, mein Reichtum, mein Gut,
Du meine Seele, mein Fleisch und mein Blut.
Käm' alles Wetter gleich auf uns zu schlahn,
Wir sind gesinnt, beieinander zu stahn.
Krankheit, Verfolgung, Betrübnis und Pein
Soll unsrer Liebe Verknotigung sein.
Recht als ein Palmenbaum über sich steigt,
Je mehr ihn Hagel und Regen angreift:
So wird die Lieb in uns mächtig und grot,
Durch Kreuz, durch Leiden, durch allerlei Not.
Würdest du gleich einmal von mir getrennt,
Lebtest da, wo man die Sonne kaum kennt:
Ich will dir folgen durch Wälder und Meer,
Durch Eis, durch Eisen, durch feindliches Heer.
Ännchen von Tharau, mein Licht, meine Sonn'
Mein Leben schließ' ich um deines herum.

In Memel steht vor dem Theater das Wahrzeichen der Hafenstadt an der Dange: ein Brunnen mit dem Bronzedenkmal des Ännchen von Tharau. Eine Gedenktafel erinnert an den Dichter Simon Dach, dessen geistliche Lieder Eingang in litauische wie deutsche Gesang-

Auf dem Theaterplatz der ehrwürdigen Stadt Memel steht seit 1989 wieder das »Ännchen von Tharau«, für das Simon Dach im 17. Jahrhundert eines der schönsten Liebesgedichte der deutschen Literatur schrieb. Johann Gottfried Herder hat zu seiner Übertragung ins Hochdeutsche kritisch angemerkt: »Es hat sehr verloren, da ich's aus seinem treuherzigen, starken, naiven Volksdialekt ins liebe Hochdeutsch habe verpflanzen müssen.« In der Tat klingen die Verse im preußischen Niederdeutsch wärmer und vertrauter:

> *Anke van Tharaw öß / de my geföllt /*
> *Se öß mihn Lewen / mihn Goet on mihn Gölt.*
> *Anke van Tharaw heft wedder eer Hart*
> *Op my geröchtet ön Löw' on ön Schmart.*

bücher gefunden haben. Diese auf deutsch verfaßten und ins Litauische übersetzten Werke ließen ihn zu einem Dichter der Deutschen wie der Litauer werden.

Für das Denkmal hat man 1910 Spenden gesammelt und den Berliner Bildhauer Arnold Künne, der auch das Corveyer Fallersleben-Denkmal schuf, mit der Mädchenstatue beauftragt, die 1912 feierlich enthüllt wurde. Im Jahr 1939 verschwand das Kunstwerk zugunsten eines Hitler-Denkmals. Mit Hilfe deutscher Spenden konnte das Ännchen im November 1989 seinen Platz aber wieder einnehmen. Heinz Radziwill, der Initiator dieser Reinstallation, führte anläßlich der erneuten Einweihung aus: »Erstmals seit dem Kalten Krieg wird ein Geschichtsdenkmal und Stadtsymbol wiederaufgebaut. Jahrzehnte waren Litauer und Deutsche Nachbarn, heute sind sie weit voneinander entfernt ..., das schönste Denkmal steht hier vor uns – ein junges Mädchen, das die Liebe symbolisiert. Solange es auf der Welt Menschen gibt, wird es auch Haß und Neid geben, aber immer wird die ewig junge Liebe da sein.«[2]

Das Denkmal wie das Lied »Ännchen von Tharau« nehmen Bezug auf eine historische Person. Ännchen wurde 1619 in Tharau als Tochter des Pfarrers Neander geboren. Mit siebzehn Jahren heiratete sie 1636 den Pfarrer Johannes Portatius, einen Studienfreund Simon Dachs in Königsberg. Aus diesem Anlaß entstand das 1642 erstmals veröffentlichte Gedicht. Ännchen starb mit siebzig Jahren und wurde an der Seite ihres Sohnes Friedrich aus erster Ehe, der ein Jahr vor ihr dahingeschieden war, in Insterburg begraben.

»Ännchen von Tharau« ist ein typisches barockes Gelegenheitsgedicht. Keine ungewöhnlichen Erlebnisse sind hier festgehalten, sondern in jedem Leben eintretende gesellschaftliche Zäsuren wie Geburt, Konfirmation, Promotion, Amtsantritt, Hochzeit, Geburtstage, Besuche und Begräbnisse. Der Glanz der höfischen Repräsentationskultur breitete sich mit solchen Dichtungen auch über das bürgerlich-städtische Fest aus. Die heutige Liedfassung geht auf Johann Gottfried Herders neuhochdeutsche Übertragung für seine Liedersammlung »Stimmen der Völker in Liedern« von 1778/79 zurück.

Das Lied, zu dem Friedrich Silcher 1827 die Melodie komponierte, ist im Stil eines Rollengedichts dem Bräutigam in den Mund gelegt, eine Liebeserklärung an die geliebte Braut. Diese Liebe ist das Fundament ihrer Lebensgemeinschaft, die Schutz und Geborgenheit bietet, was immer das Schicksal auch bringen mag. Dachs Lied ist eines der ersten bedeutenden Ehegedichte der deutschen Literatur.

Nicht von Erotik und Leidenschaft erzählt er, sondern von der inneren Harmonie des Paares und dem niemals schwankenden Gefühl der Zusammengehörigkeit.[3]

Im Einwanderungsland Ostpreußen setzte sich das Schriftdeutsch erst seit Mitte des 16. Jahrhunderts durch. Die bis dahin verbreitete ostpreußische Mundart sowie die niederdeutschen Mundarten wurden nun unter dem Einfluß der Reformation durch das Hochdeutsche als Amtssprache verdrängt. Doch im baltischen Raum bildete sich die Sprache auf der Ebene der Dialekte weiter. Die preußische Mundart gewann, wie Hermann Fischler zu Recht betont, dadurch ihre Eigentümlichkeit:

»Die Berührung und Mischung der Ansiedler mit den slawischen und litauischen Nachbarn, wie sie seit Jahrhunderten bestanden, und der gleiche alte Verkehr mit den überseeischen Nationen hat ferner dazu beigetragen, der Mundart eine Färbung zu geben, die frappiert, aber auch interessiert. Ja, Funken jener erloschenen Sprache der heidnischen Ureinwohner des Landes blitzen hin und wieder in einzelnen Wörtern auf, und diese bilden eine weitere Eigentümlichkeit preußischer Mundart.«[4]

Der 1605 in Memel geborene Dichter Simon Dach war einer der führenden Köpfe des sogenannten Königsberger Dichterkreises. Sein Vater arbeitete als Übersetzer für Litauisch, Kurisch und Polnisch am Hofgericht in Memel, Dachs Großvater mütterlicherseits war in der Stadt Bürgermeister. Der kleine Simon besuchte zunächst die dortige Schule, dann die Königsberger Domschule und studierte ab 1626 an der Albertina alte Sprachen und Theologie. Im Jahr 1639 wurde er zum Professor der Poesie berufen, was er sein Leben lang blieb. Er starb 1659. Vier Jahre zuvor entstand der poetische »Abschied an meine Vaterstadt Memel«, weil er, von Krankheit gezeichnet, selbst die kurze Strecke von Königsberg nach Memel nicht mehr zurücklegen konnte:

> *Ich hätte zwar der Tangen Rand*
> *Noch einmal gern gegrüsset,*
> *Gern dich, mein liebes Vaterland,*
> *Zu guter Letzt geküsset.*
> *Eh' mich der Tod hätt' aufgeleckt,*
> *Der mich verfolgt ohn' Ende,*
> *Und stets nach mir hält ausgestreckt*
> *Die abgefleischten Hände. – –*

Ich bin auf andre Lust bedacht,
Die Gott mir dort wird geben.
Du werthe Mümmel, gute Nacht,
Du müssest glückhaft leben!
Kein Wehmuth, kein Verlust, kein Leid
Geb' Ursach' dir, zu trauern;
Empfinde Fried' und gute Zeit
Stets inner deinen Mauern!
G'nug wo mein Reim das Glück nur hat
Und wird nach mir gelesen,
Dass dennoch meine Vaterstadt
Die Mümmel ist gewesen.[5]

Simon Dach taucht fast immer im Zusammenhang mit dem Königs-
berger Dichterkreis auf. Günter Grass hat diesen ostpreußischen
Freundeszirkel des Frühbarock in dem Roman »Das Treffen in Telgte«
verewigt, wo er auf die Gruppe 47 anspielt, die von Hans Werner
Richter zusammengeführt wurde. Auf Drängen der Königsberger
Freunde entstand 1641 Heinrich Alberts »Musicalische Kürbis-
Hütte, welche uns erinnert menschlicher Hinfälligkeit«. Das Titel-
blatt der Liedersammlung zeigt eine Kürbishütte in Alberts Garten.
Die zwölf Teile des Zyklus stehen für jene Zwölf, die sich in Alberts
Garten am Pregel vor dem Honigtor in einer »Kürbislaube« trafen.
Der Kürbis taucht in den Emblembildern der Zeit häufig auf. In
einer einzigen Nacht soll die schattenspendende Frucht über den Pro-
pheten Jonas zu einer Hütte gewachsen und anderntags schon ver-
welkt gewesen sein (Jona 4, 5-11). Sie steht für die pralle Sinnenfreude
des Augenblicks und zugleich für die Vergänglichkeit allen Seins. Die
Kürbishütte im Garten ist Sinnbild eines Paradieses auf Zeit, ein ein-
gehegter Platz gemeinsamer Freuden, doch nicht für alle Ewigkeit.

Der 1604 in Lobenstein (Reuß) geborene Heinrich Albert war ein
Cousin und Schüler von Heinrich Schütz. Er kam als Student 1626
nach Königsberg, wo er von 1630 bis zu seinem Tod 1651 als Dom-
organist wirkte. Alberts Hauptwerk sind die zwischen 1638 und 1650
komponierten »Arien oder Melodeyen etlicher teils geistlicher teils
weltlicher ... Lieder«. Sie machten ihn zum ersten Meister des deutschen monodischen Liedes. Viele der Dichtungen stammen von seinem Freund Simon Dach. Heinrich Albert schuf eines der schönsten
Kirchenlieder der deutschen evangelischen Liedtradition, das in Ostpreußen bis ins letzte Jahrhundert als Morgengebet verbreitet war:

1. Gott des Himmels und der Erden,
   Vater, Sohn und Heil'ger Geist,
   der es Tag und Nacht läßt werden,
   Sonn und Mond uns scheinen heißt,
   dessen starke Hand die Welt
   und was drinnen ist erhält.

2. Gott, ich danke dir von Herzen,
   daß du mich in dieser Nacht
   vor Gefahr, Angst, Not und Schmerzen
   hast behütet und bewacht,
   daß des bösen Feindes List
   mein nicht mächtig worden ist.

5. Führe mich, o Herr, und leite
   meinen Gang nach deinem Wort;
   sei und bleibe du auch heute
   mein Beschützer und mein Hort.
   Nirgends als von dir allein
   Kann ich recht bewahret sein.

7. Deinen Engel zu mir sende,
   der des bösen Feindes Macht,
   List und Anschlag von mir wende
   Und mich halt in guter Acht,
   der auch endlich mich zur Ruh
   trage nach dem Himmel zu.[6]

Zum Königsberger Dichterkreis zählten ferner der Rhetorikprofessor Valentin Thilo (1607–1662), von dem das Lied »Mit Ernst, o Menschenkinder, das Herz in euch bestellt« stammt, sowie Georg Weißel (1590–1635), Pfarrer an der Altroßgärter Kirche zu Königsberg, der das Lied »Such, wer da will, ein ander Ziel, die Seligkeit zu finden« sowie das Adventslied »Macht hoch die Tür, die Tor macht weit« komponierte. Georg Werner (1589–1643), Pfarrer im Löbenicht, gesellte sich dem Kreis zu, ebenso Johann Stobäus (1580–1646) und der preußische Staatsrat Robert Roberthin (1600–1648), der in seinen Versen bezeugt hat, welch geistig reges Säkulum das 17. Jahrhundert war, was sich nachhaltig im kirchenmusikalischen Schaffen niederschlug.

Wir müssen zwar entfernt von andern Orten leben,
in denen Wärme herrscht, uns deckt der kalte Nord;
doch hast du uns gewollt ein ander Sonne geben,
der Seelen schönstes Licht, das klare Gnadenwort;
und neben diesem Wort hast du uns mit verliehen,
daß guter Künste Brauch hier reichlich ist bekannt,
und jedermann gesteh, daß in dem kalten Preußen
mehr geistlich Singen sei, denn sonsten überall.[7]

Leibeigenschaft, Gutsherrschaft und Tatarenkriege

Drückende Armut bestimmte in der Frühen Neuzeit das Leben in Preußen. Die adligen und landesherrlichen Grundherren erhoben nicht selten Abgaben, die das Wenige verschlangen, was der karge Boden hergab. Obwohl sie nur mit Mühe und Not ihre eigenen Felder bestellen konnten, mußten die Bauern Frondienste leisten, die zusätzlich an ihren Kräften zehrten. Zudem forderten die Pest und andere todbringende Seuchen immer wieder ihren Tribut. Im 17. Jahrhundert wütete die Pest auf der Kurischen Nehrung derart, daß 1603 fast die gesamte Einwohnerschaft Niddens den Tod fand. Der Pestfriedhof wurde 1931 bei dem alten, versandeten Dorf Nidden gefunden, das um 1675 aufgegeben wurde.

Die Menschen suchten nach Erklärungen für die große Not, und sie fanden Sündenböcke. Das 17. Jahrhundert verzeichnete im protestantischen Europa eine Zunahme der Hexenverfolgung und brutale Hinrichtungen. Auch das evangelische Kirchenbuch der Stadtkirche Preußisch Holland gibt über Hinrichtungen Auskunft, die zwischen 1628 und 1665 erfolgten, wobei Hexerei als Hinrichtungsgrund auffallend häufig genannt wird:

»1630 d. 26. Aug.: Agnes ein Weib außm Bischtumb (welche weder natürliche Augen noch Nase, oder Maul gehabt) wegen Zauberey Vrbrandt worden.

1639 Item: Anna Braun von Briensdorf (welche mit ihrem stieff Vater blutschande getrieben, vndt daß Kindt nach der geburt vmbkommen lassen) mit dem Schwerdt gerichtet worden.

1653 d. 3. Septemb.: Jan N. ein Polnischer Kerl wegen Sodomitischer Sünden sampt dem Beest vbrandt worden.«[8]

Lovis Corinth hat 1893 den »Kirchhof in Nidden« gemalt
und das Gemälde mit dem Untertitel »Kurische Nehrung«
versehen, denn es »gibt den Charakter der Landschaft auf der
engen Landzunge wieder, zu dem auch die Kreuze der Verstorbenen gehören« (Lothar Brauner). War das Leben auf den
kargen Böden Ostpreußens schon hart, so war es auf der sandigen Kurischen Nehrung erst recht armselig und entbeh-
rungsreich. Die ostpreußische Dichterin Agnes Miegel hat in
dem Gedicht »Die Frauen von Nidden« von der geplagten
Bevölkerung des Fischerdorfes auf der Kurischen Nehrung
erzählt, das ganz besonders unter der Pest gelitten hat, als
1603 fast alle Einwohner von der Seuche hinweggerafft wurden. Den Pestfriedhof hat man 1931 gefunden.

Im Vergleich zur Ordenszeit fanden Siedler, die nach 1525 in Preußen eintrafen, schlechtere Bedingungen vor. Während der Orden relativ großzügig kölmische Freibauern angesiedelt hatte, waren fortan scharwerkspflichtige Zinsbauern in der Überzahl. Die Anwerbung erfolgte im herzoglichen Auftrag, indem der Amtshauptmann kraft einer Handfeste dem Lokator die Genehmigung zur Besiedlung eines ausgewiesenen Landstriches erteilte.

Nach 1525 stieg der gesamtgesellschaftliche Einfluß des preußischen Adels. Der adlige Grundbesitz bildete sich zum einen heraus aus den Dienstgütern der frühen Ordenszeit und zum anderen aus den umfangreichen Landverleihungen während des Dreizehnjährigen Krieges und nach dem Zweiten Thorner Frieden. Die Landverschreibungen an Söldnerführer aus dem Reich eröffneten bald ebenfalls die Möglichkeit, in den preußischen Adel aufzusteigen. Diesen Weg gingen die Geschlechter Dohna, Finck, Oelsnitz und Kreytzen im Oberland sowie die Eulenburgs und Schliebens in Natangen und im Samland. Der selbstbewußte preußische Adel setzte beim Landesherrn das Privileg des Indigenats durch, wonach alle Ämter von Angehörigen des einheimischen Adels bekleidet werden mußten. Das schloß Konkurrenz aus und reservierte den preußischen Adelsfamilien die einträglichen Amtshauptmannstellen, die ihnen neben ihren Gütern Einnahmen sicherten.

Schon unmittelbar nach der Säkularisierung verlieh Albrecht Ämter zur lebenszeitlichen Nutzung an ehemalige Ordensritter. Die Ämter Schönberg (1532), Gilgenburg (1542) und Deutsch Eylau (1548) wurden so zu Erbämtern und waren damit der herzoglichen Schatulle für immer entzogen. Eine Übersicht von 1663 über die Verteilung des Grundbesitzes im Herzogtum Preußen verdeutlicht, daß der Herzog nur über knapp die Hälfte des Kulturlandes verfügte, wobei der landesherrliche Anteil im Samland am höchsten und im Oberland am niedrigsten war. Im oberländischen Kreis herrschten Adelsgüter vor, von denen gut die Hälfte aus den Dienstgütern der Kolonialzeit bis zur Mitte des 13. Jahrhunderts hervorgegangen war, denn der Orden hatte aus militärischen Gründen dieser Form der Besiedlung in der undurchdringlichen Wildnis vor allen anderen den Vorzug gegeben. Nach 1466 hat das Areal des Adels nochmals um ein Drittel zugenommen.

In dem Maße, wie die Macht in den Händen des Adels wuchs, verschlechterte sich zwangsläufig die Lage der Bauern. Die ohnehin schon drückende Abhängigkeit verstärkte sich 1577 noch durch die vom Adel initiierte und in der preußischen Landesordnung festgeschriebene Schollenbindung der Bauern, wonach diese ihren Wohnsitz nicht ohne Erlaubnis des Gutsherrn verlassen durften. Für die dramatische Einschränkung der bäuerlichen Freiheiten trug der landsässige Adel die Verantwortung. Ehemals freie Bauern wie Kleine Freie und Scharwerksfreie verloren immer mehr Rechte.

Gerade der Abstieg der Freien, ursprünglich das soziale Bindeglied zwischen Adel und Bauern, offenbart die Veränderung in der preußischen Gesellschaftsstruktur. Als Besitzer kleiner Güter nahmen sie auch die niedere Gerichtsbarkeit wahr. Diese ausgleichende gesellschaftliche Rolle verloren sie, je mehr sie an Bedeutung einbüßten, während der Adel immer mehr Privilegien in seinen Händen vereinte. Auch der Landesherr trug zur sozialen Verelendung der ländlichen Bevölkerung bei. Um die herzogliche Kasse zu füllen, verpachtete er die Domänenvorwerke an den Adel. Diese Vorwerke entstanden bei den Ordensburgen und entwickelten sich nach 1525 zu staatlichen Domänen. Seit der Ordenszeit waren ihnen scharwerkspflichtige Zinsdörfer in der Umgebung zugeteilt. Mit dem Domänenvorwerk erhielt der adlige Pächter nicht nur das eigentliche Gut, sondern auch alle umliegenden Zinsbauern als lebendes Inventar. Für den Adligen lohnte sich die Gutspacht nur, wenn er über den Pachtzins hinaus einen satten Gewinn erzielen konnte. Zwangsläufig stieg der Druck auf die Scharwerksbauern. Während der Regentschaft Friedrich Wilhelms waren die Vorwerke gefragt. Das sicherte dem kurfürstlichen Hof Einnahmen, förderte aber zugleich die Unterdrückung der Bauern, die in dieser Zeit ihren Höhepunkt erreichte.

Domänenverpachtungen allein konnten die chronische Geldnot Friedrich Wilhelms, der mit dem Aufbau eines stehenden Heeres permanent neue Löcher in den Staatssäckel riß, nicht beheben. Daher erschloß er sich eine weitere Einnahmequelle, indem er in den Staatsforsten der »Wildnis« unter Umgehung der Bewilligung durch die preußischen Stände Schatullbauern ansiedelte, die nur ihm direkt abgabenpflichtig waren. Mit diesen neuen Schatulldörfern schloß er zugleich die letzten Siedlungslücken in den kargen Regionen entlang der Grenzen Preußens.

Im wald- und heidereichen Masuren gab es noch gänzlich unbesiedeltes Land, wo der Fiskus Schatullsiedlungen förderte. In den forstfiskalischen Schatulldörfern galt eine strenge Hierarchie, an deren Spitze die Schatullkölmer standen, die ihre Hufen erblich zu kölmischem Recht besaßen. Sie waren bis auf den jährlichen Grundzins von Steuern und Scharwerkslasten befreit. Der Schatullbauer dagegen erhielt zwar auch seine Hufen erb- und eigentumsrechtlich verliehen, mußte aber Hand- und Spanndienste in den staatlichen Forsten entrichten. Im Vergleich zu den Amtsbauern genossen die Schatullbauern größere Freiheiten. Da sie der staatlichen Forstbehörde direkt unterstellt waren, blieb ihnen die Abgaben- und Fronlast der Amtsbauern erspart, die den nimmersatten Domänenpächtern hilflos ausgeliefert waren.

Die privilegierte Stellung nutzte den Bewohnern der Schatulldörfer aber nicht viel, denn nicht von ungefähr waren die Siedlungen gerade dort angelegt worden, wohin mittelalterlicher wie frühneuzeitlicher Landesausbau nicht hatten vordringen wollen oder können. Auf diesen schlechteren Böden brachten Abgabevergünstigungen nur wenig Erleicherung. Für die erst Mitte des 17. Jahrhunderts modellhaft geplanten Schatulldörfer endete bereits 1713 die rechtliche Sonderstellung im Rahmen der unter Friedrich Wilhelm I. vorgenommenen Neuordnung. Mit dem Fortfall der steuerlichen Privilegien drohte den »Chatoullern« der finanzielle Ruin. Gegen diese Benachteiligung liefen viele Schatulldörfer Sturm.

Vom Dreißigjährigen Krieg blieb das kurfürstliche Preußen weitgehend verschont. Nur die westlichen Landesteile gerieten während des Ersten Schwedisch-Polnischen Krieges zeitweilig unter schwedische Besatzung und litten unter den Plünderungen der durchziehenden schwedischen, polnischen und brandenburgischen Truppen, die über die Bewohner große Not brachten.

Während des Zweiten Schwedisch-Polnischen Krieges (1656 bis 1660) wütete die Kriegsfurie dann aber um so erbarmungsloser in Masuren. Durch sein Bündnis mit Schweden zog Kurfürst Friedrich Wilhelm spätestens mit der Schlacht von Warschau den Zorn des polnischen Königs Jan Kazimierz auf sich. Dieser entschloß sich nun zu einem Rachefeldzug gegen den unbotmäßigen preußischen Lehnsvasallen. Unter dem Befehl des Unterfeldherrn Corvinus Gonsiewski fiel ein vereintes polnisch-litauisches Heer im Herbst des Jahres 1656 in Preußen ein und bereitete den verbündeten Preußen und Schweden am 8. Oktober 1656 eine vernichtende Niederlage am Lyckfluß bei Prostken. Auf den polnischen Sieg folgten über Monate Plünderungen und Brandschatzungen der südlichen Ämter. In der deutschen Historiographie sprach man vom »Tatareneinfall« und bezichtigte die heidnischen Kämpfer besonderer Grausamkeit. Tatsächlich erlebte die Landschaft Masuren einen Niedergang, wie er sich bis zu den beiden Weltkriegen des 20. Jahrhunderts nicht wiederholen sollte.

Glorreiche Schlachten und Feldherren, der Kurfürst Friedrich Wilhelm und der polnische König Jan Kazimierz, das alles bedeutete den Menschen in Masuren wenig. Über sie brachte dieser Krieg nur Tod, Elend, Zerstörung und Angst. Wie immer rechtfertigte die Bilanz des Schreckens den Krieg nicht. Mehr als die Hälfte der Bewohner Masurens fanden in den Jahren 1656/57 den Tod: 23 000 wurden erschlagen, 3400 in die Sklaverei verschleppt, und 80 000 wurden Opfer der Kriegsfolgen Pest und Hunger. Weite Gebiete überzog das Grauen des Krieges: dreizehn Städte, 249 Dörfer, Flecken und Höfe sowie 37 Kirchen lagen in Schutt und Asche.[9] Fast alle Städte Masurens wurden ein Raub der Flammen: Lyck, Johannisburg, Marggrabowa, Lötzen, Rhein, Sensburg, Ortelsburg, Willenberg, Passenheim und Soldau brannten bis auf die Grundmauern nieder, lediglich das Schloß in Rhein überstand das Inferno.

Im historischen Gedächtnis der Masuren konnten die schrecklichen Jahre des »Tatareneinfalls« nie ausgelöscht werden, zu tief war das Grauen in die Seelen eingedrungen. Ein altes Kirchenlied im masurischen Polnisch besang in 41 Strophen die Tragödie dieses Krieges. In immer neuen Metaphern beschrieb der Komponist, Pfarrer Thomas Molitor, was er damals in seiner Kirchengemeinde Groß Rosinsko, Kreis Johannisburg, erlebt hatte:

1. O wehgemutes Vaterland, du sollst durch Tränen waten,
und Preußen, ihr, erinnert euch an euren großen Schaden,
als 1656 ganz wie eine Brücke
die vielgestaltig Heere bannten eure Blicke.

2. Ein fremdes, unbekanntes Volk aus heidnischen Gefilden,
kam, einem Adler gleich, geflogen, alles zu vertilgen:
Ganz unvermutet drang es tief in ahnungslose Gaue,
erstürmte donnernd sie auf raschem Roß mit großem Hauen.

3. Mal hier, mal dort sie Dörfer, Häuser, Korn und Scheunen sengten,
die Kirchen sie brandschatzten und zu Schutt und Asche sprengten:
Sie raubten und entwanden Kleider, Geld und auch die Pferde
und hinterließen nichts als Not auf Preußens Erde.

6. *Doch die Tataren, dieses elend' Volk, sie jagten*
   so toll, daß niemand sich vor ihrem Ingrimm schützen wagte:
   Durchkämmten sie doch unerbittlich alle Wiesen, Felder,
   zu finden die Versteckten, gleich ob dort, ob in den Wäldern.

7. *Die, deren sie dann habhaft wurden, köpften sie mit Degen,*
   den Müttern rissen sie den Säugling fort, die düstren Schergen:
   Gleich, was die Mütter jetzt erblicken, kann nur Tränen lohnen,
   sie bitten flehentlich den Himmel, doch ihr Kind zu schonen.[10]

Bis 1945 kündeten in Masuren Flurnamen vom Einfall der Tataren. Zwischen Lyck und Neuendorf lag ein »Tatarensee«. In den Wäldern um diesen See haben sich die Lycker der Sage nach vor den Tataren versteckt, wurden jedoch verraten. Die »Tataren« haben sie aufgespürt, an das Seeufer getrieben, niedergestochen und in den See geworfen. Da dieser sich daraufhin blutrot färbte, hieß er fortan der »blutige See« oder »Tatarensee«, die Anhöhe am See »Tatarenberg«. Bei Gortzitzen im Kreis Lyck gab es bis 1945 eine Tatarenschanze, eine weitere im Wald zwischen Jedwabno und Hartigswalde im Kreis Neidenburg. Ein Tatarenstein bei Neidenburg und ein Tatarenweg bei Passenheim gehen ebenfalls auf die Ereignisse von 1656/57 zurück. Auch durch diese Bezeichnungen blieb die schauerliche Erinnerung an den Tatareneinfall bis ins 20. Jahrhundert im südlichen Ostpreußen lebendig.

Die Provinz macht den König

Die Krönung Friedrichs I. zu Königsberg 1701

»Wie ein Jüngling, dem das Schicksal seine Geliebte entzieht und der, um sie vergessen zu wollen, vergeblich von der Zerstreuung zur andern hineilt; so machte es Friedrich, der, so lange Hindernisse seiner Sehnsucht nach dem Königstitel im Wege standen, seine Unruhe durch Pracht und Feste zu betäuben suchte. Endlich hatte er nun seinen Zweck erreicht. In der rauhesten Jahrszeit eilte er nach Königsberg.«[1]

Ludwig von Baczko, der kritische Chronist Preußens, verwies zu Recht auf den Wettlauf mit der Zeit, dem Friedrichs I. Streben nach dem Thron unterlag: Seit dem Ende des 17. Jahrhunderts suchte jeder deutsche Fürst es dem französischen Sonnenkönig gleichzutun, und so entstanden in Hannover, Dresden und Berlin als Ausdruck absolutistischen Machtstrebens kleine Versailles. Nichts schien zu teuer, was den Fürstenhöfen eine royale Note verlieh, aber Voraussetzung war natürlich die Königskrone. Solange die Kaiserwürde im Alten Reich völkerrechtlich bestand, schreckten die Souveräne aus diplomatischer Rücksichtnahme vor eigenmächtigen Standeserhöhungen auf reichszugehörigem Gebiet zurück. Hannover konnte sich aber in England, Sachsen in Polen den Traum von der Königswürde erfüllen, und für Brandenburg bot sich das außerhalb der Reichsgrenzen gelegene Altpreußen an. Peinlich darum bemüht, die Grenzen des deutschen Reiches nicht zu verletzen, bezog der Brandenburger sein Königtum 1701 nur auf das spätere Ostpreußen.

Königsberg wurde Krönungsstadt und damit in seiner Bedeutung Berlin (mit Cölln) ebenbürtig. Beide Städte zählten damals etwa zwanzigtausend Einwohner. In der Stadt in Ostpreußen wurden 1701 und 1861 zwei preußische Herrscher gekrönt. Da formalrechtlich eine Erhöhung des Reichsfürstentums Brandenburg erst nach dem Untergang des Alten Reiches möglich war, konnte der »König in Preußen« erst nach 1806 zum »König von Preußen« werden.

Obwohl der Deutsche Orden schon 1525 des Landes verlustig gegangen war, sah er sich noch immer als legitimer Herrscher Preußens. Der Hochmeister Franz Ludwig von Pfalz-Neuburg protestierte daher gegen die Anerkennung des Königstitels durch Kaiser Leopold I., und auch Papst Clemens XI. sandte für die römische Kurie ein Protestschreiben gegen die Titelusurpation an die katholischen Mächte im Reich – der päpstliche Staatskalender sprach noch bis 1787 demonstrativ vom »Markgrafen von Brandenburg«, wenn der preußische König gemeint war.[2] Nach außen gerieten die Hohenzollern mit der Königskrönung also unter erheblichen Legitimationsdruck, den sie abzuwehren suchten, indem sie zur Rechtfertigung der Standeserhöhung auf Waidewuth zurückgriffen, den sagenhaften König der Prußen, der im 6. Jahrhundert über ganz Preußen, das östliche und das westliche, regiert haben soll.[3] Der Waidewuth-Mythos war zugleich geeignet die Tatsache zu überdecken, daß in der Frühen Neuzeit die Ausbildung einer preußischen Nation unterblieben war.[4]

König Friedrich I. in Preußen nahm im Zusammenhang mit der Krönung in seiner Geburtsstadt Königsberg eine weitere wichtige Zeremonie vor: Am 22. Januar 1701, dem ersten Sonntag nach der Krönung, weihte er die Königsberger Reformierte Parochialkirche (seit 1818 Burgkirche) ein. Dieser Kirchenbau war schon vom Großen Kurfürsten beschlossen worden, der in Verhandlungen mit den preußischen Ständen 1662 die Zustimmung der zumeist strengen Lutheraner zum Bau einer reformierten Kirche in Königsberg erhalten hatte. Sie durfte allerdings nicht in der Stadt, sondern nur innerhalb der Burgfreiheit erbaut werden, also auf fürstlichem, jetzt königlichem Gebiet.

Der Aufstieg Brandenburg-Preußens zur Großmacht vollzog sich in drei langen absolutistischen Regentschaften, die konsequent aufeinander aufbauten. Seit 1640 schufen der Große Kurfürst und Friedrich III. (I.) die Grundlagen für den Anspruch auf die Königswürde. Nach der Erhebung zum Königreich sicherte Friedrich Wilhelm I. (1713–1740) durch die innere Festigung des Landes den weiteren Aufstieg. Die spätere Geschichtsschreibung hat vorwiegend seine groteske Äußerlichkeit gewertet, dabei war er einer der begabtesten und erfolgreichsten Vertretern eines dynamischen und versachlichten Absolutismus. Er mied den Krieg und kümmerte sich mit Erfolg um den Aufbau eines effizienten, auf das Zentrum ausgerichteten Verwaltungssystems. Erst sein Sohn Friedrich II. (1740–1786) beendete die friedliche Zeit, indem er die Schwäche Österreichs ausnutzte und in Schlesien einfiel.

Die Huldigungsschrift des Berliner Schutzjuden Simon Wolff Brandes zeigt vor der Silhouette Königsbergs die Krönung des schwarzen Preußenadlers durch Gottes Hand. Ohne Ostpreußen hätten die Hohenzollern nicht Könige werden können, dennoch haben nicht alle enge Bindungen zur Wiege des Königtums unterhalten, insbesondere Friedrich II., der Große, hatte stets ein gespaltenes Verhältnis zu Königsberg. Schon als Kronprinz hat er 1739 geäußert: »Da wäre ich denn in der Hauptstadt eines Landes, wo man im Sommer gebraten wird und wo im Winter die Welt vor Kälte springen möchte. Es kann besser Bären aufziehen als zu einem Schauplatz der Wissenschaften dienen … Müßiggang und Langeweile sind, wenn ich nicht irre, die Schutzgötter von Königsberg; denn die Leute, die man hier sieht, und die Luft, die man hier atmet, scheinen einem nichts anderes einzuflößen.«

Für Ostpreußen brachte die unglückliche Verstrickung in den Siebenjährigen Krieg (1756–1763) eine Katastrophe. Das auf seiten Englands kämpfende Preußen stand auf dem Kontinent ganz allein gegen die feindlichen Mächte Frankreich, Österreich, Sachsen-Polen und vor allem Rußland, das den Krieg nach Ostpreußen hineintrug. Wieder einmal wurde die Bevölkerung ein Opfer der Politik ihres eigenen Königs. Die Schlacht bei Groß Jägersdorf am 30. August 1757 verlief unter Hans von Lehwaldt zunächst günstig für Preußen, doch nach der Abberufung des alten Feldmarschalls auf ein Kommando in Pommern geriet Ostpreußen 1758 unter russische Hoheit und blieb es bis Mitte September 1762. Am 22. Januar 1758 übergab Königsberg nach kurzem Widerstand dem russischen General von Fermor die Stadtschlüssel. Die Stadtväter hatten gar keine andere Wahl, denn preußische Truppen waren nicht ausreichend vorhanden und die Bürgerwehr gar nicht erst angetreten. Der preußische Aar wurde gegen den russischen Doppeladler ausgetauscht, der Stadt hat man aber alle Rechte und Freiheiten bestätigt. Mit Glockengeläut empfing sie die einrückenden Russen und huldigte zwei Tage später, am Geburtstag Friedrichs II., der Zarin Elisabeth von allen Kanzeln. Immanuel Kant tat das sogar schriftlich: »An die Kaiserin Elisabeth von Rußland, Allerdurchlauchtigste Großmächtigste Kayserin, Selbstherrscherin aller Reußen, Allergnädigste Kayserin und große Frau ... Ich ersterbe in tiefster devotion Ew. Keyserl. Majestät allerunterthänigster Knecht Immanuel Kant.«[5]

Es wird kolportiert, daß Friedrich II. die ostpreußische Kooperation mit den Russen nicht goutierte und die Provinz mit Ignoranz zu strafen suchte. Äußerlich änderte sich mit der Besetzung für seine Untertanen kaum etwas, da selbst die preußische Verwaltung ihre Befugnisse behielt. Größeres Blutvergießen wurde vermieden, allerdings kam es, etwa in Ragnit, zu schweren Plünderungen und Mißhandlungen. Das russische Besatzungsregime verhielt sich korrekt, aber die zu entrichtenden Kontributionszahlungen waren hoch und belasteten die Zivilbevölkerung schwer.

In seiner Autobiographie erinnert sich der Königsberger Komponist Johann Friedrich Reichardt (1752–1814) an die russische Besatzung seiner Heimatstadt: »Die Russen brachten den Stadtbewohnern, die nichts von ihrer feindlichen Behandlung erfuhren, manchen reellen Gewinn, verbreiteten aber auch unter denen, die viel mit ihnen lebten, die Lust am wüsten Leben und unmäßigen Trinken, zu welchen der beständige Handelsverkehr mit den Polen dort schon häufigen Anlaß giebt. Auch diese liebten sehr die Musik und haben ein ganz ausgezeichnetes Talent dazu.«[6] Den Bürgern und Beamten wurde lediglich ein Loyalitätseid abverlangt. Der Königsberger Bürger Johann Gottfried Valentin hat den Eid überliefert, den er am 30. Januar 1758 in der Altstädtischen Kirche ablegen mußte:

»Ich Endes unterschriebener, gelobe bey dem Allmächtigen Gott und seinem heiligen Evangelio der Allerdurchlauchtigsten, Groß Mächtigsten Kayserin und Souverainen Beherrscherin, aller Reißen, ELIZABETH PETROWNA etc: etc: etc: und ihro Majestäte hohen Thron Folger, Ihro Käyserlichen Hoheit, dem Groß Fürsten Peter Feodorowitz, Treu und gehorsam zu seyn und alles was Ihro Käyserl. Majestäte hohes Interesse betrifft mit äußerstem Vermögen Zu befördern, mich Verpflichte von der Vervortheilung aber und einiger Untreue gegen dieseleb, so bald es mir bekannt nicht allein Zeitig anZugeben, sondern auf alle weise Trachten, solches abzuwenden; und mich in allem strengen Gericht verantworten kann; So wahr mir Gott an Leib und Seele helffe.

Dieser Schwur ist aus der Cantzeley abgeschrieben worden.

D 13t./24. January 1758.«[7]

Aus russischer Sicht hat der Leutnant Andrej T. Bolotow (1738 bis 1833) vom Einmarsch in Königsberg berichtet und erkennen lassen, daß 1758 keinerlei nationaler Haß die Kriegsparteien bestimmte: »Es war schon Ende April, als wir vor der preußischen Hauptstadt ankamen. Die Kommandeure befahlen uns, zu halten und uns sauber und fein zu machen, um in Parade einzuziehen. Alle putzten ihre Waffen, daß sie feurig blitzten, alle taten ihre feinste Wäsche und schönste Uniform an.«[8]

Vier Jahre später ist ihm der Abschied von Königsberg sehr schwer gefallen: »Ich kann die Gefühle nicht schildern, mit denen ich die Stadt verließ und mich von allen Gassen verabschiedete ... Vorausahnend, daß ich sie nie wieder erblicken würde, wünschte ich, mich noch einmal an ihr sattzusehn: ... Lebwohl geliebte und teure Stadt, lebwohl für immer ... Möge der Himmel Dich vor allem Übel bewahren, möge er seine Güter freigiebig über Dir ausschütten! Du warst mir nützlich in meinem Leben, du hast mich mit den wertvollsten Schätzen beschenkt, in Deinen Mauern wurde ich zum Menschen und erkannte mich selbst ... Wieviel an Freude überreiche Tage waren mir in dir vergönnt. Niemals werde ich Dich und die in Deinen Mauern verlebte Zeit vergessen! Bis ans Ende meiner Tage will ich Deiner gedenken.«[9]

Friedrich II. hat 1763 seine preußischen Stammlande zurückgewonnen und sich der weiteren Konsolidierung seiner Herrschaft verschrieben, vor allem auf Kosten Polens. 1772 erfolgte unter seiner Federführung mit der ersten Teilung Polens die Annexion Ermlands und des königlichen Preußen, allerdings ohne Danzig und Thorn, die noch bei Polen verblieben. Der einem aufgeklärten Menschenbild verpflichtete Monarch unternahm es – wenn auch in der praktischen Auswirkung noch kaum spürbar –, die ständische Gesellschaft Preußens aus ihrer Starre zu befreien. Bereits 1772 wies er den ostpreußischen Oberpräsidenten Johann Friedrich von Domhardt an, alle »Sklaverei und Leibeigenschaft« abzuschaffen.[10] Das war vorerst nichts weiter als eine Willensbekundung, denn wenn überhaupt konnte diese Bestimmung nur für die königlichen Domänenbauern gelten, während die adligen Bauern weiterhin von ihren Grundherren nach Gutdünken ausgebeutet werden konnten.

Formell war bereits unter Friedrich Wilhelm I. die Abschaffung der Leibeigenschaft in Altpreußen erfolgt, als man den Bauern ein erbliches Besitzrecht auf ihren Höfen einräumte. Aber es war noch ein weiter Weg bis hin zu modernen besitzrechtlichen Vorstellungen. Obwohl die Leibeigenschaft nicht mehr bestand, mußten selbst die Bauern auf den staatlichen Domänen weiterhin schwere körperliche Arbeit in Form von Hand- und Spanndiensten verrichten. Bis zu den durchgreifenden Reformen Anfang des 19. Jahrhunderts änderte sich praktisch nichts, von einer Bauernbefreiung konnte keine Rede sein. Erst in der napoleonischen Zeit erließ Oberpräsident Theodor von Schön unter dem Druck der politischen Ereignisse im Oktober 1807 das »Edikt den erleichterten Besitz und den freien Gebrauch des Grund-Eigenthums sowie die persönlichen Verhältnisse der Land-Bewohner betreffend«.

Bei der Neuordnung der Agrar- und Rechtsverhältnisse nahm Ostpreußen eine Vorreiterrolle ein. Am 11. November 1810 erfolgte die Aufhebung der Gutsuntertänigkeit. Dadurch entfielen Gesindezwangsdienste, die Bindung an den Boden sowie die gutsherrliche Genehmigung bei Heiraten der Untertanen. Zugleich hob das Edikt alle Unterschiede zwischen adligem, bürgerlichem und bäuerlichem Besitz auf. Der Freiheit des Güterverkehrs stand nichts mehr im Wege. Allerdings gewährte man den Gutsbauern die neue Freiheit nur, wenn sie dem Gutsherrn einen finanziellen Ausgleich zahlten. Auch für die adligen Grundbesitzer entfielen mit dem Edikt Schranken, denn sie konnten von nun an bürgerliche Berufe ergreifen.[11]

Was in der Spätzeit Friedrichs II. begonnen hatte, fand in den ersten Dekaden des 19. Jahrhunderts seinen vorläufigen Abschluß: Das Reformwerk stellte die preußische Gesellschaft binnen wenigen Jahren auf die Grundlagen einer modernen Zivilgesellschaft. Jetzt setzten sich auch die von Friedrich II. am 31. Januar 1773 nach der ersten Teilung Polens per Kabinettsordre verfügten Begriffe Westpreußen und Ostpreußen für die neuen Verwaltungseinheiten durch.

Seit der Annexion großer Teile des königlichen Preußen und Ermlands 1772 nannte sich Friedrich II. König von Preußen, da er sich fortan als Herrscher aller Teile Preußens verstand. Daß dieser Titel auf einem Unrecht basierte, störte den absolutistischen Herrscher nicht im geringsten. Mit den Teilungen Polens haben Preußen, Rußland und Österreich alle seit dem Westfälischen Frieden von 1648 normierten europäischen Rechtsordnungen verletzt und sich auf Kosten Polens bereichert. Wenige Jahre später sollten ausgerechnet diese Staaten gegen die napoleonischen Eroberungen das Prinzip der Legitimität geltend machen und sich als dessen Verfechter preisen.

Preußens administrative Gliederung, wie sie nach 1525 entstanden war, blieb bis zum 18. Jahrhundert weitgehend erhalten. Ostpreußen war in drei große Verwaltungskreise unterteilt: den Samländischen, den Natangischen und den Oberländischen. In diesen Kreisen unterschied man zwischen den »deutschen«, »polnischen« und »litauischen« Ämtern. Der Begriff »polnische Ämter« setzte sich seit dem 17. Jahrhundert als übergeordnete Bezeichnung für Masuren durch. Natangens »polnische Ämter« waren Angerburg, Lötzen, Rhein, Seehesten, Oletzko, Neuhof, Lyck und Johannisburg, im Kreis Oberland waren es die Ämter Osterode, Hohenstein, Gilgenburg, Soldau, Neidenburg und Ortelsburg. Im Gegensatz zu den polnischen Ämtern Masurens bezeichnete man die Ämter Insterburg, Ragnit, Tilsit und Memel als »litauische Ämter«, später auch einfach als »Litauen« oder »Preußisch Litauen«. Um 1732 fand der Begriff in der preußischen Kartographie seinen Niederschlag als Klein-Litau, Klein-Litauen, Preußisch Litthauen, Lithuania.[12] Um eine flächendeckende, effiziente Verwaltung zu gewährleisten, erfolgte seit 1752 eine Neuordnung. Damals wurden die noch aus der Ordenszeit stammenden Hauptämter durch zehn ostpreußische Kreise ersetzt.

Im Vergleich zu seinen starken Vorgängern hinterließ Friedrich Wilhelm II. (1786–1797) als schwache politische Figur kaum Spuren in der Geschichte Ostpreußens. Ihm gebührt nur das zweifelhafte Verdienst, mit der Annexion benachbarter polnischer Gebiete im

Zuge der zweiten und dritten Teilung Polens 1793 und 1795 Preußen auf expansive Art erweitert zu haben. Neben Danzig und Thorn kamen nun Großpolen sowie die alten masowischen Territorien südlich der ostpreußischen Grenze als Provinz Neu-Ostpreußen zu Preußen.

Die Große Pest 1709 bis 1711

Ostpreußens Bevölkerung erlebte in der zweiten Hälfte des 17. Jahrhunderts großes Leid. Neben den schweren Lasten des Krieges von 1656/57 setzte den Bauern die Unterdrückung zu, die so weit ging, daß man sie »wie Zugvieh« vermietete.[13] Doch kaum hatte sich das Land zu Beginn des 18. Jahrhunderts von den verheerenden Verwüstungen des »Tatareneinfalls« erholt, da brach über Ostpreußen die Große Pest der Jahre 1709 bis 1711 herein und entvölkerte ganze Landstriche.

Die Pest hatte leichte Beute, denn die körperliche Verfassung der bäuerlichen Bevölkerung war erbärmlich. Mißernten und drückende Abgaben lasteten auf den Schultern der einfachen Leute, während der Adel von allen Abgaben befreit war. Da die Steuern auch in der Krisenzeit nach dem Krieg in unverminderter Höhe eingefordert wurden, gerieten die Bauern durch schlechte Ernten und Epidemien derart in Bedrängnis, daß viele schließlich in das nahe gelegene Polen flohen. Ende des 17. Jahrhunderts erbrachten die Einwohner Ostpreußens, die 38,4 Prozent der Gesamtvölkerung Brandenburg-Preußens stellten, nur noch 16,4 Prozent der gesamtstaatlichen Steuerleistung. Der stetige Rückgang führte dazu, daß dem einzelnen noch höhere Steuerlasten aufgebürdet wurden und die bäuerlichen Lebensbedingungen sich noch mehr verschlechterten.[14] Die Amtshauptleute gingen mit unnachgiebiger Härte vor und erhöhten die Steuerforderungen zwischen 1700 und 1708 um 65 Prozent.

Im Jahr 1707 starben im Amt Tilsit 808 Menschen, im Herbst des folgenden Jahres erreichte die Pest das Amt, und es waren bereits 6640 Tote zu beklagen. 1710, als sie ihren Höhepunkt erreichte, erlagen 17 226 Menschen der Epidemie. Der harte Winter 1708/09 hatte die Saat völlig vernichtet, so daß bereits Anfang 1709 Hungertyphus und Ruhr auftraten. In Ostpreußen starben zwischen 1709 und 1711 etwa 200 000 bis 245 000 Menschen, davon allein 128 000 in den vier litauischen Ämtern Insterburg, Tilsit, Memel und Ragnit. Bei einer Gesamtzahl von etwa 600 000 Einwohnern bedeutete das einen Bevölkerungsverlust von dreißig bis vierzig Prozent, der höchste in der Geschichte Ostpreußens.[15]

Die Verluste wiesen in den einzelnen Ämtern große Unterschiede auf. Im masurischen Hauptamt Rhein starben 6789 Menschen an der Pest, während das Hauptamt Seehesten nur 677 Tote zu beklagen hatte. In der Stadt Lyck raffte die Seuche 1300 Bewohner hin, in Angerburg 1111. Die Kirchspiele Angerburg, Benkheim und Kutten beklagten 3229, 2115 und 1372 Opfer. In Lötzen gab es nur 119 Überlebende und 800 Pesttote. Der aus Masuren stammende Königsberger Gelehrte Pisanski berichtet 1748 in seiner »Collectanea zu einer Beschreibung der Stadt Johannisburg in Preußen«, daß die Pest in Johannisburg durch einen Geisteskranken verbreitet worden sei, zunächst eingedämmt werden konnte, doch dann 1710 erneut wütete:

»Aber im folgenden 1710ten Jahr brach sie abermals mit Heftigkeit aus und brachte der ueberbliebenen Bevölkerung, darunter beide Prediger, beide Lehrer der Schule und die meisten Mitglieder des Magistrats in das Grab. Die Stadt war von Menschen so entleeret worden, daß der Markt ganz mit Gras bewachsen war, und überhaupt nur vierzehn Bürger am Leben blieben.«[16]

Nach amtlichen Listen starben in den vier Ämtern Natangens von 1709 bis 1711 mehr als neuntausend Menschen an der Pest.

Pesttote in den vier Ämtern Natangens[17]

	1709	1710	1711	gesamt
Amt Balga	640	1777	460	2877
Amt Brandenburg	1255	1568	611	3434
Amt Preußisch Eylau	417	1416	379	2212
Amt Bartenstein	254	274	129	657
gesamt	2566	5035	1579	9180

Daß die Pest in Ostpreußen auf soviel Armut stieß, hat sie zu dieser Katastrophe werden lassen. Es war der Preis, den das Volk für den Traum der preußischen Kurfürsten und Könige vom absolutistischen Staat in Glanz und Glorie zahlte. Fernab von Königsberg, Berlin und Potsdam legten die Steuerbehörden den ohnehin arg gebeutelten Ostpreußen die Daumenschrauben an, damit die absolutistischen Residenzstädte sowie die großen Paläste des ostpreußischen Adels wie Schlobitten, Schlodien, Friedrichstein und Steinort ihre Pracht entfalten konnten. Durch Mißernten und Schicksalsschläge ließen sich die

Im 17. und 18. Jahrhundert nahm die Verarmung der Bauern in dem Maße zu, wie der Reichtum des ostpreußischen Adels wuchs. Überall ragten bald prächtige Schlösser und Gutshäuser empor, die ein neues Standesbewußtsein zum Ausdruck brachten. Man wetteiferte geradezu um den prächtigsten Bau und engagierte die besten Architekten der Zeit. Das Schloß Friedrichstein, Kreis Königsberg-Land, ließ Otto Magnus Dönhoff 1709 bis 1714 von dem Baumeister John de Collas nach Plänen von Jean de Bodt errichten. Es befand sich bis 1945 im Besitz der Grafen Dönhoff und war eines der großartigsten Schlösser Ostpreußens. Marion Gräfin Dönhoff hat in ihren Erinnerungen vom Leben auf diesem ostpreußischen Adelssitz erzählt. Im Krieg wurde das Gut ein Raub der Flammen, die Ruine trug man später ab. Von der einstigen Pracht blieb nur die kopflose Neptunfigur, die heute vor der Königsberger Universität steht.

staatlichen und adligen Steuereintreiber nicht erweichen: Wer nicht zahlte, verlor seinen Hof durch Pfändung oder landete im Kerker. Einflußreiche Freibauern gerieten in die völlige Abhängigkeit ihrer Grundherren, gleichgültig ob Landesherr oder Adliger. Und nicht nur der Bauer, auch seine Frau und seine Kinder wurden zur Fronarbeit herangezogen. Wer konnte, der floh. Krieg, Pest und Landflucht bluteten die ostpreußischen Ämter derart aus, daß schließlich ganze Dörfer wüst lagen.

Friedrich Wilhelm I., der 1713 auf den Thron gelangte, gebot dieser fatalen Entwicklung durch einschneidende Reformen Einhalt. Um Amtsmißbrauch und adlige Vetternwirtschaft zu unterbinden, schuf der König ein Generalfinanzdirektorium in Berlin, dem fortan der gesamte Staatsbesitz einschließlich der Domänen und Schatulldörfer unterstand. Mit dieser Zentralbehörde konnte die Effizienz der preußischen Verwaltung erheblich gesteigert werden. Der König widmete sich mit großem Elan der Wiederbesiedlung der durch Krieg und Pest entvölkerten Landschaften Ostpreußens.

Dazu war zunächst eine Steuerreform nötig. Bisher zahlte jeder Grundbesitzer eine pauschale Steuer für eine Hufe (etwa 67 Morgen). Die adligen Großgrundbesitzer konnten dabei dem Fiskus viele Hufen unterschlagen, weil die staatlichen Kontrollinstanzen mit adligen Standesgenossen besetzt waren, die aus ständischer Gefälligkeit bei der Steuererhebung willig einige Hufen übersahen. Bei den Kleinbauern hingegen trieben dieselben Vertreter des Fiskus mit kompromißloser Härte Abgaben für jede Hufe ein. Zusätzliche Kopf- und Viehsteuern ruinierten die armen Bauern vollends.

Für sein ehrgeiziges Reformprojekt gewann Friedrich Wilhelm I. mit Karl Heinrich Truchseß von Waldburg einen führenden Vertreter des ostpreußischen Adels, den er 1715 zum Präsidenten der Königsberger Kriegskammer berief, der obersten Steuerbehörde der Provinz. Waldburg konzentrierte sich auf die Reformierung des Steuersystems, wobei die kleinen Bauern eine gerechtere Behandlung erfahren sollten. Wie Waldburg erkannte auch der König, daß bäuerlicher Bankrott und Landflucht dem Staat langfristig weniger Steuereinnahmen einbrachten als gesunde Höfe, denen der Fiskus in Notlagen entgegenkam. Man mußte also nach einer für beide Seiten zufriedenstellenden Lösung suchen.

Als Vorsitzender der Steuerreform-Kommission plädierte Waldburg dafür, die Bodengüte zur Bemessungsgrundlage der Steuererhebung zu machen. Dieses bauernfreundliche Ansinnen rief den Wider-

Der Masurische Kanal sollte einmal die großen masurischen Seen über den Pregel mit der Ostsee verbinden. Dieses ehrgeizige Wasserbauprojekt im Herzen Ostpreußens haben die Landesherren seit dem späten 17. Jahrhundert immer wieder aufgegriffen, doch es wurde nie vollendet. Das Bild zeigt ein Teilstück bei Georgenfelde im heute russischen Teil Ostpreußens.

stand seiner adligen Standesgenossen hervor, die Waldburg fortan abgrundtief verachteten. Dieser ließ sich jedoch nicht beirren, sondern erreichte schon im ersten Jahr seiner Amtszeit die Einsetzung einer staatlichen Hufenschoßkommission, die das Land neu vermaß, womit der Unterschlagung steuerpflichtiger Hufen durch den Adel ein für allemal ein Riegel vorgeschoben wurde. Für die ostpreußische Gesamtprovinz kam man zu einem erstaunlichen Resultat: 35 000 Hufen – das entspricht 5878 Quadratkilometern – konnten nun zusätzlich steuerlich veranlagt werden. Und auch in bezug auf die Steuererhebung nach Bodengüte setzte Waldburg sich durch. Von 1722 an stellten die Domänenkommissionen die lokalen Bodenklassen fest. Nach Abschluß der Bewertungs- und Vermessungsarbeiten führte Waldburg eine einheitliche Generalhufensteuer – das Generalhufenschoß – ein, die sich allein nach der Bodengüte bemaß.

Insgesamt zeigten Waldburgs Agrar- und Steuerreformen greifbare Erfolge. Die landwirtschaftliche Produktion stieg deutlich. Auch der Wildwuchs im Pachtwesen wurde unterbunden durch eine Generalpacht für staatliche Domänen mit nachvollziehbaren Regularien. Üblicherweise kam es nun zum Abschluß von Sechsjahresverträgen, wobei die Pächter fortan auch vermögende Bürger sein konnten. Der Fiskus verlangte von ihnen als Sicherheit eine hohe Kaution, wodurch vorsätzlicher Mißbrauch verhindert werden sollte. Unter verläßlichen Bedingungen bot die neue Ordnung Raum für eigenverantwortliches Wirtschaften und ein hohes Maß an Gestaltungsmöglichkeiten. Von diesem effizienteren Pachtwesen gingen wesentliche Impulse für die Modernisierung der Landwirtschaft aus, und es entstand durch Domänenpächter bürgerlicher Herkunft die neue gesellschaftliche Schicht der nichtadligen Gutsherren.

Der Fiskus stellte den Neusiedlern kostenlos Land zur Verfügung. In Erbverschreibungen – den Assecurationes – garantierte man ihnen zahlreiche Privilegien. Fortan tauchten diese Siedler als Assekuranten in den staatlichen Steuerlisten auf. Viele waren sogenannte Hochzinser, denen das Land zwar nicht gehörte, die aber ein erbliches Nutzungsrecht vorweisen und von der Möglichkeit Gebrauch machen konnten, sich von Scharwerksdiensten gegen ein höheres steuerliches Entgelt (Hochzins) freizukaufen. Neben Kölmern, Assekuranten und Hochzinsern – der bäuerlichen Oberschicht – gab es Kossäten und Eigenkätner auf kleinen Landparzellen, die aus dem Übermaß bei der Neuvermessung der Dorfgemarkungen entstanden. So gelangten bis dahin Besitzlose zu eigenen, wenn auch kleinen

Grundstücken. Im Kammerbezirk Königsberg waren 51,3 Prozent des Bodens in landesherrlichem, 42,2 Prozent in adligem und 6,5 Prozent in städtischem Besitz, im Kammeramt Litauen 75 Prozent landesherrlicher, 22 Prozent adliger und 3 Prozent städtischer Grund.

Obwohl die Hufenschoßkommission bei der Landneuvermessung erkannte, daß die althergebrachte Dreifelderwirtschaft unrentabel war, hielt man hartnäckig an der traditionellen Feldbestellung fest. Dieser lag ein einfaches System zugrunde: Jede Gemarkung gliederte sich in die Flurstücke Wintersaat, Sommersaat und Brache, die turnusmäßig wechselten. Der Flurzwang ließ den Bauern keinerlei Spielraum für eigene Initiativen, wodurch jeder Fortschritt unterbunden wurde. Die Vermessungskommission stellte Anfang des 18. Jahrhunderts fest, daß durchschnittlich neunzig Prozent (!) der Gemarkungen aus Wald, Ödland und Bruch bestanden, also nicht bestellt wurden.

Wenn sich bei den Anbau- und Bearbeitungsmethoden auch wenig änderte, erlebte das 18. Jahrhundert dennoch eine agrarische Revolution: die Einführung der Kartoffel. Um 1780 trat die goldene Erdfrucht ihren Siegeszug in Ostpreußen an. Bereits um die Jahrhundertmitte wurde in den Dorfordnungen auf ihren Anbau gedrungen, denn sie stellte eine Bereicherung für den kargen Speisezettel der ostpreußischen Familien dar. Ohne sie bestand der Wintervorrat aus braunem Kohl (Grünkohl), trockenen Möhren, Feldrüben, Pastinak sowie gesäuertem weißen Kohl (Sauerkraut) und roten Rüben.

Die mühsam errungenen Erfolge in der Landwirtschaft wurden aber stets durch dramatisch ansteigende Abgaben wieder zunichte gemacht. So nötigte Friedrich II. den Ämtern nach 1776 hohe Steuern für den Graudenzer Festungsbau ab. Als noch Mißernten hinzukamen, mußte Getreide aus Polen importiert werden. Selbst in Friedenszeiten zerstörte das Militär bäuerliche Existenzen, da die in den Städten stationierten Einheiten von der umliegenden bäuerlichen Bevölkerung verpflegt werden mußten. Auf regionale Besonderheiten nahm der Fiskus wie gewöhnlich keine Rücksicht. Die Bauern hatten zu festgelegten Niedrigpreisen den Garnisonen Hafer, Heu und Stroh zu liefern und waren zudem während der Sommermonate verpflichtet, Kavalleriepferde in Grasung zu nehmen.[18]

Die zahlreichen Dörfer im Umkreis der wenigen ostpreußischen Städte waren arm und blieben es. Das lähmte den Urbanisierungsprozeß, denn die arme Landbevölkerung konnte das Gewerbe und den Handel der Städte nicht zum Blühen bringen. Ostpreußen blieb ein

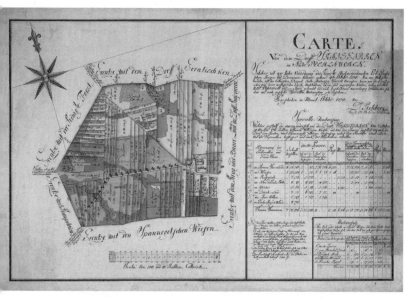

Die Gemarkungskarte von Skaisgirren entstand im Jahre 1790 als Grundlage zur Beilegung eines Streits, der wegen der Viehtrift über die Pfarrhufen ausgebrochen war. Man sieht sehr gut die Aufteilung der Felder und die dazugehörigen Gehöfte. Ohne Rücksicht auf örtliche Gegebenheiten haben die Lokatoren die Siedlungsgrenzen abgesteckt und die Felder aufgeteilt. Die Dreifelderwirtschaft war bei derartig langen Feldgrenzen besonders unrentabel.

ausschließlich ländlich geprägter Raum. Seine Städte waren im Vergleich zu denen im westlichen Europa größere Dörfer. Lange Zeit lebten sie vom Handel an den internationalen Verkehrswegen, die Preußen mit Rußland, Litauen und Polen verbanden. Über den Grenzhandel kamen die einzigen Impulse von außen. Friedrich Wilhelm I. versuchte diesen Handel zu fördern, indem er einige masurische Marktflecken – Arys, Bialla, Willenberg und Nikolaiken – zu Städten erhob. In Preußisch Litauen waren es 1722 Ragnit und Stallupönen, 1724 Pillkallen und Gumbinnen sowie 1725 Schirwindt und Darkehmen.

Preußische Toleranz, Fremde und die »Repeuplirung«

Vom Migrantenschicksal kündet eines der bekanntesten Markenzeichen Ostpreußens: der Tilsiter Käse. Die in der ganzen Welt bekannte Käsesorte entstand in abgewandelter Form bei den Mennoniten Ostpreußens, die in der fruchtbaren Memelniederung seit 1713 mit insgesamt 105 Familien siedelten. Sie waren aus den Niederlanden als Glaubensflüchtlinge nach Ostpreußen gelangt, wo sie Käse in großen Mengen produzierten, der auf den Märkten als »Mennonitenkäse« angeboten wurde.[19] Anteil an der Käseproduktion in der Memelniederung hatten auch Schweizer Käser, die vor allem aus dem Kanton Thurgau kamen. Ihnen schwebte ein würziger, kleinlöchriger Käse nach Art des Appenzellers vor. Nach dem Ersten Weltkrieg wurden noch große Teile der ostpreußischen Milchwirtschaft von Schweizern geführt, die diesen »Tilsiter« zum Markenzeichen machten.

Viele Regionen harrten nach der Pest der Wiederbesiedlung. Friedrich Wilhelm I. hat 1721 in Begleitung des Fürsten Leopold von Anhalt-Dessau (1676–1747) die Gegend um Insterburg bereist und sich von dem dortigen Elend selbst überzeugt. Bei dieser Gelegenheit bat der König den Fürsten, einen Landstrich zur Repeuplierung zu kaufen und instand zu setzen. Der anhaltinische Fürst erwarb daraufhin die Hauptgüter Bubainen, Schwägerau und Norkitten nebst Woynothen. Er ließ Anhaltiner ansiedeln und baute eine Kirche in Norkitten, die 1733 im Beisein Prinz Eugens von Anhalt-Dessau eingeweiht wurde. Der Besitz erstreckte sich am Südufer des Pregel bei Insterburg, in westlicher Richtung bis in die Höhe von Puschdorf auf einer Länge von etwa 25 bis 30 Kilometern. Bekannt wurde der Landstrich als

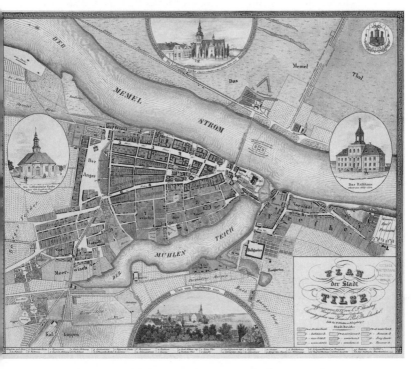

Tilsit und Memel, das waren die Tore Ostpreußens zum Baltikum. »Tilse«, wie es auf dem Stadtplan von 1835 noch heißt,
war ein Zentrum des litauischsprachigen Ostpreußen und zudem eine Stadt, die viele der in Preußen willkommenen Exi-
lanten aufgenommen hat. Der Tilsiter Käse, von Schweizer
Flüchtlingen in Tilsit kreiert, erinnert noch heute daran. Im
Königreich Preußen war die Stadt untrennbar mit der schweren Niederlage verbunden, die das Land im »Frieden von Tilsit« hinnehmen mußte, als es die Hälfte seines Territoriums
verlor.

»Herrschaft Norkitten« oder »Fürstlich Anhalt-Dessauische Güter«. Er blieb bis 1945 im Privatbesitz der anhaltinischen Herrscherfamilie.

Reformierte aus Hessen-Nassau, dem Siegerland, der Pfalz – darunter auch Wallonen, die kurz zuvor von Ludwig XIV. aus den Spanischen Niederlanden in die Pfalz vertrieben worden waren –, Schweizer Kalvinisten aus Neuchâtel (Neuenburg in der Schweiz), Salzburger, Halberstädter und Magdeburger sowie Schotten und Engländer fanden als Glaubensflüchtlinge in Ostpreußen eine Heimat. Juden hingegen waren ungern gesehen. Nur ganz wenige Familien erhielten Privilegien als sogenannte Hof- und Schutzjuden und durften sich in Ostpreußen niederlassen. 1680 wurde die Einrichtung einer Betstube in Königsberg genehmigt, 1703 die eines Friedhofs. Mit dem Begräbnisplatz entstand 1704 eine Beerdigungsbruderschaft (Chewra Kaddischa), was den Beginn des organisierten jüdischen Lebens in Königsberg und Ostpreußen kennzeichnet. Im Jahr 1712 sind 36 jüdische Familien, die jedoch nur zeitweise geduldet wurden, in der Hauptstadt aktenkundig. Mit einer weiteren Etablierung folgte 1756 die Einweihung einer eigenen Synagoge, die von dem Rabbiner Levin Epstein aus Grodno geführt wurde.

Französisch- und deutschsprachige Schweizer aus der Grafschaft Neuchâtel, die vorwiegend dem reformierten Bekenntnis angehörten, siedelten im Amt Insterburg. Im Kirchspiel Judtschen ließ sich der überwiegende Teil der siebentausend Einwanderer aus der französischen Schweiz in den Mutterkolonien Pieragienen, Judtschen, Szemkuhnen und Mixeln nieder. Die deutschsprachigen Schweizer siedelten vornehmlich in Purwienen westlich von Judtschen, später in Pakalehnen und Simonischken bei Insterburg. Seit 1701 gab es eine kleine Gemeinde der Reformierten in Insterburg, doch erst 1714 entstand ein französisches Pfarramt in Judtschen sowie ein deutschsprachiges in Sadweitschen, und 1731 erfolgte in Gumbinnen die Gründung einer französisch-reformieren Gemeinde. Im Seehafen Pillau traf sich eine reformierte Gemeinde niederländischer, flämischer und niederdeutscher Gläubiger, die seit 1681 von dem niederländischen Pfarrer Abraham Ruits versorgt wurden. Niederländische Gottesdienste fanden in Pillau bis 1865 alle vier Wochen, englischsprachige der schottischen Reformierten bis 1820 statt. Die Königsberger französisch-reformierte Gemeinde erhielt 1736 eine eigene Kirche, in der bis zum Ersten Weltkrieg französischsprachige Gottesdienste abgehalten wurden.

Friedrichs I. und Friedrich Wilhelms I. Politik des »Retablisse-

Die Elchschaufel, das Brandzeichen der Trakehnerpferde, ist ein in aller Welt bekanntes Symbol für edle Pferde und zugleich ein Wahrzeichen Ostpreußens. Über dem Eingangstor zu dem ehemaligen Gestüt in Trakehnen ist die Zahl »1732« angebracht, das Jahr, in dem Friedrich Wilhelm I. das Staatsgut gründete.

ment« – der Wiederbesetzung verlassener Hofstellen – zeigte in den nordöstlichen litauischen Ämtern beachtliche Erfolge. Ende 1711 waren 4240 (39 Prozent) der 10 800 wüsten Bauernhöfe Ostpreußens wieder mit einheimischen, vorwiegend litauischen Ostpreußen besetzt. In den drei litauischen Ämtern Insterburg, Ragnit und Tilsit zählte man 1736 etwa 8900 Domänenbauern, von denen etwa 5470 (60 Prozent) Litauer waren, 763 (8 Prozent) Salzburger sowie 2992 (32 Prozent) Schweizer, Nassauer und andere deutschsprachige Siedler. Die Nassauer waren vor allem Reformierte, die aus dem katholischen Teil des Fürstentums Nassau-Siegen stammten, wo sie erhebliche Drangsal zu erdulden hatten, so daß sie zwischen 1712 und 1715 dem Ruf nach Preußisch Litauen gefolgt waren. Eine zweite nassauische Einwanderungswelle erreichte Ostpreußen zwischen 1721 und 1725. Es war ausschließlich auf wirtschaftliche Not zurückzuführen, daß Menschen aus dem Westerwald, aus den Gegenden Beilstein, Dillenburg, Herborn und von der unteren Lahn nach Ostpreußen verschlagen wurden.[20]

Preußen gewährte etwa zwanzigtausend lutherischen Bauern aus dem Erzbistum Salzburg religiöses Asyl vor der unnachgiebigen Rekatholisierungspolitik des Salzburger Erzbischofs Leopold Anton von Firmian. Die Weigerung der Protestanten, katholisch zu werden, nahm dieser zum Anlaß, kraft Landesrecht am 31. Oktober 1731 ihre Ausweisung zu verfügen, der im April 1732 die Vertreibung folgte. Friedrich Wilhelm I. hatte bereits in einem Einwanderungspatent vom Februar 1732 die Aufnahme von vierzehntausend Salzburgern verfügt, deren Gros in den litauischen Ämtern angesiedelt wurde. 1734 lebten 1040 Salzburger in den Städten Preußisch Litauens, vor allem in Gumbinnen, Darkehmen und Memel, und auf dem Lande waren im Amt Insterburg 6778, in Ragnit 2002, in Tilsit 338 sowie in Memel 180 Salzburger registriert.[21] Bis 1945 trugen Salzburger Familiennamen zum multiethnisch geprägten ostpreußischen Namenskonglomerat bei: Zenthöfer, Meyhöfer, Milthaler und Schattauer waren keine Seltenheit.

Die um ihres Glaubens willen verfolgten Salzburger brachten eine neue Frömmigkeit nach Preußisch Litauen, der sich auch die einheimischen Deutschen und Litauer nicht verschließen konnten. In einem Bericht von 1734 heißt es: »Ist an den Sonn= und Fest=Tagen der öffentliche Gottes=Dienst geendigt, so lassen unsere Preußische Salzburger unter sich ihren Mund überfließen mit Psalmen und Lob=Gesängen und geistlichen lieblichen Liedern. Man könnte davon ungemein viel Exempel anführen. Doch ein eintziges mag genug sein. Im Jahre 1734, am Himmelfarths=Tage, kam der Pastor Breuer von Gumbinnen auf ein Dorf, wo die Salzburger angesetzt waren. Sie hatten sich bey damahls schönen Wetter auf das grüne Gras gelagert, ein jeder hatte sein Buch in der Hand, sungen Lieder, lasen den Schaitberger und des Arends wahres Christentum. Die Teutschen und Litthauer kamen auch hinzu, und sätzten sich bei den Salzburgern nieder; da denn einer dem andern ermunterte und erweckte.«[22]

Die Pest traf die ethnisch nichtdeutschen Regionen Ostpreußens – Preußisch Litauen und Masuren – besonders hart, so daß nach der Pestepidemie von ehemals 1830 litauischen Dörfern lediglich noch 35 ausschließlich von Litauern bewohnt waren. Dennoch wurde bis 1719 der Gottesdienst im ganzen Raum nördlich der Linie Labiau–Wehlau–Darkehmen–Goldap in litauischer Sprache abgehalten. Erst die Neuansiedlung deutschsprachiger Kolonisten veränderte die ethnische Struktur, so daß die Litauer nur noch in wenigen Kreisen dominierten: 1736 lebten im Kreis Tilsit 92 Prozent, in Ragnit 69 Prozent und in Insterburg 52 Prozent Litauer. Einsassenlisten von 1727 aus dem Amt Schreitlauken überliefern litauische Namen, in Bittehnen-Schillehnen etwa sind aufgeführt Sellmis Ringis, Abries Lauszas, Adom Lauszas, Jurg Stanschullait, Ensies Noruschies, Christoff Axtins, Baltzies Lengckait, Christoff Palentzus, Nickel Mertinait, Ensies Schneidereit, und in Bittehnen-Uszbittehnen die Namen Ensckies Kairies, Killus Barrohn, Josas Rummelait, Johns Kairis, Casimir Kailuwait, Sellmies Kairis, Aschmies Widra, Johns Matzlautzkus, Enskies Lucka, Nickel Szentelait, Johns Rudait, Sellmies Pladuck, Sellmies Milckerat, Ludckus Ballnus, Crisas Ballnus, Ensies Enduszies, Sellmies Urbantat, Crisas Thenigckait, Peter Wingschus.[23]

Aber auch litauische Vornamen und deutsch-litauische Mischformen lassen sich in Amtsrechnungen und Kirchenbüchern finden: Kristup für Christoph, Mikkel oder Miks für Michael, Jurgis für Georg und Ansas für Hans, Marinke für Maria, Annike für Anna, Edwike für Hedwig, Katryne für Katharina. Bei Familiennamen fielen später is-Endungen weg: Kalwellis – Kalwell, Jonatis – Jonat, Bertulaitis – Bertulait. Eine zweite Gruppe von Namen auf -uhn, -ein, -ehl ist nicht ohne weiteres im Litauischen erklärlich. Namen wie Stantien, Atzpodien, Podehl, Wiluhn, Zeruhn und Malzuhn klingen für Deutsche fremdartig, dürften aber prußischen Ursprungs sein. Eintragungen aus den Jahren 1742 und 1747 im Taufbuch der Kirche Werden im Kreis Heydekrug nördlich der Memel zeigen vollständig lateinische sowie litauische Eintragungen, wobei »zents« der Schwiegersohn ist und »marti« die Schwiegertochter:

»Petrellen, den 17. Sept. 1747
Pat. Mikkel Brumpreigszo zents
Mat. Ennikke Urte filia
Test. [Zeugen] 1.) Krisas Inoks a Petrellen
2.) Kristups Schalkawis a Petrellen
3.) Catrine Inokene
4.) Madline Mikkelo Mikszo marti
5.) Ennike Raudinate Pranzo ux
6.) Barbe Zagatazio ux
7.) Ilze Wauszkate a Wytullen
8.) Urte Kusawene a Petrellen.«[24]

Von Schulen und Kirchen

Im Jahr 1723 erfolgte die Gründung des »Litauischen Seminars« an der Universität Königsberg, das mit einer gleichlautenden Einrichtung an der Universität Halle (1727–1740) korrespondierte. Friedrich Wilhelm Haack (1706–1754), der Leiter des Halleschen Seminars, machte sich um die litauische Sprache verdient durch die Herausgabe eines Wörterbuchs mit einer kurzen Grammatik. Sein »Vocabularium Lithuanico-Germanicum et germanico-Litthuanicum«, das mit einer Vorrede von Gotthilf August Francke versehen war, stellte das erste gedruckte Wörterbuch der litauischen Sprache in Preußisch Litauen dar.[25] In den Schulen Ostpreußens vernahm man von Anfang an die Sprachen Deutsch, Polnisch und Litauisch.

»Weil nämlich in Preußen drey Sprachen, die deutsche, polnische und littauische, im Gebrauche sind und der Gottesdienst darinnen gehalten wird; so fehlete es zuweilen an Leuten, die zu Predigtämtern, Schulstellen und anderen Bedienungen an solchen Orten gefordert wurden, wo eine von den beyden letzern, oder wohl beyde zusammen, nebst der deutschen gesprochen werden. Um daher diesem Mangel abzuhelfen, war es nöthig, durch die Anlage dreyer großen Schulen in dreyen verschiedenen Provinzen denen, die eine oder andere dieser Sprachen erlernen wollten, Gelegenheit dazu zu verschaffen … Die erste Schule wurde in Lyck für die Polen, die zweite in Saalfeld für die Deutschen, die dritte in Tilse für die Littauer angeleget«,[26] so hatte der preußische Chronist Georg Christoph Pisanski über die Gründung der fürstlichen Provinzialschulen berichtet, die am 16. Februar 1599 den Titel Fürstenschulen erhielten und damit Gymnasien gleichkamen.

Nach der verheerenden Pest zu Beginn des 18. Jahrhunderts befand sich Ostpreußens Schulwesen im Königreich Preußen allerdings in einem erbärmlichen Zustand. Daran änderten auch die 1717 und 1718 von Friedrich Wilhelm I. erlassenen Schuledikte nichts, die in der borussischen Historiographie als Einführung der allgemeinen Schulpflicht verherrlicht wurden, obwohl sie lediglich gutgemeinte Empfehlungen waren, solange das adlige Patronatsrecht nicht angetastet wurde.

Während der Herrschaft Friedrich Wilhelms I. entstanden landesweit Dorfschulen. Jedes Kirchspiel verpflichtete sich nach der 1734 erlassenen »Erneuerten und erweiterten Verordnung über das Kirchen- und Schulwesen in Preußen« zur Einrichtung von Schulkassen, und es konstituierte sich eine ständige Kirchenkommission, die die Grundregeln für die preußischen Elementarschulen – die »Principia regulatoria« – verabschiedete. Da Ostpreußens Dörfer in der Regel kein Geld für den Schulbau aufbringen konnten, stiftete der König 1736 den gemeinnützigen Schulfonds »Mons pietatis« mit einem Grundkapital von 50 000 Talern. Aus diesem Fonds erhielten Dörfer in den armen Landstrichen Hilfen, mußten aber den Großteil der Baukosten selbst übernehmen und – von gelegentlichen Sonderhilfen abgesehen – für die gesamten Kosten des Schulalltags einschließlich des Lehrergehalts aufkommen. Jede Familie hatte, gestaffelt nach dem Einkommen, ein Schulgeld zu entrichten. Viel kam dabei nicht zusammen, so daß die Schulen nur notdürftig ausgestattet waren und die Lehrer von ihrem Lohn nicht leben konnten. Die Behörden setzten daher im Wissen um die kümmerliche Versorgung der Schulmeister voraus, daß diese einer Nebenbeschäftigung nachgingen.

Die bloße Existenz von Schulen garantierte also noch keine Schulbildung, und obwohl die Schulgründungen im 18. Jahrhundert sprunghaft zunahmen, konnte von einer allgemeinen Schulpflicht keine Rede sein. Nur die regelmäßige Kontrolle der Schulen durch fähige Beamte hätte das Bildungsniveau der Bevölkerung heben können, aber die war nicht gewährleistet. So bemühte man sich, wenigstens in den Zentren der Kirchspiele anspruchsvolle Schulen einzurichten, in denen Diakone mit fundierter theologischer Ausbildung unterrichteten. Die erste Lehrerbildungsanstalt Ostpreußens entstand auf Initiative des Rittergutsbesitzers und Philanthropen Balthasar Philipp Genge (1706–1790) auf Graventhien, wo man 1772 das »Genge'sche Land Schulmeister Seminarii zu Kl. Dexen« im Kreis Preußisch Eylau gründete. Die Mehrheit der Schulmeister erhielt allerdings keinerlei pädagogische Ausbildung. In den überwiegend nichtdeutschen Regionen sprachen sie in der Regel auch kein Wort deutsch.

In den Dörfern mußten Handwerker – Schneider, Leineweber, Flicker und Radmacher – oder auch Kriegsinvaliden den Unterricht bestreiten. Um den Posten des Schulmeisters erstrebenswerter zu machen, sicherte eine königliche Ordre von 1729 den Bewerbern neben Gehalt und Wohnung einen kleinen Stall, freies Brennholz sowie das Recht zu, einige Kühe und Schweine auf die Dorfweide, die Allmende, zu führen. Ihre Handwerksberufe konnten – oder mußten – sie weiter ausüben, aber sie waren von Steuern und Abgaben befreit.

Ähnlich wie die Schulmeister waren die Pfarrer durch berufliche Nebentätigkeiten beansprucht. Trotz Zwangsmaßnahmen stand es um die Kirchenzucht nicht zum besten. Dem suchte der Hallenser Pietist Georg Friedrich Rogall (1701–1733), ein gebürtiger Königsberger und Philosophieprofessor an der Albertina, entgegenzuwirken. Er vertrat einen radikalen Pietismus, der die Einheit von Leben und Glauben postulierte und die ständige Prüfung des eigenen Wesens als Voraussetzung für das tätige Christentum ansah. Rogall gründete 1728 das »Polnische Seminar« an der Albertina, wo Seelsorger für das polnischsprachige Masuren ausgebildet werden sollten. Durch theologisch und sprachlich geschulte Lehrer wollte er das kulturelle Niveau Ostpreußens anheben und die Menschen zum sittlichen Leben nach den Vorstellungen des preußischen Pietismus anhalten.

»Ein schicklicher Platz«
Ostpreußens geistesgeschichtliches Vermächtnis

Im heutigen Königsberg, in dem beinahe alle historischen Bezüge zur deutschen Vorkriegszeit getilgt sind, hat eine Institution selbst die kommunistische Zeit unangetastet überdauert: Immanuel Kant. Der Repräsentant ostpreußischer Geistesgeschichte schlechthin hat seine Geburtsstadt fast nie verlassen und sie als »schicklichen Platz zu Erweiterung sowohl der Menschenkenntnis als auch der Weltkenntnis« bezeichnet.

Das Königsberg des 18. Jahrhunderts wirkt bis heute als geistesgeschichtliches Vermächtnis Europas nach. In seinem philosophischen Entwurf »Zum ewigen Frieden« skizzierte Kant die Idee eines Weltbürgerrechts, das kein phantastisches Recht ist, sondern eine notwendige Ergänzung der Menschenrechte sowohl im Staats- als auch im Völkerrecht und damit ein Beitrag zum ewigen Frieden. Ihm ging es nicht um eine philanthropische Geste, sondern um die »allgemeine Hospitalität«, um »das Recht eines Fremdlings, seiner Ankunft auf dem Boden eines andern wegen, von diesem nicht feindselig behandelt zu werden. Dieser kann ihn abweisen, wenn es ohne seinen Untergang geschehen kann; so lange er aber auf seinem Platz sich friedlich verhält, ihm nicht feindlich begegnen. Es ist kein Gastrecht, worauf dieser Anspruch machen kann …, sondern ein Besuchsrecht, welches allen Menschen zusteht, sich zur Gesellschaft anzubieten, vermöge des Rechts des gemeinschaftlichen Besitzes der Oberfläche der Erde, auf der, als Kugelfläche, sie sich nicht ins Unendliche zerstreuen können, sondern endlich sich doch nebeneinander dulden zu müssen, ursprünglich aber niemand an einem Orte der Erde zu sein mehr Recht hat als der andere.«[27]

Mit Kant entstanden die geistigen Grundlagen eines Preußentums, das seine Wurzeln in dieser Königsberger Gelehrtenwelt hatte und tolerant war aus Vernunft. Toleranz aus Vernunft, das heißt: Ideologien spielen keine Rolle. Daß nach Krieg und Pest der Große Kurfürst die Tore seines entvölkerten Landes weit öffnete und viele aufnahm, die andernorts bedrängt wurden – Mennoniten aus den Niederlanden, Hugenotten aus Frankreich –, war Pragmatismus, und es war mehr als das.[28] Marion Gräfin Dönhoff meinte zu Recht, daß die religiöse und nationale Unduldsamkeit, die damals in den anderen europäischen Ländern herrschte, unterstreicht, wie sehr die preußische Toleranz ein Wert an sich war. In England war die so Glorreiche Revolution des Jahres 1688 ausgelöst worden durch die Rebellion der Etablierten gegen das Toleranzedikt Jakobs II., und mit dem Edikt von Nantes verbindet sich die Verfolgung der Hugenotten in Frankreich.[29] Dagegen trat von Königsberg aus die Toleranz als preußischer Wert ihren Siegeszug an und ließ Preußen lange Zeit als vorbildliches Staatsgebilde erscheinen.

Kants Anteil an der deutschen und europäischen Geistesgeschichte ist gar nicht hoch genug anzusetzen. Goethe meinte, »Kant

Immanuel Kant wird für immer der bedeutendste Ostpreuße bleiben. Das Gemälde eines russischen Künstlers zeigt ihn bei einer Vorlesung vor russischen Gelehrten während des Siebenjährigen Krieges, als Königsberg unter russischer Hoheit stand. Der große Philosoph hat mit seinem Aufsatz »Was ist Aufklärung?« 1784 das Denken weltweit revolutioniert: »Aufklärung ist der Ausgang des Menschen aus seiner selbstverschuldeten Unmündigkeit. Unmündigkeit ist das Unvermögen, sich seines Verstandes ohne Leitung eines anderen zu bedienen. Selbstverschuldet ist diese Unmündigkeit, wenn die Ursache derselben nicht am Mangel des Verstandes, sondern der Entschließung und des Mutes liegt, sich seiner ohne Leitung eines anderen zu bedienen. Sapere aude! Habe Mut, dich deines eigenen Verstandes zu bedienen ist also der Wahlspruch der Aufklärung.«

ist der vorzüglichste [der neueren Philosophen], ohne allen Zweifel. Er ist auch derjenige, dessen Lehre sich fortwirkend erwiesen hat und die in unsere deutsche Kultur am tiefsten eingedrungen ist.«[30] Bis nach Rußland drang der Ruf des Königsberger Philosophen schon zu seinen Lebzeiten. Auf einer Europareise gelangte Nikolai Karamsin (1766–1826) am 18. Juni 1789 nach Königsberg, wo er Kant – ein »kleiner hagerer Greis, von einer außerordentlichen Zartheit und Blässe« – einen Besuch abstattete und mit ihm über die sittliche Natur des Menschen diskutierte.[31]

In Kants Königsberger Vorlesungen saß ein Ostpreuße, der ebenfalls zu einer Geistesgröße von Rang wurde: Johann Gottfried Herder (1744–1803), Theologe, Geschichtsphilosoph und Kritiker, geboren in Mohrungen und gestorben in Weimar, wo er in der Stadtkirche Peter und Paul seine letzte Ruhestätte fand, die bis heute »Herderkirche« genannt wird. Herder war der Aufklärung verbunden, die er als unerläßlichen Bestandteil der Humanität betrachtete. In »Wort und Begriff der Humanität« führte er aus: »Humanität ist der Charakter unseres Geschlechts; er ist uns aber nur in Anlagen angeboren und muß uns eigentlich angebildet werden. Wir bringen ihn nicht fertig auf die Welt mit; auf der Welt aber soll er das Ziel unsres Bestrebens, die Summe unsrer Übungen, unser Wert sein: denn eine Angelität im Menschen kennen wir nicht, und wenn der Dämon, der uns regiert, kein humaner Dämon ist, werden wir Plagegeister der Menschen. Das Göttliche in unserm Geschlecht ist also *Bildung zur Humanität*.«[32]

Im vierten Kapitel seiner »Ideen zur Philosophie der Geschichte der Menschheit« schreibt Herder über das kulturelle Erbe der Völker und Nationen, wobei er auch die slawischen Völker beurteilt, worauf sich die slawischen Intellektuellen später im Zuge der kulturellen und nationalen Wiedergeburt ihrer Völker berufen haben. In seinem »Slawenkapitel« schrieb Herder: »Sie waren mildtätig, bis zur Verschwendung gastfrei, Liebhaber der ländlichen Freiheit, aber unterwürfig und gehorsam, des Raubens und Plünderns Feinde. Alles das half ihnen nicht gegen die Unterdrückung, ja es trug zu derselben bei. Denn da sie sich nie um die Oberherrschaft der Welt bewarben, keine kriegssüchtige erbliche Fürsten unter sich hatten und lieber steuerpflichtig wurden, wenn sie ihr Land nur mit Ruhe bewohnen konnten: so haben sich mehrere Nationen, am meisten aber die vom Deutschen Stamme, an ihnen versündigt.«[33]

»Licht, Liebe, Leben« umreißen das Vermächtnis Herders auf

seinem Grabstein in der Stadtkirche zu Weimar: Wahrhaftigkeit, Vernunft und Toleranz, Humanität und Achtung vor allem Leben und vor allen Dingen. Aus dieser Schule der Toleranz gingen zahlreiche Persönlichkeiten hervor, die Politik und Kultur Preußens mitbestimmten. Fast könnte man meinen, in Preußen, das durch Maßhalten und geistige Konzentration charakterisiert ist, sei es in erster Linie um die Verwirklichung einer Idee gegangen. Die Reformer idealisierten den Staat, sie sahen in ihm eine Art geistiges Gefäß, in dem der Mensch sich zu Höherem entwickeln konnte. Dabei übersahen sie die Anfechtungen der Macht und legten damit den Grundstein zur Pervertierung dessen, was doch ihr eigentliches Ziel war: das Individuum vor den unersättlichen Ansprüchen des Staates zu schützen.[34]

Ein Weggefährte Herders aus Königsberger Tagen war Johann Georg Hamann (1730–1788), der wegen seiner schwer zugänglichen Werke als »Magus des Nordens« bekannt wurde. Nach dem Studium an der Albertina – unter anderem bei Kant – war er seit 1777 bei der königlichen Zollverwaltung seiner Heimatstadt als Verwalter des Packhofs tätig. Seine Schriften zur Philosophie, Theologie und Rechtswissenschaft zeigen Hamann nicht als Mann der Ratio, sondern als einen wesentlich von Gefühl, Leidenschaft und Ahnung bestimmten Menschen. Als Wegbereiter des Sturm und Drang und Überwinder von Rationalismus und Aufklärung geriet er in krassen Gegensatz zu Kant. Er starb in armen Verhältnissen, aber er hat der deutschen Geistesgeschichte ein großes Erbe hinterlassen.

Im Gegensatz zur Schule Kants stand auch Zacharias Werner (1768–1823), der Begründer der romantischen Schicksalstragödie. Der gebürtige Königsberger entwickelte sich zum auffälligsten Vertreter der literarischen Romantik. Er war innerlich zerrissen, sein Leben geprägt von Triebhaftigkeit und Mystizismus, wobei er zur Theatralik neigte. Zu nennen ist ferner Ernst Wilhelm Theodor Hoffmann (1776–1822) aus Königsberg, der dem alten polnischen Adelsgeschlecht der Bagiensky entstammte. Nach einem Besuch des Dorfes Rossitten in Begleitung seines Großonkels hat er die unheimliche Erzählung »Das Majorat« geschrieben, die in der rauhen Einsamkeit der Kurischen Nehrung spielt.

Als »Literaturpapst« ist Johann Christoph Gottsched (1700 bis 1766), geboren in einem ostpreußischen Pfarrhaus in Juditten bei Königsberg, in die deutsche Geistesgeschichte eingegangen. Nach dem Studium an der Albertina floh Gottsched vor der Zwangsrekrutierung nach Leipzig, wo er 1730 einen Ruf an die dortige Universität im

Fach Poesie annahm. Er hat als einer der ersten systematische Lehrbücher zur deutschen Sprache und Dichtung verfaßt. Der Russe Michail Lomonossow sah in ihm ein Vorbild und übernahm Gottscheds Konzept für die russische Sprache. Zeit seines Lebens blieb Gottsched seiner Heimat Ostpreußen eng verbunden:

> *Mich hat kein Schlesien,*
> *kein Meißnerland gezeugt:*
> *Das ferne Preußenland*
> *Hat meinen Mund gesäugt;*
> *Den Geist mit Unterricht*
> *Und Wissenschaft verpfleget,*
> *Und mir zugleich die Lust*
> *Zum Dichten eingepräget.*

Das Königsberg des 18. Jahrhunderts hat – so unterschiedlich die Beiträge im einzelnen auch waren – die nationalen Grenzen geöffnet. Die Eigenheit anderer Völker nicht nur als interessantes Äußeres zu erkennen, sondern den Fremden mit Liebe und Toleranz zu begegnen war das Anliegen, das von der Stadt am Pregel aus in alle Welt verbreitet wurde.

»Unser Todesurteil«

Zwischen Niedergang und Hoffnung

Im Sommer 1807 trifft Königin Luise in Tilsit auf Napoleon. Sie ist Preußens letzte Hoffnung. Mit ihrer Anmut soll die junge Königin auf Napoleon einwirken und ihn dazu bewegen, die harten Friedensbedingungen noch einmal zu überdenken. Doch sie bemüht sich vergebens. Das Königreich verliert die Hälfte seines Territoriums. Fortan steht Tilsit für die Demütigung Preußens und seiner Königin, die als »Königin der Herzen« in den preußischen Olymp aufsteigt. Die Schöne, die das Schicksal klaglos erduldet, wird zur Idealgestalt der Dichter und Patrioten, in ihr vereint sich die Hoffnung, die napoleonische Fremdherrschaft wieder abschütteln zu können. Luise selbst blickt Ende Oktober 1807 wenig zuversichtlich auf Preußen: »Preußens Urteil, nämlich unser Todesurteil, ist gesprochen!«[1]

Ostpreußen steht 1807 für einige Monate im Zentrum der Weltgeschichte. Die zwei großen ostpreußischen Schlachten von Preußisch Eylau und Friedland sind der Höhepunkt in einer langen, dramatischen Abfolge von Krieg, Besatzung, Requirierungen und Hungersnöten. Als Franz II. im Jahr 1806 die römisch-deutsche Kaiserkrone niederlegte, zerbrach das Alte Reich. Preußen, das vom Machtvakuum in Mitteleuropa profitieren wollte, manövrierte sich in eine prekäre Lage, als es nach längerem diplomatischen Lavieren zwischen einer Annäherung an Frankreich und der an Rußland schließlich Napoleon den Krieg erklärte.

Schon in der Schlacht bei Jena und Auerstedt am 14. Oktober 1806 wurde Preußen vernichtend geschlagen. Der französische Imperator besetzte daraufhin in Windeseile preußische Gebiete, und schon bald befanden sich auch Warschau und Thorn in seiner Hand. Er rückte gegen Ostpreußen vor, wo ihm der preußische General Anton Wilhelm L'Estocq (1738–1815) entgegentrat. Am 25. Dezember 1806 fiel Soldau, einen Tag später Neidenburg. Am 31. Dezember 1806 zogen die Franzosen in Ortelsburg ein. Über Passenheim gelangte die Grande Armée am 3. Februar 1807 nach Allenstein.

In Allenstein wäre der Kaiser, was kaum bekannt ist, fast einem Anschlag erlegen. Wie hätte sich das Schicksal Europas gewendet? Als Napoleon hoch zu Roß und umringt von seinem Stab auf dem Marktplatz erschien, »stieg ein preußischer Jäger namens Rydziewski auf das Dach des ältesten Hauses am Markte (des späteren Grunenbergschen). In der Dachrinne stehend spannte er seine scharfgeladene Büchse und legte auf den Kaiser an. Aber einige Bürger, welche die sofortige Zerstörung der Stadt durch die wütenden Franzosen fürchteten, waren dem Rydziewski nachgeeilt und hielten seinen Arm mit Gewalt zurück.«[2]

Der preußische Hof flüchtete im Dezember 1806 zunächst nach Königsberg und wich von dort Anfang Januar 1807 in die nördlichste Stadt des Königreiches, nach Memel, aus. Königin Luise zeigte sich voll des Lobes für die in Königsberg stehenden russischen Bündnistruppen. Was sie aus ihrem Zufluchtsort am 18. April 1807 an Friedrich Wilhelm III. schrieb, klingt unglaublich, wenn man sich den russischen Einmarsch von 1914 vor Augen hält, ganz zu schweigen von 1944/45 und der im Zeitalter des Nationalismus aufgebauten Dämonisierung der slawischen »Untermenschen«: »Du kannst nicht glauben, wie gut sich die Offiziere hier aufführen, wie befriedigt die Bewohner der Stadt von ihrer Höflichkeit, von ihrer Erkenntlichkeit, von ihrem reizenden Benehmen gegen ihre Gastfreunde sind. Sage es auch dem Kaiser [Zar Alexander I.]; ich bin überzeugt, daß das ihm Freude machen wird.«[3]

Auf ostpreußischem Boden erfuhr Napoleon am 8. Februar 1807 bei Preußisch Eylau erstmals empfindliche Verluste. Während des zehnstündigen Kampfes harrte er mit seinem Stab auf dem Friedhofshügel neben der Kirche aus, von wo aus man das schneebedeckte Schlachtfeld überschauen konnte. Die französischen Verluste beliefen sich auf 237 getötete und 784 verwundete Offiziere sowie 4893 Tote und 23 589 Verwundete bei den Mannschaften. Insgesamt verlor die Armee inklusive der Gefangenen 1034 Offiziere und 29 634 weitere Soldaten, das war die Hälfte der etwa 67 000 Mann starken französischen Armee. Der französische General Michel Ney erklärte den Ausgang der Schlacht für unentschieden und rief besorgt aus: »Quel massacre et sans resultat!« (Welch ein Massaker und ohne jedes Ergebnis!)[4]

Napoleon verließ Preußisch Eylau am 17. Februar 1807 und bezog für vierzig Tage Quartier im Schloß Finckenstein. Über diese Zeit hat er geäußert: »Cette epoque de repos au milieu de la vieille Prusse et de la Pologne est une des plus remarquables de ma vie; elle n'en fut ni la moins critique ni la moins glorieuse« (Diese Phase der Ruhe inmitten des alten Preußen und in Polen gehört zu den besonderen meines Lebens, denn es gab niemals weniger Anwürfe und niemals weniger Ruhm).[5] Ostpreußen sollte ihn noch zur Verzweiflung treiben, denn es war als Aufmarschgebiet für seinen Rußlandfeldzug völlig ungeeignet. Die Armee drohte im Schlamm auf den ostpreußischen Wegen zu versinken, so daß der Kaiser Ostpreußens Dreck zur sechsten europäischen Großmacht erklärte, die ihn in seinen Kriegszügen behindert habe.

Napoleon machte den preußischen Adelssitz zur Zentrale seines mächtigen Imperiums. Er ließ 120 000 Mann französische Ersatztruppen heranführen und regierte von der Residenz der Finckensteins aus für zehn Wochen über halb Europa. Hier wurden die neuen Grenzen abgesteckt, man stritt sich um Posten in noch nicht existierenden Staaten, schloß Bündnisse, fädelte komplizierte Intrigen ein, bemühte sich um Protektion und schwärzte sich gegenseitig an. An der Seite Napoleons weilte die polnische Gräfin Maria Walewska. Hollywood hat die Liebesromanze zwischen dem Kaiser und der Gräfin mit Greta Garbo und Charles Boyer 1934 verfilmt. Der polnische Schriftsteller Marian Brandys hat eine historische Biographie der Frau verfaßt, der Napoleon nach der Schlacht von Preußisch Eylau in sehnsuchtsvoller Erwartung schrieb:

»Eylau, 9. Februar 1807
Meine süße Freundin!
Wenn Du diesen Brief liest, wirst Du schon mehr von dem wissen, was sich ereignet hat, als ich Dir jetzt sagen kann. Die Schlacht dauerte zwei Tage, und wir haben als Sieger das Feld behauptet. Mein Herz ist bei Dir; hinge es von ihm ab, wärest Du die Staatsbürgerin eines freien Landes. Leidest Du genauso wie ich unter unserer Trennung? Ich habe ein Recht, dies anzunehmen. Ich bin dessen so sicher, daß ich die Absicht habe, Dich zu bitten, nicht nach Warschau oder auf Dein Gut zurückzukehren. Eine so große Entfernung kann ich nicht ertragen. Liebe mich, meine süße Marie, und vertraue Deinem N.«[6]

Für Preußen wendete sich das Blatt dramatisch mit der preußisch-russischen Niederlage von Friedland am 13. und 14. Juni 1807. Napoleon ging nun in die Offensive. Die französischen Truppen strömten Richtung Königsberg und besetzten das gesamte Land bis zur Memel. Auf dem Weg dorthin wurde das Städtchen Domnau völlig niedergebrannt und geplündert. Das unweit der preußisch-russischen Grenze gelegene Schirwindt mit kaum zwölfhundert Einwohnern mußte die Einquartierung von dreißigtausend Franzosen und die damit verbundenen Bürden wochenlang erdulden. Die Bevölkerung litt schwer. Manche Orte verloren ein Drittel ihrer Bevölkerung durch Hunger und Seuchen. Luise schrieb nach der verlorenen Schlacht von Friedland am 17. Juni 1807 aus Memel an ihren Vater: »Es ist wieder aufs Neue ein ungeheures Unglück und Ungemach über uns gekommen ... Der König hat bewiesen, der Welt hat er es bewiesen, daß er nicht Schande, sondern Ehre will. Preußen wollte nicht freiwillig Slavenketten tragen ... Durch diese unglückliche Schlacht kam Königsberg in französische Hände.«[7]

Bei dem legendären Treffen Napoleons mit Zar Alexander I. am 25. Juni 1807 auf einem Floß inmitten der Memel bei Tilsit, wo über Preußens Schicksal entschieden wurde, war Friedrich Wilhelm III. nur Zaungast. Königin Luise hat darüber berichtet: »Nachdem die Russen am 14. Juni 1807 die unglückliche Schlacht von Friedland verloren hatten, nahm alles eine andere Wendung. Die russische Armee, geschlagen und zerstreut, bot keine Hilfe mehr; der Kaiser mußte sich in Unterredungen über einen Waffenstillstand einlassen, dessen Folge ein Friede war, der für Preußen den Todesstoß bedeutete. Nach einer Zusammenkunft Kaiser Alexanders mit Napoleon, die sich am nächsten Tage im Beisein des Königs wiederholte, wurde beschlossen, die Stadt Tilsit für neutral zu erklären; jeder Herrscher sollte dort dieselbe Truppenmenge haben, und sie wollten dort bleiben, um selbst über den Frieden zu verhandeln. – Für Preußen nahmen die Verhandlungen vom ersten Augenblick an die unglücklichste Wendung; durch viel Böswilligkeit und Haß von seiten Napoleons war zu erkennen, daß die Dinge schlecht für uns gehen würden. Der König schrieb mir das und fügte hinzu, daß meine Anwesenheit von einigem Nutzen sein könne. Mein Entschluß war im ersten Augenblick gefaßt, und ich antwortete, ich würde nach Tilsit fliegen, sobald er es wünsche und sobald er glaube, ich könnte den geringsten Nutzen stiften.«

Luise traf den Kaiser in Tilsit und berichtete davon am 6. Juli: »Gegen 4 Uhr machte ich mich auf den Weg nach Tilsit und war um 5 Uhr dort. Als ich das Lager oder vielmehr Biwak der Kosaken passiert hatte und mich dem Njemen näherte, war der ganze Weg mit Franzosen bedeckt. Ich kann es nicht ausdrücken, wie widerlich mir der Anblick dieser Menschen war, die der ganzen Welt und zuletzt besonders Preußen soviel Übles getan haben ...

Als ich in das Zimmer des Königs eintrat, war Kaiser Alexander

Der Bittgang der Königin sollte die mythische Verehrung der preußischen Monarchin über alle Maßen steigern, der »Luisenkult« erfaßte alle deutschen Länder. Aber auch für das französische kollektive Gedächtnis spielten Tilsit und Ostpreußen eine wichtige Rolle: Der französische Maler J. Chr. Tardieu hat schon 1807 dieses Gemälde von der historischen Begegnung zwischen Kaiser Napoleon und Königin Luise am 6. Juli 1807 in Tilsit fertiggestellt. Im Pariser Louvre hängt das monumentale Gemälde »Napoléon sur le champ de bataille d'Eylau« (Napoleon auf dem Schlachtfeld von Eylau) von Baron Antoine-Jean Gros (1771–1835). Westlich des Eiffelturms liegt im 16. Arrondissement die Avenue d'Eylau. Im Triumphbogen ist der Name »Eylau« verewigt, und nicht weit davon entfernt erhebt sich an der Place Victor Hugo die Eglise St. Honoré d'Eylau. Die Avenue de Friedland, die vom französischen Ruhm in der zweiten ostpreußischen Schlacht kündet, führt direkt auf den Triumphbogen zu, in dem man auch den Namen »Tilsit« findet. Im 8. Arrondissement erinnern die Rue de Tilsitt sowie ein Café »Le Tilsitt« an die ostpreußische Stadt an der Memel.

dort im Gespräch mit ihm. Er ging auf mich zu und sagte: ›Die Dinge gehen nicht gut, alle unsere Hoffnung ruht auf Ihnen, auf Ihrem Vermögen, nehmen Sie es auf sich und retten Sie den Staat.‹ ...

Kaum war ich angekommen, da traf der Kaiser der Franzosen ein mit all dem Pomp und dem ganzen Gefolge, das ihn immer umgibt, wenn er sich öffentlich zeigt. Er trat in den Salon ein und ich sagte ihm, ich empfände es stark, daß er sich die Mühe gäbe, zu kommen. Er war recht verlegen; ich aber erfüllt von der großen Idee meiner Pflichten, ich war es nicht.«[8]

Da Königin Luise Napoleon nicht umstimmen konnte, verlor Preußen im Frieden von Tilsit, der am 9. Juli 1807 unterzeichnet wurde, alle Gebiete westlich der Elbe. Zudem mußte das schwer gedemütigte Land die aus der Konkursmasse Polens hervorgegangenen Gebiete Südpreußen und Neuostpreußen an das von Frankreich abhängige Großherzogtum Warschau abtreten. Militärisch und ökonomisch lag Preußen am Boden. Der Hof kehrte nach Berlin zurück. Im Advent 1809 weilte das Königspaar zum letzten Mal in Ostpreußen. Sieben Monate später starb Luise im Alter von 34 Jahren. Weil sie sich in den schweren Tagen der Niederlage standhaft und fest für ihr Land eingesetzt hatte, wurde sie in Ostpreußen wie eine Heilige verehrt. In Tilsit benannte man nach ihr das 1907 errichtete imposante Brückenbauwerk über die Memel und erinnerte damit an ihre Mission in Tilsit.

Denkmäler auf den einstigen Schlachtfeldern von Friedland und Preußisch Eylau belegen, wie sehr man in der Oblast Kaliningrad darum bemüht ist, die russischen Bezüge in der Geschichte Ostpreußens zu bewahren. Angesichts der Gleichgültigkeit gegenüber dem Zerfall dieser einst blühenden Kulturlandschaft fällt die Pflege dieses Erbes besonders auf. In Friedland, Kreis Bartenstein, erinnert ein Grabmal an den russischen Generalmajor von Makowsky, Kommandeur des Petersburger Grenadierregiments, der am 14. Juni 1807 in der Schlacht fiel. Eine Inschrift, die Zar Alexander II. und der spätere Kaiser Wilhelm I. im Jahr 1868 anbringen ließen, ist in deutscher und russischer Sprache abgefaßt und gedenkt dieses Kapitels gemeinsamer preußisch-russischer Geschichte. Auf einer Anhöhe südlich von Preußisch Eylau ragt an der Bartensteiner Chaussee ein Sandsteinobelisk fast elf Meter in die Höhe, der nach Angaben Friedrich Wilhelms IV. von Friedrich August Stüler entworfen wurde zur Erinnerung an die Schlacht von Preußisch Eylau. Dem in Bedrängnis geratenen russischen Heer unter General Levin von Bennigsen war damals ein kleines preußisches Korps von sechstausend Mann unter General Anton Wilhelm L'Estocq und seinem Stabschef Oberst Gerhard Johann David von Scharnhorst zu Hilfe geeilt. Auch der russische Name für Preußisch Eylau knüpft an die Schlacht an. Er lautet Bagrationowsk nach dem russischen General Pjotr Fürst Bagration, der die russische Nachhut anführte.

Als Napoleon im Frühjahr 1812 erneut gegen Rußland zog, zwang er Preußen, in Rußland einzumarschieren. Von Warschau aus rückte ein Teil des Heeres nach Wilkowischki vor über Willenberg, Ortelsburg und Sensburg. Wieder war Ostpreußen Aufmarschgebiet. Infolge mehrerer Mißernten, Truppenbewegungen in bis dahin nicht gekannten Ausmaßen und ständiger Requirierungen brach eine schwere Hungersnot aus. Das Elend war himmelschreiend, da ergriffen die ostpreußischen Stände an der Seite Rußlands die Chance zum Befreiungsschlag, als Ende 1812 der Rückzug der besiegten Grande Armée begann. Noch fühlte sich die preußische Staatsführung unter Karl August Fürst von Hardenberg zur Loyalität gegenüber dem formalen Bündnispartner Frankreich verpflichtet, doch Hans David Ludwig Graf Yorck von Wartenburg schloß am 30. Dezember 1812 mit dem russischen General Hans Karl Friedrich Anton von Diebitsch eigenmächtig die Konvention von Tauroggen, in der er sich zur Neutralität und zur Konzentration seiner Truppen zwischen dem Kurischen Haff und den Städten Memel und Tilsit verpflichtete. Am 8. Januar 1813 griff er dann in das Kriegsgeschehen ein, indem er gemeinsam mit den russischen Truppen gegen Königsberg vorrückte und die Stadt besetzte. Ende Januar folgten Elbing und Marienburg. Damit eröffnete sich den Russen die Möglichkeit zur Befreiung ganz Ostpreußens von der französischen Fremdherrschaft.

Zar Alexander I. selbst verfolgte an der Spitze seiner Armee die fliehenden Franzosen. Am 19. Januar 1813 zog er mit Heinrich Friedrich Karl Reichsfreiherr von und zum Stein und Ernst Moritz Arndt im Gefolge in Lyck ein, wo er als Befreier Ostpreußens stürmisch begrüßt wurde. Auf der Brücke über den Lyckfluß dankte der Lycker Erzpriester Thimoteus Gisevius ihm dafür in einer feierlichen Ansprache:

»Sire! Empfangen Sie gnädig die Huldigungen eines jubelnd Ihnen entgegenströmenden Volkes! Was in diesem heiligen Augenblick Sie hier umringt, was, Allergnädigster Kaiser und Herr! Sie hier vor sich sehen, das Alles – o das Alles sind Herzen, die voll Bewunderung und Ehrfurcht und Liebe Ihnen entgegenschlagen – und Augen, bei Ihrem Anblick mit Wonnethränen erfüllt, – und gegen Himmel erhoben Hände, Segen herabflehend für Sie, und Schutz und Gnade von dem Allmächtigsten …

Großer Kaiser! Der Allmächtige hat das Schicksal der Völker in Ihre Hände gelegt, aber wohin Ihre Triumphe Sie auch führen, da kommen Sie immer segnend und gesegnet im Namen des Herrn. – Darum decke der Ewige Sie mit seinem Schilde und stärke mit seiner Kraft zum hohen Beruf Ihren mächtigen Arm! Er, der Herr, unser Gott, sei Ihnen freundlich und fördere das Werk Ihrer Hände! Ja, das Werk Ihrer Hände wolle er fördern! Amen!«[9]

Lyck war die erste Stadt Preußens, die der Zar befreite. Am 23. Januar 1813 traf er in Johannisburg ein, das ihm ebenfalls einen großen Empfang bereitete. Auf dem Marktplatz enthüllte die Bürgerschaft einen Obelisk mit der Inschrift: »Heil dem Befreier Europens Alexander dem Grossen«. An der Spitze seiner Armee zog der Zar weiter über Friedrichshof nach Willenberg, wo er am 27. Januar 1813 im Pfarrhaus übernachtete.

Während der russische Monarch von Stadt zu Stadt eilte und sich als Befreier feiern ließ, zögerte der preußische Herrscher weiterhin, sich von Napoleon loszusagen. Angesichts der russischen Erfolge bedrängten ihn die ostpreußischen Stände aber immer mehr, die allgemeine Erhebung gegen Frankreich zu befehlen. In der Ständeversammlung vom 5. Februar 1813 in Königsberg, die der in Ostpreußen geborene Historienmaler Otto Brausewetter in einem Gemälde festgehalten hat, trat Yorck – eigentlich Befehlshaber des preußischen Hilfskorps auf seiten Napoleons gegen Rußland – mit dem legendären »Aufruf zur Bildung des ersten preußischen National-Kavallerie-Korps« vor die Vertreter der Stände:

»Erhaben und der Achtung der Nachwelt würdig spricht sich in diesem hochwichtigen Moment im Königreich Preußen der Geist der Liebe und Treue gegen Monarch und Vaterland durch die Repräsentanten der Nation aus. Bereit, kein Opfer zu scheuen, wodurch dem Vaterland seine Selbständigkeit, das Palladium der Privatwohlfahrt wieder genommen werden kann, sehe ich mich nicht allein kräftig unterstützt in meinem Wirken, sondern erhalte auch noch Anerbietungen, welche das Gepräge des reinsten Patriotismus, der edelsten Selbstverleugnung tragen.«[10]

Einhellig faßten die ostpreußischen Stände in Königsberg den Beschluß, alle zur Verfügung stehenden Kräfte gegen Frankreich zu mobilisieren. Bei der Befreiung des Königreichs Preußen haben sie

Mit dem Aufruf General Yorcks an die ostpreußischen Stände am 5. Februar 1813 begann von Ostpreußen aus die Befreiung Preußens. Das Gemälde »Auszug der ostpr. Landwehr 1813« des ostpreußischen Malers Gustav Graef zeigt, mit welcher Begeisterung die Königsberger Yorck folgten. Nach Jahren der Besatzung, von Zwangsrekrutierungen und Hunger wollte niemand zurückstehen bei der Befreiung der Heimat. Viele der Freiwilligen haben ihr Leben auf den Schlachtfeldern hingegeben, woran Gedenktafeln in den Kirchen – hier eine Tafel aus der Kirche in Groß Schöndamerau, Kreis Ortelsburg – erinnerten. Auffällig sind die vielen masurischen Namen.

damit den entscheidenden Anstoß gegeben. »Alles muß zu den Waffen greifen, Alt und Jung, Weib und Kind, das will das Vaterland, das will der König in seiner Noth!«[11] Ostpreußen stand in vorderster Front im Befreiungskampf vom napoleonischen Joch, der am 8. Februar 1813 begann. Jeder wollte das preußische Vaterland retten, keiner bei der Befreiung der Heimat zurückstehen. An der Erhebung beteiligte sich Memel mit 79 Freiwilligen, die auf eigene Kosten zur Schlesischen Armee gingen, 194 Bürger meldeten sich zur Landwehr, 1500 Mann fanden sich beim Landsturm ein. Das Dorf Sorquitten sollte sechs Landwehrmänner stellen, doch es fanden sich zwölf Freiwillige. Da partout keiner zurücktreten wollte, mußte das Los entscheiden. Ostpreußische Landwehrkompanien wirkten an allen Kämpfen der Befreiungskriege von 1813 bis 1815 mit.

Auch der große preußische Patriot Max von Schenkendorf (1783 bis 1817), der aus Tilsit stammte, jener Stadt, in der der demütigende Friede von 1807 geschlossen worden war, hat daran teilgenommen und die Freiheit in Liedern voll tiefer innerer Anteilnahme besungen, die einen hohen Rang im deutschen Liedgut einnehmen, insbesondere »Freiheit, die ich meine«. Seine Heimatstadt an der Memel ehrte ihn 1890 mit einem Denkmal und der Taufe des Marktplatzes auf den Namen »Schenkendorfplatz«.

In der Königsberger Französisch-Reformierten Kirche hing bis 1945 eine Tafel der Gefallenen, die für Preußens Freiheit starben, darunter ein Nachfahre reformierter Einwanderer aus Schottland, dessen in französischer Sprache gedacht wird: »Morts pour le Roi et la Patrie. Jean Motherby, Conseiller de la Regence, Capitaine au 3 Regiment d'Infant.-Landwehr. Mort a la prise de Leipzig le 19. Octobre 1813«. Da zeigte sie sich wieder, wie von ungefähr und ganz selbstverständlich: Preußens multiethnische Geschichte aus vornationaler Zeit.

Reformzeit und Reaktion

Ostpreußens Liberalismus

»Da steht die Marienburg auf dem hohen Ufer der Nogat und spiegelt sich mit ihren hochragenden Türmen, spitzen Giebeln, mächtigen Strebepfeilern und zackigen Zinnen im Abendscheine in den klaren Fluten des breiten, langsam hinziehenden Flusses. Viel wird überall in deutschen Landen und weit über seine Grenzen hinaus im ganzen römischen Reich an Fürstenhöfen und in Ritterburgen von ihrer Herrlichkeit gesagt und gesungen; ein Wunder der Christenheit nennt man sie. Aber wer sie mit Augen sah, bekannte gern, daß keine Beschreibung genügte.«[1]

Die Marienburg, Wahrzeichen des Ordensstaates an der westpreußischen Nogat, wurde wie so manche andere Burg von der deutschen Romantik wiederentdeckt. Preußen schaute zurück auf seine Geschichte und verband erstmals das junge Königreich mit dem alten Ordensstaat Preußen, allerdings noch frei von jenem Nationalismus, den Heinrich von Treitschke im Zuge der Reichsgründung etablieren sollte. Theodor von Schön, Oberpräsident der Provinz, machte die Wiederherstellung der Marienburg zu seiner Sache. Sie sollte ein preußisches »Nationalmonument« oder, wie es ebenfalls hieß, ein »preußisches Westminster«, »preußisches Pantheon« oder gar ein »preußisches Walhalla« werden.[2]

Im alten Preußen war man seit den Befreiungskriegen besonders stolz darauf, daß die Wiege Preußens und seines Königtums zwischen Weichsel und Memel stand. Ernst von Saucken-Tarputschen (1791 bis 1854), einer der führenden Repräsentanten des ostpreußischen Gutsbesitzerliberalismus, drückte dies 1840 in einem Brief an König Friedrich Wilhelm IV. aus:

»Möchten Er. K. M. doch allergnädigst auch bei der bevorstehenden Erbhuldigung in dem stillen Ausdruck der Gefühle, die den Preußen eigentümlich, doch die in der Tiefe der Brust ruhende Empfindung wahrnehmen, die im Aufblick zum Allerhöchsten aus vollem Herzen Glück und Segen herabfleht und so den Umfang der Liebe erkennend, der Altpreußen erfüllt, das stolz darauf ist, die Wiege des Königtums zu sein.«[3]

Als es nach den Befreiungskriegen 1815 um die Errichtung des Deutschen Bundes ging, sah das Land sich allerdings ausgeschlossen: Alle ehemaligen Reichsteile sollten zu dem neuen Bund gehören, aber Ostpreußen war niemals Bestandteil des Deutschen Reiches gewesen und konnte somit nicht in den Deutschen Bund aufgenommen werden.[4] Dennoch hat die Provinz auf dieser Bühne eine wichtige Rolle gespielt, denn sie entwickelte eine liberale Dynamik, die tief in das reichsdeutsche Geschehen hineinwirkte.

In Ostpreußen und insbesondere in seiner Hauptstadt Königsberg entstand mit der Lehre Kants eine Gesellschaft von aufgeklärten Adligen, Beamten, Universitätsgelehrten und gebildeten Kaufleuten, die das soziale Klima der Stadt prägen sollte. Hier gedieh im 19. Jahrhundert der spezifische Geist gesellschaftlicher Toleranz, der sogar die Integration jüdischer Bürger ermöglichte. Die Königsberger Liberalität stand im Gegensatz zur junkerlichen Gesamtstruktur Ostpreußens und zum tiefkonservativen Nationalismus der Provinz. Zwar versprach das Emanzipationsedikt von 1812, das von dem gebürtigen Königsberger David Friedländer mit angeregt wurde, keine vollständige rechtliche Gleichstellung der Juden in Preußen, aber immerhin schützte es ihre Existenz und gewährte ihnen erstmals das Recht auf freie Niederlassung. Zwischen 1817 und 1861 stieg die Zahl der Juden in Königsberg von 953 auf 2572, was vor allem dem Aufblühen des Rußlandhandels nach dem Wiener Kongreß zu verdanken war.

Königsberg brachte eine Reihe jüdischer Bürger hervor, die das städtische Leben im liberalen Geist auf eine Weise prägten, die im deutschsprachigen Raum ihresgleichen suchte. Ostpreußen und insbesondere seine Metropole waren während der bürgerlichen Revolution ein Hort der nach politischer Veränderung strebenden Moderne. Wohl niemals wieder hat das Bürgertum dieser Provinz seine Ziele so klar formuliert und seine Möglichkeiten so bewußt wahrgenommen wie 1848, und niemals wieder war Königsberg im Vergleich zu anderen Zentren von Literatur und Politik so weit fortgeschritten. Unter den Repressionen des Militärstaates, die dem bürgerlichen Aufbruch folgten, verkümmerte die literarische Öffentlichkeit Ostpreußens dann so sehr, daß schließlich die restaurativen Strukturen der Provinz auch die Stadt dominierten. Die Reichsgründung hat den politischen und ökonomischen Bedeutungsverlust Ostpreußens besiegelt.[5]

In der ersten Hälfte des 19. Jahrhunderts zeigte Ostpreußens Liberalismus ganz unterschiedliche Schattierungen. Die ältere deutsche Forschung ging davon aus, daß ein gesamtpreußischer Staatspatriotismus seit 1701, spätestens aber nach dem Siebenjährigen Krieg das ostpreußische Sonderbewußtsein aufgehoben habe. Neuere Forschungen belegen jedoch, daß dieses bis in die Reformzeit überdauerte.[6] Das Altpreußentum war auch im ostpreußischen Gutsbesitzerliberalismus verbreitet, wie Ernst von Saucken-Tarputschen belegt, der als Abgeordneter der Paulskirche Friedrich Wilhelm IV. eindringlich bat, die deutsche Kaiserkrone anzunehmen. Am 15. März 1849 schrieb Saucken an den König:

»Aber wie ein böser Dämon, von den Feinden Preußens stets benutzt und künstlich ausgebeutet, geht die Sage um: Preußens König, auf den ihr alle euer Heil, alle eure Hoffnung setzt, steht in heimlichem Bunde mit Österreich, wird nicht ohne Österreich handeln, wird sich ihm unterordnen, wird nicht rettend, schirmend dem zerfallenden Deutschland die helfende Hand reichen, wird nicht den schönsten Lorbeer uneigennütziger Hilfe um seine Schläfe flechten; sondern engstirnig sich auf Preußen beschränken, euch alle, die ihr als letzten Hoffnungsanker auf ihn blickt, in den Strudel der Revolution hineinwerfen... Bringen wir hier das groß gedachte und mutig durchgeführte Wunder zustande – treten die Fürsten und die Vertreter der deutschen Stämme vor Er. K. M. –, Sie werden, Sie können sie nicht zurückweisen, Sie dürfen nicht Deutschland dem fürchterlichen Wirrwarr, vielleicht einem Blutvergießen ohne Ende, die Throne dem sicheren Umsturz preisgeben.«[7]

An Sauckens Seite standen Männer wie Alfred von Auerswald (1797–1870), Generallandschaftsdirektor der Provinz Preußen, und Magnus von Brünneck (1786–1866), die noch an den Befreiungskriegen teilgenommen hatten, und ohne Zweifel ist auch Theodor von Schön (1773–1856), Oberpräsident von Preußen bis 1842, ein führender Kopf des altpreußischen Adelsliberalismus gewesen. Dieser Liberalismus, für den das Schwanken zwischen Tradition und Modernität bezeichnend war, bildete den rechten Flügel der Reformbewegung in Ostpreußen. Er wies unübersehbar Züge des ständischen Wirtschaftsegoismus auf, doch die altpreußische Tradition war gepaart mit liberaler Gesinnung. Mit dem Aufkommen der bürgerlichen Opposition starb diese Form von Liberalismus aus.

Ausgelöst durch die Julirevolution in Frankreich sowie den Novemberaufstand im Königreich Polen und beschleunigt durch das

Versagen der Behörden angesichts der Choleraepidemie in Preußen, machte sich 1830 erstmals eine bürgerliche liberale Bewegung bemerkbar. In dieser fanden sich vor allem junge Leute zusammen, die die Befreiungskriege nicht mehr bewußt erlebt hatten und die sich vom preußischen Staatspatriotismus distanzierten, den sie zunehmend gleichsetzten mit rückwärtsgewandtem und partikularistischem Konservatismus.[8] Unter Führung des Königsbergers Johann Jacoby (1805 bis 1877), einem der ersten Juden in der deutschen Burschenschaft, stand dieser Kreis, in dessen Umfeld sich auch die jüdisch-assimilierte Familie der Schriftstellerin Fanny Lewald (1811 bis 1889) bewegte, zunächst für die Auseinandersetzung um die jüdische Emanzipation. Jacoby und seine Anhänger wurden im Vormärz als Sprachrohr der radikalsten demokratischen Gruppen über die lokalen Grenzen hinaus bekannt. Zum radikaldemokratischen Flügel dieser Gruppe gehörten auch der aus Insterburg stammende Schriftsteller Wilhelm Jordan (1819–1904) sowie der Historiker Ferdinand Gregorovius (1821–1883). Der eigentliche Held des Liberalismus aber war Jacoby, der, 1840 wegen Majestätsbeleidigung und Hochverrats angeklagt, zum Vorbild der jungen Akademiker wurde.

Jacoby hat am 28. Februar 1841 – zunächst anonym – seine Schrift »Vier Fragen, beantwortet von einem Ostpreußen« publiziert. Der Wortführer der Radikalliberalen, die sich im »Café Siegel« und später an jedem Donnerstag im »Hôtel de Berlin« versammelten, um die Weltläufte zu diskutieren, umgab sich mit einem Kreis Gleichgesinnter, von denen Ferdinand Gregorovius der bekannteste geworden ist. Der spätere Chronist Roms hatte die deutsche Polenbegeisterung des Vormärz mitgetragen und in »Die Idee des Polentums« dazu geschrieben: »So sehr schien man in Preußen von einem Kriege gegen Rußland zur Befreiung Polens überzeugt, daß in Berlin und an anderen Orten sich deutsche Freiwillige bereits zu Freischaren für Polen zusammentaten.«[9] In Königsberg wie in anderen Städten Preußens und Deutschlands wurde in jenen Tagen zur Bildung von Freiwilligenverbänden aufgerufen, die Polens Freiheit erkämpfen sollten. Am 6. April 1848 kursierte in Ostpreußens Hauptstadt folgender Aufruf:

»Der Tag der Freiheit ist angebrochen in ganz Europa. Nur das Land, welches zuerst für seine heiligen Rechte bluten mußte, getrennt und geknechtet ward, schmachtet noch immer unter dem empörendsten Drucke. Umsonst versuchte es wieder und wieder, sein schmähliches Joch abzuschütteln. Die Sympathien der Völker fehlten nicht, sie waren aber gefesselt. Nun ist's anders! Sollte also Polens Banner, wie wir freudig hoffen, noch einmal dem russischen Doppeladler entgegenwehen, so werden ihm gewiß nicht bloß deutsche Herzen, sondern auch rüstige deutsche Schwerter entgegenschlagen. Der heiligen Sache Gut und Blut zu opfern, sind wir gesonnen und werden freudig die Jünglinge begrüßen, die mit uns in einer Freischar für Polens Freiheit kämpfen und sterben wollen.

Königsberg, 6. April 1848

Carl Passarge Julius Pisanski

Kneiphöffsche Langgasse Nr. 49 zu sprechen

vorm. 8–11 Uhr.«[10]

Als endlich eine neue Reichsverfassung beschlossen und am 28. März 1849 Friedrich Wilhelm IV. mit 290 Stimmen bei 241 Enthaltungen zum Kaiser der Deutschen gewählt wurde, waren die reaktionären Autoritäten bereits aus ihrer Ohnmacht erwacht und die Restauration mit Hilfe des Militärs auf dem Vormarsch. Die Punktation von Olmütz, die am 29. November 1850 das Scheitern der preußischen Unionspolitik besiegelte, und die Wiedererrichtung des alten Bundestages sowie der Austritt der Provinz Preußen aus dem Deutschen Bund am 3. Oktober 1850 waren herbe Rückschläge für die radikalen Demokraten. Zugleich unterbanden die neuen Vereins- und Pressegesetze beinahe jegliche oppositionelle politische Tätigkeit. Fast alle politischen Vereine und Klubs lösten sich auf, demokratische Zeitungen mußten ihr Erscheinen einstellen.[11]

Im konservativ-königlichen Masuren mit seiner polnischsprachigen Mehrheit stieß die Revolution kaum auf Resonanz. Ganz anders sah es dagegen in Preußisch Litauen aus, wo ein beachtlicher Teil der Landbevölkerung von den Demokraten politisch mobilisiert werden konnte. Demokratische Klubs entstanden in Kleinstädten und sogar in Kirchspielen, wobei zur Verständigung unter den Demokraten Litauisch eine große Rolle spielte. Am 24. Juni 1849 fand in Insterburg der »Congreß der verbrüderten demokratischen Vereine Lithauens und Masurens« statt. Viele Dorfschullehrer wirkten daran mit, etwa der Szillener Lehrer Maurus Puzzas, der auf dem Lande für die Demokraten warb, später Sprecher der Freien Gemeinde Tilsit wurde und nach dem Scheitern der Revolution in die USA emigrieren mußte.[12]

Die Restauration brachte den Sieg des preußischen junkerlichen Konservatismus, der sich der Idee von einem geeinten demokratischen Deutschland widersetzte und mit allen Mitteln dagegen

Johann Jacoby, der radikale Königsberger Demokrat, machte
von sich reden, als er am 3. November 1848 Friedrich Wilhelm IV. ungefragt entgegenschleuderte: »Das ist das Unglück
der Könige, daß sie die Wahrheit nicht hören wollen!« An jenem Tag bat eine Delegation von Abgeordneten der preußischen Nationalversammlung im Schloß Sanssouci den König,
das erzkonservative Ministerium unter dem Grafen Friedrich
Wilhelm von Brandenburg durch ein liberales zu ersetzen.
Der König nahm die Petition entgegen und wollte dann wortlos gehen. Da sprengte Jacoby das höfische Zeremoniell, indem er das Wort ergriff: »Wir sind nicht bloß hierher gesandt,
um Eurer Majestät eine Adresse zu überreichen, sondern
auch, um Eurer Majestät über die wahre Lage des Landes
mündlich Auskunft zu geben.« Der König zeigte sich jedoch
nicht interessiert, und Jacoby sprach den legendären Satz.

kämpfte. Nach der kurzen Phase des Gutsbesitzerliberalismus fand Ostpreußens Adel zurück in die Rolle des stockkonservativen Garanten alles Überkommenen, der Neuerungen jedweder Art nicht zugetan war. Der Kreis Mohrungen verzeichnet eine lange Reihe konservativer adliger Landräte dieser Coleur: Otto von der Groeben (1842 bis 1850), Christian von Arnim-Koppershagen (1851), Hermann von Berg-Perscheln (1852–1859), Louis von Spieß (1859–1889), Adolf von Thadden (1890–1894), August von Veit (1895–1913) und Friedrich Graf Kanitz (1914–1920). Erst in der Republik von Weimar folgten einige bürgerliche Amtsträger.

Königsberg blieb aber auch in der Restaurationszeit liberal. Kaum war 1861 die linksliberale Fortschrittspartei gegründet, gewannen deren Kandidaten in der Stadt die Wahlen zum Preußischen Abgeordnetenhaus, wobei das führende Mitglied der Königsberger jüdischen Gemeinde, Raphael Kosch, sowie der Pfarrer der Freien Evangelischen Gemeinde und Großvater von Käthe Kollwitz, Julius Rupp, so prominente Gegner wie den nationalliberalen Eduard von Simson aus dem Feld schlugen.

Eduard von Simson (1810–1899) repräsentierte den gemäßigten Königsberger Liberalismus. Der zum Christentum konvertierte Juraprofessor an der Albertina verteidigte 1863 im Preußischen Abgeordnetenhaus Polens Aufbegehren und kritisierte die Bismarcksche Polenpolitik. Am 6. Mai 1867 protestierte der prinzipielle Gegner Bismarcks am selben Ort gegen die Annexion Schleswig-Holsteins: »Deutschland, in staatlicher Freiheit geeint, ist die sicherste Bürgschaft für den Frieden Europas; unter preußischer Militärherrschaft dagegen ist Deutschland eine beständige Gefahr für die Nachbarvölker, der Beginn einer Kriegsepoche, die uns in die traurigen Zeiten des Kriegsrechts zurückzuwerfen droht.«[13] Simson wurde als erster Präsident des Reichsgerichts 1879 in Leipzig durch Kaiser Friedrich III., auf den die Liberalen so viel Hoffnung setzten, in den Adelsstand erhoben.

Trotz erster Germanisierungsbestrebungen herrschte in Ostpreußen vorerst noch der multiethnische Konsens. In dieser Tradition erfolgten die Gründungen litauisch- und polnischsprachiger Lehrerseminare, etwa 1811 in Karalene bei Insterburg für litauischsprachige Lehrerkandidaten, dann in Ragnit, Memel und Pillkallen. Während in Ostpreußen über Jahrhunderte in Litauisch unterrichtet wurde, durfte in Litauen selbst an der Universität Wilna bis 1885 überhaupt kein Litauisch angeboten werden. In Masuren entstand das erste Lehrerseminar 1829 in Angerburg, es folgten Friedrichshof, Hohenstein, Lyck und Ortelsburg.

Erstmals seit der preußischen Reformation entstanden im katholischen Ermland, das seit 1772 zu Preußen gehörte, evangelische Gemeinden in Bischofsburg (1792), Allenstein (1793), Heilsberg (1801), Guttstadt (1816), Braunsberg (1818), Rößel (1821), Seeburg (1832) und schließlich auch am Sitz des ermländischen Bischofs in Frauenburg (1834). Dennoch stand es um das konfessionelle Miteinander nicht zum besten, da der Staat den Protestantismus förderte, während die Katholiken diskriminiert wurden. Das Mißtrauen zwischen Katholiken und Protestanten saß tief und bereitete dem Kulturkampf den Boden. Katholisch wurde bald mit polnisch gleichgesetzt und in jedem Katholiken ein potentieller Staatsfeind gesehen. Selbst das Andenken des Prußenmissionars Adalbert blieb davon nicht verschont. 1840 hatten die Bischöfe von Ermland und Posen-Gnesen angeregt, die Adalbert-Kapelle in Tenkitten zu erneuern, doch Oberpräsident Theodor von Schön befürchtete einen katholischen Wallfahrtstourismus im evangelischen Samland und untersagte das konfessionsübergreifende Projekt zum Andenken an den ersten Christen in Preußen.[14]

»... seien Bären und Wölfe zu Hause«
Aufbruch in die Moderne

Preußen hatte mit dem Sieg in den Befreiungskriegen großes Prestige gewonnen, aber das ließ sich nicht in bare Münze umwandeln. Was halfen glorreiche Siege auf dem Schlachtfeld, wenn das Land am Boden lag, finanziell und wirtschaftlich vollständig erschöpft? Die königlich preußischen Untertanen waren kriegsmüde und hungrig, die Höfe lagen verlassen, es mangelte an Vieh, Mißernten kamen hinzu, und in deren Folge breiteten sich Epidemien aus. Zu allem Unglück wurde Ostpreußen mit seiner agrarischen Monostruktur von der folgenden internationalen Agrarkrise mit ganzer Wucht getroffen. Die Preise auf den Getreidemärkten fielen ins Bodenlose, so daß die Bauern so gut wie keine Einnahmen erzielten und nicht einmal Saatgut kaufen konnten.

Sollte Ostpreußen sich je wieder erholen, mußte die Regulierung der bäuerlich-gutsherrlichen Besitzverhältnisse in Angriff genommen und zum Erfolg geführt werden. Ostpreußen war ein Agrarland, doch die Landwirtschaft allein konnte die Bevölkerung nicht ernähren. Alternativen gab es nicht, da die Bereiche Handwerk, Industrie und Dienstleistung nur gering ausgebildet waren. Die ungünstige geographische Lage zu Westeuropa schloß eine nennenswerte Industrieansiedlung aber aus, so daß die Menschen gen Westen zogen, wo es Arbeit gab, und das Land auszubluten drohte. Diesem Trend konnte nur entgegengewirkt werden, indem man die Landwirtschaft intensivierte, die – da waren die ostpreußischen Behörden illusionslos – auf Dauer die wichtigste Einnahmequelle der Provinz bleiben würde.[15]

Kant und das von ihm in Königsberg geprägte aufgeklärte Menschenbild sollten unmittelbare Auswirkungen auf die kommenden Entwicklungen in Ostpreußen haben und zur Befreiung der Bauern führen. Unter dem Druck der politischen Ereignisse erließ Oberpräsident Schön, ein Schüler Kants, im Oktober 1807 das »Edikt den erleichterten Besitz und den freien Gebrauch des Grund-Eigenthums sowie die persönlichen Verhältnisse der Land-Bewohner betreffend« und wagte damit den Sprung von der überkommenen Natural- in die Geldwirtschaft.

Das Edikt löste die Bauern aus einer jahrhundertealten mittelalterlichen Feudalstruktur, die ihnen schwere Bürden auferlegt, aber unter der Obhut des Gutsherrn auch einen gewissen Schutz geboten hatte. Nun mußten sie eigenverantwortlich handeln. Bis dahin hatte der Grundherr – ob Staat oder Adel – dem Bauern Besatzvieh und Bauholz gestellt, steuerliche Freijahre bei Neubauten gewährt sowie Zinsnachlässe, Vorschüsse an Saat- und Brotgetreide bei Mißernten und sonstige Hilfen. Nun war der Bauer auf sich allein gestellt, wenn sein Vieh einer Seuche zum Opfer fiel oder bei Hagelschlag und Brand Gebäudeschäden entstanden. Die Kehrseiten der Freiheit zeigten sich bereits in der internationalen Agrarkrise, als die sinkenden Getreidepreise zu akuter Geldknappheit führten. Für die befreiten Bauern, die noch keine Rücklagen gebildet hatten, war das eine Katastrophe. Notwendige Investitionen unterblieben, Folgekosten der Regulierung konnten nicht beglichen werden, die Schuldenfalle wurde manchem Bauern binnen kurzer Zeit zum Verhängnis. Ihnen blieb oft gar nichts anderes übrig, als den gerade erworbenen Hof zu verkaufen.

In dieser Situation erfolgte die Gründung landwirtschaftlicher Vereine, etwa 1821 die des »Zentralvereins für Litthauen und Masuren« in Insterburg. Fortschrittliche Gutsbesitzer unterwiesen die Bauern über diese Vereine in modernen Anbaumethoden. Hier lernten sie etwas über Mehrfelderwirtschaft, Gründüngung, Kunstdünger, Anbau von Zwischenfrüchten, neue Fruchtarten, Blatt- und Hülsenfrüchte, Raps, Zuckerrüben, Stallhaltung, veredelte Tierzuchten (Trakehner, Herdbuchvieh, Schafe), über die Entwicklung und Einführung neuer landwirtschaftlicher Geräte und Maschinen sowie betriebswirtschaftliches Bilanzieren.

Der letzte Schritt der preußischen Agrarreformen war die Separation (auch Verkopplung genannt). Mit dieser Maßnahme wurde die wirtschaftliche Autonomie der Bauern unumkehrbar gemacht. Effizientere wirtschaftliche Einheiten lösten die überkommenen Gemengelagen ab. Jeder Bauer erhielt ein zusammenhängendes Flurstück. Die Aufteilung des Gemeindebesitzes – der Allmende – brachte ihnen zusätzliche Flächen. Mit der allmählichen Abschaffung der Dreifelderwirtschaft wuchsen die Erträge, was ganz besonders für die Hackfrüchte galt, und der vermehrte Kleeanbau verbesserte das Stallfutter, wodurch die Viehhaltung gesteigert werden konnte.

Die großen, zusammenhängenden Flurstücke erleichterten die Feldbestellung. Die langen Feldgrenzen entfielen, die Außenschläge fernab der Dörfer konnten besser bestellt und die Anbaufläche insgesamt vergrößert werden. Durch die Separation kam es aber auch zur Auflösung der traditionellen Dorfverbände. Staatliche Prämien lockten Bauern in die Abgeschiedenheit der Feldmark, in die »Abbauten«, wo bisher ungenutzte Flächen, die vom Dorf nur schlecht zu erreichen waren, unter den Pflug genommen wurden. Zwar mußten die Bauern nun kilometerlange Wege zum Dorf zurücklegen, was insbesondere in den harten, schneereichen Wintern große Mühsal verursachte, doch letztlich dürften die Vorteile überwogen haben. Zum einen konnten jüngere Bauernsöhne, die kein Erbe zu erwarten hatten, die freiwerdenden Parzellen des elterlichen Hofes als Eigenkätner übernehmen und Familien gründen, zum anderen gewannen die ausgebauten Bauern nicht unerheblich an Prestige. Die zum Teil repräsentativ auf Anhöhen errichteten Ausbauhöfe gaben manchem das Gefühl, ein kleiner Gutsbesitzer zu sein. Einige Höfe erhielten im 19. Jahrhundert »Gutsnamen« wie »Ottilienhof«, »Sophiental« und »Wilhelmsruh«. Das war Ausdruck des bäuerlichen Strebens nach sozialem Statusgewinn und bekundete den Wunsch nach einem gutsherrlichen Lebensstil.

Die drei Schritte der Bauernbefreiung – Regulierung, Allmendeaufteilung und Separation – führten schließlich zum Erfolg. Binnen wenigen Jahrzehnten verdoppelte sich die landwirtschaftliche Nutzfläche. In der Provinz Ostpreußen stieg ihr Anteil von 20,5 Prozent der Gesamtfläche (1815) auf 44,3 Prozent (1849) und schließlich auf 54 Prozent im Jahr 1913.[16]

Letztlich muß auch die Abschaffung der Patrimonialgerichtsbarkeit als Glied in der Kette der Reformen zur Bauernbefreiung gesehen werden. Erst 1851 verloren die Gutsbesitzer oder die von ihnen eingesetzten Juristen die Gerichtsbarkeit über die Gutsbezirke, und erst 1872 ging die Polizeigewalt durch eine neue Kreisordnung auf den Staat über. Da die aus der Neuordnung hervorgegangenen Gutsbezirke jedoch automatisch den Gutsherrn als Ortsvorsteher auswiesen, blieb de facto bis 1927, also weit in die Weimarer Republik hinein, die niedere Exekutivgewalt bei den Gutsherren.[17]

Bis 1837 zählte die Provinz Ostpreußen zwei Drittel deutschsprachige sowie ein Drittel polnisch- und litauischsprachige Einwohner. Der Urbanisierungsgrad war gering: 1849 betrug der Anteil städtischer Bewohner 19,3 Prozent und lag damit 8,7 Prozent unter dem preußischen Durchschnitt. Von diesen Städtern lebte nochmals die Hälfte in Kommunen mit weniger als dreitausend Einwohnern.[18] Einer dieser bescheidenen Marktflecken war Preußens östlichste Stadt Schirwindt an der Mündung des Schirwindtflusses in die Szeszuppe. Als Friedrich Wilhelm IV., Preußens romantischer Herrscher, 1845 erstmals in diesem Grenz- und Schmuggelort weilte, zeigte er sich von der barocken Kirche im nahe gelegenen litauischen Naumiestis (Neustadt) derartig beeindruckt, daß er »hier im Osten den Evangelischen einen Dom zu erbauen« versprach, »der ebenso stolz nach Rußland hineinragt wie die katholische Kirche von drüben hier«. 1846 verlieh er dem Ort ein Wappen, das einen roten Torbogen mit schwarzem preußischen Adler über einer golden aufgehenden Sonne zeigt, da – wie der König meinte – die »Stadt Schirwindt – in Unserem Staate die östlichst gelegene – die aufgehende Sonne zuerst erblickt«.[19] Das Gotteshaus wurde schließlich 1856 in seinem Beisein eingeweiht.

Von den Städten war allein Königsberg als Großstadt zu bezeichnen. Die Einwohnerzahl von 75 000 (1849) stieg bis 1871 auf 112 000 und verzeichnete somit ein Plus von 49 Prozent. An der agrarischen Monostruktur des Landes änderte sich indes nichts: 1861 waren in der Provinz Preußen 40,5 Prozent der Bevölkerung in der Land- und Forstwirtschaft tätig, das war ein Rückgang gegenüber 1849 (59 Prozent), aber noch immer lag man weit über dem gesamtpreußischen Durchschnitt von 28,2 Prozent (1861). Der Export von Holz und Ge-

Ostpreußens Städte gingen im 19. Jahrhundert kaum über die Größe von fünftausend Einwohnern hinaus. Ein typischer Marktflecken war Darkehmen, dem Friedrich Wilhelm I. im Jahr 1725 das Stadtrecht verlieh. Charakteristisch ist der große viereckige Marktplatz, der an Markttagen leicht die vielen vom Land hereinströmenden Fuhrwerke fassen konnte. Dann herrschte Trubel in den sonst eher beschaulichen Flekken im fernen Osten des Königreiches. Der Jurist Jodacus Hubertus Temme (1797–1881), den es 1833 aus dem südlichen Westfalen als Kreisjustizrat in das siebzig Kilometer von Darkehmen entfernte Ragnit verschlug, hat damals geschrieben: »Von Ragnit wußten kein Mensch und keine Landkarte etwas. Das Hübner'sche Staats- und Zeitungs-Lexikon gab Auskunft: ›Ragnit, ein Städtchen am Memelfluß, mit einem alten Ritterschloß und 1800 Einwohnern.‹ Es war auch nicht viel. Aber nicht weit von dem Memelfluß war die russische Grenze, und da wollten die Leute in Westfalen, wo sie zwar gutes Bier und guten Wein trinken, sehr bestimmt wissen, daß man an der russischen Grenze Wein und Bier nicht kenne, sondern nur Meth trinke ... Andere Leute riethen geradezu ab, und zwar um meiner kleinen Kinder willen. An der russischen Grenze seien die Bären und Wölfe zu Hause, und die Wölfe kämen des Abends selbst in die Städte und holten die Kinder aus den Betten.« Der aufrechte Demokrat Temme trat später der demokratischen Bewegung bei und wurde für den Kreis Ragnit in die Nationalversammlung entsandt. 1852 wurde er zur Emigration in die Schweiz gezwungen.

treide machte neben der Agrarproduktion den wichtigsten Handelsfaktor aus. Trotz der hohen Geburtenrate verringerte sich die ostpreußische Bevölkerung infolge der Abwanderung gen Westen zwischen 1850 und 1870 von 1,48 auf 1,28 Millionen Einwohner. Unzweifelhaft blieb die Infrastruktur Ostpreußens schwach ausgebildet, so daß die Analphabetenquote 1872 noch bei 32,5 Prozent lag, während sie in den preußischen Westprovinzen lediglich fünf bis sieben Prozent betrug.

Die östlichste Großstadt Preußens behauptete sich als Metropole: als Verwaltungssitz und Universitätsstadt, als Einkaufs- und Vergnügungszentrum für ein riesiges Einzugsgebiet, als bedeutender Handelsplatz und Ort der Presse. Seit Kant verband man mit Königsberg geistige und kulturelle Größe. Heinrich von Kleist (1777–1811) verfaßte hier als Volontär bei der königlichen Domänenkammer seine Werke »Der zerbrochene Krug« und »Amphitryon«. Joseph von Eichendorff (1788–1857) lebte von 1824 bis 1831 als Oberpräsidialrat und Mitglied der preußischen Regierung zu Königsberg als einer der wichtigsten Mitarbeiter Theodor von Schöns am Pregel.

Metropolencharakter besaß die Stadt auch in dem Sinne, daß neben den liberalen Traditionen wichtige literarische und musikalische Impulse von hier aus in alle Welt gingen. Unter dem Eindruck des geistigen Vermächtnisses Immanuel Kants entstanden literarische Salons, ähnlich dem der Rahel Varnhagen in Berlin. Die Familie Motherby unterhielt einen Salon, in dem Theodor von Schön und der Freiherr vom Stein verkehrten, für kurze Zeit auch Wilhelm von Humboldt. Die Motherbys waren eine aus Schottland stammende Kaufmannsfamilie, deren Sproß William Motherby Shakespeares »Die lustigen Weiber von Windsor« ins Deutsche übersetzt hat. Der Komponist der gleichnamigen Oper, Otto Nicolai (1810–1849), ebenfalls in der Pregelstadt geboren, wurde von Friedrich Wilhelm IV. als Nachfolger Felix Mendelssohn-Bartholdys 1847 zum Leiter des Domchors und Kapellmeister der Königlichen Oper nach Berlin berufen. Seiner Heimatstadt widmete Nicolai anläßlich der Grundsteinlegung der Neuen Universität am 31. August 1844 die Ouvertüre »Ein feste Burg ist unser Gott«, wobei er selbst im Dom auf dem Kneiphof dirigierte. Noch war der Universitätsbetrieb überschaubar: Im Jahr 1858 gab es 393 Studenten, von denen 95 Jura, 100 Medizin, 9 Pharmazie, 68 Philosophie und 121 Theologie studierten.[20]

Nach 1850 erlebte Ostpreußen einen Wirtschaftsaufschwung, weil England und Frankreich während des Krimkrieges die russischen Ostseehäfen blockierten und Rußland seinen Außenhandel über das neutrale Preußen, und zwar über den Hafen von Memel, abwickelte. Mit dem Aufschwung ging der Ausbau der Infrastruktur einher. 1861 wurde der Oberländische Kanal fertiggestellt, der die oberländischen Seen mit dem Frischen Haff sowie die Städte Elbing, Liebemühl, Osterode, Deutsch Eylau und Saalfeld miteinander verband.

Am 22. Juni 1865 berichtete der Berliner Korrespondent der Londoner »Times« über die feierliche Eröffnung der privat finanzierten Eisenbahn Tilsit–Insterburg. Unter der Federführung des europäischen Eisenbahnkönigs Bethel Henry Strousberg (1823–1884), der aus dem masurischen Neidenburg stammte, beteiligten sich erstmals englische Investoren an einem Eisenbahnprojekt in Deutschland.[21] Die geladenen Gäste kamen mit der staatlichen »Ostbahn« von Königsberg nach Insterburg, der bis dahin einzigen ostpreußischen Bahnstrecke. Diese hatte bereits 1853 zwischen Marienburg und Königsberg den Betrieb aufgenommen und verband nach Fertigstellung der Weichselbrücke bei Dirschau 1857 Berlin mit der ostpreußischen Hauptstadt. 1860 erreichte man schließlich mit ihr Eydtkuhnen an der russischen Grenze. Auf Privatinitiative erfolgte auch der Bau der ostpreußischen Südbahn Pillau–Königsberg–Rastenburg–Lyck, die 1871 bis zum Grenzort Prostken fertiggestellt werden konnte.

Auch im 19. Jahrhundert erlebte das Land den Zuzug von Fremden. Inmitten der Forsten Krutinnen und Nikolaiken in der Johannisburger Heide liegen Dörfer, deren Kirchen und Friedhöfe orthodoxe Kreuze tragen. Es sind Philipponendörfer, die seit 1830 entstanden. Die Philipponen sind orthodoxe Christen, die sich Mitte des 17. Jahrhunderts von der russisch-orthodoxen Kirche trennten, weil sie die Reformen des Patriarchen Nikon als zu weitgehend empfanden. Da sie am Status quo ante festhielten, bezeichneten sie selbst sich als Altgläubige (»Starowjerzi« oder »Staroobrjadzy«), also als diejenigen, die an der ursprünglichen Lehre festhielten, während ihre Gegner sie als »Raskolniki« (Abtrünnige) beschimpften. Die Altgläubigen waren in den nördlichen Gebieten Rußlands weit verbreitet. Sie duldeten keine ordinierten Priester, sondern wählten aus ihren eigenen Reihen einen tugendhaften Mann in dieses Amt, den »Starik« (Alten), den die masurischen Philipponen als »Pope« bezeichneten. Im 18. Jahrhundert waren die Altgläubigen in Rußland starken Verfolgungen ausgesetzt. Viele wanderten damals nach Polen aus. Mit der dritten Teilung Polens kamen sie auch in den Herrschaftsbereich Preußens. Mit der Restauration der Verhältnisse gelangten ihre Hauptsiedlungsgebiete im Nordosten Polens 1815 wiederum unter russische Oberhoheit. Daraufhin entschloß sich die altgläubige Gemeinde Głębkirów im Bezirk Augustów unter ihrem Staryk Jasim Borissow, Polen zu verlassen, um weitere Konflikte mit dem russischen Regime zu vermeiden.

Friedrich Wilhelm III. lud die Philipponen nach Preußen ein, nachdem Rußland sich bereit erklärt hatte, die Erlaubnis zur Ausreise zu erteilen. Man kann davon ausgehen, daß es dem preußischen Monarchen weniger um den Schutz religiöser Lehrmeinungen ging als vielmehr um tüchtige Kolonisten, die in der Lage waren, die letzten unwirtlichen Waldregionen Masurens urbar zu machen. Per Kabinettsordre vom 5. Dezember 1825 gestattete er den Philipponen, sich auf unkultiviertem Land niederzulassen, sicherte ihnen Religionsfreiheit zu und in der ersten Generation die Befreiung vom Militärdienst. Zusätzlich billigte man ihnen für den Neuanfang sechs steuerfreie Jahre zu. Die Einwanderung begann schließlich mit Onufri Jakowlew, der sich am 7. Juni 1830 in Masuren niederließ, nachdem die Verhandlungen mit dem preußischen Fiskus unter Leitung des Forstmeisters Eckert abgeschlossen waren. Die Altgläubigen wurden in zehn Dörfern angesiedelt, und zwar in Eckertsdorf, benannt nach dem preußischen Forstmeister, in Schlößchen, Nikolaihorst, Galkowen, Kadzidlowen, Schönfeld, Fedorwalde, Peterhain, Piasken und Onufrigowen. Die Urbarmachung der zugewiesenen Waldgebiete gelang recht zügig. Die Philipponen erwiesen sich nicht nur als gute Bauern, sondern waren auch erfolgreiche Fischer im Krutinnafluß und auf dem Beldahnsee, sie gingen zudem dem Stell- und Radmacherhandwerk nach oder verdingten sich als Tischler und Chausseearbeiter.

Nach Ablauf der Freijahre übte die preußische Regierung jedoch Druck auf die Philipponen aus, sich der Gesetzgebung des Landes zu fügen. Bis 1842 ist durch die Aufnahme illegal eingereister Glaubensgenossen aus Polen die Zahl der Philipponen auf stattliche 1277 angestiegen, aber nach Einziehung des ersten Philipponen zum Militärdienst setzten heftige Proteste ein, und es kam zur Rückwanderung ganzer Familien nach Polen, so daß sieben Jahre später nur noch 866 Altgläubige gezählt wurden. Das evangelische Konsistorium in Königsberg gestattete diesen den Bau einer Kirche in Eckertsdorf (1834) sowie einer Holzkirche in Schönfeld (1837). Auf einer Halbinsel des Dußsees entstand 1847 ein Nonnenkloster, in dem bis vor wenigen Jahren noch zwei Nonnen lebten. In insgesamt elf Dörfern haben Philipponen bis 1945 ihre autarke Lebensform bewahrt. Auch nach dem Zweiten Weltkrieg blieben sie in ihren Dörfern, so daß in der Johannisburger Heide bis heute einige altgläubige Familien anzutreffen sind.

Einwanderer haben das Land zwischen Weichsel und Memel in vieler Hinsicht bereichert, auch kulinarisch, wie die Geschichte des Königsberger Marzipans zeigt. Schweizer Konditoren veredelten die mit den Kreuzzügen um 1300 nach Europa gelangte Süßigkeit, wobei die Graubündener Zuckerbäcker als Meister ihres Fachs galten. Im Jahr 1735 gelangte der Bündner Konditor Demeng Bina nach Gumbinnen. Anfang des 19. Jahrhunderts folgte Wilhelm Pomatti aus Caslasegna/Bergell nach Königsberg, wo er 1809 die erste Marzipanfabrik mit eigener Konditorei eröffnete, die spätere »Hofkonditorei«. Die Rezepte der Firma Pomatti gingen auf die Firma Sterkau über. Im Jahr 1900 übernahm Otto Petschließ die Hofkonditorei, die sein Schwiegersohn Ewald Liedtke bis 1945 weiterführte. Wie Pomatti waren die bekanntesten Königsberger Konditoren Schweizer, nämlich Buccella, Caccia, Campell, Countz (Kuntz), Josti, Pedotti, Plouda, Siegel, Steiner und Zappa. Die Tradition des Königsberger Marzipans wird weiterhin sorgsam gepflegt von Konditoren wie Schwermer und Gehlhaar.[22]

Der Königsberger Alexander Jung erlag bereits 1828 den süßen Köstlichkeiten seiner Heimatstadt: »Königsberg ist nicht bloß die Hauptstadt Preußens, Königsberg ist auch die Hauptstadt der Conditoren. Wer kennt nicht den Königsberger Marcipan? Königsberg hat gewiß von allen Städten Europa's und der Welt die meisten Atelier's aufzuweisen, nicht für cannelirte, wohl aber für candirte Kunstwerke, für jene aus dem zartesten Zuckeralabaster sich erhebenden Werke der Plastik, die freilich eben so wenig dem Zahne der Zeit als dem des Mundes lang widerstehen, sondern im eigentlichen Sinne an dem Schmelz ihrer eigenen Hingebung an den Geschmack versterben. Königsberg hat – cum grano salis – ungefähr so viele Conditoreien als Leipzig Buchhändler.«[23]

Daß Ostpreußens Küche im regen Austausch mit den ostmitteleuropäischen Nachbarn stand, zeigt die Tradition des »Königsberger Fleck«, der über die Hauptstadt hinaus in der Provinz bekannt war. Russen, Polen und Litauer, die jetzigen Bewohner Ostpreußens, kennen ihn etwa als »Flaki«. Das Armeleuteessen bestand aus kleingehacktem Rindermagen (Kuddeln), den man stundenlang in riesigen Kesseln kochte und mit Majoran, Essig und Mostrich würzte. Karl

Rosenkranz (1805–1879), der 1833 als Liberaler auf den Kantschen Lehrstuhl für Philosophie berufen wurde und im ostpreußischen Geistesleben eine wichtige Rolle spielte, schrieb über das Gericht unter dem Titel »Die Volksküche«:

»Noch sind viele Fensterladen geschlossen. Die eckelhaften Karrenführer, welche den kostbarsten Dünger aus den Häusern holen, denen es durchweg an ordentlichen Abtritten gebricht, fahren noch mit ihren langsamen Pferden von Haus zu Haus und lassen zuweilen ihren Ruf: Schütt opp, Schütt opp! erschallen. Die Luft ist noch sehr feuchtkalt. Die Dienstmägde gehen hin und wieder mit Handkörbchen, mit Tellern zum Bäcker. Lüderliche, welche die Nacht beim Trunk, beim Spiel oder sonst verbracht haben, schleichen mit gläsernen Augen vorüber. Da wehet durch die Luftt ein so kräftiger, appetitlicher Geruch, daß sie stehenbleiben und sich wohl unter den Haufen Arbeiter mischen, welcher sich jetzt um eine stämmige Frau gesammelt hat, die mehrere Tragkörbe auf dem Pflaster neben sich gestellt und zu ihrem Sitz einen Prellstein erkoren hat. Das ist die Fleckkocherin. Fleck werden hier die Eingeweide, insbesondere Gedärme, Kutteln der Thiere genannt, das Wohlfeilste, was der Fleischer liefern kann. Während der Nacht wird davon mit Kartoffeln und einigen würzigen Kräutern in großen Kesseln zugekocht. Diese Speise ist schmackhaft und nahrhaft.«[24]

Letztlich avancierte der »Fleck« zu einer ostpreußischen Spezialität und wurde sogar in Gourmetlokalen kredenzt. In dem Königsberger Studentenlokal »Borchert und Reichert«, dem ältesten Fleckrestaurant der Stadt am Unterrollberg, konnte man folgendes Gedicht in ostpreußischer Mundart lesen:

Kenigsbärg, du Stadt am Pregel,
Alles schimpft auf deinen Dräck,
Aber keiner deert zu gnossen
Iberm Kenigsbärger Fläck!
Iberall findst du e Käller,
(Bloß paar Dittchens kost' e Täller)
Und dann steht an jede Eck:
›Hier gibt's Kenigsbärger Fläck!‹

Lorbas', Bowkes und Lachudders,
Wenn de Kräten hungrig sind,
Alte Weiber und Marjellens
Freien drauf sich wie e Stint.
Is de Altsche glubsch und frech,
Schicher ihr dem Ärger wech,
Nich mit Trost und Maulgeleck,
Nei, mit Kenigsbärger Fläck!

Beetenbartsch, Kartoffelkeilchen,
Schöppsenplautz und saure Stint,
Gäns'gekrös', gestowde Bruuken,
Alles Leibgerichte sind.
Aber ist dir mal so labbrich
Und das Essen schmeckt so wabblich,
Geb' ich dir den Rat: ›Dann schmäck
Bloß mal Kenigsbärger Fläck!‹
...

Nich aus Dachpapp, alte Schlorren,
Auch aus Lederbixen nich,
Und auch nich aus alte Koddern
Kann dem Fläck man kochen sich!
Darum, Leite, merkt es eich:
Kocht den Fläck stets gar und weich,
Sonst denkt einer, wo's nicht kennt,
Er kaut Gummisohl'n amend!

Solang nich der Schloßturm keiwelt
Und der griese Pregel stinkt,
Durch de Junkergass man scheiwelt,
Iber Hompelpflaster hinkt,
Solang es Kenigsbärger gibt
Und man de Marjellens liebt,
Bleibt des Daseins scheenster Zwäck –
›Unser Kenigsbärger Fläck!‹[25]

Provinz im Deutschen Reich

Ostpreußens neue Blüte

Seit der Reichsgründung 1871 gehörte Ostpreußen zum Deutschen Reich. »... bis an die Memel«: mit dem Deutschlandlied beschwor man stets den bekanntesten Fluß Ostpreußens; die Memel war Ostpreußens Wasserverbindung bis tief nach Rußland hinein. Sie maß insgesamt 704 Kilometer mit einem Stromgebiet von 100 900 Quadratkilometern, davon allerdings nur 8245 Quadratkilometer in Preußen. Nun endete das Deutsche Reich in Nimmersatt, noch nördlich von Memel, bei Polangen. Von nun an hieß es: »In Nimmersatt, wo das Reich sein Ende hat.« Ostpreußen schwebte auf einer Woge nationaler Begeisterung, ein neues Bewußtsein erblühte mit dem neuen Deutschen Reich. Johanna Ambrosius (1854–1938), geboren in Lengwethen, Kreis Ragnit, schuf 1884 in dieser Stimmung mit »Mein Heimatland« das erste Ostpreußenlied, das heute weitgehend vergessen ist:

1. *Sie sagen all', du bist nicht schön, mein trautes Heimatland*
   du trägst nicht stolze Bergeshöh'n, nicht rebengrün Gewand
   In deinen Lüften rauscht kein Aar, es grüßt kein Palmenbaum,
   doch glänzt der Vorzeit Träne klar an deiner Küste Saum.

2. *Und gibst dem König auch kein Erz, nicht Purpur, Diamant,*
   klopft in dir doch das treu'ste Herz fürs heil'ge Vaterland.
   Zum Kampfe lieferst du das Roß, wohl Tonnen Goldes wert, und Männer,
   stark zum Schlachtenroß, die kräft'ge Faust zum Schwert.

3. *Und wenn ich träumend dann durchgeh' die düstre Tannennacht*
   und hoch die mächt'gen Eichen seh' in königlicher Pracht,
   wenn rings erschallt am Memelstrand der Nachtigallen Lied
   und an dem fernen Dünensand die weiße Möwe zieht.

4. *Dann überkommt mich solche Lust, daß ich's nicht sagen kann,*
   Ich sing ein Lied aus voller Brust, schlag froh die Saiten an.
   Und trägst du auch nur schlicht Gewand und keine stolzen Höh'n,
   Ostpreußen hoch, mein Heimatland, wie bist du wunderschön! [1]

Überall feierte man Deutschlands Siege, ehrte die Gefallenen und gab sich der borussischen Deutschtümelei hin, die auf den Säulen Chauvinismus, antidemokratische Vasallentreue zu König und Vaterland und – wenigstens in äußerst rechten Kreisen – Antisemitismus ruhte. Patriotismus und Nationalismus haben sich stets als hervorragende Mittel zur Ablenkung von sozialen Mißständen und zur Ausgrenzung Andersdenkender erwiesen. Träger dieser Gesinnung waren Landräte, Kommunalbeamte und Gutsbesitzer, die alle Bereiche des öffentlichen Lebens beherrschten und die Stimmungslage entsprechend beeinflussen konnten. Demokratische Politikansätze hatten so außerhalb des liberalen Königsberg und des katholischen Ermland keine Chance, da die Honoratiorenschaft jede Opposition im Keim erstickte. Selbst die polnischsprachigen Masuren und die preußischen Litauer trugen durch ihre monarchistische Grundhaltung dazu bei, die Region zu einer unbezwingbaren Hochburg der Konservativen zu machen.

Ostpreußens Landräte und Abgeordnete rekrutierten sich ausschließlich aus dem preußischen Adel und großbürgerlichen Kreisen. Die Oberpräsidenten der Provinz waren ausnahmslos Adlige. Karl Wilhelm Heinrich Georg von Horn (1869–1882) eröffnete nach der Neuetablierung der Provinz als eigenständiger Verwaltungseinheit den Reigen ostpreußischer Oberpräsidenten, es folgten Karl von Schlieckmann, Udo von Stolberg-Wernigerode, Wilhelm Otto Albrecht von Bismarck, der zweite Sohn des Kanzlers, Hugo Samuel von Richthofen, Elisa von Moltke, Ludwig von Windheim sowie Adolf von Batocki-Friebe.

Bei der Reichstagswahl 1907 eroberten die Konservativen dreizehn von siebzehn ostpreußischen Wahlkreisen. Nur die Stadt Königsberg votierte für die Freisinnige Partei, Memel-Heydekrug für die Nationalliberalen und die beiden ermländischen katholischen Wahlkreise für das Zentrum. Die übrige Provinz verharrte im konservativen Obrigkeitsdenken, dominiert von einer oligarchischen Gutsbesitzerkaste. Bei den Reichstagswahlen 1912 erhielt die SPD in Ostpreußen 51 480 Stimmen (14,8 Prozent), während ihr Reichsdurchschnitt bei 34,8 Prozent lag. 36,2 Prozent der Ostpreußen stimmten für die Deutschkonservativen (Reichsdurchschnitt 9,2 Prozent), 1903 waren es sogar 49,1 Prozent (Reichsdurchschnitt 10 Prozent).[2]

Das Gros der Ostpreußen rückte keinen Deut vom Protestantismus und vom König ab. Das Festhalten am Althergebrachten machte sie – im Widerspruch zu ihrer sozialen Stellung – zu verläßlichen

Wählern der Rechtsparteien. Für die Ostpreußen bestand die von Gott gegebene Ordnung aus dem König, der von Gottes Gnaden in Berlin residierte, dem Oberpräsidenten in Königsberg und den Regierungspräsidenten in Gumbinnen und Königsberg (später auch Allenstein). Auf lokaler Ebene wurde die Ordnung repräsentiert durch den Landrat in der Kreisstadt sowie den Gemeindevorsteher, den Gutsherrn, den Gendarmen und den Pfarrer. Das wird deutlich sichtbar im Visitationsbericht des evangelischen Konsistoriums zu Königsberg in der Diözese Preußisch Holland:

»Die Familien der Grafen Dohna in allen Verzweigungen, Dohna-Schlodien, Dohna-Lauck, Dohna-Schlobitten ... Dönhoff, Kanitz, zu denen in neuerer Zeit noch Herr von Keltsch, Herr von Minnigerode und Herr von Cunheim hinzugekommen sind, sind nicht allein mit eigenem, leuchtendem Beispiel in christlichem Bekenntnis und Leben vorangegangen, sondern haben sich's auch angelegen sein lassen, gläubige und treue Geistliche zu finden und in die Pfarrämter zu setzen. Wo in den Grafenhäusern und den Pfarrhäusern traditionell derselbe Geist herrscht, der Geist christlichen Glaubens und christlicher Sitten, wo Patronat und Pastorat Jahrzehnte, ja Jahrhunderte hindurch in solchem Geist verbunden zusammenwirken, da wächst und gedeiht noch immer unter Gottes Segen der Baum eines christlichen geordneten Gemeindelebens und wird von den anstürmenden, unheilvollen Mächten des Zeitgeistes wenigstens vor schweren Schädigungen behütet.«[3]

Die »Mächte des Zeitgeistes« verkörperten die Sozialdemokraten, vor allem die Königsberger, von wo stets namhafte Demokraten nach Berlin entsandt worden sind, etwa der liberale Denker Johann Jacoby, der auch während der Restauration Demokrat geblieben und für seine Überzeugungen eingetreten war. Das hatte ihm sechs Monate Gefängnis und die Intimfeindschaft Bismarcks eingetragen. Auf einer Kundgebung in Berlin am 13. November 1863 hatte er den Massen zugerufen: »Soll Preußen als Rechtsstaat erstehen, muß nothwendig der Militär- und Junkerstaat Preußen untergehen!«[4] Als der geistige Vater der modernen Sozialdemokratie am 6. März 1877 starb, gestaltete sich seine Beerdigung in Königsberg zu einer Kundgebung der Demokratie: »Schon Mittags war das Volk von Königsberg auf dem Universitätsplatze in unzähligen Massen erschienen; Deputationen der sozialistischen Partei Deutschlands, der Arbeiter Berlins, Breslaus, Hamburgs, Cölns, Braunschweigs und anderer Städte, der Arbeiterfrauen Berlins, der ›Berliner Freien Presse‹, der ›Frankfurter

Zeitung‹ sowie Abgesandte der demokratischen Vereine von Berlin und von Frankfurt a. M., vom Königsberger Handwerkerverein, von der Schwäbischen Volkspartei usw. hatten sich vor dem Hause Jacobys aufgestellt und hielten riesige Lorbeerkränze in den Händen.«[5]

Noch im selben Jahr beschloß die Königsberger Stadtverordnetenversammlung, Jacoby mit einer Büste zu ehren, was aber auf Anweisung der Provinzregierung zunächst unterblieb. Erst in der Weimarer Republik schmückte eine Büste des großen ostpreußischen Demokraten den Sitzungssaal des Kneiphöfischen Rathauses, die allerdings 1933 von den Nationalsozialisten beseitigt wurde. Jacobys Vorbild dürfte auf ostpreußische Persönlichkeiten der deutschen Sozialdemokratie wie den Allensteiner Hugo Haase (1863–1919), den Schmalleningker Ferdinand Mertins (1864–1943), den Darkehmer Gustav Bauer (1870–1944), Otto Hörsing aus der Tilsiter Niederung sowie die Königsberger Otto Braun (1872–1955), Ludwig Quessel (1872–1931) und Artur Crispien (1875–1946) gewirkt haben.[6]

Bei der Reichstagswahl vom 20. Februar 1890 erzielte der SPD-Kandidat Karl Schultz im Wahlkreis Königsberg-Stadt 12 370 Stimmen und kam in die Stichwahl. Am 8. März 1890 konnte er seinen Stimmenanteil auf 13 010 steigern und siegte damit über den Gegenkandidaten Bürgermeister Hermann Theodor Hoffmann. Die SPD hatte ihr erstes Mandat im deutschen Osten gewonnen. Später vertrat Hugo Haase Königsberg im Reichstag. Mit Ausnahme der Wahl von 1907 hatte er dieses Mandat bis zu seinem Tod 1919 inne. Während des Ersten Weltkriegs spaltete sich die Arbeiterbewegung, wobei sich die Königsberger Kreisverbände Stadt und Land auf die Seite Hugo Haases und der USPD schlugen. Am 19. Februar 1917 wurde offenkundig, wo die Mehrheit der SPD Königsberg-Stadt stand: Mit 337 gegen 116 Stimmen wurde Hugo Haase das Vertrauen ausgesprochen, während Otto Braun unterlag.[7]

1904 hatte im Königsberger Schloß vor dem Oberlandesgericht ein Prozeß stattgefunden. Angeklagt waren neun prominente Sozialdemokraten, darunter Otto Braun. Es ging um revolutionäre Schriften wie Lenins »Iskra«, die mit Hilfe ostpreußischer Sozialdemokraten über die russische Grenze geschmuggelt worden waren. Die in Deutschland legale Literatur fiel in Rußland unter die scharfen Zensurbestimmungen, weshalb den Schmugglern Hochverrat und Anstiftung zum Zarenmord unterstellt wurde. Die Verteidigung führte Hugo Haase persönlich. Das vom späteren bayerischen Ministerpräsidenten Kurt Eisner verfaßte Buch »Der Geheimbund des Zaren oder Der Königsberger Prozeß wegen Geheimbündelei, Hochverrat gegen Rußland und Zarenbeleidigung« behandelt den Prozeß vom 12. bis 25. Juli 1904.[8] Otto Braun wurde nach zehnwöchiger Untersuchungshaft freigesprochen, die meisten anderen Angeklagten erhielten mehrmonatige Gefängnisstrafen.

Hugo Haase, der aus einer jüdischen Familie im Ermland stammte, hat als Vorsitzender der SPD-Reichstagsfraktion in seinen Reden von 1912 und 1913 unermüdlich gegen »Hurrapatriotismus und Chauvinismus«, den »Wahnwitz der Rüstungssteigerungen« und den »imperialistischen Taumel« gewettert. In einer Extraausgabe des »Vorwärts« rief Haase am 25. Juli 1914, zwei Tage nach dem Ultimatum Österreichs an Serbien, die deutsche Arbeiterschaft zu Protestaktionen gegen die Politik Österreichs und Deutschlands auf: »Verurteilen wir auch das Treiben der großserbischen Nationalisten, so fordert doch die frivole Kriegsprovokation der österreichisch-ungarischen Regierung den schärfsten Protest heraus ... Das klassenbewußte Proletariat Deutschlands fordert gebieterisch von der deutschen Regierung, daß sie ... sich jeder kriegerischen Einmischung enthalte. Der Weltkrieg droht! Die herrschenden Klassen, die Euch im Frieden knebeln, verachten, ausnutzen, wollen Euch als Kanonenfutter mißbrauchen.«[9] Haase verweigerte sich wenige Tage später seiner eigenen Fraktion, die am 4. August den Kriegskrediten zustimmte. Am 1. April 1917 gründete er in Gotha die USPD. Er lehnte im Gegensatz zu Rosa Luxemburg und Karl Liebknecht jede Form von Gewalt ab. Nach 1918 galt er als Landesverräter. Er fiel am 7. November 1919 einem Mordanschlag zum Opfer.

Nicht nur politisch, auch wirtschaftlich wurde Ostpreußen dem Reich angegliedert. Durch umfassende Infrastrukturmaßnahmen wie den weiteren Ausbau des Eisenbahnnetzes schritt die technische Revolution auch hier voran. Bis zur Jahrhundertwende verfügten alle Kreisstädte über einen Anschluß an das Streckennetz. Der Eisenbahnverkehr zwischen dem Deutschen Reich, Polen und Rußland blühte. Drei einst verschlafene Grenznester – Eydtkuhnen, Prostken und Illowo – stiegen zu wichtigen Umschlagplätzen im Güterverkehr auf.

Das Beispiel Illowos im Soldauer Land zeigt, welche Perspektiven die Eisenbahn eröffnen konnte. An der 1877 fertiggestellten Strecke Danzig–Warschau passierte die Danziger Bahn über Marienburg, Deutsch Eylau und Soldau kommend in Illowo die Grenze des Deutschen Reiches nach Polen. Im russischen Teilungsgebiet bestand

Ostpreußen galt als hinterwäldlerisch, obwohl im wilhelminischen Reich Eisenbahnen schließlich alle ostpreußischen
Städte miteinander verbanden. Die Samlandbahn von 1899
etwa beförderte die Königsberger zu den mondänen Bade-
orten an der samländischen Ostseeküste und passierte dabei
Stationen wie Neukuhren. Robert Budzinski hat sich 1914 auf
humorvolle Weise gegen die Vorurteile über Ostpreußen ge-
wandt: »Gleich von Anfang will ich der Meinung entgegentreten, die ziemlich allgemein verbreitet zu sein scheint, daß
Ostpreußen jenseits Sibiriens liegt. Meinen gewissenhaften
und mühseligen Messungen ist es gelungen festzustellen, daß
das keineswegs der Fall ist. Ich sah auch, daß es den größten
Teil des Jahres eisfrei ist; und das Nördliche Eismeer stößt
zwar an das Land, aber vermittels des Skagerraks, des Katte-
gats und der Ostsee. Eisberge habe ich nur in Konditoreien
getroffen, und die dazu gehörigen Bären mußte ich mir extra
aufbinden lassen. Von Wölfen sind nur die auch sonstwo ge-
bräuchlichen zu finden: Leo Wolf, Loeser & Wolff, Heinrich
Wolff u. a.«

das Bahnnetz aber aus der in Rußland üblichen Breitspur, und so gab es in Illowo große Umspuranlagen, um die Waggons entsprechend umsetzen zu können. Für den Bahnbetrieb entstanden ein Betriebswerk, ein Wasserwerk, Laderampen für Holz und Getreide, Lagerhallen für Speditionen und Geschäfte sowie Abfertigungsgebäude für Zollbeamte und Grenzpolizisten. Viele Menschen brachte die Bahn in Lohn und Brot. Beamte, Angestellte und Arbeiter kamen nach Illowo, wo für sie Wohnungen errichtet wurden. Im Personenverkehr spielte die Station eine wichtige Rolle für die polnischen Auswanderer nach Übersee, insbesondere in die USA. Für sie war dies eine der wenigen Möglichkeiten, mit dem Zug nach Deutschland zu gelangen, wo sie nach einer Entlausungsprozedur und einer Gesundheitsprüfung in geschlossenen Transporten zu den deutschen Überseehäfen und weiter ins Land ihrer Träume gelangten.

Die spektakulärste Veränderung durch den Eisenbahnbau hat Eydtkuhnen im Kreis Pillkallen erlebt. Nach der Eröffnung der Ostbahn 1860 wurde der kleine Grenzflecken rasch zu einer Drehscheibe auf dem Landweg vom Atlantik zum Pazifik, so daß man auf den Bahnsteigen viele Weltsprachen vernehmen konnte. Innerhalb von fünfzehn Jahren stieg Eydtkuhnens Einwohnerschaft von 125 auf 3253 an, bis 1914 auf 6832 und 1923, ein Jahr nach Eydtkuhnens Erhebung zur Stadt, schließlich auf 10500. Allein bei der Eisenbahn zählte man fünfhundert Mitarbeiter. Durch den prächtigen Bahnhof von Friedrich August Stüler gelangte der Glanz zeitgenössischer Berliner Baukunst bis ins ferne Ostpreußen. Im Fürstenzimmer der Station hielten sich Kaiser, Zaren, Könige und Großfürsten auf; Kurswagen aus Genf und Paris rollten von hier weiter ins Zarenreich. In Eydtkuhnen wie auch in Illowo und Prostken ließen sich viele russische und polnische Juden nieder, die vor Pogromen hierhin geflüchtet waren, und betätigten sich im Speditionsgewerbe.[10]

Der wirtschaftliche Aufschwung erfaßte zunächst die Städte Ostpreußens, die nun eine urbane Prägung erhielten. Das äußere Antlitz entsprach zunehmend dem bürgerlichen Geschmack der Kaiserzeit, das Stadtbild änderte sich radikal. Dennoch blieben die Ausmaße im Vergleich zu west- und mitteldeutschen Städten sehr bescheiden. Neben der Metropole Königsberg (1910: 245853 Einwohner) waren nur Tilsit (39011), Insterburg (31627) und Memel (21470) etwas größer. Allensteins Bevölkerung wuchs binnen dreißig Jahren von 7610 (1880) auf 33077 (1910) an, also auf mehr als das Vierfache, während das masurische Lyck es mit 5318 (1867), 8624 (1885), 11722 (1895) und 13 430 Einwohnern (1910) nicht einmal auf das Dreifache brachte. Immerhin entwickelte es sich zur größten städtischen Ansiedlung Masurens. Als Verwaltungszentrum, Garnisonsstandort und Grenzgemeinde nahm die Stadt rasch an Bedeutung zu.

Immer mehr wilhelminische Funktionsbauten in rotem Backstein – Schulen, Gerichte, Krankenhäuser und Kasernen – verdrängten die alten Holzbauten. Von Lycks Wandel um die Jahrhundertwende erzählt ein Erlebnisbericht: »Es war schon ein bescheidenes Städtchen, unser Lyck. Die Abwässerung war geradezu polizeiwidrig. Der Marktplatz war nur mit Kopfsteinen gepflastert, mit zwei Rinnsteinen in der Mitte, in die nach den Markttagen der Schmutz hineingefegt und die Schloßstraße zum See gespült wurde ... Innerhalb weniger Jahre änderte sich alles grundlegend. Mit der Kanalisation verbunden war die Neupflasterung der Hauptstraße. Die Straße bot ein geradezu großstädtisches Bild mit ihrem glatten Granitpflaster statt der früheren Randsteine, mit der Gasbeleuchtung und ihrem großen Kandelaber vor dem Kriegerdenkmal, mit den Hydranten und der vorbildlichen Sauberkeit.«[11]

Bis 1870 gab es in den Städten Zusammenschlüsse nur in Form von Zünften und Innungen. Erst nach der Reichsgründung entstand im Zuge der nationalen Euphorie das deutsche Vereinswesen. Ostpreußens Städte verzeichneten eine Flut von Vereinsgründungen und konnten sich in der Vereinstätigkeit schon bald mit Kommunen in anderen Provinzen messen. In Soldau führte der 1879 gegründete Kriegerverein 1914 mit 250 Mitgliedern die Liste der Vereine an, gefolgt von Freiwilliger Feuerwehr (1887), Männergesangverein (1885), Kirchenchor (1893), Damen-Turnverein (1909), Evangelischem Jünglingsverein (1911), Radfahrerverein und Tennisklub (1909). 1907 entstand der einflußreiche »Verein der Kaufleute und Gewerbetreibenden von Soldau und Umgebung«, dem der jüdische Kaufmann Julius Hirsch vorstand. Elisabet Boehm (1859–1943) gründete 1898 den ersten »Landwirtschaftlichen Hausfrauenverein« Ostpreußens in Rastenburg und wurde zu einer Pionierin der deutschen Landfrauenbewegung; wenige Jahre später stand sie dem ostpreußischen Provinzialverband vor und von 1925 an in Berlin dem Reichsverband der Landwirtschaftlichen Hausfrauenvereine.

Obwohl Deutschlands nordöstlichste Provinz 1871 mit 0,8 Prozent den geringsten jüdischen Bevölkerungsanteil aller Ostprovinzen aufwies, trugen Ostpreußens Juden maßgeblich zum wirtschaftlichen und kulturellen Aufschwung bei. Das blühende jüdische Leben

Nach dem Wegfall des Zunftwesens beförderte der freie Wettbewerb die Entwicklung eines lebendigen Handwerks. Überregionale Bedeutung errang nur weniges, aber das Umfeld konnte man immerhin mit Erzeugnissen von beachtlicher Qualität versorgen. Stolz präsentierten Handwerksbetriebe wie die Lötzener Bäckerei Schukowski in der wilhelminischen Ära ihre Produkte, mit denen sie zum stetigen Wirtschaftswachstum beitrugen.

brachte 1882 den »Verband der Synagogen-Gemeinden Ostpreußens« als Zusammenschluß von 43 Gemeinden hervor. Neben Königsberg mit 4415 Mitgliedern verzeichneten Allenstein 1905 immerhin 471 und Tilsit 671, Kleinstädte wie Guttstadt 149, Gerdauen 38 und Neidenburg 132 jüdische Bewohner.[12] Da die Ansiedlung von Juden in Ostpreußen jahrhundertelang verboten war, bildeten Zuwanderer aus Großpolen sowie dem benachbarten Rußland, Polen und Litauen den Kern der Gemeinden, denn Ostpreußen war die erste Anlaufstation für russische und polnische Juden, die vor Pogromen flüchteten.[13] Die jüdischen Flüchtlinge traf die Bismarcksche Ausweisungspolitik der Jahre 1885/86 besonders hart, die, eigentlich gegen russische Staatsbürger gerichtet, durchaus eine antisemitische Note besaß. Allein aus Königsberg wurden damals mindestens zwölfhundert russische Juden ausgewiesen, etwa ein Fünftel der jüdischen Gemeinde.

Die ostpreußische Gesamtbevölkerung und deren jüdischer Anteil[14]

	Bevölkerung Ostpreußens	Anteil der Juden insgesamt absolut	in Prozent	in Königsberg lebende Juden Ostpreußens (in Prozent)
1871	1 822 934	14 425	0,79	26,59
1890	1 958 663	14 411	0,74	29,33
1910	2 064 175	12 411	0,59	35,04
1925	2 256 349	11 337	0,50	38,51

Was in anderen Regionen Deutschlands in der Regel längst vorhanden war, entwickelte sich in Ostpreußen erst mit einiger Verzögerung: Vereine, die sich der regionalen Geschichte widmeten. Neben dem älteren »Historischen Verein für Ermland« und der »Altertumsgesellschaft Prussia« entstand 1883 die »Litauische Litterarische Gesellschaft« in Tilsit. Zu den Gründungsmitgliedern gehörte der Baltist Adalbert Bezzenberger (1851–1922), der seit 1880 als Ordinarius für vergleichende Sprachwissenschaften und Sanskrit an der Albertina lehrte. Seit 1891 war er auch Vorsitzender der Altertumsgesellschaft Prussia. Im Gründungsaufruf der Gesellschaft hieß es: »Die litauische Sprache, eine der für die Sprachwissenschaft wichtigsten, geht rasch ihrem Untergange entgegen; gleichzeitig bedrängt vom Deutschen, Polnischen, Russischen und Lettischen, wird sie ihr Dasein nur noch kurze Zeit fristen. Mit ihr schwindet die Eigenart eines Volkes, das zeitweise im europäischen Norden herrschend war, mit ihr dessen Sitten, Sagen und Mythen, mit ihr dessen Poesie, welche die Aufmerksamkeit eines Herders erregte, die Nachahmung eines Chamisso fand.«[15]

Mit der Etablierung einer deutschen Elite, die ein deutsch geprägtes Regionalbewußtsein entwickelte, gelang schließlich auch die Gründung der »Litterarischen Vereinigung Masovia« 1895 im masurischen Lötzen. Ihre Mitglieder, vor allem Lehrer und Pfarrer, fand sie unter der lokalen Honoratiorenschaft, aber auch auswärtige Gelehrte traten ihr bei. Hier kristallisierte sich ein deutsches Masovia-Bewußtsein heraus, das die polnisch-slawische Vergangenheit zu verdrängen suchte. Neben der Erforschung der Regionalgeschichte verschrieben sich die Mitglieder der »Masovia« dem patriotischen Ziel, ihren Beitrag »zur Kräftigung des Deutschtums in Masuren« zu leisten. Das führte dazu, daß Masurens Geschichte zunehmend als deutsche Geschichte interpretiert wurde. Langjähriger Vorsitzender der »Masovia« war der Geheime Studienrat und Professor am Lötzener Gymnasium, Karl Eduard Schmidt (1859–1926), der 1914 von den Russen nach Sibirien verschleppt wurde. Als letzter Regionalgeschichtsverein entstand 1898 der »Oberländische Geschichtsverein« in Preußisch Holland, dessen Ehrenvorsitzender der Fürst zu Dohna-Schlobitten war.

Königsberg verlor mit der Eingliederung Ostpreußens in das Deutsche Reich an Bedeutung, denn die Schauplätze der Moderne lagen nun weit im Westen, in Berlin, München und Wien. Hatte die Pregelstadt seit der Aufklärung bis in die Zeiten des Vormärz hinein einen herausragenden Platz im deutschsprachigen Kulturraum eingenommen, wurden nun Königsbergs Standortnachteile offenbar. Die Bevölkerung wuchs langsamer, und auch die Universität verlor im nationalen Vergleich. Hier gab es keine nenneswerten Autorenverlage, allerdings war mit »Gräfe & Unzer« in den 1920er Jahren Europas größte Buchhandlung in Ostpreußens Hauptstadt beheimatet. Das Stadttheater spielte zwischen 1892 und 1912 vor allem Stücke, die dem lokalen Zeitgeist verpflichtet waren, etwa die Felix Dahns (1834 bis 1912), der mit seinem in Königsberg verfaßten Roman »Kampf um Rom« weltberühmt wurde, oder die Werke des im Memelland geborenen Ernst Wichert (1831–1902).

Der kulturellen Beschaulichkeit widersetzte sich die 1908 unter der Leitung Nathan Landsbergers gegründete Schillertheater-Gesellschaft mit ihrem linksliberalen großbürgerlichen Interessentenkreis. Die Gesellschaft gründete 1911 das Neue Schauspielhaus, das unter der Intendanz Leopold Jessners (1878–1945), einem im Jüdischen

Königsberg war stets eine liberale Insel im ländlich-konservativen Ostpreußen, wenn auch nach 1871 die freisinnig-liberalen Traditionen zurücktraten zugunsten eines zunehmend mehr bürgerlich-konservativen Kulturlebens. Immerhin blieb das Bürgertum so liberal, daß sich die avantgardistische Kunst halten konnte. Das Königsberger Neue Schauspielhaus stand für dieses Kulturverständnis unter seinen berühmten Intendanten Leopold Jessner, Erwin Piscator und Fritz Jessner. Die Aufnahme zeigt Fritz Jessner (rechts vorne sitzend) inmitten der Truppe des Neuen Schauspielhauses während der Zeit der Weimarer Republik.

Waisenhaus aufgewachsenen Königsberger, dem städtischen Theaterleben schon vor dem Ersten Weltkrieg avantgardistische Züge verlieh. Das sollte sich während des Krieges, als Erwin Piscator hier inszenierte, und schließlich unter der Intendanz von Fritz Jessner in den 1920er Jahren noch verstärken.

Die kulturelle Avantgarde der Stadt wurde vor allem vom jüdischen Milieu getragen, in das auch die junge Hannah Arendt (1906 bis 1975) als Enkelin des Königsberger Stadtverordnetenvorstehers und Großkaufmanns Max Arendt (1843–1913) hineinwuchs. Der 1894 in Königsberg geborene Immanuel Birnbaum, seit 1919 Redakteur führender sozialdemokratischer Gazetten und seit 1951 Journalist bei der »Süddeutschen Zeitung«, repräsentierte ebenfalls diese jüdische Intelligenz. Sein Vater Eduard war Oberkantor der jüdischen Gemeinde und ein großer Musikliebhaber: »Mein Vater sang und dirigierte nicht nur selbst im lutherischen Dom, sondern er zog auch christliche Musiker zur Ausschmückung des von ihm geleiteten jüdischen Gottesdienstes heran.«[16]

Der Journalist erinnerte sich der Vielfalt, die er im Königsberg seiner Jugend erlebte: »Ausländer spielten früher auch in Königsberg eine gewisse Rolle. Ich hatte Mitschüler mit schottischen und schwedischen Namen, und ein Freund meines Vaters hieß Dumont du Voitel und ging in die französisch reformierte Kirche der einst hierher verschlagenen Hugenotten. Der Probst der Königsberger katholischen Kirche wiederum, mit dem sich mein Vater gelegentlich über liturgische Traditionen unterhielt, hatte einen polnischen Namen und predigte abwechselnd polnisch und deutsch, während es in der ältesten Königsberger Kirche am Steindamm jeden Monat einmal litauischen Gottesdienst gab, der vor allem von Rekruten aus dem nördlichen Ostpreußen besucht wurde. Die Flößer, die in primitiven Zelten auf den langen Holz-›Driftten‹ hausten, wie sie im Sommer vom Memelstrom her über einen Kanal zum Pregelfluß gelangten, wo ihre Floßbäume in die Königsberger Sägewerke wanderten, sangen weißrussische Lieder, deren Melodien mein Vater gelegentlich notierte.«[17]

Noch immer strahlte die Königsberger Albertina weit in das nichtdeutsche Milieu aus, etwa als Immanuel Birnbaums akademische Vereinigung »Freie Studentenschaft« Dovas Zaunius (1892–1940) aus Rokaiten in der Memelniederung zum neuen Vorsitzenden wählte. Zaunius war preußischer Staatsbürger litauischer Herkunft, seinem Gefühl nach aber Litauer. Die Litauer, und zwar die unter deutscher wie die unter russischer Herrschaft, haben, so erklärte Zaunius, den Wunsch nach einer eigenen Staatlichkeit nie aufgegeben. Er und sein Vater hätten so manches Opfer für diese Idee gebracht. Als nach dem Ersten Weltkrieg eine unabhängige Litauische Republik entstand, wurde der promovierte Jurist litauischer Diplomat und 1929 kurzzeitig litauischer Außenminister.[18]

Diese geistige Offenheit und Modernität Königsbergs zu Beginn des 20. Jahrhunderts, von der auch die Architektur Zeugnis ablegt, ist früh bedroht und dann erbarmungslos ausgelöscht worden. Das Klima Ostpreußens außerhalb der Großstadt Königsberg war schon während der Jahrhundertwende restaurativ, nationalistisch, antisemitisch. Es entstand eine höchst erfolgreiche antimoderne »Heimatliteratur«, vorgetragen in der Umgangssprache, was als Inbegriff der authentischen Volkskultur galt. Die hier geprägte Form von Heimatverbundenheit wurde in Ostpreußen seit den Kriegsereignissen 1914 und erst recht seit der Abtrennung 1919 zum politischen, ja zum moralischen Wert.[19]

Ostpreußens Wirtschaftsbeziehungen in dieser Zeit richteten sich vor allem nach Osten, nach Rußland, Litauen und Polen, also vornehmlich ins Zarenreich. Entlang der Memel entstanden Orte, die vom Flußhandel mit Rußland profitierten. Ein solcher Ort war Ruß. Jüdische Holzhändler kauften hier staatliche und private Waldungen auf und transportierten die Holzstämme auf dem Strom nach Memel. Das Holz mußte im Herbst und Winter geschlagen und an die kleinen Flußläufe gebracht werden. Im Frühjahr wurde es in breiteren Flußläufen zu Flößen zusammengebunden, die in der Memel zu großen, 120 Meter langen und 20 Meter breiten Triften vereinigt wurden. Flößer in langen Kaftanen steuerten diese mittels je drei vorn und hinten angebrachten baumlangen Rudern – Putschienen. Auf der Trift stand ein Holzhäuschen mit Wohnraum und Abort, die »Schafferne«, für den Führer (Schaffer) und seine Gehilfen.[20]

In Ruß herrschte infolge des lebhaften Holzhandels mit Rußland eine eigenartige ethnische und religiöse Melange. Hier wurden die Triften von den Kaufleuten, die in den zwei jüdischen Gasthäusern des Ortes wohnten, bereits erwartet. Das wohlhabende Ruß war 1869 mit 2200 Einwohnern der größte Ort im Kreis Heydekrug. Die ansässigen jüdischen Sägewerksbesitzer, Kaufleute, Holzmakler, Gastwirte und Händler unterhielten ein Frauenbad, und – unterstützt durch ihre russischen Glaubensgenossen, die im Sommer als Holzhändler in die Stadt kamen – ein Bethaus.[21] Bereits 1789 ist in Ruß der

Ruß an der Memel war ein kleiner Flecken, der vom Holz-
handel lebte. Hier orderten die Holzhändler die Baum-
stämme, die zu Flößen zusammengebunden die Memel flußabwärts kamen. Die Handelsverbindungen reichten bis tief
nach Litauen und Rußland hinein. Insbesondere jüdische
Kaufleute trugen zur wirtschaftlichen Blüte des Ortes im
Kreis Heydekrug bei.

Schutzjude Isaak Laser, auch Laser Cohn genannt, als Garkoch und Kommissionär russisch-jüdischer Holzhändler nachgewiesen.

Als Kahnschiffer auf der Memel hatte auch Friedrich-Wilhelm Stantien, geboren 1817 in Stolbeck bei Tilsit, begonnen, der mit seinem Kompagnon Moritz Becker das Firmenimperium Stantien & Becker aufbaute. Becker, der aus einer jüdischen Familie stammte, wurde 1830 in Danzig geboren. Er arbeitete zunächst als Hausierer und Kaufmann. Die Firmengründung der beiden erfolgte 1858 in Memel, später wurde der Firmensitz nach Königsberg verlegt. Drei Jahrzehnte grub man im Kurischen Haff bei Schwarzort mit Baggern nach Bernstein und beschäftigte dabei bis zu tausend Mitarbeiter. 1875 begann Stantien & Becker mit dem Untertageabbau im samländischen Palmnicken und baute ein weltweites Vertriebsnetz mit Niederlassungen und Vertretungen in Berlin, Wien, Paris, London, Livorno, Konstantinopel, Kairo, Bombay, Kalkutta, Shanghai, Hongkong, Tokio, New York, Mexiko und Südamerika auf. Einen eigenen Verarbeitungsbetrieb unterhielt die Firma in Königsberg und wegen der restriktiven Einfuhrzölle im Russischen Reich auch im litauischen Polangen. Von Polangen und den Zweigwerken in Russisch-Krottingen und Shitomir aus wurden Rußland, Armenien, Persien, Palästina und andere Regionen Vorderasiens beliefert. Im wilhelminischen Ostpreußen war damit das Weltimperium in Sachen Bernstein beheimatet. Als 1898 das Bernsteinrecht an den preußischen Staat zurückfiel, führte dieser die Betriebe in Königsberg und Palmnicken als »Königliche Bernsteinwerke Königsberg« weiter, die von 1919 an »Staatliche Bernsteinwerke« und schließlich 1924 »Preußische Bergwerks- und Hütten-Aktiengesellschaft Zweigniederlassung Bernsteinwerke Königsberg« hießen.

Memel, die Stadt an der Mündung des Flusses, war nicht nur nach Osten ausgerichtet, sondern zeigte auch eine starke Affinität zu England und Schottland, deren Nationen lebhafte Kolonien in der Stadt unterhielten. Daneben gab es eine große jüdische Gemeinde, die sich vor allen Dingen aus litauischen und russischen Juden zusammensetzte. Einer der führenden Repräsentanten der jüdischen Gemeinde Memel, Isaak Rülf, war Rabbiner und zugleich 26 Jahre lang Chefredakteur der größten Zeitung, des »Memeler Dampfbootes«.[22] Im Oktober 1896 wurde in der Stadt mit großzügigen Spenden von im Ausland lebenden jüdischen Memelern ein israelitisches Krankenhaus eingerichtet, wozu die Baronin Clara von Hirsch-Gereuth in Paris 40 000 und Jacob Plaut aus Nizza 20 000 Mark beitrugen.[23]

In Memel existierten 1830 acht Bordelle »für die fremden Seeleute« mit 78 Dirnen, 1842 waren es noch drei mit dreißig Dirnen. »Um so größer ist jedoch die Anzahl feiler Lustdirnen in der Stadt geworden. So blieben die Verhältnisse sehr lange, unterstützt durch heimliche Absteigequartiere, durch als Kneipen maskirte Bordelle, durch die Tanzhäuser und die Tingel-Tangel, deren es 1872 vier gab.«[24]

In einem Bericht von 1878/79 konnte man zur Prostitution lesen: »Gewerbsmäßig wird dieselbe nur in den größeren Städten betrieben. Eingeschrieben und polizeilich überwacht wurden in Tilsit 46, in Insterburg und Lyck 22, in Stallupoenen und Gumbinnen 16, im ganzen Bezirke 160 Frauenzimmer. Ebenso viele mögen wohl aus der Prostitution ein Gewerbe machen, ohne polizeilich angemeldet zu sein. Auch in den meisten andern Städten treiben feile Dirnen mehr oder weniger frech ihr Unwesen. Doch setzt in der Regel strenge polizeiliche Controle, wiederholte Bestrafung und Ueberführung in die Correctionsanstalt diesem unzüchtigen Treiben bald ein Ziel. Auf dem Lande kommt bei dem dort nur zu sehr erleichterten geschlechtlichen Verkehr die öffentliche Prostitution so gut wie gar nicht auf und ist daher dort fast gänzlich unerhört.«[25]

Nicht nur Händler und Seeleute gelangten nach Ostpreußen. In den Weiten der Johannisburger und der Rominter Heide sowie des Ibbenhorster Forstes traf sich der Adel mit dem Haus Hohenzollern zum Jagen. Neben dem bekannten kaiserlichen Jagdschloß in der Rominter Heide gelangte 1898 das Gut Cadinen am Frischen Haff durch Schenkung an Kaiser Wilhelm II., der sämtliche Schulden übernahm und dem Vorbesitzer, dem Braunsberger Landrat Arthur Birkner, eine jährliche Leibrente zahlte. Cadinen zählte damit zum Privateigentum des Kaisers. Bedeutung gewann die Terrakotta- und Majolikafabrik, die dort 1905 neben der Ziegelei entstand und »Cadiner Ton« zu einem Begriff werden ließ. Nach der Abdankung der Hohenzollern blieb Cadinen in Familienbesitz. Prinz Louis Ferdinand, der zweite Sohn des Kronprinzen, wählte es 1942 als Wohnsitz.

Mit dem Ausbau des Eisenbahnnetzes reiste auch der Bürger mehr. Schon bald kursierten in Ostpreußen einschlägige Reime, unter denen etwa die Stadt Pillkallen zu leiden hatte. Christian Grigat erinnerte sich um 1900 an folgenden Spruch: »Wer nach Gumbinnen kommt unbekneipt, von Insterburg unbeweibt, von Pillkallen ungeschlagen, der kann von großem Glücke sagen.«[26] An der Küste des Samlandes und auf der Kurischen Nehrung entstanden mondäne Badeorte wie Cranz, Neukuhren, Rauschen, Brüsterort und Nidden.

Cranz war das mondänste Seebad Ostpreußens, das nicht nur von Königsberger Bürgern aufgesucht wurde, sondern europaweit beliebt war. Unter den Badegästen waren auch viele russische und polnische Juden, über die Louis Passarge schrieb: »Einmal traf ich hier einen Menschen, der so recht in meine einsame Stimmung paßte, wenn es gleich nur ein – polnischer – Jude war. Man weiß, daß es hier nichts Verächtlicheres giebt, als einen polnischen Juden. Man hat hier sofort ein Ghetto für sie errichtet; sie haben ihre besonderen Badebuden, die man scheut wie den Abgrund der Hölle; sie dürfen sich nicht auf dem Korso sehen lassen; d. h. niemand verbietet's ihnen, aber so was macht sich eben von selbst. In Folge der milderen russischen Paßvorschriften giebt es hier eine ganze Menge solcher Juden, aus Warschau, Wilna usw.«

Bäderbahnen verbanden die schmucken Ostseebäder mit Königsberg. 1895 wurde die Line von Cranz nach Cranzbeek eröffnet, von wo es mit Dampfern zu den Bädern auf der Kurischen Nehrung ging.

Ostpreußens Badeorte erfreuten sich insbesondere bei russischen Gästen großer Beliebtheit. Offen waren die Grenzen auch in entgegengesetzter Richtung nach Rußland und damit in die benachbarten baltischen Regionen. So berichtet ein Wissenschaftler von einem Ausflug über die Grenze nach Litauen: »Man stellt sich allerlei Unannehmlichkeiten und Schwierigkeiten vor, die einem in Rußland entgegentreten könnten; in der Nähe betrachtet, schmelzen diese sehr zusammen, sie sind nicht größer, als wenn man ein anderes außerdeutsches Land aufsucht, und man hat in Rußland – wenigstens im westlichen – den Vorteil, daß man mit seinem Deutsch auskommt. Die Bahn- und Postbeamten verstehen Deutsch, und Deutsch ist die Verkehrssprache der dortigen Juden. Weiß man einmal nicht aus noch ein, so wendet man sich getrost mit deutscher Anrede an einen Juden und kann sicher sein, eine höfliche Auskunft zu erhalten.«[27]

Der grenznahe Austausch wurde vom »Verein zur Verschönerung Memels und Umgegend und zur Hebung des Fremdenverkehrs« geradezu gewünscht und ausdrücklich ein Ausflug nach Russisch-Krottingen und Polangen an der Ostseeküste empfohlen:

»Zur Ueberschreitung der russischen Grenze genügt im dreimaligen Grenzverkehr eine Grenzkarte. Dieselbe wird auf den Grenzzollämtern in Bajohren und Nimmersatt auf Grund einer polizeilichen Bescheinigung ... gegen eine Gebühr von 0,10 Mk ausgefertigt.

a. Russisch-Krottingen,

von Memel zirka 22 km entfernt, ist entweder auf der Chaussee zu Wagen oder aber durch eine kombinierte Fahrt mit der Eisenbahn bis zu dem hart an der Grenze gelegenen Bajohren und dann mittels eines leicht auf der Station zu mietenden Fuhrwerks zu erreichen. (Bahnhofswirt Bischof) ...

Die Fahrt auf der Chaussee erfordert mit Einschluss des Aufenthalts etwa zwei Stunden ... Ebenso hat der Reisende Gelegenheit, die Bevölkerung selbst, einen eigentümlichen Menschenschlag in origineller Nationaltracht, kennen zu lernen ...

Bei Bajohren nun überschreitet man die russische Grenze. Die beiden grossen Reiche sind getrennt durch einen etwa 3 m breiten mit Grenzpfählen und Grenzhügeln bezeichneten Landstreifen. Der Schlagbaum wird von dem russischen Grenzkosaken in die Höhe gezogen und am Wagen erscheint sofort ein Beamter der russischen ›To-

moschne‹, der Zollstation, um dem Passanten die Grenzkarte abzu-
verlangen, die dann erst bei der Rückfahrt über die Grenze, visirt und
mit dem russischen Stempel versehen, zurückgereicht wird, für viele
Ausflügler ein Andenken, aus dem wir zudem erkennen, dass wir mit
einem Schlage um 13 Tage (nach russischer Zeitrechnung) jünger geworden sind.«[28]

Mit 36 998,75 Quadratkilometern stellte Ostpreußen die dritt-
größte preußische Provinz dar und wies dabei mit 55,8 Einwohnern
pro Quadratkilometer die geringste Bevölkerungsdichte auf. Während die Reichsbevölkerung zwischen 1871 und 1910 von 41 auf fast
64 Millionen, das heißt um 58,1 Prozent, anstieg, wuchs im selben
Zeitraum Ostpreußens Bevölkerung von 1 822 934 auf 2 064 175 Einwohner, also nur um 13,2 Prozent. Die Gründe für diesen geringen
Anstieg lagen auf der Hand: Das Agrarland Ostpreußen hatte wenig
Anteil an der industriellen Revolution, die allenthalben ein erhöhtes
Bevölkerungswachstum auslöste. Hinzu kamen Abwanderung und
eine weiterhin hohe Säuglingssterblichkeit. Dies alles sorgte dafür,
daß Ostpreußen das Land der dunklen Wälder und Seen blieb. Letztlich hat die ländlich geprägte Region nicht alle Bewohner ernähren
können, so daß viele auf der Suche nach Brot und Arbeit in die Welt
zogen. Auch der legendäre Hauptmann von Köpenick – das gleich-
namige Theaterstück schrieb Carl Zuckmayer angeregt durch eine
wahre Begebenheit des Jahres 1906 – war ein Ostpreuße, der sein
Glück in der Fremde suchte. Fast alle Schauspieler berlinern in der
Rolle des Hauptmanns, dabei sprach dieser in Wirklichkeit ostpreu-
ßisch. Wilhelm Voigt stammte von der Memel, aus Tilsit, wo er im
Jahr 1848 geboren wurde und bis zu seinem sechzehnten Lebensjahr
wohnte.

Die multiethnische Welt Ostpreußens

Auf fremde, aber dennoch vertraute Klänge traf man in Ostpreußen
überall. In Preußisch Litauen wurde noch bis zum Ende der deutschen Herrschaft litauisches *buriškai* als eigener Dialekt gesprochen,
der ein derbes bäuerliches Litauisch mit deutlichen Einflüssen des
deutschsprachigen Umfelds war. In der Schriftsprache griff man wie
im masurischen Polnisch auf die in Deutschland übliche gotische
Schrift oder die Fraktur zurück. Im Memelgebiet, im Kirchspiel Prökuls, sprach man etwa folgendermaßen:[29]

Deutsch	memelländisches Litauisch *(buriškai)*	Litauisch
Montag	Pandele	Pirmadienis
Dienstag	Uterninks	Antradienis
Mittwoch	Sereda	Tretschiadienis
Donnerstag	Ketwerge	Ketvirtadienis
Freitag	Pietnice	Penktadienis
Samstag	Subata	Sestadienis
Sonntag	Schwentadiens	Sekmadienis
Zeitung	Zeitunga	Laikrastis
Hammer	Kujelis	Plaktukas
Gehen	Ek	Eik
Streichholz	Brezukas	Degtukai
Tisch	Stals	Stalas

Dieses Sprachgemisch brachte spezifische Redefloskeln hervor: »Lop, lop, Willokas lop, schwien inne pakaln, inne Medinke Rop« (Lauf, lauf, Willichen, lauf, die Schweine sind am Hang in den Medingschen Kartoffeln) oder »Willi, Willi lop nach Haus, grum perkunji bus litaus« (Willi, Willi, lauf nach Haus, Gewitter grollt, es wird Regen geben).[30] Am längsten, nämlich bis 1945, haben die Flurnamen Zeugnis abgelegt von Ostpreußens nichtdeutschen Wurzeln. Für das Kirchspiel Wedereitischken (Tilsit-Ragnit) sind folgende Flurnamen überliefert: »Lanka« (feuchte Wiese), »Laukagalas« (Feldende), »Ballatis« (moorige Fläche), »Smakalnis« (Drachenberg), »Meschkupis« (Bärenbach), »Wilkinitschis« (Wolfsgelände) sowie »Ragowas« (Hexenschlucht).[31] Im Kreis Goldap, in Matznorkehmen, an der Schnittstelle deutscher, litauischer und polnischer Sprache in Ostpreußen, zeigen sich litauische Einflüsse in den Flurnamen Dibas, Dubbline, Kattlatis, Kisselischke, Pajurglis, Waschkischke und Marschischke.[32]

Auch in Gegenden Preußisch Litauens, in denen kein Litauisch mehr gesprochen wurde, waren noch litauische Spuren anzutreffen. Im Kreis Pillkallen gab es um 1900 unter den Bauern eine bestimmte Art der Nachbarschaftshilfe. Benötigte ein Bauer für eine Arbeit Unterstützung, erhielt er diese als »Talkas«, als unentgeltliche Hilfeleistung. Durch die »Talkas« sparten die Landwirte einen Teil der Tagelöhne. Nach Absprache fanden sich bei Morgengrauen Knechte und Bauern mit Wagen und Feldgerät ein. Als Dank für die Hilfe wurde keine Gegenleistung in Arbeitskraft verlangt, wohl aber eine gute Bewirtung und ein kleines Fest nach Beendigung der Arbeiten

Ludwig Sakuth
Szillen Ostpr.
Postscheckkonto : Königsberg i. Pr. No. 1415

Christl. Verlagsbuchhandlung
für
deutsche, masur. u. litauische Werke

Gesangbücher
für Ost- und Westpreußen

Engros- und Detail-Verkauf

Großes Lager
in allen
**Christl. Kolportage - Artikeln
Wandsprüchen
Glasständern, Postkarten**
u. s. w. u. s. w.

Preis - Verzeichnis gratis und franko.

Postkarte

In der wilhelminischen Zeit gab es die multiethnische Welt
Ostpreußens noch. Obwohl die Germanisierungsbestrebungen beständig zunahmen, konnte die Christliche Verlagsbuchhandlung Ludwig Sakuth in Szillen für deutsche, masurische
und litauische Literatur werben. Diese vornationale Welt
sollte nach dem Ersten Weltkrieg einem ethnischen Nationalismus weichen, der neben der deutschen keine andere Sprache duldete. Welcher Reichtum dadurch preisgegeben wurde,
offenbart allein das von Pfarrer Jopp aus Nidden auf der Kurischen Nehrung überlieferte preußisch-litauische Vaterunser:

Tewe musě, kurs esi Danguje.
Buk szwencziamas Wardas tawo.
Ateik tawo Karalyste.
Buk tawo Wale kaip Danguje, taip ir ant Żemźs.
Důną musě dieniszką důk mums ir szę Dieną.
Ir atleisk mums musě Kaltes, kaip ir mes atleidsziam sawo Kaltiems.
Ne wesk mus i Pagundymą, bek gelbek mus nů wiso Pikto.
Nesa tawo yra Karalyste ir Stiprybe ir Garbe ant Amżiů Amżiů.
Amen.

(Padaigtuwes-Vollendungsfest).[33] Mancher Brauch erinnerte gar an graue Vorzeiten. Beispielsweise hießen die Dorfversammlungen in Preußisch Litauen noch bis in die erste Hälfte des 20. Jahrhunderts hinein »Kriwul« (von *krivule* – Dorfversammlung). Die Kriwule ist ein Krummstab, in prußischer Zeit das Zeichen, daß der Träger vom Oberpriester (Kriwe) gesandt war. Sie wurde, wenn sich die Dorfbewohner versammeln sollten, von Haus zu Haus getragen, und jeder wußte, was das zu bedeuten hatte. Nach dem Ersten Weltkrieg wurde dann an der Kriwule die Vorladung (Kriwulzettel) befestigt.[34]

Ein Beispiel für die litauische Überlieferung gibt das Dorf Christiankehmen im Kreis Darkehmen in »Friedrich Tribukaits Chronik«, wo die meisten Flurnamen auf litauische Wörter zurückgingen, etwa »Lenkis« (litauisch *Lenke* – kleine Vertiefung im Gelände), »Lenkuth« (Diminutivform desselben Wortes), »Paplienies« (von litauisch *plienis* oder *plenis* – am Rande des trockenen Bodens), »Padwirris« (da eine Stelle am Ufer der Angerapp gemeint ist, wohl aus litauisch *vyrius* oder *vyris* – Strudel im Wasser, also Orte am Wasserwirbel). Mitunter setzten sich die Bezeichnungen auch aus litauischen und deutschen Wörtern zusammen, etwa »Kleine Wingis« (litauisch *vingis* – Biegung, Krümmung eines Flusses oder Weges) und »Große Lenkutt«. Die Vermischung war so fortgeschritten, daß sie den Bewohnern kaum noch auffiel. Dieses Neben- und Miteinander ist ein Hinweis darauf, daß im Ort lange zwei Sprachen gleichberechtigt nebeneinander gesprochen wurden. Die Verdrängung des Litauischen erfolgte wohl bereits 1833, da die kirchlichen Visitationen für den Kreis Darkehmen kein einziges litauisches Schulkind, für 1834 auch keinen litauischen Konfirmanden mehr verzeichneten.[35] Obwohl kein Litauisch mehr gesprochen wurde, erwähnt Tribukait lokale Ausdrucksformen, die voller Lithuanismen sind. Er benutzt das Wort »Klete« (kleines Speichergebäude auf litauischen Höfen, litauisch *kletis*, lettisch *klets*), spricht von »Kubbel« (litauisch *kubilas* oder niederlitauisch *kubelas*, eine aus Lindenholz gefertigte Truhe) und »Bartsch« (litauisch *barwiai*, *barszcz*, Rote-Bete-Suppe).[36] Die Begriffe bleiben ohne Erläuterung, werden also als bekannt vorausgesetzt.

Für litauische und polnische Wörter gab es offenbar Domänen, in denen sie nicht ersetzbar waren, etwa in der lokalen Topographie, wo die Eindeutschung für Verwirrung gesorgt hätte, sowie im Alltagsleben. Auch das Liedgut stammte häufig aus dem reichen litauisch- oder polnischsprachigen Erbe und wurde schließlich ins Deutsche übertragen. So hat das wunderschöne Volkslied »Zogen einst fünf

Auf dem Land gingen die Uhren noch lange anders. Nicht Berlin, sondern der liebe Gott, die Jahreszeiten und die Bräuche bestimmten das Leben. Zu diesen Bräuchen gehörte die »Talkas«, eine Nachbarschaftshilfe, die aus der litauischen Kultur stammte und noch bis 1945 in Preußisch Litauen überdauerte. Nach getaner Arbeit wurden alle mit einer ordentlichen Mahlzeit belohnt. Ein weiterer Brauch war das »Binden«. Der Gutsherrschaft wurden Ähren um den Arm gebunden, und diese Fessel konnte sie nur lösen, indem sie etwas spendierte.

wilde Schwäne« in Preußisch Litauen, im Kreis Stallupönen, seine Ursprünge. Karl Plenzat hat es aufgezeichnet und aus dem Litauischen übersetzt:

> *Zogen einst fünf wilde Schwäne,*
> *Schwäne leuchtend weiß und schön.*
> *Sing, sing, was geschah?*
> *Keiner ward mehr gesehn,*
> *Sing, sing, was geschah?*
> *Keiner ward mehr gesehn.*
> *...*
> *Wuchsen einst fünf junge Mädchen*
> *schlank und schön am Memelstrand.*
> *Sing, sing, was geschah?*
> *Keins den Brautkranz wand.*
> *Sing, sing, was geschah?*
> *Keins den Brautkranz wand.*

Auf deutscher Seite sah man den litauischen Spracheinfluß in Ostpreußen weniger gern und suchte ihn, je mehr die nationalen Gefühle in den Vordergrund drängten, zu reduzieren, während die nationalistischen Kreise Litauens das gegenteilige Interesse verfolgten und ihn über seinen Verbreitungsgrad hinaus hochspielten. Wie stark er wirklich war, läßt sich wohl am ehesten aus den kirchlichen Statistiken ablesen, obwohl auch diese mit Vorsicht zu betrachten sind. Für den Kreis Pillkallen gibt es Schätzungen der Pfarrer, die allerdings weniger auf die Abstammung als auf die Sprache der Bewohner achteten und im allgemeinen diejenigen Litauer, die sich Sprache und Sitten der Deutschen aneigneten, sich zum deutschen Gottesdienst hielten und ihre Kinder »deutsch« einsegnen ließen, den Deutschen zugerechnet haben. Man kann also von einem weitaus höheren Anteil litauischsprachiger Kreisbewohner ausgehen.

Im Kaiserreich ging in den ehemals dreisprachigen Diözesen Darkehmen und Goldap die Zahl der litauisch- und polnischsprachigen Bewohner erheblich zurück. 1878 fand man im Kreis Darkehmen Litauer nur noch im Kirchspiel Ballethen, in der Diözese Goldap in Dubeningken (rund 500), Gawaiten (9) und Szittkehmen (rund 800). In der Diözese Gumbinnen gab es auch fast keine Litauer mehr. Insterburgs offizielle Kirchenstatistik wies Litauer noch für die Kirchspiele Aulowönen (30), Berschkallen (250), Didlaken (40), Georgenburg (130), Grünheide (300), Insterburg-Land (80), Norkitten (20), Obelischken (120) und Pelleninken (80) aus. Die Kreise nördlich der Memel – Memel und Heydekrug – waren mit Ausnahme der Städte noch in sämtlichen Kirchspielen in großer Mehrheit litauischsprachig. In der Diözese Ragnit verzeichneten die Kirchspiele Budwethen, Jurgaitschen, Kraupischken, Lengwethen, Ragnit (Litauische Kirche), Rautenberg, Smalleningken, Szillen und Wischwill ebenfalls hohe litauischsprachige Anteile. Auch die Diözesen Labiau und Niederung südlich der Memel wiesen Litauer auf. In der Diözese Labiau zählten Gilge, Labiau (litauische Gemeinde), Laukischken, Lauknen, Mehlauken und Popelken noch größere litauischsprachige Gemeinden, in der Diözese Niederung galt das für Groß Friedrichsdorf, Heinrichswalde, Inse, Kaukehmen, Lappienen, Neukirch und Skaisgirren.[37]

Litauer in den Kirchspielen des Kreises Pillkallen[38]

| | Kirchspielbewohner 1848 | | Kirchspielbewohner 1878 | |
	insgesamt	davon Litauer	insgesamt	davon Litauer
Kussen	6 728	2 150	5 519	1 839
Lasdehnen	5 580	3 200	8 749	4 500
Mallwischken	3 300	100	3 380	120
Pillkallen	9 912	2 682	10 876	500
Schillehnen	2 300	1 700	3 450	1 725
Schirwindt	5 315	415	5 783	150
Willuhnen	5 305	1 080	5 960	588
gesamt	38 440	11 327	43 717	9 422

1907 wurde nur noch in 69 Kirchen Ostpreußens litauisch gepredigt, in weiteren sechs wurde ein litauischsprachiger Pfarrer gesucht. Den größten Einbruch brachte der Erste Weltkrieg. Nach 1919 wurden litauische Gottesdienste auf der südlichen Uferseite der Memel lediglich in Tilsit, Pillkallen, Skaisgirren, Inse, Pokraken, Jurgaitschen und Ragnit abgehalten; in Laukischken, Lasdehnen und Schakuhnen fanden sie nur ab und zu statt. Nach 1933 wurde der litauische Gottesdienst eingestellt und nur zu besonderen Anlässen noch in Tilsit und Ragnit bis 1944 zelebriert. So verschwand die litauische Sprache im Laufe von zwei Jahrhunderten aus dem öffentlichen Raum, in dem die evangelische Kirche ihr letztes Refugium dargestellt hatte.[39]

Die Provinz Preußen, die seit 1829 bestand und mit der Auflösung des Danziger Konsistoriums 1831 auch zu einem einheitlichen kirchlichen Verwaltungsgebiet umgebildet worden war, nahm unter den Kirchenprovinzen der preußischen Monarchie eine Sonderstellung ein. Sie umfaßte 1854 die Regierungsbezirke Königsberg, Gumbinnen, Danzig und Marienwerder und zählte 54 Inspektionen (einschließlich der reformierten). Die Visitationsberichte des Königsberger Konsistoriums sind ein beredtes Zeugnis der ethnischen und kulturellen Besonderheit Ostpreußens.

In einer Visitation der Litauischen Niederung von 1891 wird aber auch schon der offizielle Standpunkt der Amtskirche gegenüber Masuren und Litauern in Ostpreußen deutlich: »Immerhin sind auch hier die Litauer schwierig zu behandeln. Sie haben das Gefühl, daß sie eine untergehende Nationalität sind. Die deutsche Sprache herrscht in den Schulen und in dem öffentlichen Verkehr und von Jahr zu Jahr geht die litauische Sprache zusehends zurück. Während aber die Polen in Masuren das ähnliche Los mit Geduld tragen, widerstreben die Litauer auf das hartnäckigste dem Germanisierungsprozeß. Dies macht die Stellung der Geistlichen ihnen gegenüber besonders schwierig; sie beschuldigen den Pfarrer, daß er im Bunde mit der Regierung darauf bedacht sei, ihre litauische Art auszurotten, und bringen darum seinem seelsorgerischen Wirken von vornherein Mißtrauen entgegen.

Sie sind im Verkehr mit ihnen keineswegs von der unterwürfigen Art der Masuren, sondern rechthaberisch, eigensinnig, unwahrhaftig und heimtückisch. Ihre größere Kirchlichkeit hat keineswegs ein tieferes, ernsteres Christentum zur Folge, sie sind ein Naturvolk geblieben, mit den guten und bösen Eigenschaften desselben. Ihr ganzes Christentum trägt mehr äußeren Charakter, es besteht in äußerlicher Werkgerechtigkeit, ohne innere aufrichtige Bekehrung; ihre alten Nationallaster, Trunksucht und Unzucht, beherrschen sie auch jetzt noch ...

Der Generalsuperintendent, von dem die Litauer die törichte Meinung hatten, daß er ein sehr einflußreicher Mann sei, ist mit litauischen Bittschriften überhäuft worden, in welchen sie von ihm erwarten, daß er ihnen ihre litauische Sprache in der Schule wieder schaffen würde. Wieviel Schwierigkeiten dieser eigenwillige Widerspruchsgeist dem Pfarrer bereitet, geht unter anderem daraus hervor, daß dem Superintendenten der Diözese bei dieser Visitation ganz besonders bange war vor den Unterredungen mit den Hausvätern, weil er befürchtete, daß bei denselben der ganz tiefe litauische Groll gegen das Deutschtum zum Ausbruch kommen würde.«[40]

Generalsuperintendent Friedrich Wilhelm Gustav Carus hat sich 1885 anläßlich der Visitation in der Diözese Heydekrug sogar uneingeschränkt zur Germanisierungspolitik bekannt: »Aber der Gang der geschichtlichen Entwicklung bringt es mit Notwendigkeit mit sich, daß dieser Fortschritt nicht anders als durch Mitteilung deutscher Kultur erfolgen kann, zu welcher der Litauer erzogen werden muß. Ein spezifisches Litauertum künstlich zu pflegen und zu erhalten, wäre ein Unheil für die Litauer selbst und vielleicht auch eine Gefahr für den Staat. Der Übergang des litauischen Wesens in die deutsche Art ist bei der Superiorität der letzteren unvermeidlich, und somit würde sich denn auch der Germanisierungsprozeß, selbst wenn man in keiner Weise in die weitere Entwicklung eingreifen wollte, von selbst mit naturgeschichtlicher Notwendigkeit vollziehen … Die kirchliche Sphäre ist der letzte Rest des Volkstums, an das sich der Litauer mit zäher, fast krampfhafter Liebe festklammert, und dieses sozusagen letzte Aufflammen der Abendröte vor dem Sonnenuntergang.«[41]

Ohne die evangelischen Gebetsvereine wäre die litauische Sprache in Preußisch Litauen schneller aus dem öffentlichen Leben verschwunden. In ganz Preußisch Litauen gab es diese Gemeinschaften, die von Laienpredigern getragen wurden. Sie zogen über Land und riefen ihre Anhänger zum Gebet zusammen. Anfang des 19. Jahrhunderts wirkte im Memelland der Stundenhalter Klimkus Grigelaitis (1750–1826) aus dem Dorf Poschka bei Prökuls, dessen Anhänger man »Klimkiškai« nannte. Der Gründer und Führer der »Alten Bewegung« war von Beruf Tischler und hatte beim Bau der ersten Holzkirche von Schwarzort eine Vision. Eine Stimme befahl ihm, seinen Beruf aufzugeben und das Wort Gottes zu verkünden. Fortan wanderte er durch das Memelland und die Memelniederung, wo er den Litauern das Evangelium verkündete. Er hat dreizehn Kirchenlieder für das litauische Gesangbuch verfaßt und seine Seelsorge ausschließlich in litauischer Sprache betrieben. Unter Grigelaitis erlebte die Gemeinschaftsbewegung ihre erste Blüte.

Einen großen Kreis scharte auch Christoph Kukat (Kristupas Kukaitis, 1844–1914) aus Lasdehnen um sich, dessen Anhänger »Kukaitiškai« genannt wurden. Kukat erreichte von Preußisch Litauen aus auch Masuren und deutschsprachige Teile Ostpreußens. 1885 hat er den »Ostpreußischen Gebetsverein« gegründet. Eine Welle frommer Erweckung rollte damals über Ostpreußen hinweg und erfaßte insbesondere die ethnisch nichtdeutschen Gruppen. Wilhelm Gaigalat schätzte, daß den Gemeinschaftskreisen in Preußisch Litauen sechzehn Prozent aller evangelischen Christen dort sowie etwa die Hälfte der litauischen Bevölkerung in diesem Gebiet angehörten.[42]

Vor allem asketische Stundenhalter wie Jokubs Aßmons (1800 bis 1862) aus Lankuppen bei Prökuls erfreuten sich großer Beliebtheit. In Litauisch unterwies er seine Anhänger in Sendschreiben, die die theologische Ausrichtung der Gemeinschaftsbewegung widerspiegeln: »Und wenn man schmerzhaft fällt und sich schwer verwundet, so muß man schnell zu der reichen Apotheke des lieblichen Herzens unseres Herrn Jesu Christi eilen; da findet man Heilmittel gegen alle Krankheiten und Wunden. Denn er ist der vollkommene Arzt; dabei heilt er umsonst und ohne Bezahlung ... So gütig ist er wohl gegen alle Kranken, Wehklagenden und Seufzenden, die im Seelenkampf verwundet sind; aber wer sein Fallen und sein Straucheln nicht erkennt, der sehnt sich auch nicht nach der Hilfe der Seelen, sondern bleibt in häßlichen Sünden, faulend im Eiter, auf dem fürchterlichen Sündenlager, wälzt sich wie ein Schwein im Schmutz und gleicht Hunden, die, nachdem sie die Scheußlichkeit der Sünde von sich gegeben haben, sie durch Wiederholung wieder fressen.«[43]

Die litauische Erweckungsbewegung hat mit ihrer Askese letztlich den Untergang der litauischen Volkskultur in Ostpreußen beschleunigt. In heiligem Eifer mußten nämlich die bunten litauischen Nationaltrachten dem strengen dunklen Tuch der puritanischen »Maldeninker« (Brüder im Gebet) weichen. Landsleute, die nicht Mitglieder der Gemeinschaftsbewegung waren, meinten, daß die gottesfürchtigen Litauer sogar das Singen für eine Sünde hielten. Tatsächlich haben die Maldeninker erreicht, daß das litauische Lied in Preußisch Litauen kaum noch zu hören war.[44] Ebenso war der Tanz bei den Frommen verpönt.

Über die Maldeninker im Kirchspiel Ruß hat Prediger Rademacher berichtet: »In dem benachbarten Kimten (sic!) treten zuerst die Maldeninker auf und halten ihre Surinkimmen in Privathäusern. Ihre Verkündiger des Wortes (Dewo Zodzio Apsakytojei) halten sich insbesondere vom Heiligen Geist erleuchtet ... Es ist natürlich, daß ihnen die mystische Richtung nur allein zusagt und daß ihr Gottesdienst nur ein Schwelgen im religiösen Gefühl sein kann, ohne alle verständliche Auffassung. Sie drücken dies auch durch fortwährendes Seufzen, Stöhnen und Weinen aus. Sie enthalten sich alle des Branntweintrinkens und sind, wo der Prediger ihnen zusagt, die besten kirchlich gesinnten Mitglieder.«[45]

Nach 1870 erlebte die masurische Entsprechung der evangelischen Gemeinschaftsbewegung eine Blüte. Unter Christoph Kukats Ägide entstand in Masuren mit dem Gebetsverein die größte organisierte Plattform der »Gromadki« (polnisch-masurisch: Häuflein), die sich weiterhin als Teil der evangelischen Landeskirche verstanden, aber im Gegensatz zur Amtskirche das Laienpriestertum vertraten. Gromadki – ob in Vereinen oder unorganisiert – trafen in Privathäusern, Scheunen oder eigens errichteten Betsälen zusammen. Sie kamen ausschließlich aus dem polnischsprachigen Masurentum. Die Gromadki zeichneten sich ebenfalls durch einen asketischen Lebenswandel aus, der Alkohol- und Tabakkonsum ausschloß.

Auffällig ist, daß die Blüte der Bewegung zusammenfiel mit dem Verbot der polnischen Sprache in Schulen und Kirchen. Auf Verfügung des Oberpräsidenten Karl Wilhelm Georg von Horn war am 24. Juli 1873 der folgenschwere Erlaß ergangen, die polnische und litauische Sprache aus dem öffentlichen Leben zu verbannen. Horn ordnete die sofortige Einführung deutschsprachigen Unterrichts in allen anderssprachigen Elementarschulen an: »In allen Lehrgegenständen ist die Unterrichtssprache die deutsche. Ausgenommen hiervon ist nur der Unterricht in der Religion, einschließlich des Kirchenliedes, auf der Unterstufe.«[46] In trockener preußischer Amtssprache wurde damit das Ende des multilingualen Ostpreußen verkündet. Ohne Rücksichtnahme wurde flächendeckend eine Unterrichtssprache durchgesetzt, die vielen Kindern fremd war. Was das bedeutete, ist dem Bericht einer Memelländerin über ihre Schulzeit zu entnehmen: »Vor dem Ersten Weltkrieg wurde in der Schule nur Deutsch gelehrt. Zu Hause wurde nur litauisch gesprochen. Wenn jemand in der Schule litauisch sprach, dann mußtest du 10 Minuten in der Ecke stehen und wiederholen ›Ich soll nur deutsch sprechen‹.«[47]

Für die dem lutherischen Gedankengut der Reformation verpflichteten Gromadki war die Verkündigung des Evangeliums in der Muttersprache aber ein hohes Gut, das es zu bewahren galt. Sie wollten ihre Kinder zu guten Christen erziehen, und das setzte nach ihrer Auffassung die Verkündigung des Evangeliums in der Muttersprache voraus. Gerade das war auch ein Hauptanliegen der protestantischen Reformation gewesen, aber die Amtskirche und der Staat, dessen Herrscher Summus episcopus dieser Kirche war, wollten den Masuren das heilige Recht auf die Muttersprache, das gerade den deutschen Nationalisten der Kaiserzeit über alles ging, nicht zugestehen. Dem stellten sich die Gromadki entgegen, wobei es ihnen nicht um eine generelle Ablehnung der Germanisierungspolitik ging, sondern lediglich um die polnische Sprache als Lingua sacra der Verkündigung.

Der Zulauf, den die Gromadki nach der Amtsverfügung gegen die polnische Sprache verzeichneten, ihr profundes theologisches Wissen sowie ihre Kirchenkritik machten sie zum Ärgernis für Amtskirche und Behörden. Bis 1914 folgte ihnen etwa ein Viertel der masurischen Bevölkerung, weshalb die Laienpriester – mit polizeilicher Unterstützung – auf alle nur denkbare Weise schikaniert wurden: Dorfgendarme wurden angewiesen, Gromadki-Versammlungen aus fadenscheinigen Gründen aufzulösen, und Amtsvorsteher hatten Genehmigungen für das Abhalten von Gebetsstunden zu verweigern. Von amtlicher Seite wurde gegen die Gromadki agitiert, indem man sie als Separatisten und Polenfreunde, wenn nicht gar als Anarchisten oder Sozialdemokraten brandmarkte. Alle diese Vorwürfe entbehrten jeder Grundlage und offenbaren, daß Staat und Kirche sich um die wirklichen Gründe für das Erstarken der Gromadki-Bewegung gar nicht scherten oder diese bewußt verdrängten.

Obwohl die Gromadki sich in ihrer überwältigenden Mehrheit als Teil der Landeskirche verstanden, sahen sowohl das Königsberger Konsistorium als auch die Ortskirche ihre Machtstellung in Masuren in Gefahr. Daß die Amtskirche sich der Konkurrenten schließlich entledigen konnte, ist allein auf den geringen Organisationsgrad der Gromadki zurückzuführen, denen es aufgrund ihres heterogenen theologischen Spektrums nicht gelang, eine übergreifende Plattform gegen die Germanisierungspolitik zu errichten.

Die polnischsprachige Bevölkerung Masurens (in Prozent) [48]

Kreis	korrigierte preußische Volkszählung		offizielle Schul- kinderzählung		polnische Schätzung (E. Romer)
	1890	1905	1906	1911	1910
Johannisburg	78,8	73,0		83,4	77,9
Lötzen	50,8	47,1		70,3	58,9
Lyck	67,7	57,8		79,0	68,9
Oletzko	47,7	36,2		64,2	51,0
Sensburg	63,0	55,4	81,1		67,5
Ortelsburg	78,1	75,2		90,7	82,9
Neidenburg	75,6	71,6	89,5		80,0
Osterode	54,3	45,8	66,7		55,9

Nach dem Hornschen Erlaß wuchs die Zahl der deutschsprachigen Masuren kaum, aber der Anteil der Zweisprachigen erhöhte sich. Indem sie zur Saisonarbeit in andere Regionen zogen, Militärdienst leisteten oder Stellen in der Wirtschaft und in der Verwaltung fanden, wurden die Bindungen der Masuren zum deutschen Kulturkreis mit der Zeit enger. Trotz der Germanisierungsmaßnahmen in Schule, Verwaltung und Kirche behauptete sich bis 1914 eine polnischsprachige Mehrheit. Vor allem in den Grenzkreisen Neidenburg, Ortelsburg, Johannisburg und Lyck blieb die polnische Sprache vorherrschend, ebenso in den südlichen Gegenden der Kreise Sensburg und Lötzen. Der Kreis Oletzko und die nördlichen Kreisteile Sensburgs und Lötzens hingegen wiesen bereits eine deutliche Abnahme der polnischsprachigen Bevölkerung auf. Besonders dramatische Veränderungen verzeichnete die Superintendentur Angerburg, wo 1902 von insgesamt 35 760 Seelen nur noch 1030 polnischsprachige Masuren waren.

Der Anfang vom Ende Preußens: die Germanisierungspolitik

Nach 1870 war nichts mehr, wie es gewesen war. Mit der kleindeutschen Reichsgründung ging ein chauvinistischen Nationalismus einher, der die multiethnischen Traditionen Preußens aus vornationaler Zeit hinwegfegte. Bis in die letzten Gaue des Reiches sollte nur noch die deutsche Zunge zu hören sein. Lieber heute als morgen sollten die Landschaften Masuren und Preußisch Litauen als Teile des alten preußischen Kernlandes vom »Makel« slawisch-polnischer und litauischer Andersartigkeit befreit werden.

Um dem Ideal von einem ethnisch und national homogenen Nationalstaat zu entsprechen, scheuten die Behörden keine Mittel. War die Germanisierungspolitik vor der Reichsgründung noch von einem gewissen Pragmatismus geprägt, herrschte nun eine Rigorosität, die keinen Kompromiß auf dem Weg zum Ziel duldete. Im Gegensatz zum französischen Staatsnationalismus und der vornationalen Raison d'état Preußens dominierte im Deutschen Reich ein Nationalismus, der sich allein an Sprache, Kultur und Herkunft orientierte. Ein Consens communis erklärte die deutsche Sprache und Kultur zur alleingültigen Richtschnur und machte die polnischsprachigen Masuren und preußischen Litauer zu einer Hypothek aus vornationaler Zeit.

Mit der Gründung des Deutschen Ostmarkenvereins (DOMV) im Jahr 1894 verschärften sich die nationalen Töne noch. Das ging so weit, daß man Untertanen fremder Zunge nicht mehr zu dulden bereit war. Überall in den »Ostmarken« witterten konservative Funktionäre eine »polnische Gefahr«. Sie waren so besessen davon, daß die deutsche Seite – DOMV und Regierung verschmolzen hier zu einer Einheit – sich schließlich in einem Abwehrkampf wähnte und die radikalen Maßnahmen als Antwort auf polnische Aggressionen darstellte. Der Kaiser trieb im Verbund mit dem Ostmarkenverein den chauvinistischen Nationalismus auf die Spitze, indem er das nichtdeutsche Antlitz Ostpreußens auszulöschen suchte.

Auf einem gigantischen Fest in der Marienburg verkündete Wilhelm II. als Protektor des evangelischen Preußischen Johanniterordens im Jahre 1902: »Jetzt ist es wieder so weit. Polnischer Übermut will dem Deutschtum zu nahe treten, und ich bin gezwungen, mein Volk aufzurufen zur Wahrung seiner nationalen Güter.«[49] Alles, was slawisch oder litauisch klang, war undeutsch und mußte weichen. Zwar nahm sich die kaiserliche Politik im Vergleich zu den Aktionen nach 1918 und vor allem zu denen des Nationalsozialismus noch moderat aus, aber das nationalistische Feuer, das wenige Jahrzehnte später einen Flächenbrand auslösen sollte, war entfacht. Uralte, regionaltypische Ortsnamen verschwanden nun aus der Amtsschreibung insbesondere Masurens. 1877 erfolgte die Umbenennung von Dziurdziau in Thalheim, Krzywonoggen in Krummfuß und Trzianken in Rohrdorf. Dann fielen nach und nach mit Napiwodda (Grünfließ, 1890), Zimnawodda (Kaltenborn, 1893), Groß Przesdzienk (Groß Dankheim, 1900) und Opalenietz (Flammberg, 1904) schöne Ortsnamen der Germanisierung zum Opfer.

Dennoch erinnerten im äußersten Osten des neuen Reiches selbst im wilhelminischen Nationalismus Orts-, Fluß- und Flurnamen weiterhin an die alten nichtdeutschen Wurzeln. Seltsam muten vor allem die Namen von Ostpreußens Flüssen an: Angerapp, Deime, Pregel, Pissa, Inster, Omulef, Krutinna, Alle und Passarge und der kleineren Wasserläufe wie Dittowa, Auxinne, Delinga, Joduppe, Jodkapis und Skardup. Nahe dem Dorf Kallwen, ungefähr elf Kilometer flußabwärts von Tilsit, teilt sich die Memel in zwei Arme: die Ruß und die Gilge, die sich wiederum in ein breites Deltaflußnetz verästeln, zu denen die Memelmündungsarme Atmath, Skirwieth, Pokallna, Warruß, Tawell und Alte Gilge gehörten.

Es kam aber auch vor, daß prußische, litauische und polnische

Einflüsse zusammen mit der deutschen Amtssprache eine Melange bildeten, die Besucher zum Schmunzeln veranlaßte. Robert Budzinski, gebürtig aus Masuren, hat die landschaftliche Namensvielfalt festgehalten, die wenig später untergehen sollte: »Bei meinen Wanderungen stieß ich wiederholt auf Ortschaften mit nicht sehr bekannten, aber desto klangvolleren Namen, so daß ich oft glaubte, mich in einer verzauberten Landschaft umherzutreiben. So fuhr ich einmal mit der Bahn von Groß-Aschnaggern nach Liegetrocken, Willpischken, Pusperschkallen und Katrinigkeiten, frühstückte in Karkeln, kam über Pissanitzen, Perkuiken, Jucknischken, Kuhdiebs nach Katzenduden, aß in Aschlacken Mittag, verirrte mich dann nach Pudelkeim, Pupinnen, Bammeln, Babbeln und abendbrotete in Pschintschiskowsken, übernachten wollte ich in Karßamupchen ... An dem folgenden Tage lernte ich noch kennen: Plampert, Purtzunsken, Kotzlauken, Mierunsken, Spirokeln, Wannagupchen, Meschkruppchen, Salvarschienen, hörte noch von Spucken, Maulen, Puspern, Plumpern, Schnabbeln, Wabbeln, wurde ohnmächtig und erwachte in Mierodunsken, wo mich der Landjäger von Uschpiauschken hingebracht hatte. Es dauerte lange, bis ich meine Sprache beherrschte, denn meine Zunge drehte sich fortgesetzt im Leibe rum.«[50]

Zu dieser Zeit wurden erstmals Masuren und Litauer, vor allem diejenigen, die als Arbeitsmigranten nach Westfalen zogen, ihrer Namen überdrüssig und beantragten deren Germanisierung. So entstand in der wilhelminischen Ära jene skurrile Mischung, die typisch war für Masuren: »Was den Masuren kennzeichnet, ist in der Hauptsache: seine polnische Abstammung, seine deutsche Schulung, seine slavischen Sitten und Gewohnheiten, seine deutsche Tradition, sein polnischer Familien- und sein deutscher Vorname, seine polnische Sprache und seine deutsche Schrift, das polnische Sprichwort, das deutsche Lied, die slavische Religiösität, die evangelische Konfession.«[51]

Mit der Germanisierungspolitik begann, ausgelöst durch einen deutsch-polnischen Dauerstreit um die ethnische Zugehörigkeit und Muttersprache der Masuren, die Umdeutung der masurischen Geschichte. So operierte die deutsche Statistik bei der Sprachenzählung bewußt mit zweideutigen Kategorien, um den polnischen Ansprüchen die Grundlage zu entziehen. War bisher allein zwischen »Deutsch« und »Polnisch« als Muttersprache unterschieden worden, kam 1890 der Kunsttopos »Masurisch« hinzu. Mit den Kategorien »Deutsch und Polnisch« sowie »Deutsch und Masurisch« war das Chaos dann komplett. Auch wer nur einige Brocken Deutsch verstand, wurde mit Hilfe der neuen Kategorien den deutschen Muttersprachlern zugerechnet. Bei den Sprachenzählungen von 1905 und 1910 hatte das drastische Schwankungen zur Folge. Während man im einen Kreis einen hohen Prozentsatz »masurischsprachiger« Bevölkerung verzeichnete, zählte man im Nachbarkreis nach dem alten Zählsystem nur »polnischsprachige« Masuren.

Für die Masuren selbst blieb dieser Unsinn unverständlich. In ihrem polnischen Dialekt gab es keinen Terminus »Masurisch«, denn man sprach *po polsku*, also polnisch. Deutsche Wissenschaftler, die durchaus nicht der Polonophilie verdächtig waren, haben zwar darauf hingewiesen, daß die Unterteilungen unhaltbar seien, und gefordert, daß man davon absehe, »die Masuren getrennt von den Polen zu behandeln, da sich aus den Ergebnissen der Volkszählung keine Schlüsse ziehen« ließen, aber sie fanden kein Gehör.[52]

Preußisch Litauen und Masuren, die fernen exotischen Regionen des Reiches, um die nun ein Kampf entbrannte, lockten zunehmend Gelehrte an, denen diese östliche Landschaft so fremd war wie ein Kolonialgebiet in Übersee. Wie die sendungsbewußten Afrikaforscher machten sie sich an die Aufgabe, nach ihrem Selbstverständnis Ostpreußen und seine Menschen zu erforschen, in Besitz zu nehmen und zu kultivieren. In der Überzeugung, daß die deutsche Kultur und Sprache von höherem Wert sei als die anderer Länder, reisten Pfarrer und Beamte nach Ostpreußen, entschlossen, das bestätigt zu finden. Erfüllt von ihrer zivilisatorischen Mission und maßlos in ihrer Arroganz brachten die Reisenden der deutschen Öffentlichkeit ein Bild nahe, das Litauer und Masuren tief verletzte. Deren schlechte Eigenschaften führte man auf die nichtdeutsche Abstammung zurück und erklärte damit auch deren vermeintliche Faulheit und den Hang zum Alkoholismus. Albert Weiß brachte 1878/79 eine solche Studie über Masuren und Preußisch Litauen heraus, in der er den undeutschen Lebenswandel des Masuren nachdrücklich unterstrich: »Seine Bedürfnisse sind gering; daher strebt er nur wenig nach Erwerb. Stundenlang steht er am See und schaut dem Fischfange zu, dessen Ertrag ihm nur zu Theil wird, so weit sein eigener Bedarf es erfordert. Auch hat er immer Zeit, den zahlreichen Dorfschenken seinen Tribut darzubringen.«[53]

Welche Opfer der Germanisierungsprozeß forderte, welche Zerstörungen er anrichtete, das hat Ernst Wichert im Vorwort seiner »Litauischen Geschichten« beklagt: »Dieses letzte Kämpfen um die nationale Existenz, dieses schrittweise Verdrängtwerden aus den …

Ein Familienporträt aus der Zeit des Ersten Weltkriegs in Possessern, Kreis Angerburg. Die zutrauliche und um Gediegenheit bemühte Haltung seiner Landsleute hat Robert Budzinski in einem Holzschnitt, den er »Die Eingeborenenfamilie« nannte, trefflich festgehalten.

alten Stammsitzen, dieses Absterben bei an sich noch kräftigem Leibe, dieses sittliche Verderben ..., entbehrt nicht des tragischen Charakters ... Wir brauchen nicht zu den Rothhäuten Nordamerikas zu gehen, um der Dichtung tragischen Stoff dieser Art zuzuführen.«[54]

Polnischsprachige Masuren und preußische Litauer lebten in zwei Kulturen. Da Litauer und Masuren zum Zeitpunkt der Reichsgründung aber über keine ausgeprägte regionale oder nationale Identität verfügten, fiel die Germanisierung um so leichter. Zudem hatten die Deutschen den Vorteil, daß diese Menschen konfessionell den protestantischen Preußen ohnehin näher standen als den katholischen Großlitauern und Polen. In »Jons und Erdme«, einer Erzählung über eine litauischsprachige Familie im Memelland, schildert Hermann Sudermann den schleichenden Assimilierungsprozeß: »Die sind nun schon längst zwei große Mädchen, gehen in die Schule und lernen ein vornehmes Deutsch. Und die Erdme spricht auch nur noch Deutsch mit ihnen, denn sie sollen ja in die weite Welt hinaus, dorthin, wo die Menschen nicht einmal wissen, daß es Litauer gibt.«[55]

Hermann Sudermann (1857–1928) ist heute nahezu vergessen, seine Stücke, die einst Furore machten, werden nicht mehr gespielt, seine Romane, zu denen mit »Frau Sorge« (1887) und »Der Katzensteg« (1889) zwei der populärsten Werke jener Zeit zählen, gelten als Relikte der wenig geliebten Epoche des Naturalismus und werden kaum noch gelesen. Daß Sudermann aber nicht nur für den Naturalismus steht, sondern daß er eine Schlüsselfigur der deutschen Literatur des frühen 20. Jahrhunderts ist, daß bedeutende Autoren der frühen Moderne wie Arno Holz und Arthur Schnitzler bis zu Franz Werfel und Else Lasker-Schüler ihn verehrten und mit ihm korrespondierten, wird viel zuwenig zur Kenntnis genommen.[56]

In den »Litauischen Geschichten«, die in seiner memelländischen Heimat spielen, ergreift Sudermann für die preußischen Litauer Partei. In der Erzählung »Die Reise nach Tilsit« beschreibt er die Bedenken von Indre, die mit ihrem Mann Ansas ein Militärkonzert in Tilsit besuchen will:

»Der Stein in Indres Brust ist nun ganz leicht geworden; kaum zu fühlen ist er. Aber sie hat Zweifel, ob bei einem solchen Vergnügen, das augenscheinlich für die Deutschen bestimmt ist, auch Litauer zugegen sein dürfen – und dazu noch in ihrer Landestracht.

Aber Ansas lacht sie aus. Wer sein Eintrittsgeld bezahlt, ist eingeladen, gleichgültig, ob er ›wokiszkai‹ spricht oder ›lietuwiszkai‹.

Das Militär bot jungen Männern die einmalige Chance, für einige Zeit ihre Heimatdörfer zu verlassen. Stolz kehrten sie dann als Reservisten zurück. Militär und Soldatentum waren feste Bestandteile im Leben der Ostpreußen, weshalb sich Militärdevotionalien großer Beliebtheit erfreuten. In der wilhelminischen Ära waren Fotomontagen – wie diese zur Erinnerung an den Militärdienst im 6. Ostpreußischen Infanterie-Regiment in Tilsit, 1910/12 – sehr verbreitet.

Indre zweifelt noch immer, und nur der Gedanke, daß es ja ein litauisches Dragonerregiment ist, welches die Musiker hergibt, macht ihre Schamhaftigkeit etwas geringer.«[57]

Ein ähnliches ethnisches Interesse, wie es Sudermann gegenüber den preußischen Litauern zeigt, hatten die Brüder Fritz (1858–1939) und Richard Skowronnek (1862–1932) an den Masuren, denn sie waren selbst gebürtige Masuren. Richards erstes Opus »Polska Maria. Masurische Dorfgeschichten« erschien 1888. Zwei Jahre später versuchte er sich mit dem Schauspiel »Im Forsthaus« (1890), in dem er Eindrücke seiner masurischen Kindheit verarbeitete. Ähnlich wie Max Halbes »Jugend« (1893) und Frank Wedekinds »Frühlingserwachen« (1891) wurde das Schauspiel zu einem in ganz Deutschland aufgeführten Erfolg. Beide Brüder feierten ihren eigentlichen Durchbruch mit Romanen, die nach 1918 bei Ullstein und Cotta sowie in Engelhorns Romanbibliothek Auflagen von mehr als einer halben Million Exemplaren erreichten.

Schriftsteller ostpreußischer Herkunft konnten also eine große bürgerliche Leserschaft im wilhelminischen Deutschland gewinnen. Aber diese Literatur, die erstmals ein größeres deutsches Publikum in die ethnischen Besonderheiten Masurens und Preußisch Litauens einführte, stand bereits im Dienst der deutschtumsorientierten Politik. Daß Kultur und Sprache der Litauer dem Untergang geweiht seien, wird noch im 19. Jahrhundert in der deutschsprachigen Literatur über »Litthauen« allgemein beklagt. Bereits Eduard Gisevius setzte sich gegenüber König Friedrich Wilhelm IV. für den Erhalt der litauischen Sprache in Ostpreußen ein mit der Bitte, er möge »den Schwanengesang eines untergehenden Völkchens nicht durch Härte« zum Verstummen bringen.[58] So verwundert es nicht, daß Alexander Horn in seinen »Culturbildern aus Altpreußen« 1886 prophezeite: »Wie die Cultur den Indianer tödtet, so raffte sie die Preußen dahin und wird auch die Litthauer tödten, ihren Hauch verträgt kein Naturvolk.«[59]

Kulturkampf im katholischen Ermland

Ein altes ermländisches Volkslied vermittelt eine klare Unterteilung: deutsch gleich evangelisch, polnisch gleich katholisch. Auch wenn damit ein wesentliches Argument der wilhelminischen Polenpolitik bestätigt wird, entsprach das nicht den Tatsachen, denn polnischsprachig waren im katholischen Ermland nur die südlichen Kreise Allenstein und Rößel, während man in den nordermländischen Kreisen Heilsberg und Braunsberg in Richtung Frisches Haff seit altersher deutsch sprach:

Roz na zawdy ci mózie	(Ein für allemal sage ich dir,
Łuwoż ty po swy głozie,	behalte das stets im Kopf,
Ześ ty Mniemniec, jo Pólka	du bist ein Deutscher, ich eine Polin,
Tyś Luter, jo Rzymnionka.	Du bist ein Luther, ich eine Römerin.)[60]

Was das Lied zur Verteilung der Konfessionen sagt, ist indes zutreffend. Das Ermland empfanden im wilhelminischen Reich viele ultrakonservative Protestanten als »Stachel im Fleisch« Ostpreußens, da es durch die lange Zugehörigkeit zur polnischen Krone den katholischen Glauben im Herzen des evangelischen Ostpreußen bewahrte und regionale Traditionen länger lebendig hielt. Insbesondere die Bischöfe, die einstmals auch die Landesherrschaft innegehabt hatten, sorgten dafür, daß das Ermland bis 1945 eine ganz eigene preußische Tradition pflegte.

Nach Bischof Ignacy Krasicki (1734–1801), der von den Polen bis heute als großer Dichter der Vorromantik verehrt wird, gelangten ausschließlich deutsche Amtsträger auf den ermländischen Bischofsstuhl. Der heftige konfessionelle Antagonismus hielt seit den Tagen der Reformation unverändert an. Erst unter Friedrich Wilhelm IV. wurde die antikatholische preußische Politik vorübergehend zurückgenommen, so daß unter Bischof Joseph Ambrosius Geritz (1783 bis 1867) erstmals Seelsorge in der Diaspora Ostpreußens außerhalb des Hochstifts Ermland möglich wurde. In dieser Zeit entstanden mit Hilfe des 1852 gegründeten Adalbertus-Vereins fünfzehn katholische Seelsorgestationen in ganz Ostpreußen. Die preußisch-protestantischen Beamten blickten allerdings weiterhin argwöhnisch auf die als propolnisch und ultramontanistisch geltende katholische Seelsorge. Der aus dem Rheinland stammende Bischof Philippus Krementz (1819–1899) hat dann das katholische Kirchenwesen Ermlands nach westlichem Muster gründlich modernisiert und es für die politischen und religiösen Herausforderungen der neuen Ära gerüstet.

Die ermländische Variante des Kulturkampfs erwuchs aus dem Braunsberger Schulstreit von 1871. Bischof Krementz hatte auf dem Konzil von 1870 zur kleinen Minderheit derjenigen gehört, die das Unfehlbarkeitsdogma des Papstes ablehnten, sich schließlich aber doch zu dessen Annahme durchrangen. Wesentliche Teile der Braunsberger Professorenschaft und des Bildungsbürgertums wollten auf den päpstlichen Kurs jedoch nicht einschwenken, so daß Bischof Krementz, um der Rebellion Herr zu werden, den Religionslehrer Paul Wollmann und einige andere Braunsberger exkommunizierte. Das löste einen Konflikt mit der säkularen Staatsmacht aus, deren Vertreter die Folgen für die Betroffenen nicht hinnehmen wollten. Der staatliche Anspruch auf uneingeschränkte Kirchenhoheit war jedoch ebenfalls nicht mehr durchzusetzen. So wurde Bischof Krementz wegen Nichtbeachtung der Gesetze vom 11. Mai 1873 zwar mehrmals zu Geldstrafen, jedoch nicht zu Gefängnishaft verurteilt und die angestrebte Amtsenthebung durch Kaiserin Augustas Protektion verhindert. Dennoch mischte der Staat sich zunehmend durch einseitige Förderung der Altkatholiken in die Interna der katholischen Kirche des Ermlands ein. Konkret sah das so aus, daß etwa in Alt Wartenburg, Kreis Allenstein, 1875 die Pfarrkirche geschlossen und versiegelt wurde. Kirchensiegel sowie Kirchenbücher wurden vom Landratsamt beschlagnahmt und erst 1883 dem Ortspfarrer wieder ausgehändigt. Auch willkürliche Maßnahmen wie die Schließung des ermländischen Priesterseminars in Braunsberg (1876–1886) erschütterten das kirchliche Leben und führten dazu, daß Ostpreußens Katholiken sich Reich und Staat zunehmend entfremdeten.

Bischof Krementz kehrte 1885 ins rheinische Köln zurück. Zu seinem Nachfolger wählte das Domkapitel zu Frauenburg 1886 den ermländischen Bauernsohn und Professor für Kirchengeschichte und Kirchenrecht Andreas Thiel. In Reaktion auf den Kulturkampf blühte während seiner Amtszeit das katholische Vereinsleben auf, das so gut wie alle gesellschaftlichen Bereiche umfaßte. Der 1882 gegründete »Ermländische Bauernverein«, der bald Ortsvereine in allen Kirchspielen unterhielt, entfaltete seine religiöse und wirtschaftspolitische Tätigkeit in Form von Genossenschaften und landwirtschaftlichen Schulen. Der Aufschwung des politischen und sozialen Katholizismus schlug sich auch in der vornehmlich für das südliche Ermland mit seiner polnischsprachigen Bevölkerung bestimmten Presse nieder. Viele der Presseorgane, etwa »Nowiny Warmińskie« (1890/91), »Allensteiner Volkszeitung« (1891–1893), »Allensteiner Volksblatt« (1891–1935) und »Warmiak« (1893–1905), gehörten dem Zentrum oder standen dieser Partei zumindest nahe.

Nachdem der Kulturkampf endlich beigelegt war, führte die allmähliche Integration der deutschen Katholiken in die nationalstaatliche Gesellschaft zur Entfremdung von den polnischen Glaubensgenossen. Der polnischsprachige Anteil der Bevölkerung des südlichen Ermland belief sich nach offiziellen preußischen Statistiken 1886 auf 50 Prozent, 1891 auf 44 und 1901 auf 47 Prozent.[61] In den Kreisen Allenstein und Rößel stellten diese Ermländer ein politisches Gewicht dar, das es zu beachten galt, zumal einige von ihnen im nationalen Sinn propolnisch dachten. Infolge der zunehmenden Diskriminierung der polnischsprachigen Ermländer und verstärkt durch den Kulturkampf entstanden polnische Vereine. Die kleine propolnische Minderheit schuf sich 1886 mit der »Gazeta Olsztyńska« ein Sprachrohr, das bis 1939 überdauerte. Bei der Reichstagswahl 1893 erhielt der polnische Kandidat Pfarrer Anton Wolszlegier im ersten Wahlgang im Wahlkreis Allenstein-Rößel die meisten Stimmen. Damit ging der Wahlkreis – ein schwerer Schlag für die deutschsprachigen Katholiken – dem Zentrum kurzzeitig verloren.

Letztlich blieben die propolnischen Ermländer jedoch stets eine Minderheit, auch wenn die Muttergotteserscheinungen von Dietrichswalde ihnen einigen Auftrieb verschafften. Dietrichswalde im Kreis Allenstein entwickelte sich 1877 zu einem Wallfahrtsort der polnischsprachigen Bevölkerung, nachdem dort zwei Kindern die unbefleckte Jungfrau erschienen war und sich ihnen in polnischer Sprache offenbart hatte. Das trug erheblich zur Mystifizierung von Dietrichswalde bei und wies dem Ort eine wichtige Rolle im Kulturkampf zu. Am 8. September 1877 trafen dort fünfzigtausend Pilger ein, was die preußischen Behörden in höchste Alarmbereitschaft versetzte.

Der polnischsprachige Volksdichter Andrzej Samulowski (1840 bis 1928) hat sich zeitlebens dem Wunder von Dietrichswalde gewidmet, dem er eine enge Beziehung zur polnischen Volksseele zuschrieb. So heißt es in »Das erste Lied von der Heiligsten Jungfrau Maria in Dietrichswalde«:

Neben Heiligelinde ist Dietrichswalde bis heute der bekannteste Wallfahrtsort Ostpreußens. Seit 1967 darf das Gnadenbild von Dietrichswalde die päpstlichen Kronen führen, 1970 erhielt die Wallfahrtskapelle von Papst Paul VI. den Ehrentitel »Basilica minor«.

Bald nach Sonnenuntergang
Ein wunderbarer Stern erstrahlte,
Über Ermlands Erde aufgegangen,
Um uns hell zu leuchten.

Diese Nachricht wie ein Wunder
Breitet sich schnell aus im Volk,
Überall hört man die Kunde:
In Ermland gibt es neue Wunder.

Dietrichswalde, glücklich dieses Dorf,
Denn dieser Stern – die Mutter Gottes –
Ist auf dem Ahorn dort erschienen
Den Gläubigen zum Schutze.[62]

Die traditionellen Wallfahrten nach Heiligelinde verbanden deutsche, polnische und litauische Katholiken, erhielten aber an der Wende zum 20. Jahrhundert vor allem Bedeutung für die polnische Volkskultur und Identität. Die demonstrative katholische Frömmigkeit nach der Zeit des Kulturkampfes und die konfessionellen Spannungen, die vor allem nach 1890 im »Ostmarkenkampf« wieder auflebten, haben im »heiligen Ermland« ein Regionalbewußtsein ausgeprägt, das das Jahr 1945 überdauern sollte und sich bis heute in den ermländischen Vertriebenenvereinen, die stark kirchlich geprägt sind, niederschlägt. Das Ermlandlied aus der Zeit des Kulturkampfes, das in mehreren Fassungen überliefert ist, bringt diese regionale Eigenart deutlich zum Ausdruck:

Mein Ermland will ich preisen,
wo ich auch immer bin;
mein Leben soll beweisen,
daß ich Ermländer bin.
Wir bleiben fromm und gut,
bewahren treuen Mut.
Mein Ermland will ich preisen,
wo ich auch immer bin.[63]

»Als Nation dem Untergang geweiht«: die Kuren

Die geologische Eigenart der Kurischen Nehrung hat zu allen Zeiten
Phantasien erblühen lassen. In der baltischen Mythenwelt Litauens
wird ihre Entstehung auf die Riesin Neringa zurückgeführt: »Vor langer Zeit waren die Ostsee und der Fluß Memel noch nicht durch die
schmale Landzunge getrennt, die man heute Nehrung nennt. Wenn
der Meeres- und Windkönig, ein neunköpfiger Drache, über das Wasser dahinbrauste und der Sturm die Wellen hoch auftürmte, versanken
die Fischerkähne im tobenden Wasser. Tief drang das Meer in das
Flußbett der Memel ein, vermischte sich mit ihr und überflutete die
Äcker und Wiesen an den Ufern. Die Not der Menschen, ihre Ohnmacht vor den Naturgewalten dauerte die Riesin Neringa. Mutig
nahm sie den Kampf auf gegen den Drachen und sein Zerstörungs-
werk. Aus ihrer Schürze schüttete sie einen Damm aus Sand auf, der
fortan die Memel von der Ostsee trennte. Die Kurische Nehrung war
entstanden. Die Fischer konnten nun ohne Gefahr für Leib und Leben mit ihren Kähnen hinausfahren in die stille Bucht, über die der
Drache seine Gewalt verloren hatte, und unbeschadet heimkehren
mit ihrem reichen Fang. Nicht länger vermochten die Meereswellen
die Siedlungen der Menschen zu erreichen, die der Landzunge zwischen Meer und Memel aus Dankbarkeit den Namen ihrer Retterin,
Neringa, gaben.«[64]

Obwohl die Bewohner der Nehrung unter dem Schutz der Riesin
Neringa standen, forderten das Meer, das Wetter und die wandernden
Dünen immer wieder Opfer. Das harte Leben hat bei den Nehrungs-
fischern ein Gefühl der schicksalhaften Verbundenheit mit der Natur
entstehen lassen. Die Menschen auf dem schmalen Streifen zwischen
Haff und Meer wußten stets um ihre Gefährdung. Ludwig Rhesa,
geboren 1776 in Karwaiten auf der Kurischen Nehrung, hat seinem
im Sande versunkenen Heimatdorf das Poem »Carwitas Gräber« gewidmet und darin den besonderen Mikrokosmos der Halbinsel eingefangen:

> *Hier deckt ein Berg von flügem Sande*
> *Der hohen Eichen Wipfel zwang,*
> *Der Väter Gruft auf ödem Strande*
> *Wo sonst der Ernte Sichel klang – –*
> *Wo sind die Lieder, die hier klangen?*

Wo ist des Dörfchens Reigentanz?
Wo sind die Hirten, die hier sangen?
Wo ist die Braut im Rosenkranz? – –
Hier steh ich auf dem öden Hügel
Und wein auf meiner Väter Sand,
Wann kommt der Stunde Rosenflügel
Und trägt mich über Meer und Land? [65]

Louis Passarge, der die Kurische Nehrung bereiste, beschrieb die Spuren des versandeten Kirchdorfs Kunzen: »Mitten in der Einsenkung der Dünen, welche nach Osten flacher und flacher werden und sich gleichsam in die Ebene verlaufen, trifft der Reisende auf die bloßgelegten Trümmer des einstigen Dorfes Kunzen. Die Physiognomie eines solchen verwehten Dorfes hat nichts gemein mit den großen Ruinenstätten der Wüsten Mesopotamiens, mit Palmyra oder gar mit dem verschütteten Pompeji. Die Bewohner haben vor dem langsam einbrechenden Verderben nicht blos ihre Habseligkeiten gerettet, sondern auch ihre bedrohten Hütten, die fast alle nur aus Bohlen erbaut und mit Rohr bedeckt waren, abgebrochen und an einer andern Stelle wieder aufgerichtet. So trifft der Wanderer hier nichts weiter an als die Spuren eines einstigen menschlichen Daseins … Gleich hinter der Kirchenstelle im Osten liegt das ganze Sandfeld mit Menschenschädeln und gebleichtem Gebein bedeckt und bezeichnet den einstigen Kirchhof Kunzens. Die Sandwoge, welche das Dorf und die Kirche vernichtet, hat auch den Gottesacker begraben. Aber die Düne ist weiter gewandert, der Wind hat das Leichenfeld aufgewühlt, und nun liegen die traurigen Reste entblößt und treiben mit dem Sturme und dem beizenden Sande.« [66]

In der Abgeschiedenheit der kargen Nehrung konnten die Menschen bis 1945 trotz des zunehmenden Fremdenverkehrs ihre ethnischen Eigenarten bewahren. In den Kuren meinte man die letzten Vertreter des prußischen Volkstums zu erkennen. Auf der Nehrung sprach man Kurisch, einen Dialekt des baltischen Lettisch, um den sich viele Mythen rankten. So berichtet beispielsweise Christoph Hartknoch 1684: »Das Curische Haff hat den Nahmen von dem Curlande … Oder es wird auch das Curische Haff genant, weil es Nordenwärts nach Curland zugehet: oder endlich weil die Leute, die an demselben Haff wohnen, schon der Curischen Sprache sich meistentheils gebrauchen.« [67]

In Wirklichkeit handelte es sich bei den Einheimischen um eingewanderte Letten, deren kurisches Stammgebiet in Kurland an der Rigaer Bucht lag. Die Kuren selbst waren schon 1422 nach dem Frieden vom Melnosee zum großen Teil längs der Küste nach Süden gezogen. Sie kamen bis ins Samland, wo sie sich als Fischer niederließen. Während die Litauer als Bauern in die dünn oder noch gar nicht besiedelten nordöstlichen Wildnisgebiete vordrangen, waren die Kuren auf der Nehrung und an der Küste keine Bauern, sondern Fischer. Das unterscheidet die kurische Einwanderung fundamental von der litauischen Migration nach Preußen. Aus Amtsrechnungen des 17. Jahrhunderts weiß man, daß kurische Fischer durch das Memeler Tief in die Haffregion gelangten, in Memel eine Abgabe für die Ausübung der Fischerei leisteten und wieder heimkehrten. Im Jahr 1541 zahlten nicht weniger als 162 Fischer aus Windau, Kandau und anderen Orten Kurlands den kurischen Fischerzins. Diejenigen, die blieben und seßhaft wurden, haben sich im Laufe der Jahrhunderte assimiliert, nur auf der einsamen Kurischen Nehrung sowie in Teilen des Memellandes gab es bis 1945 noch einige hundert Menschen kurischer Muttersprache. Das Nehrungskurische wird sprachwissenschaftlich als selbständige baltische Sprache betrachtet, die sich unabhängig von ihrem historischen Ursprung in engem Kontakt mit ihren Nachbarsprachen Deutsch und Litauisch entwickelt hat. Richard Pietsch, Chronist und kurischer Muttersprachler, schätzte, daß 139 Familien in Nidden, 45 in Preil, 30 in Perwelk sowie 43 in Schwarzort bei Kriegsende auf der Nehrung noch kurisch sprachen.[68]

Das Interesse der Letten an den Bewohnern der Kurischen Nehrung setzte ein mit dem nationalen Erwachen in Lettland in der zweiten Hälfte des 19. Jahrhunderts.[69] Erstmals konnte man 1878 unter der Überschrift »Latviešu Prūsijā« in der Zeitung »Baltijas Vestnesis« etwas über die Kuren lesen. Lettische Forscher wie der Literaturwissenschaftler und Volkskundler Ludis Berzins, der 1898 einige Zeit auf der Nehrung verbrachte, widmeten sich dem Nehrungskurisch. Der Wert von Berzins' erst 1933 publizierten Erkenntnissen liegt darin, daß die Nehrungskuren und ihre Sprache aus dem Blickwinkel eines Letten betrachtet wurden. Viele Letten hat überrascht, daß sie sich problemlos mit den Bewohnern der Nehrung verständigen konnten, und die Kuren waren davon überzeugt, daß ihre lettischen Gäste »kurisch« sprachen. Ein Niddener, so Berzins, habe sogar gesagt: »Ihr seid dort doch alle dieselben Kuren wie wir.«

Aber es gab zweifellos Eigenarten, die die Menschen auf der Nehrung von ihren Nachbarn unterschieden. So fing man auf der

Nehrung seit altersher Krähen, da die sandigen Dünen kaum Möglichkeiten zur Tierhaltung boten und sonst kaum Fleisch auf den Tisch kam. Besonders eigentümlich und fremd mutete die Tötungsart durch einen Biß in den Kopf an. Gebissene Krähen schmeckten angeblich besser als geschossene, da die Hirnschale beim Biß nur leicht eingedrückt wurde. Der weltbekannte Ornithologe Johannes Thienemann, der die Vogelwarte Rossitten begründete, schrieb dazu in seinen Erinnerungen: »Nun gebe ich ohne weiteres zu, daß es ästhetischere Anblicke gibt als einen Krähen beißenden Nehrungsmenschen, aber diese eigenartige Sitte der Eingeborenen ist doch ein Stückchen Urwüchsigkeit, die der modernen Zeit leider immer mehr verlorengeht und die so recht zu unserer rauhen Kurischen Nehrung paßt.«[70]

Auch die Kurenwimpel auf den Fischerkähnen waren eine Besonderheit und gelangten zu einiger Bekanntheit. Um bereits aus größerer Entfernung erkennen zu können, wer unrechtmäßig fischte, verordnete die königliche Regierung zu Königsberg die Kennzeichnung der Fischereikähne durch Farbtafeln am Mast. Die Verordnung vom 26. Juni 1844 teilte die Farben nach Ortschaften auf. Die Orte an der Ostküste des Haffs führten in ihren Wimpeln die Farben Weiß und Rot, die an der Südküste Blau und Gelb und die Dörfer auf der Kurischen Nehrung die Farben Schwarz und Weiß. Im Laufe der Zeit entwickelte sich mit den Tafeln zur Kennzeichnung ein reger künstlerischer Wettbewerb.

Nach und nach entdeckten immer mehr Menschen die einzigartige Schönheit der Kurischen Nehrung. In der wilhelminischen Zeit kamen regelmäßig Sommergäste, die insbesondere in Nidden und Schwarzort Urlaub machten. Seit den 1890er Jahren zogen Maler der Königsberger Akademie, aus Berlin und Dresden nach Nidden und bildeten beim Gastwirt Blode eine Künstlerkolonie. Zu nennen sind Karl Schmidt-Rottluff (1884–1976, »Sommer«), Ernst Ludwig Kirchner (1880–1938), Lovis Corinth (1858–1915, »Friedhof in Nidden«), Oskar Moll (1875–1947), Ernst Bischoff-Culm (1870–1917) und Ernst Mollenhauer (1892–1963), der Blodes Schwiegersohn wurde. Seit dem Sommer 1909 zählte auch Max Pechstein (1881 bis 1955) zu den Besuchern Niddens, wo während der Sommerurlaube seine Bilder »Sommer in den Dünen«, »Frauen am Strand« sowie »Fischerboote« entstanden. Zu den Malern gesellten sich schließlich die Schriftsteller Thomas Mann und Carl Zuckmayer. Sie alle konnten über die Kurische Nehrung wandern und der Natur ganz nah sein.

Krähen dienten auf der kargen Nehrung als willkommene Ergänzung des Speisezettels. Der Krähenfang mit Netzen und
die Tötung der Vögel durch einen Biß war bei den Kuren noch
bis 1945 verbreitet. Johannes Thienemann, der weltbekannte
Ornithologe der Vogelwarte Rossitten, hat davon berichtet.
Der Forscher zeichnete sich dabei durch kulinarische Aufge-
schlossenheit aus: »Von den Leuten hier werden die Krähen
fast ausschließlich gekocht: ›mit Kumst gekocht‹, und dann
sitzen Vater und Mutter am Tisch und freuen sich über die
Abwechslung im Küchenzettel, der sonst meist Fische und
Kartoffeln aufweist, und die Kleinen drum herum jedes einen
Krähenschinken nagend – ein echtes Nehrungsbild! Was nicht
gleich zur Verwertung gelangt, wird für den Winter ein-
gepökelt, und die Federn wandern in die Betten … Wie
schmecken Krähen? Gut! Man muß nur die Bürzeldrüse ab-
schneiden, während Abziehen der Haut nicht anzuraten ist,
da jeder abgezogene Vogel viel von seinem Werte einbüßt.
Gepökelte Krähen schmecken mir nicht. Früher aßen wir
selbst mehr der Wissenschaft halber Krähen, aber jetzt nach
dem Kriege finden sie sich in jeder Zugzeit mehrmals auf unserer Tafel ein, besonders wenn wir im Ulmenhorst wohnen.«

Die Kurenwimpel an den Fischerbooten, den »Kurenkähnen« oder »Keitelkähnen«, waren kunstvoll geschnitzte Holzwimpel, die farbenfroh den Heimathafen des Bootes von Ferne anzeigten. Einige dieser Kähne, die so typisch für das Kurische Haff waren, liegen hier vor der Hohen Düne bei Nidden. Die gewaltige Sanddüne reicht direkt an das Ufer des Kurischen Haffs heran. Wilhelm von Humboldt schrieb von einer Reise nach Memel an seine Frau Karoline über die Hohe Düne: »Die Kurische Nehrung ist so merkwürdig, daß man sie eigentlich ebensogut als Spanien und Italien gesehen haben muß, wenn einem nicht ein wunderbares Bild in der Seele fehlen soll. Ein schmaler Strich toten Sandes, an dem das Meer unaufhörlich auf einer Seite anwütet, und den an der andern eine ruhige große Wasserfläche, das Haff, bespült. Die ödesten Sandhügel, die schrecklichsten traurigsten Kiefern, die ganze Stunden lang, so weit man sehen kann, bloß aus dem Sande, ohne einen einzigen Grashalm emporwachsen, und nur oben durch die Luft zu leben scheinen, eine Stille und Leere selbst von Vögeln auf dem Lande.«

Hindenburg, der Retter Ostpreußens

Eine deutsche Provinz als Kriegsschauplatz

Als einzige deutsche Provinz erlitt Ostpreußen 1914/15 Krieg, Besatzung, Tod und Verwüstung. Während der Oberpräsident Adolf von Batocki 1915 in Berlin versicherte: »Wir sind stolz darauf, daß es gerade uns vergönnt war, für das Vaterland die größten Opfer an Gut und Blut zu bringen«,[1] breiteten sich an der Grenze im Osten Angst und Entsetzen aus. Von Triumph oder Siegesgewißheit war wenig zu vernehmen, wo der Krieg sprichwörtlich vor der eigenen Haustür lauerte.

Während Deutschland sich noch vorwiegend auf die Front im Westen konzentrierte, hatten bereits unmittelbar nach der Mobilmachung am 1. August 1914 kleinere russische Einheiten die ostpreußischen Grenzen überschritten. Der Dichter Walther Heymann, der als jüdischer Kriegsfreiwilliger 1915 in Frankreich fiel, hat den Schmerz um seine Heimat damals in ein Gedicht gefaßt:

> *Ostpreußen, einsames Land!*
> *Hart in dein karges Schicksal gebannt*
> *Mußt du stumm halten*
> *Gegen Sturmes und Meeres Gewalten.*
> *Du kämpfst am schwersten!*

> *Wann immer es deine Freiheit gilt,*
> *Wir blutwund, wir durch Schmerz gestillt,*
> *Wir Menschen todgewillt:*
> *Stürm auf, mein Land,*
> *Wir sind die Ersten!*[2]

Die Russen planten, Ostpreußen von zwei Seiten her einzukreisen. Von Osten rückte die 1. russische Njemen-Armee unter General Paul Karl von Rennenkampff vor bis zur Alle und Deime östlich von Gumbinnen, während die Narew-Armee unter Alexander Samsonow

Ein russischer Kriegsbilderbogen von 1914 zeigt den »heldenhaften Sieg« des Oberst Komarow bei Eydtkuhnen. Der russische Einmarsch in Ostpreußen brachte auf deutscher Seite die Gemüter zum Überkochen. Nach der verlorenen Schlacht von Gumbinnen gegen die Russen vergaß sich selbst der berühmte Berliner Literaturkritiker Alfred Kerr und reimte:

> *Hunde dringen in das Haus*
> *Peitscht sie raus!*
> *Rächet Insterburg, Gumbinnen*
> *Und vertobackt sie von hinnen …*
> *Dürfen uns nicht unterkriegen*
> *Peitscht sie, daß die Lappen fliegen*
> *Zarendreck, Barbarendreck*
> *Peitscht sie weg! Peitscht sie weg!*

von Süden nahte. Rennenkampffs Streitkräfte sollten die Provinz erobern und beide Armeen sich schließlich in Königsberg vereinigen. Da Ostpreußen weitgehend ungesichert war, hatten die russischen Truppen anfangs leichtes Spiel, große Teile des Südens und Ostens der Provinz zu besetzen. Am 20. August 1914 kam es zur Schlacht bei Gumbinnen, die für die deutsche Seite ein unglückliches Ende nahm: Unter Generalfeldmarschall August von Mackensen mußten die Deutschen sich zurückziehen. Im Reich löste diese Niederlage eine Welle von Haßtiraden aus, in die selbst sonst kluge und besonnene Köpfe einstimmten.

Im südwestlichen Masuren überschritt die Narew-Armee unterdessen ungehindert und in breiter Front die Grenze. Rasch versuchte die deutsche Seite nun, die wenigen dort stationierten Kräfte in Stellung zu bringen. Es gelang der Obersten Heeresleitung, den bereits pensionierten Paul von Hindenburg (1847–1934) noch einmal in die militärische Pflicht als Oberbefehlshaber zu nehmen. Erste größere Abwehrkämpfe fanden am 23. August im Kreis Neidenburg zwischen Orlau, Lahna und Frankenau statt. Nach Auseinandersetzungen im Raum Hohenstein-Tannenberg fielen zahlreiche masurische Städte in die Hände der Russen. Die Ordensstadt Neidenburg befand sich bereits seit dem 22. August unter russischem Kommando. Die »Schreckenstage von Neidenburg« hielt der Neidenburger Bürgermeister Andreas Kuhn damals fest: »Die gleichmäßig brennende Stadt konnte man mit der Hölle auf Erden vergleichen. Die Glut war so groß, daß die schönen Lindenbäume auf dem Bürgersteig verbrannten, und die Menschen es auf dem Bürgersteig vor Hitze nicht aushalten konnten. Der Feuerschein ist etwa 30 Kilometer im Kreise, u. a. auch in Hohenstein von den Neidenburger Flüchtlingen gesehen worden. Die einrückenden russischen Truppen, etwa 20 000 Mann der verschiedensten Waffengattungen und ein unendlich langer Zug von Bagage, Proviant- und Lazarettwagen bewegte sich daher nur mitten auf der Straße ... Insgesamt sind während der Beschießung von den 370 bebauten Grundstücken der Stadt 193 Wohn- und Hinterhäuser, 8 Scheunen, 3 Getreidespeicher, 4 Werkstätten, 1 Fabrikanlage (Maschinenfabrik) und 1 Kirche durch Feuer zerstört worden.«[3]

Vom 26. bis 30. August 1914 fanden dann die Ereignisse statt, die unter dem Oberbegriff »Schlacht von Tannenberg« zusammengefaßt werden. Hindenburg gelang die Umzingelung der Armee Samsonows. Binnen wenigen Tagen wurde die russische Narew-Armee vernichtend geschlagen und das westliche Masuren von russischer Besatzung befreit. Die Schlacht wird in der Militärgeschichte als Sieg der zahlenmäßig unterlegenen Deutschen gerühmt: In den fünf Tagen fielen hundertzwanzigtausend russische Soldaten, neunzigtausend gerieten in deutsche Kriegsgefangenschaft. Auf deutscher Seite waren 13 058 Tote zu beklagen – fürwahr ein hoher Tribut, den die nationalen Eitelkeiten forderten.

Die mörderische Schlacht und das Schicksal der Narew-Armee hat der russische Nobelpreisträger Alexander Solschenizyn in seinem Roman »August Vierzehn« beschrieben. Als sich die vernichtende Niederlage seiner Armee abzeichnete, nahm General Samsonow alle Schuld auf sich und suchte in der Nähe der Försterei Karolinenhof bei Willenberg den Freitod. Solschenizyn hat von den letzten Stunden des Generals in den masurischen Wäldern geschrieben, von Schmach und Schande, die ihn umtrieben, von Wut und Enttäuschung, die er empfand angesichts der Katastrophe, in die seine Armee geraten war:

»Ringsum war es still. Die Stille der Welt, nichts von einer Armeeschlacht. Nur das Wehen des leichten frischen Nachtwindes. Die Gipfel der Bäume rauschten leise. Dieser Wald war nicht feindselig: er war nicht deutsch, nicht russisch, er war Gottes und gewährte jedem Lebewesen Obdach…

Der Himmel bezog sich, ein einziger kleiner Stern war zu sehen. Er verschwand, kam wieder. Samsonow kniete auf den warmen Nadeln und betete – da er nicht wußte, wo Osten war – zu diesem Stern.

Erst die gewohnten Gebete. Dann – wortlos: er kniete, schaute in den Himmel, atmete. Dann stöhnte er auf, ungehemmt, wie jegliche sterbende Kreatur des Waldes.«[4]

Bis heute bezeichnet ein Gedenkstein in deutscher Sprache inmitten der masurischen Heidelandschaft die Stelle, an der Samsonow aus dem Leben schied. Die Deutschen gewährten dem feindlichen General ein militärisches Ehrengeleit und gestatteten seine Überführung nach Rußland.

Kaum war der Pulverdampf im westlichen Masuren verzogen, richtete Hindenburg sein Augenmerk auf die Befreiung der ostmasurischen Kreise Johannisburg, Lyck und Oletzko, die Rennenkampffs Njemen-Armee am 19. August 1914 besetzt hatte. Dabei war es auf dem Land zu zahlreichen Plünderungen und Brandstiftungen gekommen, aber die Besetzung der Stadt Lyck ging reibungslos vonstatten, ebenso die Gumbinnens, wo die Russen am 22. August einmarschierten. Der Gymnasialprofessor Rudolf Müller wurde vom russischen Oberkommandierenden kurzerhand zum Gouverneur von Gumbinnen ernannt. Die russischen Mannschaften gaben kaum Anlaß zur Klage, sondern hielten sich offensichtlich an die Anweisungen General Rennenkampffs, der in einer Bekanntmachung an die Einwohner Ostpreußens versicherte, daß es »der Wille des Kaisers aller Reußen ist, die friedlichen Einwohner zu schonen«.[5]

Knapp einen Monat später, am 12. September 1914, zogen deutsche Truppen in Gumbinnen ein, nachdem sie in der »Schlacht an den Masurischen Seen« vom 8. bis 11. September die Armee Rennenkampffs besiegt hatten. Ganz Ostpreußen wurde von russischer Besatzung befreit. Aber dann beging man im Siegestaumel noch einmal den verhängnisvollen Fehler, die Provinz ohne ausreichenden Schutz zurückzulassen. So gelang es Rennenkampff mit den Resten seiner Njemen-Armee im Oktober 1914 erneut, in die östlichste deutsche Provinz einzudringen. Ein dritter russischer Einmarsch, diesmal unter General Sievers, erfolgte im November 1914. Wiederum drangen die Kräfte von Süden und Osten vor, wiederum war Masuren Kriegsschauplatz. Östlich der Feste Boyen bei Lötzen kam es zum Stellungskrieg. Während der »Masurischen Winterschlacht« vom 7. bis 21. Februar 1915 gelang Hindenburg dann ein weiteres Mal die Befreiung Ostpreußens von russischen Truppen. Auch der Kaiser war vor Ort und beobachtete die Kampfhandlungen in Grabnick, Kreis Lyck. Am 16. Februar wurde er dann in der befreiten Stadt Lyck von den Bewohnern begeistert begrüßt.

Ostpreußen war frei, aber euphorischer Siegestaumel konnte und wollte nicht aufkommen, wie auch, wenn die vor dem Krieg geflohenen ostpreußischen Bauernfamilien bei der Rückkehr in ihre Dörfer die Höfe vollständig niedergebrannt vorfanden? Ernst Wiechert hat die Stimmung dieser Tage in seinem Roman »Die Jerominkinder« eingefangen: »Die Leute in Sowirog haben den Krieg nicht gemacht, und sie fühlen das Ganze nicht als eine Strafe. Sie fühlen es als Gottes schwere Hand, aber sie wissen nicht, weshalb die Hand sich gerade auf die ärmsten Leben legt. Gott hätte wohl Raum genug in der Welt, um seine Hand hinzulegen.«[6]

Die Kampfhandlungen hinterließen eine schwer gezeichnete Landschaft, deren Städte und Dörfer in Trümmern lagen. In Teilen Ostpreußens überstieg die materielle Zerstörung diejenige von 1945. Seit Sommer 1914 befand sich schätzungsweise eine halbe Million Ostpreußen auf der Flucht in Richtung Königsberg. Aber auch dort war niemand sicher. Generalleutnant von Pappritz, seit 1913 Gouverneur der Festung Königsberg, riet den Einwohnern am 18. August

Bekanntmachung.

Allen Einwohnern Ostpreußens.

Gestern den 4. — 17. August überschritt das Kaiserliche Russische Heer die Grenze Preußens und mit dem Deutschen Heere kämpfen es seinen Vormarsch fort.

Der Wille des Kaisers aller Reußen ist, die friedlichen Einwohner zu schonen.

Laut der mir Allerhöchst anvertrauten Vollmacht mache ich folgendes bekannt:

1. Jeder von seiten der Einwohner dem Kaiserlichen Russischen Heere geleistete Widerstand wird schonungslos und ohne Unterschied des Geschlechtes oder des Alters bestraft werden.

2. Orte, in denen auch der kleinste Anschlag auf das Russische Heer verübt wird, oder in denen den Verfügungen desselben Widerstand geleistet wird, werden sofort niedergebrannt.

3. Falls die Einwohner Ostpreußens sich keine feindlichen Handlungen zuschulden kommen lassen, so wird auch der kleinste dem Russischen Heere erwiesene Dienst reichlich bezahlt und belohnt werden; die Ortschaften werden verschont und das Eigentumsrecht wird gewahrt bleiben.

Gezeichnet: **von Rennenkampf,**
General-Adjutant Seiner Kaiserlichen Majestät, General der Kavallerie.

Bescheinigung.

Die russische Militär-Obrigkeit bescheinigt hiermit, daß Herr

Dr. Max Bierfreund

zum Gouverneur der Stadt Insterburg

ernannt worden ist.

Insterburg, 24. August 1914.

General-Adjutant Seiner Kaiserlichen Majestät, General der Kavallerie.

von Rennenkampf.

―――――

An die Einwohner Insterburgs und die Flüchtlinge Ostpreußens!!

Wie ist unsere Lage?

Der Feind ist bis in unsere Stadt vorgedrungen und hält sie bis auf weiteres — unter Umständen bis zur Beendigung des Krieges — mit einem Obersten und einem Regiment dauernd besetzt. Jeder Widerstand gegen die obigen Bestimmungen hat die Ausführung der angedrohten Strafen durch den russischen Ortskommandanten zur unweigerlichen Folge. Außerdem müssen auch dafür die von unserer Bürgerschaft bis zur Beendigung des Krieges als Geißeln für die friedliche Haltung der Zivilbevölkerung zu stellenden 4 Geißeln oder Bürgen für jeden von einer Zivilperson auf das russische Heer verübten Anschlag mit dem Leben büßen. Da diese drei Bürgen von und bis zur Beendigung des Krieges gestellt werden müssen, bestimme ich, daß die 4 Bürgen für die Dauer von 24 Stunden in fortlaufender Reihe sich zur Verfügung stellen. Da die Bürgschaft der drei, sich freiwillig gestellten Bürgern: Stadtrat Kexler, Archekt Laurinat und Oberfehner Ubax mit dem 26. 8. um 10 Uhr abläuft, werden von da ab je drei weitere Bürgen von mir bestimmt werden. Wer meiner schriftlichen Aufforderung zur Uebernahme der Bürgschaftsleistung nicht pünktlich Folge leistet, wird durch die für die Bewachung der Bürgen bestimmte russische Militärwache zwangsweise herbeigestellt.

Ich fordere nun nochmals jedermann auf, sofort jede Art von Schußwaffen auf der Polizeiwache abzuliefern. Wer fortan im Besitze einer Schußwaffe betroffen wird, verfällt unbedingt den oben angedrohten Strafen, das heißt, er wird standrechtlich erschossen.

Ich ermächtige die Hausbesitzer, sofort die von den Mietern verlassenen Wohnungen zu öffnen, unter eigener Verantwortung auf das Vorhandensein von Schußwaffen zu durchsuchen und die gefundenen Waffen zur Polizeiwache zu bringen. Auch herrenlos vorgefundene Waffen, insbesondere etwa aufgefundene deutsche oder russische Militär-Gewehre, sind ebenfalls auf der Polizeiwache abzuliefern.

Außerdem muß ich jeden, etwa gefundene russische militärische Ausrüstungsgegenstände (Munition, Waffen, Achselklappen usw.) sich aneignen, da beim Vorfinden solcher Gegenstände der Besitzer ebenfalls Gefahr läuft, in strengster Weise vom russischen Befehlshaber bestraft zu werden.

Insterburg, 25. August 1914.

Der Gouverneur
Dr. Bierfreund.

1.

4494

Der kaiserlich-russische General von Rennenkampff rief die ostpreußische Bevölkerung nach der Besetzung Insterburgs zu Ruhe und Ordnung auf. Trotz der erheblichen Zerstörungen in der Provinz gelang den russischen Militärs in kurzer Zeit der Aufbau ziviler Verwaltungsstrukturen. Durch das Vordringen der deutschen Truppen blieb die russische Besetzung einiger Teile Ostpreußens 1914 jedoch nur ein kurzes Intermezzo.

1914, die Stadt zu verlassen, sofern sie nicht gebunden oder verpflichtet waren zu bleiben. Wichtige Akten sowie die Regierungshauptkasse wurden nach Danzig verbracht. Für die nach Königsberg strömenden Flüchtlinge richtete der städtische Magistrat Lager im Rollschuhpalast, in der Börse, im Packhof sowie am Wrangelturm ein, die notdürftig fünfzigtausend Menschen beherbergen konnten, bis die Evakuierung in westliche Reichsgebiete möglich war. Allein vom 26. bis 31. August wurden zwölftausend Flüchtlinge mit Kähnen über das Frische Haff nach Danzig gebracht. Viele Transporte gingen nach Pommern und Brandenburg. Hilfe leistete vor allem der vom Stadtverband der Königsberger Frauenvereine geschaffene »Nationale Frauendienst«, der Gemeinschaftsküchen und Flüchtlingsheime einrichtete und bei der Arbeitsvermittlung, der Kohlenverteilung und der Kinderspeisung Unterstützung anbot.[7]

Die Ernte des Jahres 1914 war vernichtet oder von russischen und deutschen Truppen requiriert worden. Zivilisten waren von russischen Soldaten als Spione ermordet, einige tausend nach Sibirien deportiert worden. Allein im Kreis Ortelsburg wurden 130 Einwohner von russischen Soldaten getötet, 200 verschleppt, ganze Dörfer abgebrannt; der Kreis Lyck zählte 133 ermordete Zivilisten, 21 Verwundete und 1204 Verschleppte. Im natangischen Kreis Preußisch Eylau erschossen russische Soldaten am 29. August 1914 in einem Anfall von Hysterie 74 männliche Zivilisten. Eine russische Autopatrouille traf in den unbesetzten Dörfern Abschwangen, Almenhausen und Neu-Waldeck auf ein deutsches Luftschiff und eine deutsche Patrouille. Nach einem kurzen Feuergefecht gerieten die Russen in Panik und schossen wild um sich, wobei viele Gebäude in Brand gerieten und etwa zwanzig Menschen getötet wurden. Am Ende trieben sie 45 Männer aus dem Dorf zusammen und erschossen sie.[8]

Bereits 1914 hat eine Kommission die Kriegsschäden und Verluste ermittelt und das ganze Ausmaß der Katastrophe ans Licht gebracht. Allein für die sieben masurischen Kreise im Regierungsbezirk Allenstein ermittelte sie 277 000 Flüchtlinge, 707 ermordete und 2713 deportierte Zivilisten. Für die Gesamtprovinz belief sich der Sachschaden auf 1,5 Milliarden Mark. Etwa 1500 Zivilisten waren der russischen Besatzung zum Opfer gefallen, wobei die Grenzkreise Ortelsburg, Lyck und Pillkallen an der Spitze standen. Infolge des Verlustes von 135 000 Pferden, 250 000 Kühen und 200 000 Schweinen war die Versorgungslage katastrophal. Obendrein litt Ostpreußen wie das gesamte Reich unter der Mobilmachung, die dem Land die jüngere

Neidenburg wurde 1914 zu großen Teilen zerstört und bot nach der Wiedereroberung ein trauriges Bild. Die Reichsbehörden riefen zur Solidarität mit Ostpreußen auf und starteten ein erfolgreiches Wiederaufbauprogramm. Am 17. Februar 1915 verkündete der Kaiser in Lyck: »Unser schönes Masurenland ist eine Wüste; Unersetzliches ist verloren. Aber ich weiß mich mit jedem Deutschen eins, wenn ich gelobe, daß das, was Menschenkraft vermag, geschehen wird, um neues frisches Leben aus den Ruinen entstehen zu lassen.« Paul von Hindenburg wurde nach der Schlacht von Tannenberg als Befreier Ostpreußens gefeiert. In vielen Wohnzimmern hing das Porträt des greisen Feldherrn, Straßen und Schulen wurden nach ihm benannt. Der Film »Ostpreußen und sein Hindenburg« (1917) wurde im gesamten Reich gezeigt.

männliche Bevölkerung entzog. Waren bis Ende 1914 rund drei- bis vierhunderttausend Männer im Kriegseinsatz, stieg die Zahl bis 1918 auf sechshunderttausend an. Insbesondere in der als Kriegsschauplatz besonders gepeinigten Provinz hatte das enorme Auswirkungen auf das soziale Leben. Die Gesamtzahl der ostpreußischen Gefallenen des Ersten Weltkriegs ist nie ermittelt worden, doch allein die Zahl von mehr als dreihundert Königsberger Studenten der Albertina, die im Kriege gefallen sind, ist erschreckend. Im Wintersemester 1915/16 standen von 1299 Studenten 880 im Heeresdienst, von den übrigen 419 waren die Hälfte Frauen.[9]

Beklagenswert war das Schicksal der vielen Zivildeportierten. Der Johannisburger Superintendent Skierlo und seine Frau wurden verschleppt. Während diese im Mai 1918 zurückkehren konnte, starb der Geistliche in der Gefangenschaft. In Lyck gingen Landrat Peters, Bürgermeister Klein, Superintendent Bury und andere Honoratioren den Weg in die Verbannung. Landrat Peters wurde 1916 gegen einen russischen General ausgetauscht, die anderen Lycker aber mußten bis 1917 in Sibirien ausharren. Besonders traurig war die Deportation des Dorfschullehrers Johann Sczuka aus Popowen, Kreis Lyck, der mit seinen kleinen Töchtern Hildegard und Elisabeth 1914 nach Sibirien verschleppt wurde und erst 1920 zurückkehrte.

Das schwer geschlagene Ostpreußen konnte immerhin auf die Solidarität des Reiches bauen. Viele deutsche Kommunen empfanden es als patriotische Pflicht, beim Wiederaufbau der Provinz zu helfen. West- und mitteldeutsche Städte wie Kreise übernahmen Kriegspatenschaften für Landkreise im zerstörten Ostpreußen. In großangelegten Aktionen bekundete das Reich seine Solidarität mit der notleidenden ostpreußischen Bevölkerung. Die »Ostpreußenhilfe. Verband Deutscher Kriegshilfsvereine für zerstörte ostpreußische Städte und Ortschaften« brachte Millionenbeträge an Spenden auf, die neben den staatlichen Hilfen wesentlich zum Wiederaufbau beitrugen und die Verbundenheit zwischen Ostpreußen und dem Reich stärkten. Die Kriegspatenschaften kamen dort zum Tragen, wo die staatliche Aufbauhilfe nicht ausreichte, vor allem im sozialen Bereich. Beispielsweise übernahmen der Regierungsbezirk Köln und die Stadt Köln die Patenschaft für den Kreis Neidenburg, Frankfurt/Main die für Lötzen, Berlin-Charlottenburg trat für Soldau ein, Berlin-Wilmersdorf und Wien für Ortelsburg, der Regierungsbezirk Oppeln für Lyck, die Provinz Hannover für Rastenburg, der Regierungsbezirk Münster für Heilsberg, Kassel für Stallupönen. Eine Besonderheit stellte die

Neben der staatlichen Aufbauhilfe, die Ostpreußen erhielt,
flossen Spendengelder, die einen nicht unwesentlichen Teil
zur Hilfe beisteuerten, weil es im Deutschen Reich sozusagen
nationale Pflicht von Kommunen und Landkreisen wurde,
Patenschaften für ostpreußische Städte und Kreise zu übernehmen und so den schwer geprüften Landsleuten zur Seite
zu stehen. Die beiden Plakate werben für diese »Ostpreußenhilfe«, wobei Halle die masurische Stadt Bialla unterstützte,
während in Dresden der »Hilfsausschuß für Ostpreußen«
Geld- und Sachspenden sammelte.

Obwohl die Bevölkerung im zerstörten Osten darbte und
große Not litt, wurden seit dem Hungerwinter 1916/17 Groß-
stadtkinder aus West- und Mitteldeutschland in die ländlichen
Regionen Ostpreußens geschickt, weil dort die Versorgung
mit Nahrungsmitteln immer noch besser war als in den
großen Städten. Das Bild zeigt Berliner Schulkinder 1917 vor
der Abreise nach Ostpreußen.

Wiener Patenschaft für Ortelsburg dar, die die Verbundenheit über die Reichsgrenzen hinaus zum Ausdruck bringen sollte.

Der Wiener Bürgermeister Weißkirchner versprach den Ortelsburgern nach Gründung des »Wiener Kriegshilfsvereins für Ortelsburg« am 14. März 1916: »Das Bewußtsein unserer gemeinsamen hehren Sache und der Drang unseres Herzens, das den Bruder auf deutscher Erde zum Bruder ruft, schlingen ein heiliges Band um unsere beiden Städte. Ortelsburg soll auferstehen zu hellerem Glanze wie vordem und ein Wahrzeichen sein deutscher Kunst und Kraft und des herrlichen, in Not und Tod bewährten Gemeinsinnes und ehernen Bundes unserer Länder von der Ostsee bis zur Adria.«[10]

In Bremen entstand ein »Kriegshilfsverein Bremen für Schwirwindt (Ostpreußen) e.V.«. Dessen Satzung nannte als Vereinsaufgaben »Maßnahmen zur besseren Gestaltung des Wohnungswesens, der Stadtanlage und des Stadtbildes unter Berücksichtigung der Bestrebungen des Heimatschutzes« und stellte weiter fest: »So wird im fernen Osten ein neues Städtchen entstehen und frisches Leben schlagen als glänzendes Wahrzeichen echt bremischen Wohltätigkeitssinns und altbewährter hanseatischer Vaterlandsliebe.«[11]

Überall im Reich litt die Bevölkerung im Ersten Weltkrieg zunehmend darunter, daß die Listen der Gefallenen immer länger wurden. In Ostpreußen aber befanden sich die Soldatenfriedhöfe vor der Haustür, hatte der Krieg in der eigenen Heimat gewütet. Jetzt war die Provinz zwar befreit, doch die Einquartierungen deutscher Soldaten blieben eine große Belastung und behinderten den Aufbau enorm. In Ostpreußen wollte man nur noch eines: Frieden. Diesen Wunsch bringt die Kirchspielchronik von Locken, Kreis Osterode, zum Ausdruck: »Wenn unser Kirchspiel auch für die gnädige Bewahrung vor Überflutung durch Feindesmassen – wir haben ja das Donnern von Tannenberg gehört und einige gefangene Russen gesehen – nicht genug danken kann, die Kriegsnot liegt uns in den Gliedern und unsere Seele schreit nach Frieden ... Daß der Friede doch käme. Wie wollten wir jubeln und jauchzen.«[12]

Noch ließ der Friede auf sich warten, noch hungerten selbst die Menschen auf dem Land. Für das wenige Vieh fehlte es an Heu und Stroh, vor allem aber herrschte Mangel an Getreide. Unbarmherzig requirierten Militärkommissionen Roggen, der in Masuren Nahrungsgrundlage für Mensch und Tier war. Roggen war lange Zeit das einzige Getreide, das auf den kargen Böden Masurens halbwegs gedieh, und mußte aus Mangel an Alternativen alle ernähren. Die Requirierungskommissionen scherten sich weder um Bodengüte noch um klimatische Einflüsse. Sie beschlagnahmten, was sie bekommen konnten. Damit die Menschen nicht verhungerten, verbot man schließlich die Getreidefütterung an Tiere, was dazu führte, daß gerade in kleinbäuerlichen Betrieben die Pferde jämmerlich eingingen. Schon am 15. März 1915 wurden Brotkarten eingeführt, am 17. August 1915 der Königsberger Tiergarten wegen Futtermangels geschlossen.[13] Im sogenannten Rübenwinter 1916/17 mußte das deutsche Militär dann mit Waffengewalt bei der Beschlagnahme von Lebensmitteln vorgehen. Noch herrschte Burgfrieden, doch es gab politische Wetterzeichen wie die Königsberger Lebensmittelunruhen im Mai 1917, bei denen Brotläden gestürmt und geplündert wurden. Die Metropole Ostpreußens litt unter der Abschnürung des Seehandels und dem Ausfall des russischen Handelspartners. Auch der Handel mit den neutralen Staaten kam infolge der englischen Blockade allmählich zum Erliegen. Der Königsberger Seehandel sank bis 1917 auf ein Achtel der Einfuhr und ein Zwanzigstel der Ausfuhr von 1913.

In Ostpreußens ethnisch nichtdeutschen Regionen nahm im Laufe des Krieges der Gebrauch der deutschen Sprache zu, da die Möglichkeiten, mit ihr in Kontakt zu kommen, wuchsen. In den Schützengräben der Ost- und Westfront schlossen masurische und litauische Männer mit Deutschen Kameradschaft. Aber auch die Einquartierungen und die Evakuierung von Masuren und preußischen Litauern in deutschsprachige Regionen förderten diese Entwicklung. Alle Faktoren zusammen beschleunigten den Vormarsch der deutschen Sprache und die Assimilation. In Ostpreußen, das erst seit 1871 zum Deutschen Reich gehörte, wuchs das Gefühl, Teil der deutschen Nation und in Freud und Leid mit dem Schicksal des Reiches verbunden zu sein. Letzte Reste des vornationalen preußischen Bewußtseins schwanden dahin und machten einem gesamtdeutschen Patriotismus Platz. Der zügige Wiederaufbau, finanziert durch die Reichsregierung und private Spender, hat viel dazu beigetragen. Überall wichen nun die alten Holzhäuser modernen Massivbauten, neue Technik hielt Einzug. Ostpreußen, dem zu Beginn des Krieges viel Leid widerfahren war, weil das Reich es versäumt hatte, diese östliche Flanke ausreichend zu sichern, empfand sich in der Schuld Deutschlands, je mehr der Wiederaufbau voranschritt. Begeistert feierte das Grenzland den Helden von Tannenberg, Paul von Hindenburg, den Retter der Heimat. Ostpreußens Schicksal war untrennbar mit dem deutschen verbunden, ja, es war deutsch geworden.

Tannenberg

Tannenberg – der Name eines kleinen Dorfes im Kreis Osterode war spätestens seit den Augusttagen 1914 nicht nur für historisch Bewanderte, die von der Schlacht des Mittelalters 1410 Kenntnis hatten, sondern für jeden Deutschen ein Begriff. Der Name drang in jeden Winkel Deutschlands vor, ganz besonders tief aber in das Bewußtsein der Ostpreußen. Die Schlacht von Tannenberg war eine der wenigen militärischen Erfolgsgeschichten Deutschlands im Ersten Weltkrieg.

Als sich im August 1914 abzeichnete, daß eine Entscheidungsschlacht in der Nähe des Kriegsschauplatzes von 1410 stattfinden könnte, propagierte man das schon früh als Revanche für 1410 und als »deutschen Sieg über die Slawen«, von der bereits die wilhelminische »Ostmarkenpolitik« getönt hatte. General Ludendorff schrieb am 28. August 1914 in sein Kriegstagebuch: »Das Oberkommando verlegte am 28.8. früh seine Gefechts-Befehlsstelle nach Frögenau, westlich Tannenberg, ich war dagegen, weil ich zu abergläubisch war. Später schlug ich vor, daß die Schlacht den Namen Tannenberg bekommen soll, als Sühne für jene Schlacht von 1410.«[14]

Der Sieg von 1914 lieferte die ideologische Vorgabe, polnische Ansprüche auf Ostpreußen abzuwehren. Auf dem Platz, auf dem sich später das Tannenberg-Denkmal erheben sollte, fand bereits 1919 eine Tannenberg-Feier statt, die, von den Heimatvereinen als antipolnische Aktion organisiert, im Zuge der Abstimmungspropaganda dem deutschen Sieg im Osten galt. Im selben Jahr kam es zur Gründung des Vereins für ein Tannenberg-Nationaldenkmal. Nach dem Abstimmungssieg in Masuren und Ermland interpretierte die nationale Rechte Tannenberg und die Volksabstimmung vom 11. Juli 1920 als zwei entscheidende Siege über polnische Ansprüche. Damit stand Masuren für den Durchhaltewillen Deutschlands. Die Nationalsozialisten übernahmen 1935 diese Gleichsetzung der deutschen Erfolge von 1914 und 1920: »Denn kümmerte man sich einst nicht viel um diese Provinz, da sie doch so weit, fast hinter Polen, lag, so wurde sie, seitdem der weiße Adler sie vom Mutterlande trennt und die Slavenflut rings um die Grenzen dieses deutschen Bollwerks im Osten brandet, lieb und teuer. Wir sahen hier, wie oft im Leben, daß erst, wenn ein Besitz in Gefahr gerät, sein voller Wert erkannt zu werden pflegt.«[15]

Neben dem Tannenberg-Mythos entstand ein Mythos um Hindenburg, der in keiner anderen Provinz des Reiches so viele Anhänger fand wie in Ostpreußen. Nach der Abdankung des Kaisers übernahm Hindenburg die Funktion eines Ersatzmonarchen und Landesfürsten, die auf seiner militärischen Leistung als »Retter Ostpreußens« gründete. Mit diesem Kult gelang es den monarchistisch-antidemokratischen Kräften, in Ostpreußen die Lage zu ihren Gunsten zu beeinflussen und die Abneigung gegen die Weimarer Republik zu verfestigen.

Hindenburg war als Sieger von Tannenberg omnipräsent. Die ostpreußische Bevölkerung, vor allem die in den 1914 besetzten Landesteilen, brachte ihm Anerkennung und Respekt, vielfach sogar tiefe patriarchalische Verehrung entgegen. Sein Porträt schmückte so manches ostpreußische Wohnzimmer. Er wurde Ehrenbürger Königsbergs und Ehrendoktor aller vier Fakultäten der Albertina. Allein in Königsberg trugen die Bahnstraße auf den Hufen, die Steindammer Realschule sowie die »Krüppelheilanstalt am Stadtgarten« seinen Namen. Seine Popularität hat man auch bewußt im Vorfeld der Volksabstimmung eingesetzt, um die deutsche Sache zu stärken. Überall wurde seine Grußadresse an die ostpreußischen Abstimmungsberechtigten zitiert: »Ostpreußen, ich habe Euch einst befreit, und ich weiß, Ihr werdet das Vaterland und damit mich jetzt nicht im Stich lassen. Das wäre nicht Preußenart!«[16]

Zur Mystifizierung Hindenburgs haben die ostpreußischen national-konservativen Medien entscheidend beigetragen. Erschien der »Retter Ostpreußens« sogar persönlich, mobilisierte er die Massen. Für ihn war es selbstverständlich, der Grundsteinlegung für das Tannenberg-Denkmal am 31. August 1924, genau zehn Jahre nach der Schlacht, beizuwohnen. An dieser Feier dürften zwischen fünfzig und sechzigtausend Menschen teilgenommen haben, unter ihnen zahlreiche Tannenberg-Veteranen sowie Mackensen, Ludendorff und Oberpräsident Siehr. Der Sieger von Tannenberg sollte nun helfen, die »Sklavenketten« der »Unterdrückung« zu sprengen. Alle Parteien von Weimar wünschten – je nach politischer Gesinnung freilich in unterschiedlicher Entschiedenheit – Revisionen des Versailler Vertrages, doch die nationalistische Rechte ging weit darüber hinaus, und so mußten Vertreter der SPD-geführten preußischen Landesregierung bei der Feier mit anhören, wie der ehemalige Divisions- und Königsberger Dompfarrer Hermann Willigmann den Wunsch nach Aufhebung demokratischer Strukturen äußerte: »Er [Gott, A.K.] will, daß unser Volk erstarkt durch Geist und Schmerz und dann groß und herrlich wird. Der Mann wird uns erstehen, der die Sklavenketten zerbricht und uns die Freiheit wiedergibt.«[17]

Als das Denkmal am 18. September 1927 eingeweiht wurde, nahm Hindenburg als Reichspräsident an der Feier teil. In seiner Ansprache wechselte er jedoch wieder in die Rolle des »Retters von Ostpreußen«, der lediglich das Vaterland verteidigt hatte und – wie das Land – keine Schuld am Krieg trug: »Nicht Neid, Haß und Eroberungslust gaben uns die Waffen in die Hand. Der Krieg war uns vielmehr das äußerste, mit den schwersten Opfern des ganzen Volkes verbundene Mittel der Selbstbehauptung einer Welt von Feinden gegenüber. Reinen Herzens sind wir zur Verteidigung des Vaterlandes ausgezogen und mit reinen Händen hat das deutsche Volk das Schwert geführt.«[18]

Mit dem Hindenburg-Kult gelang es den antirepublikanischen Kräften, die staatlichen Proteste gegen die nationalistischen Attacken zu relativieren, da sich selbst die SPD aus taktischen Gründen nicht gegen den »Retter Hindenburg« stellen konnte. Immer wieder wurde von den konservativ-nationalen Blättern die »Dankesschuld« der Ostpreußen gegenüber Hindenburg zum Ausdruck gebracht. In dem Bewußtsein, die Mehrheit der Bevölkerung hinter sich zu haben, provozierte die Deutschnationale Volkspartei (DNVP) im Verein mit den Grenz- und Heimatverbänden die Regierung, indem sie gewaltige Aufmärsche veranstaltete, die gegen die bestehende Ordnung gerichtet waren und die innenpolitische Lage weiter destabilisierten. So machten die monarchistisch-antirepublikanischen Kräfte beispielsweise den Hindenburg-Besuch in Königsberg 1922, gegen den die SPD und pazifistische Gruppen vergebens protestierten, zu einer Siegesfeier. Hindenburg nahm eine Truppenparade ab und grüßte die ostpreußische Bevölkerung in landesväterlicher Manier als Sieger von Tannenberg. Die politischen Konturen verschwammen dabei, und es war kaum möglich, gegen den als Patriarchen agierenden Hindenburg etwas vorzubringen, da er offiziell nur als pensionierter General auftrat, und so äußerte man sich verbindlich: »Wir hoffen, daß der Generalfeldmarschall aus Ostpreußen und namentlich aus Königsberg die Gewißheit mit sich nimmt, daß Ostpreußen treu zu ihm steht und daß die Provinz und namentlich ihre Jugend sich die treue Pflichterfüllung, die schlichte Einfachheit und die deutsche Gesinnung Hindenburgs zum Vorbild nehmen werden. Hindenburg kann überzeugt sein, daß, wenn dereinst die Stunde kommt, Ostpreußen seine Pflicht tun wird.«[19]

Gegen Ende der Weimarer Zeit wurde auch in Ostpreußen die

politische Stimmung radikaler. Neben den schweren wirtschaftlichen Problemen, vor allem in der Landwirtschaft, beherrschte die systematisch geschürte Angst vor einem polnischen Einmarsch die Gemüter. Ende der zwanziger Jahre vollzog sich schleichend der politische Wandel von der monarchistisch-konservativen DNVP zur NSDAP. Die Verehrung für Hindenburg hinderte die Mehrheit der Ostpreußen nicht, sich Anfang der dreißiger Jahre den Nationalsozialisten zuzuwenden. Die Abkehr der obrigkeitstreuen Ostpreußen von ihrem Landesvater Hindenburg offenbart die Ausmaße der sozialen und wirtschaftlichen Krise. Selbst der Retter der Heimat vermochte die konservativen Ostpreußen spätestens seit der Paraphierung des Young-Plans nicht mehr an sich zu binden. Dem ostelbischen Junker wurde vorgeworfen, politisch machtlos zu sein und die ostpreußische Landwirtschaft verraten zu haben. Auf einer Tagung der Landwirtschaftskammer Ostpreußen im Dezember 1931 prophezeite die NS-Fraktion sogar, daß Tannenberg angesichts der katastrophalen Lage der Landwirtschaft nun nachträglich verlorengehe, »da Tausende von Bauern und Arbeitern unter seiner Präsidentschaft ihre Heimat auf ewig verloren« hätten.[20] Ostpreußen, vor allem Masuren, wo Tannenberg so große Bedeutung beigemessen wurde, wandte sich der NSDAP zu mit Wahlergebnissen, die im gesamten Deutschen Reich ihresgleichen suchten.

Als Hindenburg am 2. August 1934 starb, war die Trauer dennoch groß. Die »Ortelsburger Zeitung« – auf der Titelseite mit schwarzem Trauerrand – verabschiedete den »Vater des Vaterlandes«, das »Denkmal der Treue, Glauben und Allmacht«, den »Fels in der Brandung«. Ein letztes Mal entfaltete sich der Hindenburg-Kult. Während der Überführung des Reichspräsidenten von Gut Neudeck nach Tannenberg nahmen die Ostpreußen Abschied in großer Zahl und mit überwältigender Anteilnahme, wie der Zeitung zu entnehmen ist: »Es beginnt die Fahrt durch den flammenden Weg, an dem das Volk Ostpreußens Abschied nimmt von seinem Generalfeldmarschall ... Die Straße ist mit Tannengrün bestreut, mit weißem Sand und mit Blumen ... An der Straße ein einzigartiges und unendliches Spalier der Menschen ... In Dt. Eylau grüßen von allen Häusern schwarz verhängte Fahnen, Trauergirlanden sind über die Straßen gezogen.«[21]

Entgegen dem Wunsch des Verstorbenen nach einem stillen Begräbnis in Hannover entschied sich der Sohn Oskar, ein NS-Sympathisant, für das als gigantische Propagandaschau inszenierte Begräbnis am 7. August 1934 in Tannenberg, bei dem Hitler sich die Vereh-

Tannenberg-Nationaldenkmal Orig. Fliegeraufnahme

Das bombastische Tannenberg-Nationaldenkmal, das auf dem
Schlachtfeld von 1914 errichtet wurde, war in unmittelbarer
Nähe zur polnischen Grenze durchaus auch als Provokation
gedacht. An diesen einzigen Erfolg der deutschen Seite
knüpfte sich zugleich die Hoffnung, mit dem Geist von Tannenberg auch die Grenzen von Versailles im Osten revidieren
zu können. Am 2. Oktober 1935 fand hier in Anwesenheit
Hitlers die Trauerfeier für Reichspräsident Paul von Hindenburg am neuerrichteten »Reichsehrenmal« statt. Hindenburgs
Sarg wurde 1945 evakuiert und in die Elisabethkirche nach
Marburg verbracht, wo die Gebeine des »Retters von Ostpreußen« bis heute ruhen.

rung für den Reichspräsidenten zunutze machte. Hier in Tannenberg präsentierte er sich als neuer »Retter Ostpreußens«.

Hitlers Reisen durch die Provinz hatten stets mit einem Besuch Tannenbergs begonnen, auch als er am Vorabend des zweiten Wahlgangs für die Reichspräsidentenwahl 1932 dort eintraf. Seit 1929 kam der NSDAP-Gauleiter Erich Koch regelmäßig zum Denkmal, und auch lokale NS-Gruppen knüpften an Tannenberg an. Das Mitgliedsblatt der Osteroder Parteiorganisation etwa nannte sich in diesem Sinne »NS Tannenberg-Warte«.

Im Gegensatz zu dem bereits entrückten Hindenburg präsentierte Hitler sich als dynamische und zugleich an alten Werten orientierte Autoritätsperson. Die NSDAP feierte ihn als neuen Führer, durch den »Ostpreußen erneut zum deutschen Heiligtum geworden« sei.[22] Er war es, der den Geist von Tannenberg aus dem »Dornröschenschlaf« zu neuem Leben erwecken sollte. Als am 2. Oktober 1935, dem Geburtstag Hindenburgs, der verstorbene Reichspräsident in dem neuerrichteten Gruftturm beigesetzt wurde, geschah das in Anwesenheit Hitlers, der bei dieser Gelegenheit Tannenberg zum »Reichsehrenmal« erhob. Der Mythos vom »Retter Ostpreußens« und Hindenburgs starker Rückhalt in der Bevölkerung offenbarten, daß in Ostpreußen keine demokratische Tradition vorhanden war, an die man hätte anknüpfen können, um die Weimarer Republik zu retten. Der NSDAP hingegen verlieh der antidemokratische Tannenberg-Mythos Auftrieb, erst recht, nachdem Hitler in die Rolle des »Retters« von Ostpreußen geschlüpft war.

Der bereits unmittelbar nach Fertigstellung des Denkmals einsetzende Tannenberg-Tourismus lief zu dieser Zeit bereits auf Hochtouren. Nicht nur Ostpreußen pilgerten in den dreißiger Jahren zu dem Denkmal, ein Tannenberg-Besuch war auch fester Bestandteil der »nationalpolitischen« Schulung. Die vielen Gruppen des BDM, der HJ, der NS-Frauenschaft sowie der Kriegervereine und zahlreiche Schulklassen ließen den Besucherstrom derartig anschwellen, daß sich die Stadt Hohenstein zusammen mit dem Provinzialverband Ostpreußen entschloß, eine »Verkehrsgesellschaft Tannenberg m.b.H« zu gründen, die das Gasthaus »Tannenbergkrug« sowie eine Jugendherberge mit 226 Betten unterhielt. Lokalzeitungen boten verschiedene Tannenberg-Souvenirs an, und ostpreußische Städte warben mit den Schauplätzen des Weltkriegs um Touristen. Lötzen etwa hatte neben der Landschaft die Feste Boyen und die Vaterländische Gedenkhalle zu bieten. Die Reichsbahn unterstützte diese Fremdenverkehrswer-

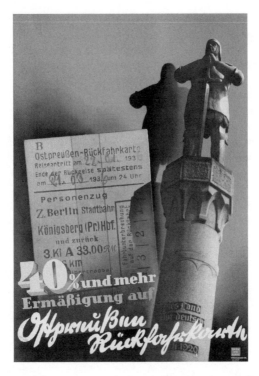

Dieses Plakat von 1936 wirbt für ermäßigte Reisen nach Ostpreußen. Dabei ging es in erster Linie um die Erfüllung einer
nationalen Pflicht. Man reiste zu den Kriegsschauplätzen und
vor allem zum »Reichsehrenmal«, wo man dem Geist von
Tannenberg huldigte. Ein Reiseführer von 1936 führte aus, daß
»die Weltgeschichte in gigantischem Wirken dem ostpreußischen Süden ein völlig neues Gepräge gegeben hat ...Darf
doch der zum Herzen unseres Vaterlandes gerichtete Ruf,
Masuren zu besuchen, heute nicht mehr allein mit dessen ein-
zigartiger Schönheit und sonderbarer Eigenart begründet werden, – sondern muß doch der Ruf erschallen, weil das deut-
scheste Land der Wälder und Seen Grabstätte großartigsten
deutschen Heldentums wichtigstes deutsches Wallfahrtsziel
werden muß. Wer heute im dunklen Wald an den Grabstätten
der Tannenberg-Helden träumt, der wird in wunderbarem
Ahnen dessen gewiß, daß in unbewußter Schönheit die Geschichte dieser Weihestätten das deutsche ›Dornröschenhei-
ligtum‹ sorglichst behütet.«

bung, indem sie Sondertarife für Rundreisen anbot, die Tannenberg einschlossen.

Tannenberg sollte 1944/45 noch einmal eine fatale Rolle spielen. In der ostpreußischen Bevölkerung war die Erinnerung an den Sieg im August 1914 stets wachgehalten worden. Damals hatte sie Flucht und Zerstörung erlebt, doch dank des »Retters« rasch in die befreite Heimat zurückkehren können. Diese Erinnerungen verleiteten sie im Winter 1944/45, als sowjetische Truppen die ostpreußischen Grenzen überschritten, zu verhängnisvollen Fehlentscheidungen. Insbesondere alte Menschen, die den Ersten Weltkrieg bewußt erlebt hatten, weigerten sich nun, die Heimat zu verlassen mit der Begründung, es würde so werden wie 1914: eine kurze russische Besatzung, aber dann die Befreiung durch deutsche Truppen. Der Geist von Tannenberg hielt viele von der Flucht ab. Die Folgen sind bekannt: 1945 blieb der Retter aus.

Ein Mythos und seine nationale Weihe

Abstimmungen und Memelfrage

»Die Russen fielen ein und verheerten weite Strecken Ostpreußens ...
Mit einem Schlage stand Ostpreußen im Brennpunkt weltgeschichtlichen Geschehens und erfüllte Deutschland gegenüber seine Pflicht.
Der Sieg von Tannenberg brachte es in aller Munde, und seine obdachlosen Flüchtlinge erfuhren eine offene Aufnahme im Reich. Der
Wiederaufbau des befreiten Landes fand freudigen Widerhall in ganz
Deutschland ... Neues Leben blühte aus den ostpreußischen Ruinen.
Aber ... der Weltkrieg fand einen furchtbaren Abschluß. Mit voller
Wucht trafen Ostpreußen die Bestimmungen des Schandfriedens von
Versailles. Abermals trennt ein polnischer Korridor die Ostmark vom
Reich. Von Ostpreußens lebendigem Leib wurden das Memelgebiet
und das Soldauer Land nach mehr als 600-jähriger Zusammengehörigkeit abgetrennt, zum Hohn auf das Selbstbestimmungsrecht der
Völker.«[1]

Wilhelm von Gayls Klage wurde nach dem Ersten Weltkrieg über
alle Parteigrenzen hinweg geführt. Kaum war der Pulverdampf verflogen, zogen mit den Friedensverhandlungen nämlich neue dunkle Wolken am weiten Himmel Ostpreußens auf. Es kam die Zeit der nationalistischen Matadore, denn überall an Deutschlands Grenzen tobten
Auseinandersetzungen um die nationale und ethnische Zugehörigkeit
umstrittener Territorien. Die Parteien der Weimarer Republik waren
sich in einem einig: Sie lehnten den Versailler Vertrag in aller Schärfe
als Diktatfrieden ab. Der ostpreußische Sozialdemokrat, Preußens
Ministerpräsident Otto Braun, äußerte am 21. Mai 1919 im masurischen Lyck: »Noch nie ist in der Weltgeschichte ein so schamloser Betrug an einem Volke verübt worden wie hier! ... Die preußische Staatsregierung und die deutsche Reichsregierung haben sich im Einvernehmen mit der Gesamtheit der Volksvertreter auf den Standpunkt
gestellt, daß dieser Vertrag dazu angetan und bestimmt ist, das deutsche Volk in dauernde Sklaverei zu führen, und daß er daher für uns
vollständig unannehmbar ist und nicht unterzeichnet werden darf!«[2]

Insbesondere die Gebietsabtretungen wurden als ungerecht empfunden. Dazu sagte der Pazifist und erklärte Weltkriegsgegner Hugo Haase am 12. Mai 1919: »Als Ostpreuße weise ich besonders auf die Vergewaltigung hin, die der Bevölkerung dieser Provinz zugedacht worden ist ... Fast 40 Jahre hindurch habe ich mit den Bewohnern jenes Gebiets, das jetzt vom Deutschen Reich losgerissen werden soll, nie an eine Trennung gedacht, niemals die Vereinigung mit einem anderen Volke gewünscht, sie wird einfach durch einen Gewaltakt wie eine leblose Masse an einen anderen Staat verschoben.«[3]

Die ostpreußische KPD erklärte noch auf ihrem Bezirksparteitag 1927 zur »Struktur und besonderen Lage Ostpreußens«: »Die Kommunisten vertreten das Selbstbestimmungsrecht der einzelnen Nationen bis zur Loslösung. Es ist jedoch bei dieser Stellung klar, daß Polen nie damit rechnen kann, auf der Grundlage des Selbstbestimmungsrechtes Ostpreußen zu erlangen. Die verschwindenden polnischen Minderheiten in der ostpreußischen Bevölkerung werden nie eine Eingliederung Ostpreußens auf der Grundlage des Selbstbestimmungsrechtes ermöglichen.«[4]

Von der Neuordnung der ostmitteleuropäischen Landkarte nach dem Krieg profitierten Polen und Litauen. Roman Dmowski, der polnische Delegationsleiter in Versailles, weitete während der Verhandlungen Polens territoriale Ambitionen noch über alte historische Ansprüche hinaus aus und forderte den Anschluß der »ethnisch« polnischen Grenzgebiete des Deutschen Reiches an die Zweite Republik. Damit vertrat er eine alte Forderung der polnischen Nationaldemokratie, deren Stammwählerschaft vor allem in den ehemals preußischen Teilungsgebieten beheimatet war. Nach deren Überzeugung bestanden Ansprüche nicht nur auf Oberschlesien, sondern auch auf das beim Reich verbliebene Westpreußen (Bezirk Marienwerder), auf das südliche Ermland sowie auf Masuren. Mit diesen Forderungen überspannte die polnische Delegation den Bogen jedoch und stieß selbst bei ihren alliierten Bündnispartnern auf Widerstand. Während Posen und der Großteil Westpreußens ohne Wenn und Aber Polen zugesprochen wurden und die Zweite Republik damit einen freien Zugang zur Ostsee erhielt, sah der Versailler Vertrag vom 28. Juni 1919 für die umstrittenen Grenzgebiete in Ostpreußen Volksabstimmungen vor. Nur die vier östlich von Weichsel und Nogat gelegenen ehemaligen Kreise Westpreußens sowie der Stadt- und Landkreis Elbing wurden als neuer Regierungsbezirk Westpreußen der Provinz Ostpreußen eingegliedert. Die deutsche Seite begehrte gegen die polnischen Forderungen lauthals auf, doch im Grunde war die Festsetzung einer Abstimmung auf den 11. Juli 1920 eine Niederlage der polnischen Delegation, die Masuren und das südliche Ermland ohne plebiszitäre Entscheidung mit dem polnischen »Mutterland« hatte vereinigen wollen.

Beide Seiten hatten bis zuletzt versucht, die Delegierten am Versailler Konferenztisch in ihrem Sinne zu beeinflussen. Einer der polnischen Hauptakteure war der Warschauer Generalsuperintendent der Evangelisch-Augsburgischen Kirche, Julius Bursche, der sich von der Vereinigung Masurens mit Polen einen Zugewinn an evangelischer Bevölkerung polnischer Zunge erhoffte, was seiner polnisch-protestantischen Missionsidee förderlich gewesen wäre. Eindringlich appellierte Bursche an die Masuren, ihre polnischen Wurzeln zu entdecken und sich durch ein propolnisches Votum von der preußischen »Zwangsherrschaft« zu befreien. Bekannt wurde sein Aufruf »Masurische Brüder« (Bracia Mazurzy) vom April 1919: »Masurische Brüder! Jahrhunderte lang ward ihr fremder Übermacht unterworfen. Die Macht herrschte bei euch vor dem Recht. Der Preuße hat euch gewissenlos seinen Willen aufgezwungen, seine Sitte, seine Schulen und Ämter, seine deutsche Sprache. Gottes Mühlen mahlen langsam, aber gerecht. Den grimmigen Preußen, der eure Gewissen vergewaltigt hat, hat der große Weltkrieg zu Boden geworfen. Das Ende eurer langen Leiden naht. Ihr sollt euch nunmehr mit dem geliebten Polen vereinen, aus dem eure Vorfahren kamen, mit dem euch eine gemeinsame Sprache und gemeinsame Bräuche verbinden.«[5]

Während Polen sich als Land der Verheißung darstellte, setzten die Deutschen auf Werte wie Treue, Erdverbundenheit, Vaterland und Heimat. Obwohl die deutsche Seite sich des Sieges gewiß sein konnte, errichtete sie eine Propagandaplattform, die ihresgleichen suchte. Mit 144 447 Unterschriften im Gepäck reiste der Johannisburger Superintendent Paul Hensel im März 1919 nach Paris, um gegen die Abtretung des südlichen Ostpreußen zu protestieren. Am 30. März 1919 formierte sich der »Ostdeutsche Heimatdienst« (OHD) als Dachverband der deutschen Abstimmungspropaganda. Sein Netz von Vertrauensleuten garantierte ihm Omnipräsenz im Abstimmungsgebiet. Zusammen mit der eigens gegründeten Massenbewegung »Masuren- und Ermländerbund« zählten die deutschen Verbände im Abstimmungsgebiet Allenstein etwa zweihundertzwanzigtausend Mitglieder.

Am 28. Juni 1919 standen die Abstimmungsbezirke fest. Zum Allensteiner Abstimmungsgebiet gehörten neben sämtlichen masurischen Kreisen die beiden südermländischen Landkreise Allenstein (Stadt und Land) und Rößel mit einer Gesamtfläche von 12 395 Quadratkilometern und 558 000 Einwohnern. Artikel 28 des Vertrages sah allerdings vor, am 10. Januar 1920 den südlichen Kreis Neidenburg – das Soldauer Land – ohne Plebiszit an Polen abzutreten. Mit der Durchführung der Abstimmung betraute die Konferenz eine Interalliierte Kommission, die für politische Neutralität sorgen sollte.

Anfang 1920 trafen britische, französische, italienische und japanische Truppen in Ostpreußen ein und übernahmen das zivile und militärische Oberkommando. Allein die Präsenz dieser ausländischen Vertreter führte den Deutschen schmerzhaft vor Augen, daß in Versailles die Sieger über ihre Geschicke entschieden. Stimmberechtigt waren alle, die am 10. Januar 1920 das zwanzigste Lebensjahr vollendet hatten und im Abstimmungsbezirk geboren worden waren oder dort seit dem 1. Januar 1905 ihren Wohnsitz hatten, also auch die auswärts – vor allem im Ruhrgebiet – lebenden Masuren. Obwohl die polnische Seite dagegen protestierte, da sie diese Masuren für weitgehend »germanisiert« hielt, ließen sich knapp hunderttausend gebürtige Ostpreußen, die nicht im Abstimmungsgebiet lebten, registrieren. Entscheiden mußte man sich zwischen »Ostpreußen« und »Polen«. Daß nicht »Deutschland« auf dem Wahlzettel stand, war ein diplomatisches Zugeständnis der Alliierten an die polnische Seite.

Je näher der Tag der Abstimmung rückte, desto mehr stieg die Spannung. Die Stimmung wurde hysterisch und nervös. Das offenbarte sich, als polnische Grenztruppen den aus dem Reich anreisenden Masuren und Ermländern den Transit durch den Korridor verweigerten. Daraufhin richteten die deutschen Behörden einen Seedienst ein, über den die Abstimmungsberechtigten unter Umgehung der polnischen Kontrollen einreisen konnten.

Polen mobilisierte zwar alle Kräfte, konnte aber in Masuren auf keine örtliche Unterstützung rechnen. Etwas günstiger sah es für die polnische Sache in den beiden Abstimmungskreisen des südlichen Ermlands aus, wo eine katholische propolnische Minderheit in den Dörfern um Allenstein lebte. Zu ihr zählte Maria Zientara-Malewska (1894–1984) aus Braunswalde, in deren Umfeld das propolnische Abstimmungslied »O Warmio« (O Ermland) entstand, das am 2. Juni 1920 erstmals in Allenstein erklang. Die Musik schrieb der in Wartenburg geborene Komponist Feliks Nowowiejski (1877–1946):

Die Volksabstimmung am 11. Juli 1920 sollte der Höhepunkt im »Grenzland- und Volkstumskampf« werden. Mit dem Plebiszit, das über die Zukunft des südlichen Ostpreußen entschied, kam auch das Deutschordenskreuz als Nationalabzeichen für vaterländische Gesinnung wieder in Mode. Das Ordenskreuz stand für den neuen Mythos von der »Ostmark«. Der Vorsitzende des Vereins für Familienforschung in Ost- und Westpreußen, von der Oelsnitz, schrieb 1927: »In dieser Zeit besann man sich wieder darauf, wem das Land in erster Linie Deutschtum und Volksbildung verdankt, und kam auf den Gedanken, den Schild dieser ritterlichen Mönche als Merkzeichen treuen Festhaltens am deutschen Volkstum zu wählen … Welche es denen gebührt, die unsere geliebte Heimat zu einem Lande mit deutscher Sitte und Bildung gemacht haben.« Die Landsmannschaft Ostpreußen erinnerte sich noch 1960 daran.

Das Ermland ward geknechtet,
Bis Kampf bracht helles Licht,
Der weiße Adler rechtens
Zurückgekehret ist.
Ermland, du, auferstanden,
Hör deiner Kinder Ruf,
Für dich hat Pol'n gestanden
Im Kampf und gab sein Blut.[6]

Am Tag der Entscheidung versank das Abstimmungsgebiet in einem Meer von Flaggen. Festliche Ehrenpforten zierten alle Dörfer und Städte und grüßten die aus dem Reich heimgekehrten Wahlberechtigten mit Spruchbändern wie »Die Heimat grüßt euch deutsche Masuren!« oder »Masuren bleibt deutsch!«. Am 11. Juli 1920 sollte die innere Zugehörigkeit der masurischen und südermländischen Bevölkerung zu Deutschland ein für allemal deutlich bekundet werden.

Ergebnis der Volksabstimmung im südlichen Ostpreußen am 11. Juli 1920[7]

	für Ostpreußen (in Prozent)	für Polen (in Prozent)
Oletzko	99,993	0,007
Lötzen	99,97	0,03
Sensburg	99,93	0,07
Lyck	99,88	0,12
Johannisburg	99,96	0,04
Ortelsburg	98,51	1,49
Neidenburg	98,54	1,46
Osterode	97,81	2,19
Allenstein	86,53	13,47
Rößel	97,90	2,10
gesamt	97,89	2,11

Das Ergebnis ließ an Klarheit nichts zu wünschen übrig. Es wurde ein überwältigender Sieg für Ostpreußen: Masuren und Ermländer wollten Deutsche sein. Nur im südlichen Ermland mit seiner überwiegend katholischen Bevölkerung fand Polen in einigen Gemeinden einen überdurchschnittlichen Zuspruch, der jedoch im Gesamtergebnis nicht ins Gewicht fiel. Insgesamt offenbarten die Wahlen, daß die polnischen Forderungen jeglicher Grundlage entbehrten. Im östlichen Masuren konnte die polnische Propaganda überhaupt keine Anhänger gewinnen: Im gesamten Kreis Oletzko zählte man nur zwei Stimmen für Polen, in Lötzen neun, in Sensburg 25, in Lyck 44 und in Johannisburg vierzehn. Das Ergebnis zeigte Wirkung: Nichts blieb, wie es war. Polen, der ungeliebte östliche Nachbar des Reiches, wurde zum Objekt des Hasses. Wer sich als Pole zu erkennen gab, wurde angefeindet. Bald hörte man die polnische Sprache nur noch ungern, was dem Deutschen endgültig zum Durchbruch verhalf.

In den folgenden Jahren erfuhr das Plebiszit eine mystische Verklärung, förmlich eine Heiligsprechung, was es den nationalistischen Kräften leichtmachte, ihr chauvinistisches Gift zu versprühen. Auf den alljährlichen Gedenkfeiern zur Abstimmung erklangen fortan feierliche Schwüre, auf ewig deutsch zu bleiben. In der »Lycker Zeitung« erinnerte man sich 1926 mit einem besonderen Lied:

Was die Deutschen sich erwarben,
Brüder schwört's bei Euern Narben –
Deutsch für alle Zeit es bleibt!
Noch gibt's wack're Ostlandkämpen –
Spannt die Flinten! Zieht die Plempen!
Und die Polenbrut vertreibt!

Laßt die heil'gen Feuer glühen
Wie sich auch die Feinde mühen,
Keine Macht der Welt uns zwingt!
Sorgt, daß so, wie vor sechs Jahren,
Prachtvoll, so wie wir's erfahren
Deutschland stets den Sieg erringt.[8]

Die winzige polnische Bewegung sah sich auf verlorenem Posten. Das Wahlergebnis war niederschmetternd, aber noch mehr schmerzte das mangelnde Interesse der polnischen Bevölkerungsmehrheit an den Ereignissen in Ostpreußen. Von Beginn an hatten sich auf polnischer Seite Halbherzigkeit und Dilettantismus bei der Vorbereitung und Durchführung der Aktionen gezeigt. Polens Augenmerk war auf Piłsudskis Pläne im Osten gerichtet und nicht nach Norden, nach Ostpreußen. Für die polnische Mehrheit blieben die Masuren Preußen, Protestanten und damit Deutsche. Viele der polnisch orientierten Masuren resignierten schließlich, da sie in dem nationalistisch-katholischen Klima Polens keine Chance sahen, einen regionalen Sonderweg zu gehen. Das polnische Masurenprojekt der Vorkriegszeit war gescheitert.

Dennoch blieb in nationalistischen Kreisen der Appetit auf Deutschlands östlichste Provinz groß. So führte der polnische Generalkonsul in Königsberg, Stanisław Srokowski, 1925 in der Propagandaschrift des Polnischen Westmarkenverbandes (ZOKZ) aus: »Keine Opfer können zu groß sein, um Ostpreußen auf die eine oder andere Weise zu gewinnen, um es in den Kreislauf des Polentums einzubeziehen. Es wäre dies in Wahrheit eine zivilisatorische Leistung.«[9]

Das Soldauer Gebiet gelangte als einziger Teil Ostpreußens ohne Abstimmung unter den weißen polnischen Adler. Als die alliierte Entscheidung in Soldau bekannt wurde, empfanden die Betroffenen Wut, Trauer und Bestürzung. Hilflos sahen sie sich einer unverständlichen Entscheidung ausgesetzt, denn der südlichste Zipfel des Kreises Neidenburg – das sogenannte Soldauer Land – hatte niemals zu Polen gehört. Kommunale Körperschaften verwahrten sich einhellig gegen die Abtretung, führende deutsche Politiker – allen voran Reichspräsident Friedrich Ebert – versuchten noch in letzter Minute, die alliierte Entscheidung rückgängig zu machen. Aber alle Proteste blieben vergeblich. Die Abtretung Soldaus erfolgte aus rein geostrategischen Gründen, da hier die Hauptbahnlinie Warschau–Danzig verlief, die Polen in ihrer Gesamtheit zu kontrollieren wünschte.

Im nationalistischen Geschrei stand die polnische Seite der deutschen in nichts nach. Martialisch zitierte man die Verse der polnischen Rota: »Nie damy ziemi skąd nasz ród!« (Wir geben kein Land her, von dem unser Volk abstammt). Zum urpolnischen Land zählten nach der piastischen Idee auch Masuren und Ermland, das sich »noch in den Fängen des ewigen Feindes« befinde.[10] Kaum war mit dem Soldauer Land ein Stück Ostpreußen an Polen gelangt, setzte die polnische Verwaltung unter reger Beteiligung der nationalistischen Westmarkenverbände und der Evangelisch-Augsburgischen Kirche das durch, was bislang nur Theorie geblieben war: eine eigenständige polnische Masurenpolitik. Dieser polnischen Politik schenkte man im Reich besondere Aufmerksamkeit, weil man sich Aufschlüsse darüber erhoffte, was bei einer Vereinigung weiterer Teile Ostpreußens mit Polen geschehen würde.

Nach der Abtretung Soldaus gehörte die Region zum Konsistorialbezirk der Unierten Kirche in Posen, deren Generalsuperintendent Paul Blau weiterhin direkt dem Evangelischen Oberkirchenrat in Berlin unterstand. Die Unierte Kirche der ehemaligen preußischen Provinzen Posen und Westpreußen einschließlich des Soldauer Landes blieb daher eine rein deutsche Kirche.

Das Memelgebiet (litauisch Klaipėdos krastas) weckte schon immer Begehrlichkeiten in Großlitauen. Daher drang der Ruf nach Vereinigung aller ethnographisch litauischen Gebiete auch nach Versailles, denn die litauische Regierung glaubte, daß der Schlüssel zu Memel in London und Paris liege. Von der Pariser Friedenskonferenz Anfang 1919 erwartete man viel, vor allem die internationale Anerkennung und ein umfangreiches Gebiet am linken Memelufer. Die litauische Delegation legte dies am 24. März 1919 in einer Note an den Vorsitzenden der Friedenskonferenz dar. In dem Dokument wurde über das Memelgebiet hinaus auch noch ein beträchtlicher Teil des weiteren nördlichen Ostpreußen gefordert, das in Litauen als Klein Litauen (Mažoji lietuva) bezeichnet wird. Insgesamt erhob Litauen Anspruch auf 125 000 Quadratkilometer mit sechs Millionen Einwohnern, davon lagen 6700 bis 10 000 Quadratkilometer mit etwa vier- bis fünfhunderttausend Einwohnern in Ostpreußen.

Am 8. April 1919 sandte der litauische Delegationsleiter Augustinas Voldemaras dem Vorsitzenden der Pariser Konferenz ein Memorandum des »Nationalrates der preußischen Litauer« (Prūsų Lietuvių Tautos Taryba), das am 6. Februar 1919 in Tilsit verfaßt worden war. Es stellte den von Litauern besiedelten Teil Ostpreußens dar – vom Südufer des Kurischen Haffs bis zur Pregellinie – mit der Bitte um Vereinigung des Gebietes mit Litauen. Wie die polnischen Propagandisten suchten auch die Litauer prolitauische Ostpreußen zur Legitimierung ihrer territorialen Ansprüche zu gewinnen. Zu diesem Zweck gründete man am 16. November 1918 den »Nationalrat der preußischen Litauer«.

Die deutsche Delegation protestierte umgehend gegen die Abtrennung des Memelgebiets, doch das führte durchaus nicht zu einem Meinungsumschwung bei den Ententestaaten, vielmehr beschied der Konferenzvorsitzende Georges Clemenceau die Deutschen am 16. Juni 1919, daß nach Ansicht der Entente die Abtrennung des Memellandes dem Selbstbestimmungsrecht der Völker nicht widerspreche, da dieses Gebiet »immer litauisch war. Die Tatsache, daß die Stadt Memel selbst deutsch ist, rechtfertigt in keiner Weise das Verbleiben des ganzen Gebietes unter deutscher Hoheit, insbesondere da der Memeler Hafen Litauens einziger Zugang zur See ist.«[11] Damit folgte Clemenceau ganz und gar der litauischen Argumentation, die sowohl ethnisch als auch ökonomisch begründet war.

Am 15. Februar 1920 kam es zur Übergabe des Gebiets mit rund 2451 Quadratkilometern und 139 740 Einwohnern (Stand 1905) auf der Grundlage von Artikel 99 des Versailler Vertrages. Das Memelgebiet, bislang nur ein geographischer Begriff, wurde nun als autonomes Territorium unter alliierter Kontrolle zum politischen »Memelland«. Fortan unterstand die Region dem Völkerbund und wurde als »Territoire de Memel« von einer französischen Militärregierung verwaltet. Das Amt des Gouverneurs übernahm Brigadegeneral Dominique Joseph Odry, der ein Direktorium zur Verwaltung des Landes einsetzte.

Im Memelland hat das evangelische Konsistorium Königsberg auch nach 1920 alle geistlichen Rechte wahrgenommen. Am 31. Juli 1925 kam es zu einer Vereinbarung zwischen dem Evangelischen Oberkirchenrat in Berlin und dem Landesdirektorium Memel, in Memel ein eigenes evangelisches Konsistorium zu gründen, das jedoch verfassungsmäßig mit der Evangelischen Kirche der altpreußischen Union verbunden bleiben sollte.[12] In Berlin entstand ein Zweigverein des »Deutsch-Litauischen Heimatbundes«, der seinen Hauptsitz in Memel hatte. Hermann Sudermann, dessen Heimat nunmehr außerhalb der Reichsgrenzen lag, richtete damals folgendes Telegramm an den »Heimatbund«: »Zu meinem Schmerz außerstande, der heutigen Versammlung beizuwohnen, sende ich an die verehrten Heimatgenossen wärmste landsmannschaftliche Grüße. Ob man uns auch das Land unserer Väter freventlich raubt, fühlen wir, daß wir zu ihm gehören werden, so lange wir atmen. Das alte Kulturland, in dem seit Jahrhunderten Deutsche und Litauer, friedlich verschmolzen, Sumpf, Sand und Heide meisterten, wird deutsch bleiben, solange Deutschland sich seelisch eins mit ihm weiß. Der Heimat halten wir die Treue! Ohne zu ermüden, werden wir für sie wirken, bis sie einst wieder zur großen Mutter zurückkehren wird.«[13]

Mit dem Autonomiestatus gaben sich die litauischen Nationallisten jedoch nicht zufrieden. Am 10. Januar 1923 marschierten als litauische Freischärler getarnte militärische Einheiten ins Memelgebiet und verleibten es der Republik Litauen ein.[14] Frankreichs Truppen taten nichts, um die widerrechtliche litauische Inbesitznahme zu unterbinden. Dennoch handelte es sich nicht, wie Teile der älteren deutschen Forschung glauben machen wollten, um ein litauisch-französisches Fait accompli. Dagegen wurde das litauische Unternehmen von Berlin und Moskau insgeheim gebilligt, da es insbesondere Polens Einfluß in Ostmitteleuropa schwächen sollte.[15] Die betroffene Bevölkerung protestierte mit einem Generalstreik gegen die Maßnahme, der jedoch mit Waffengewalt niedergeschlagen wurde. Groß-

Seit 1920 erhielt das Memelgebiet einen Sonderstatus unter alliierter, seit 1923 unter litauischer Hoheit. Zweisprachigkeit,
nördlich der Memel ohnehin ganz selbstverständlich, war nun
politisch vorgeschrieben. Trotz – oder gerade wegen – der
Propaganda von seiten der litauischen Nationalisten empfand
sich die überwältigende Mehrheit der ostpreußischen Memelländer aber als deutsch und die litauische Zeit bis 1939 als
Fremdherrschaft. Das Bild zeigt in friedlicher Eintracht die
zweisprachige Freiwillige Feuerwehr von Prökuls.

MANIFESTAS | MANIFEST

Visiems gyventojams Klaipėdos Krašto | An die Bewohner des Memelgebiets!

Die Mehrheit der Memelländer bezeichnete den litauischen Einmarsch 1923 als »Annexion«, aber eine kleine prolitauische Minderheit sah darin die Chance, das alte Erbe Preußisch Litauens vor der rigorosen Germanisierungspolitik zu bewahren. In diesem Sinn äußerte sich der »Ausschuß zur Errettung des Memelgebietes« am 9. Januar 1923 in Heydekrug.

britannien, Frankreich, Italien, Japan und Litauen handelten dann am 8. Mai 1924 die Memelkonvention aus, die im »Memelstatut« eine weitgehende Autonomie des Memelgebiets im litauischen Staatsverband garantierte. Die Memelländer erhielten automatisch die litauische Staatsangehörigkeit, jedoch versehen mit dem Zusatz »Bürger des Memelgebiets«.

An der Memelfrage entzündete sich immer wieder Streit. In Deutschland sprach man von »Willkürherrschaft«, und man fürchtete im Zuge des »litauischen Drangs nach Westen« weitere Ansprüche auf Ostpreußen über das Memelgebiet hinaus.[16] Litauens Position war ideologisch schwach fundiert, weshalb man sich zu Repressionen hinreißen ließ und damit das Memelstatut verletzte. Es kam zur folgenschweren Konfrontation der beiden Kulturen, wobei beide Seiten kompromißlos ihr nationalstaatliches Prinzip verfochten.[17] Die litauische Regierung in Kaunas, ihr Gouverneur und die litauischen politischen Parteien im Memelgebiet suchten unter dem Motto »Litauen den Litauern« das Memelstatut auszuhöhlen, um es irgendwann ganz zu beseitigen. Aus diesem Grund wurde im Memelgebiet bis November 1938 der 1926 vom autoritären Regime Smetona über Litauen verhängte Kriegszustand aufrechterhalten, was die Rechtsautonomie weitgehend außer Kraft setzte und die demokratischen Grundrechte der Memelländer beschnitt.

Die Loslösung des Memelgebiets vom Deutschen Reich gemäß Artikel 99 des Versailler Vertrages ist ohne jede Abstimmung erfolgt, ebenso die Unterstellung unter das Kondominium und erst recht die international anerkannte Einverleibung durch das autoritäre Regime Smetona in das Staatsgebiet Litauens.[18] Dennoch hat Litauen den Kampf um das Memelgebiet – besser um die Memelländer – verloren, lange bevor in Deutschland die Nationalsozialisten an die Macht kamen. Die deutsche Seite sah nämlich, was vielfach unterschlagen wird, im Memelstatut von 1924 auch nur ein Mittel zum Zweck.

Die Autonomie galt als Übergangsstadium auf dem Weg zur Wiedereingliederung in das Deutsche Reich. Auf diesem Weg wußten die deutschen Parteien vier Fünftel der Wählerstimmen hinter sich. Karl-Heinz Ruffmann, ein deutscher Osteuropahistoriker aus Memel, meinte, es könne kein Zweifel bestehen, »daß die am 22./23. März 1939 zwischen Deutschland und Litauen vertraglich vereinbarte und so durchgeführte Lösung der Memelfrage dem Willen der großen Mehrheit der Memelländer und damit der alteingesessenen Bevölkerung entsprach. Allerdings war die prodeutsche Option nur auf

Druck des übermächtigen Deutschlands möglich. Es ist daher eine Verhöhnung, wenn es heißt, die litauische Zustimmung sei ›freiwillig‹ erfolgt.«[19]

Auch wenn Polen sich im »Grenzlandkampf« zum Gegner schlechthin entwickelte, verlor man Litauen, das unverhohlen territoriale Ansprüche auf Ostpreußen erhob, nicht aus den Augen. Die deutsch-litauischen Beziehungen waren seit Ausrufung der Republik Litauen äußerst gespannt. So meldete das Kriegsministerium Ende Januar 1919, die neue litauische Gesandtschaft in Berlin beschäftige sich damit, »die Teile Ostpreußens, deren Bauernbevölkerung litauisch durchsetzt ist, mit dem russischen Teil der litauischen Bevölkerung zu einem selbständigen Staat Littauen zu vereinigen auf Kosten Deutschlands«.[20] Wie die polnischen Aktivitäten in Masuren und Ermland wurden jegliche Ansätze regionaler oder nationaler Bestrebungen im deutsch verbliebenen Teil Preußisch Litauens von den Deutschen sorgsam registriert, etwa das Sängerfest litauischer Vereine in Nemonien, Kreis Labiau, das 1925 sogar den Preußischen Landtag beschäftigte. Die »Königsberger Allgemeine Zeitung« berichtete von einer »Großlitauischen Agitation in Ostpreußen« und von »einigen fanatischen Elementen und versteckten Hetzern«.[21] Dagegen verwahrten sich die litauischen Minderheitenverbände energisch:

»Wir preußischen Litauer sind ebensogut preußische Staatsbürger wie die preußischen Deutschen. Wir würden es genau so unehrenhaft finden, unsere Muttersprache zu verleugnen und unser Volkstum aufzugeben wie die Deutschen. Unsere Feste und Konzerte sind der Ausdruck unserer Liebe zu unserer Abstammung. Daß die preußischen Litauer loyale Staatsbürger sind, haben sie schon zur Genüge bewiesen … Die Hetze aber, die gegen uns getrieben wird, will offenbar, daß alles Litauische aus Ostpreußen verschwinde. Die Behauptung, daß hinter unserer Betätigung sich eine großlitauische Propaganda verberge, erweist sich ganz deutlich als Vorwand, um die Bekämpfung des Litauertums zu rechtfertigen.«[22]

Unterschrieben wurde der Protest von Vertretern der »Vereinigung der Litauer Deutschlands«, dem litauischen Gesangverein Tilsit sowie dem Tilsiter Litauerklub. Tatsächlich waren die wenigen prolitauisch eingestellten Ostpreußen Repressionen ausgesetzt, was die Deutschen mit dem Vorgehen der Litauer im Memelgebiet rechtfertigten. So argumentierte die »Tilsiter Allgemeine Zeitung« gegen »Träumereien der Tilsiter Litauer«, nachdem sie alle prolitauischen Einwohner namentlich kundgemacht hatte: »Die Unterdrückungsmaßnahmen der Litauer gegen das Deutschtum im Memelland, die der Ausfluß eines größenwahnsinnigen Nationalismus und einer beschämenden, asiatisch-primitiven Kultur sind, haben in Tilsit, in Ostpreußen, in ganz Deutschland eine solche Empörung ausgelöst, daß man allmählich zu der Überzeugung gelangt ist, daß es keinen Zweck mehr hat, im eigenen Land dem Litauertum irgendwie entgegenzukommen ... An diesem Zustand sind die Litauer selber schuld, die sich im Memelland wie die Wilden betragen.«[23]

Diese »Wilden« galt es abzuwehren. Zu diesem Zweck gründete man Grenzverbände, die mit Hilfe staatlicher Fördergelder ihrem kulturellen Auftrag nachkamen. Sie fanden viel Zuspruch. Der in Tilsit ansässige »Kulturbund Nordostpreußen« zählte zu seinen Mitgliedern den Magistrat der Stadt Tilsit, den Ostdeutschen Heimatdienst Tilsit, den Kunstverein und den Musikverein (Oratorien-Verein) Tilsit. Gemeinsam mit dem Ostdeutschen Heimatdienst Tilsit setzte er sich für folgende Ziele ein: »Pflege der Beziehungen zum Mutterlande jenseits des Korridors und die Propaganda für Ostpreußen im Reich, fernerhin die deutsche Kulturpropaganda in den Grenzkreisen als Abwehrmittel gegen die litauische Bewegung durch Veranstaltung von Heimatabenden mit Theateraufführungen, Filmvorführungen, Vorträgen und durch Überwachung der litauischen Bewegung durch Vertrauensleute, weiterhin die Pflege des Heimatgedankens durch Beeinflussung der verschiedenartigsten Vereine, insbesondere auf dem Lande.«[24]

Nach 1918 sah man im preußischen Litauer keinen Mitbürger mehr, der seine Kultur pflegen wollte, sondern einen potentiellen Befürworter des Anschlusses an Litauen. Dabei war die überwältigende Mehrheit aller Bewohner des Memelgebiets, auch die litauischsprachige Landbevölkerung, prodeutsch eingestellt. Die wenigen, die sich bemühten, ihre regionale Eigenart und Sprache zu bewahren, lehnten sich an die »Mutternationen« an, die – und das galt ebenso für Polen in bezug auf Masuren und das Ermland – die »nationalen Minderheiten« als ethnische Legitimation für ihre Territorialansprüche auf Ostpreußen anführten.

In Preußisch Litauen legen einige Biographien Zeugnis ab von der nationalen Hinwendung zu Litauen. In dem Spannungsfeld zwischen beiden Kulturen stand beispielsweise Wilhelm Storost-Vydūnas, geboren 1868 in Jonatten, Kreis Heydekrug, der als Sohn eines evangelischen Missionars und Lehrers im Kreis Pillkallen aufwuchs und durch seine Mutter eine tiefe Bindung an die litauische Kultur und

Sprache erfuhr. Er wurde Lehrer an der Schule von Kinten, Kreis Heydekrug, und später an der Knabenschule Tilsit. Seine vorzeitige Pensionierung 1912 erfolgte aufgrund seines Engagements für die preußischen Litauer. Nach 1918 entdeckte ihn die Republik Litauen. 1925 machte man ihn zum Ehrenmitglied des PEN-Clubs, 1928 zum Ehrendoktor der Universität Kaunas und 1933 zum Ehrenmitglied des Litauischen Schriftstellerverbandes. In seiner ostpreußischen Heimat hingegen verachtete man den »Renegaten«. Dort wurde er 1938 inhaftiert und nur dank weltweiter Proteste nach 23 Monaten Haft wieder freigelassen. Er starb 1953 in Detmold. Im Jahr 1991 wurden seine sterblichen Überreste nach Litauen überführt. Bis heute wird er dort verehrt. Sein Konterfei ziert den litauischen 500-Lit-Schein.[25]

Ein weiteres Beispiel ist Martynas Jankus (1858–1946), der »Patriarch Kleinlitauens«. Er stammte aus dem kleinen Dorf Bittehnen an der Memel, wo er zeitlebens wohnte. Bereits in der wilhelminischen Zeit engagierte er sich in der kleinlitauischen Bewegung gegen die radikale Germanisierungspolitik. In Litauen wird er verehrt als Ikone der »Wiedervereinigung Kleinlitauens mit dem Mutterland«. Er galt als Wächter des heiligen Berges »Rombinus«, an dessen Fuß sein Heimatdorf liegt. Seit 1993 ruht seine Urne auf dem Bittehner Waldfriedhof.

Abgetrennt vom »Reich«

In der schweren Nachkriegszeit setzte die große Mehrheit der Ostpreußen ihre Hoffnungen auf die politischen Linksparteien. Erstmals befreiten sie sich aus der von oben verordneten konservativen Starre und orientierten sich politisch neu, so daß das bis dahin streng konservative Ostpreußen für einige Zeit der Knute der reaktionären Elite entglitt.

Nach dem Ende des Kaiserreichs war die monarchistische Herrscherkaste so damit beschäftigt, ihre Wunden zu lecken und ihre Pfründe zu sichern, daß sie den Wandel nicht bemerkte und die Wahlen zur Weimarer Nationalversammlung unterschätzte. Daher errangen die demokratischen Parteien in Ostpreußen einen überwältigenden Sieg: eine Dreiviertelmehrheit. Das neue Wahlrecht hatte viel dazu beigetragen, denn es führte zur Mobilisierung bisher unpolitischer Gruppen: Waldarbeiter, Instleute, Fischer und Kleinbauern artikulierten ihre Forderungen, auch Frauen traten erstmals an die Wahlurnen, und Ostpreußen begehrte gegen die Monopolstellung der Gutsbesitzer- und Beamtenelite auf.

Wahlergebnisse zur Verfassunggebenden Nationalversammlung am 19. Januar 1919 und zum Preußischen Landtag am 26. Januar 1919 [26]

Partei	Nationalversammlung		Landtag
	Ostpreußen	Königsberg	Ostpreußen
SPD	419 201	31 724	336 004
DDP	171 108	30 287	136 321
DNVP	108 032	7 585	114 159
Christliche Volkspartei/Zentrum	93 523	4 319	90 941
DVP	72 194	27 559	62 166
USPD u. Ver. Soz. Soldaten Ostpreußens	45 872	27 983	–

Ostpreußen stand nach der Abdankung der Hohenzollern vor dem politischen Chaos. Am Sonntag, dem 10. November 1918, erfolgte der Umsturz im Seehafen Pillau. Der Landwehrmann Konstantin David, ein in Konstantinopel geborener deutsch-jüdischer Schriftsteller aus Berlin, der seit Jahren in Pillau in Garnison lag, stellte sich an die Spitze des Aufstands. Er stieß zwar auf den erbitterten Widerstand des Kommandanten, Oberst von Raumer, doch die Pillauer Garnison stellte sich auf die Seite Davids, und so wehte über der Kaserne schließlich die rote Fahne. In Königsberg schlossen sich Angehörige der Kriegsmarine zur »Marinedivision« oder »Marine-Volkswehr« zusammen, deren Exekutivorgan – der Siebener-Ausschuß – einen Rätestaat propagierte. Damals waren allein in Königsberg bei insgesamt 280 000 Bewohnern etwa 74 000 Soldaten stationiert. Gemeinsam mit 16 000 Arbeitslosen formierten sie sich zu spartakistischen Marine-Einheiten, die zur revolutionären Roten Armee Kontakt unterhielten. Als die Rotarmisten sich nach Niederschlagung der Widerstandskräfte im Baltikum der ostpreußischen Grenze bis auf fünfzig Kilometer näherten, bestand in Ostpreußen vorübergehend die Gefahr der Sowjetisierung. Zur Sicherung der bedrohten ostpreußischen Grenzen wurden daher überall Freiwilligenverbände aufgestellt, die sich vor allem aus heimgekehrten Soldaten zusammensetzten.

In Königsberg spitzte sich die Lage zu. Zur Wahrung von Sicherheit und Ordnung übernahm August Winnig, Reichskommissar bei den Regierungen der baltischen Länder, am 25. Januar 1919 auch die

Geschäfte eines Reichskommissars für Ostpreußen. Die eigentliche Macht lag aber bei dem Siebener-Ausschuß, der in einigen Vertretern der USPD intelligente und entschlossene Führer hatte. Aus den Wahlen zur Königsberger Stadtverordnetenversammlung am 2. März 1919 ging die USPD mit 29 Mandaten als stärkste Fraktion hervor, gefolgt von der SPD mit 21, der DVP mit 20, der DDP mit 17, der DNVP mit acht, der Angestelltenliste mit vier und dem Zentrum mit drei Mandaten.[27]

Der rechte Sozialdemokrat Winnig entschloss sich nun zur Konfrontation mit den Arbeiter- und Soldatenräten und verhängte mit Hilfe des Militärs den Belagerungszustand über die Pregelstadt. Ihren blutigen Höhepunkt fanden die Auseinandersetzungen am 3. und 4. März 1919 in Straßenkämpfen, bei denen viele Arbeiter – Frauen und Männer – vom Militär erschossen wurden. Winnig forderte die Königsberger Arbeiterschaft zu Ruhe und Besonnenheit auf, aber vergeblich. Ein Generalstreik erfaßte die Stadt, zwei Tage gab es weder Gas noch Wasser oder Elektrizität. Plünderungen waren an der Tagesordnung. Der Direktor des Neuen Schauspielhauses, Leopold Jessner, meinte, viele Demokraten hätten Winnigs Zustimmung zu militärischen Aktion für eine reaktionäre Konterrevolution gehalten, ein »Gedanke, der ... bei jedem überzeugten Republikaner auftauchen mußte, wenn er sah, daß eine der ersten Handlungen der Ordnungs-Truppen darin bestand, die uns Sozialdemokraten teure rote Fahne niederzuholen«.[28]

Die Allianz aus örtlichen Militärkommandanten und konservativer Beamtenschaft machte jede konstruktive Arbeit der Räte zunichte. Bereits Anfang 1920 waren die Arbeiter- und Soldatenräte entmachtet und die konservativ-monarchistische Elite saß wieder an den Schaltstellen der Kommunal- und Provinzialverwaltung. Die ehemals kaiserlichen Landräte blieben im Amt und regierten wie eh und je die Geschicke ihrer Landkreise nach eigenem Gutdünken. Nach 1918 wurde die Provinz zu einer wichtigen Operationsbasis der konterrevolutionären Kräfte. Nicht von ungefähr traf der Kapp-Lüttwitz-Putsch im März 1920 bei Ostpreußens Provinzelite auf breite Zustimmung. Kapp selbst war seit 1890 Besitzer des Ritterguts Pilzen in Klein Dexen, Kreis Preußisch Eylau, und eine feste Größe auf der ostpreußischen Bühne. Als hoher Finanzbeamter war er zum Direktor einer landwirtschaftlichen Hypothekenbank, der »Landschaft«, aufgestiegen. Während des Ersten Weltkriegs wurde er bekannt, weil er die nationalen Kräfte in einer rechtsradikalen »Deutschen Vaterlandspartei« sammeln wollte. Am 2. September, dem sogenannten Sedanstag, ließ er 1917 im Yorcksaal der ostpreußischen »Landschaft« von 21 Gründungsmitgliedern – darunter Landeshauptmann von Brünneck und Landhofmeister Graf Dönhoff-Friedrichstein – einen Aufruf zur nationalen Sammlung unterzeichnen. Aber der Sache war kein Erfolg beschieden, so daß die Vaterlandspartei Anfang Oktober 1918 ruhmlos zu Grabe getragen wurde.

Wolfgang Kapps Vater Friedrich hat sich dagegen mit einer ganz anderen politischen Gesinnung hervorgetan. Der Achtundvierziger war nach dem Scheitern der Revolution in die USA emigriert. Dort engagierte er sich in der Politik und stieg als entschiedener Parteigänger Abraham Lincolns zum Senator des Staates New York auf. Nach 1871 kehrte er als Anhänger Bismarcks zurück und saß später als nationalliberaler Abgeordneter im Reichstag. Sein Sohn Wolfgang ging nach dem gescheiterten Putsch zunächst ins schwedische Exil, kehrte jedoch 1922 zurück und stellte sich den deutschen Behörden. Noch im selben Jahr ist er in der Untersuchungshaft gestorben. Man hat ihn auf seinem Heimatfriedhof Klein Dexen beigesetzt.

Die Tatsache, daß der Kapp-Putsch nirgends soviel Erfolg hatte wie in Ostpreußen, veranlaßte die preußische Regierung, die längst überfällige Demokratisierung der ostpreußischen Verwaltung einzuleiten und nach und nach die konservativen Kräfte durch republiktreue Beamte zu ersetzen. Man beauftragte Reichskommissar Albert Borowski (SPD) damit, die Verstrickungen der ostpreußischen Behörden in das Kapp-Unternehmen zu untersuchen. Es zeigte sich aber, daß den verfassungsfeindlichen Einstellungen in Verwaltungen und Schulen und den reaktionären Strömungen an der Universität kaum beizukommen war. Besorgt berichtete Borowski nach Berlin:

»Der alte reaktionäre Geist an der Universität Königsberg versucht mit allen legitimen und illegitimen Mitteln sich durchzusetzen und gegen die Regierung zu wühlen. Nachdem die Putschpolitik des Allgemeinen Studentenausschusses, die er in den Kapp-Tagen zur Anwendung gebracht hat, ungestraft geblieben ist, treibt er weiterhin ungestört Politik ... Um ein Hetzargument gegen die Regierung zu haben, wird besonders in der Kliniker- und Vorklinikerschaft in rigoroser Weise gegen die studierenden Ausländer gehetzt ... Daß die Hetze gegen die Ausländer in Wirklichkeit eine Hetze gegen das jetzige System bedeutet, liegt klar auf der Hand. Es handelt sich hier um Ausländer, entweder aus dem Baltikum oder aus Litauen stammend, die im Grenzschutz oder sonst irgendwo in deutschen Diensten zum größten Teil gewesen sind und die vom zaristischen Rußland als Juden vom Universitätsbesuch ausgeschlossen waren. Die Leute sind ohne Zweifel deutschfreundlich und politisch einwandfrei und benehmen sich in jeder Weise korrekt, was sogar von den reaktionären Studenten anerkannt wird.«[29]

Borowski gab seine Bemühungen nach einigen Monaten auf. Er war an der geschlossenen Phalanx der Beamten gescheitert, die ihm »Gesinnungsschnüffelei« vorwarfen und jede Kooperation verweigerten.[30] Anderthalb Jahre später zog der »Vorwärts« ein niederschmetterndes Resümee zur angestrebten Demokratisierung der ostpreußischen Verwaltung: »Wenn sie in dem bisherigen Tempo weitergeht, so wird die Republik ihr hundertjähriges Jubiläum feiern können, ehe auch nur die Hälfte der politischen Beamten aus Bekennern der republikanischen Staatsform besteht.«[31]

Bezeichnend ist die Affäre um das Kaiserporträt im Kreistagssaal von Bartenstein. Die KPD und ihr Kreistagsabgeordneter Dornfeldt bemühten sich um die Beseitigung des Hohenzollernporträts, das noch 1922 dort hing. Das Bild befand sich im Privatbesitz des amtierenden Landrats Rudolf Heinrich von Gottberg, der es von Wilhelm II. persönlich geschenkt bekommen hatte.[32] Auf das Ansinnen, es zu entfernen, ließ der Landrat das Oberpräsidium wissen:

»Die Entfernung des Kaiserbildes würde erfolgen, wenn entweder der Kreistag sie beschließen oder die zuständige Behörde sie anordnen würde. Es findet sich aber hierfür weder im Kreistage und noch weniger im Kreisausschusse eine Mehrheit, und diejenigen Mitglieder dieser Körperschaften, die der Mehrheitssozialistischen Partei angehören, haben sich in der Angelegenheit bisher ziemlich zurückhaltend verhalten. Dornfeldt weiss dies und weiss auch, daß er die Mehrheit nicht bekommen kann. Für mich ist es aber sehr bedenklich, gegen die Mehrheit der Kreiskörperschaften zu handeln und damit das demokratische und Selbstverwaltungs-Prinzip zu durchbrechen … Ich allein kann also die Verantwortung für diesen Schritt, der nichts bringt, aber viel kostet, nicht tragen … Wird die Entfernung von oben her angeordnet, so würde ich gegenüber den anders denkenden Kreisangehörigen wenigstens keine Verantwortung tragen.

v. Gottberg.«[33]

Gottbergs Amtskollege, der Neidenburger Landrat Werner von Mirbach, nahm weiterhin ganz selbstverständlich an monarchistischen Feiern teil und beließ die Bilder des Kaisers im Neidenburger Landratsamt. Der Johannisburger Landrat Georg Gottheiner mußte

Ganz unberührt von aller politischen Rhetorik, die die Provinz zu einem »Bollwerk« machte, blieb die zauberhafte Landschaft. Nur in Ostpreußen konnte man auf ein Ausflugslokal mit dem Namen »Opuckelmühle« stoßen. Inmitten der masurischen Seenlandschaft lud es über viele Jahre die immer zahlreicher herbeiströmenden Touristen zur Einkehr ein.

Das Familienleben bot Halt in einer stürmisch sich verändernden Zeit. Hochzeiten waren ganz besondere Höhepunkte. Die Aufnahme, die 1933/34 in Possessern entstand, zeigt Bauern, die in Festkleidung posieren. Doch das war nur die eine Seite von Ostpreußen. Eine völlig andere Ausstrahlung haben die sechs jungen Damen, die 1929 die Modelle eines Ladengeschäfts in Labiau vorführen. Das Ganze wirkt ganz und gar nicht provinziell, selbst der Fotograf zeigt sich auf der Höhe der Zeit.

erst 1929 wegen republikfeindlicher Propaganda seinen Posten räumen. Männer dieser Couleur gaben in der DNVP den Ton an und vertraten die Region auch in den auswärtigen Gremien, im Provinziallandtag, im Preußischen Landtag und im Reichstag. Die demokratischen Ziele der Weimarer Verfassung waren nicht die ihren, und sie taten alles, um den Status quo ante wiederherzustellen.

Die Bestimmungen des Versailler Friedensvertrages trafen die Provinz hart. Es gab keine territoriale Verbindung mehr zum Reich, und damit war Ostpreußen von seinem Hauptabsatzgebiet so gut wie abgeschnitten. Dieser neue Status quo verursachte eine tiefe Verunsicherung in der Bevölkerung. Das sogenannte Korridorgebiet fiel als Absatzgebiet ebenfalls aus, da Danzig handels- und zollpolitisch nun unter der Hoheit Polens stand. Auch die traditionellen Absatzgebiete in Rußland waren unerreichbar, und Polen wie Litauen führten einen Zoll- und Handelskrieg gegen Deutschland. Neue wirtschaftliche Impulse gab es nicht, dazu war die Infrastruktur in der Region zu schwach ausgebildet. Die schwierige Wirtschaftslage stellte die neuen demokratischen Kräfte vor schwer lösbare Aufgaben, zumal sie obendrein dem permanenten Sperrfeuer der reaktionären Provinzelite ausgesetzt waren.

Das Grundproblem Ostpreußens war das alte: die agrarische Monostruktur. Mit einer durchschnittlichen Bevölkerungsdichte von nur 43,7 Einwohnern pro Quadratkilometer blieb der südliche Landesteil Masuren 1925 noch weit hinter dem Reichs- und Provinzdurchschnitt von 134 beziehungsweise 61 Einwohnern zurück. Der Kreis Johannisburg mit seinen großen Wald- und Heidegebieten wies sogar nur 32,8 Einwohner pro Quadratkilometer auf. Trotz eines hohen Geburtenüberschusses konnte der Wanderungsverlust noch immer nicht ausgeglichen werden. Nun veranlaßten die politisch unsichere Lage und die höheren Lebenshaltungskosten infolge erhöhter Frachtkosten auch viele Beamte, sich in westliche Reichsgebiete versetzen zu lassen. Oberpräsidialrat Günter Grzimek forderte daher im Namen der Deutschdemokratischen Partei Ostpreußens die Einführung einer jährlichen Zulage, die sogenannte Ostpreußenzulage.[34]

Die Ostpreußenflucht veranlaßte die demokratischen Organe unter dem Slogan »Ostpreußen – Raum ohne Volk« in die Offensive zu gehen: »Somit bedroht die gegenwärtige Wirtschaftskrise auch den quantitativen Bestand der ostpreußischen Bevölkerung; wer es mit der Deutscherhaltung Ostpreußens ernst meint, wird also in erster Reihe für die großzügige Schaffung von Erwerbsmöglichkeiten für die werktätigen Stände in Stadt und Land tatkräftig eintreten müssen. Die Gefährdung eines Raumes ohne Volk ist nicht leichter zu nehmen als der Tatbestand einer Ueberbevölkerung. Was von ›nationaler‹, insbesondere von großagrarischer Seite bisher unter der Parole ›für Ostpreußen‹ gefordert und getan wurde, könnte sich eines Tages verhängnisvoll gegen Ostpreußen kehren. Nicht Großbesitzbefestigung, sondern eine Wirtschaftspolitik im Interesse der breiten werktätigen Massen bannt die Gefahren, die in Ostpreußen noch bedrohlicher erscheinen als im übrigen Deutschland.«[35]

Die Abtrennung von den alten Absatzmärkten war überall spürbar. Der einst lebhafte Grenzhandel stagnierte, da ostpreußische Waren im Vergleich zu polnischen und litauischen zu teuer waren. Dem suchte Oberpräsident Ernst Siehr, unterstützt durch die Reichs- und Staatsregierung, 1920 mit der Begründung der Königsberger »Deutschen Ostmesse« entgegenzuwirken. Sie sollte die Wirtschaftsbeziehungen zum Reich stärken und der deutschen Wirtschaft die alten Wege nach Osteuropa neu eröffnen. Zehn Jahre später zählte man 120 000 Besucher, davon 2500 Ausländer. In Pillau, nach der Abtrennung der einzige Seehafen des Deutschen Reiches östlich der Weichsel, richtete man im Januar 1920 mit der Passagierdampferverbindung Pillau–Swinemünde unter Bürgschaft des Reiches einen direkten Seeweg ein.

Allen Unkenrufen zum Trotz zeichneten sich konkrete Erfolge ab. Demokratische Stadtrepräsentanten wie Oberbürgermeister Hans Lohmeyer und Bürgermeister Carl Friedrich Goerdeler erwiesen sich für die Königsberger Wirtschaft als Glücksfall. Ebenso hat Hugo Stinnes, der 1921 sein Odinwerk, eine der größten Maschinenfabriken und Gießereien, sowie 1922 seine Kohlen-Import AG nebst Reedereien am Pregel errichtete, zum Aufschwung beigetragen.[36]

Doch was die demokratischen Behörden auch bewegten, es wurde von den reaktionären Kräften torpediert. In einem Lagebericht des ostpreußischen Oberpräsidiums wurde beklagt, daß es beim Besuch des Reichspräsidenten Ebert anläßlich der Eröffnung der »Deutschen Ostmesse« an »Zurückhaltung gegenüber dem Repräsentanten des Deutschen Reiches …, wie sie in anderen schon etwas mehr vom Geiste der Demokratie erfaßten Landesteilen selbstverständlich ist«, gefehlt habe.[37] In Königsberg hatte man den Reichspräsidenten zu provozieren versucht, indem man am Tag der Messe-Eröffnung eine Tannenbergfeier veranstaltete, an der auch Ex-General Erich Ludendorff teilnahm. SPD und USPD hatten dagegen unter dem Motto

Entgegen dem Geschrei von Rechtsaußen taten die Weimarer
Regierungen alles, um die wirtschaftlichen Folgen für das iso-
lierte Ostpreußen zu mildern. Man suchte seine Stellung im
osteuropäischen Wirtschaftsraum zu stärken, indem man
1920 die Deutsche Ostmesse ins Leben rief, die an alte Han-
delskontakte nach Osten anknüpfen sollte. Eigens zur Eröffnung der Messe reiste Reichspräsident Friedrich Ebert nach
Königsberg und wandte sich in einer sehr bewegenden Rede
an die Bevölkerung.

»Nie wieder Krieg!« protestiert, aber Ebert selbst hatte sich nicht aus der Reserve locken lassen, sondern sich solidarisch gezeigt mit dem Schicksal Ostpreußens und erklärt:

»Der Besuch Ostpreußens war uns eine besondere Pflicht nach dem herrlichen Bekenntnis, das Ostpreußen bei der Abstimmung für das Deutschtum abgelegt hat. Es ist mir eine große Freude, gerade in diesem Kreise Gelegenheit zu haben, dafür Anerkennung und Dank des Reiches zum Ausdruck zu bringen. Fast unfaßbar ist der Gedanke, daß eine so kerndeutsche Provinz, eine so tatkräftige Bevölkerung künstlich und gewaltsam vom Reiche abgeschnürt worden ist. Wir wissen, welche wirtschaftlichen Konsequenzen diese Abschnürung für Ihre Heimatprovinz hat. Sie dürfen versichert sein, daß die Reichs- wie die Preußische Staatsregierung alles tun und einsetzen werden, um Ihnen bei Ihrer schweren Arbeit, Ihren schweren Kämpfen in Ostpreußen Erleichterungen zu verschaffen und die wirtschaftliche Entwicklung und die Verkehrsverhältnisse möglichst zu fördern und zu sichern. Wie wir auch politisch stehen, das eine sollten wir Deutsche in dieser furchtbaren, entsetzlichen Not erkennen, daß es aus dieser Lage keinen anderen Ausweg gibt als das einmütige Zusammenfassen aller Kräfte, die es ernst meinen mit unserem Vaterlande und unserer Zukunft.«[38]

Tatsächlich erfaßte eine Woge der Solidarität die Deutschen. Mit dem »Bund heimattreuer Ost- und Westpreußen e.V.« entstand eine reichsweit bestens vernetzte Einrichtung, deren Organ »Der heimattreue Ostpreuße. Mitteilungen für die landsmannschaftlichen Vereinigungen der Ostpreußen im Reich« überall erhältlich war. Allein in Berlin, wo der Bund sich 1921 in das Vereinsregister eintragen ließ, zählte man viertausend aktive und sechzehntausend passive Mitglieder. In der Satzung hieß es kämpferisch:

»Ostpreußen gleicht einem Felsen im brandenden Meer und ist als Grenzland fast von allen Seiten von polnischer Begehrlichkeit, Beutegier und Raublust umlauert; diese Instinkte werden ihre Befriedigung suchen und unsere Leute wie in früheren Zeiten nicht zur Ruhe kommen lassen. Die Polen haben den Krieg mit den Russen nach ihrem Wunsche glücklich beendet und kämpfen zur Zeit gegen die Litauer. Haben sie auch diese überwältigt, so richten sie ihre Angriffe auf Ostpreußen. Gründe zum Einfall sind leicht gefunden. Jetzt schon muntert sie die französische Presse auf, in Ostpreußen einzufallen, weil die Deutschen Litauen im Kampf unterstützt haben sollen. Wir wollen als Bund über das Schicksal unserer Heimat wachen

In der Werbung für Ostpreußen war man recht erfinderisch. Der Magistrat von Tilsit bedruckte in den zwanziger Jahren seine Briefumschläge mit dem Motto »Die Brücke nach dem Osten«. Von »Bollwerk« und Abschottung war auf lokaler Ebene wenig die Rede, da den Menschen an der ostpreußischen Grenze Litauer, Polen und Russen nicht fremd waren. In der nationalsozialistischen Zeit kamen dann Briefmarken heraus, deren Werbung einen sehr viel drängenderen Charakter hatte. Von Brücken nach dem Osten sprach man nicht mehr.

und unsere Landsleute, so viel an uns ist und soweit wir es vermögen, vor polnischer Willkür schützen ... Er wird die Kenntnis, wie schön die Heimat ist und welche große Bedeutung sie in kultureller und wirtschaftlicher Beziehung hat, in immer weitere Kreise tragen und alle Vorurteile, falschen Vorstellungen und Herabsetzungen von Land und Leuten entschieden bekämpfen ... Wir wollen als Bund die Ehre der Heimat auf unsere Fahne schreiben. Niemand ... darf mit einer Art von Geringschätzung auf den Ostpreußen herabsehen. Jeder Landsmann soll mit Stolz sein Ostpreußentum bekennen, denn wir werden ihm zum freudigen Bewußtsein bringen, welche Naturschönheiten seine Heimat besitzt.«[39]

Ostpreußen stieg zu einem Mythos auf. Die fremde und zugleich vertraute Provinz zog viele Deutsche an, die einen aus nationaler Solidarität, die anderen aus kuriosem Interesse, wie etwa in den »Hamburger Nachrichten« zu lesen war: »Aber Ostpreußen? Das war in unseren Augen schon Halbrußland. Das war uns das Land, wo die Dienstboten der Herrschaft den Saum der Kleider küßten, das Land, in dem hochmütige Latifundienbesitzer die Alleinherrschaft ausübten ... Das war das Land, wo der Bürger nicht gern Erbsen aß, weil die ›Ärbsen vons Mässer kullerten‹. Und derartige Anekdoten erzählte man sich mit Bosheit und Überheblichkeit im Überfluß, ohne je im Lande gewesen zu sein!«[40]

Zur Materialisierung des Mythos trugen Heimatverbände, Parteien und Vereine bei, indem sie Feiern zelebrierten, etwa die Gedenktage zur Volksabstimmung oder die 700-Jahrfeier Ostpreußens 1930. Im Jahr 1924 feierte man in Königsberg Kant, wobei der Höhepunkt die Einweihung des neuen Kantgrabmals am Dom auf dem Kneiphof – eine Schöpfung des Königsbergers Friedrich Lahrs, gestiftet vom Industriellen Hugo Stinnes – war. Aber auch die politische Inszenierung eines Totenkults in Tannenberg, Literatur, Kunst und Heimatkunde trugen dazu bei, ein neues Landesbewußtsein zu prägen, wobei das Wissen um die eigene Vergangenheit einen neuen politischen Stellenwert erhielt und ausschließlich ideologischen Zielen zu dienen hatte. Im Gründungsaufruf zur Bildung der »Historischen Kommission für ost- und westpreußische Landesforschung« hieß es im Frühsommer 1923:

»Ost- und Westpreußen! Die Verbindung der ehemaligen Provinzen Ost- und Westpreußen mit dem Reiche ist durch den Machtspruch der Feinde zerrissen. Alle äußeren Machtmittel sind uns entwunden. Um so heiliger muß uns allen die Aufgabe sein, was unser

GERMANY

EAST PRUSSIA
Königsberg

Königsberg, überragt vom prächtigen Schloß, wirbt um 1930 mit diesem Plakat auf dem amerikanischen Markt für einen Besuch in Deutschland: Eine strahlend schöne Stadt, modern und doch voller Tradition, gediegen, aber nicht hastig, durchweht vom Geiste Kants und umgeben von dunklen Wäldern und Seen.

ist, die uralte Überlieferung der Zusammengehörigkeit der Ostmark mit dem deutschen Vaterlande zu pflegen, den ehrenvollen Anteil Ost- und Westpreußens an der deutschen Kulturgemeinschaft seit den Tagen, da deutsche Ritter, Bürger und Bauern unsere Heimat besiedelten und kultivierten, aufzuweisen.«[41]

Unterzeichnet haben diesen Aufruf Repräsentanten aller wichtigen gesellschaftlichen Gruppierungen der Provinz unabhängig von Partei- oder Konfessionsgrenzen, etwa Oberpräsident Siehr, Landeshauptmann von Brünneck, der ermländische Bischof Bludau sowie sämtliche ostpreußischen Geschichtsvereine, die Literarische Gesellschaft Masovia (Lötzen), der Oberländische Geschichtsverein (Osterode), die Litauisch-Literarische Gesellschaft (Tilsit), die Altertumsgesellschaft Insterburg, der Verein für ostpreußische Kirchengeschichte (Königsberg), die Altertumsgesellschaft »Prussia« (Königsberg), der Verein für die Geschichte und Altertumskunde Ermlands (Braunsberg) sowie der Verein für die Geschichte von Ost- und Westpreußen (Königsberg).

In dem Bestreben, Präsenz zu zeigen, versammelten sich Verbände aus allen Teilen Deutschlands in Ostpreußen. Nicht zuletzt aus diesem Grund wurde der »Deutsche Evangelische Kirchentag« 1927 in Königsberg abgehalten. Zum Geleit schrieben ostpreußische Kirchenvertreter: »Aber niemand, der nicht selbst die Reise nach Ostpreußen antritt und durch den ›polnischen Korridor‹ fährt, kann ganz die Schwere der Lage empfinden, in die Ostpreußen durch den Frieden, der dem Krieg kein Ende machte oder vielmehr ihn mit andern Mitteln fortsetzte, auf wirtschaftlichem und auf geistigem Gebiet versetzt ist … Ostpreußen hat die besondere Aufgabe empfangen, einen Damm gegen slawische Überflutung zu bilden.«[42]

Im Heimatkundeunterricht der ostpreußischen Schulen stand alles im Zeichen der abgetrennten Ostmark. Der »Abwehrkampf« erfaßte die gesamte Provinz und überwand konfessionelle wie ethnische Barrieren. Mit dem neuen Lokalpatriotismus kam das ostpreußische Platt als Ausdruck starker Heimatverbundenheit wieder in Mode. Mundartdichter deutscher Zunge erlangten neue Beliebtheit, während das preußische Litauisch und das masurische Polnisch zurückgedrängt wurden. Der nichtdeutsche Charakter Ostpreußens galt als Überbleibsel einer versunkenen Zeit. Das natangische Platt erreichte damals größere Bekanntheit durch die Mundartdichterin Erminia von Olfers-Batocki (1876–1954), Gutsherrin auf Tharau im Kreis Preußisch Eylau:

Der deutsche Tourist wird in den dreißiger Jahren auf humorvolle, aber eher biedere Weise umworben. Geradezu ausgrenzend wirkt die Sütterlinschrift, denn ein Ausländer, selbst wenn er deutsch sprach, wird kaum in der Lage gewesen sein, den Werbeslogan: »Angelt im ostpreußischen Oberland u. Masuren dem Land der tausend Seen« zu entschlüsseln.

Wat is tohus'? – Mien Mutterland:
Jehott von Muttersch weeke Hand
Sinn wi in't Land jebore.

Wat is tohus'? Mien Voaderland:
Errunge von Voadersch harte Hand
Jew wi dat nich verlore.

Wat is tohus'? – Mien Kinderland:
Barft Footke mangke witte Sand,
de Händ' voll Ros' on Ahre.

Mutterland – Voaderland – Kinderland!
Wer to em stait miet Herz on Hand,
dem ward et Gott bewahre.[43]

Es wurde in national gesinnten Kreisen inzwischen gern gesehen, wenn junge Akademiker zumindest ein Semester an der Königsberger Albertina, der »Ostlanduniversität«, studierten. Das hat die Albertus-Universität zu einer besonders rechtslastigen Hochschule werden lassen. Der national orientierte Germanist Josef Nadler, der 1925 nach Königsberg berufen wurde, hat seine Ankunft dort höchst pathetisch beschrieben: »Man kam, wenn man um die Mitte der zwanziger Jahre ostpreußischen Boden betrat, in eine neue Welt. Gespenstig glitt im Zwielicht des trüben Aprilabends das eiserne Netzwerk der Dirschauer Brücke an den Fenstern vorüber. Die Weichsel war überstanden. Der große Name Marienburg brannte über einem kleinen Bahnhof. Er war der erste Gruß. Er war eine Verheißung. Er machte Mut und er verpflichtete.«[44]

Angesichts all der glühenden Bekenntnisse übersieht man fast, daß es jenseits von deutschtümelnder Heimatdichtung und nationalistischem Pathos auch heitere Töne wie die des Humoristen und Satirikers Joachim Ringelnatz gab:

In Königsberg zum zweitenmal.
Ich wohnte im Hotel Central,
Dort war gut hausen.
Doch draußen:
An Kälte zweiunddreißig Grad.
Ich ächzte und stöhnte.

Die Universität in Königsberg, die östlichste im Deutschen Reich, zeichnete sich seit ihrer Gründung durch ein ganz außerordentliches Maß an Toleranz aus. Vor allem die Litauer haben das zu schätzen gewußt, aber auch Polen und Russen gehörten jahrhundertelang selbstverständlich zu den Studenten der Albertina. Mit der Abtrennung Ostpreußens vom Reich änderte sich das. Die Albertus-Universität stand nun im Ruf, im rechtsnationalistischen Fahrwasser zu segeln und sich um das Etikett »Grenzlanduniversität« verdient zu machen. Dazu paßt, daß noch im Sommersemester 1931 Königsberger Studenten gegen den Versailler Friedensvertrag demonstrierten.

Ja, Königsberg war stets ein Bad
Für südwarm weich Verwöhnte.
Und weil ein Streik der Autos war,
Verfluchte ich den Februar,
Was den durchaus nicht rührte.
Doch was ich so an Menschen sah,
Das war mir hell und war mir nah,
So, daß ich Freundschaft spürte.
Die Mädchen, die Mir's angetan,
Die wirkten so wie Walzen
Und schmeckten doch wie Marzipan
Nur kräftig und gesalzen.
Und sollte es hier einen Sarg,
So krumm, wie ich bin, geben,
So möcht' ich gern in Königsbarg
Begraben sein und leben.[45]

Im Sommer 1929 kam auch Thomas Mann mit seiner Frau Katia und den beiden jüngsten Kindern ins samländische Rauschen. Hier entstand im wesentlichen seine Novelle »Mario und der Zauberer«. Für die »Königsberger Allgemeine Zeitung« schrieb er damals über Ostpreußen:

»Es waren Ostpreußen, die mir Land und Strand ihrer Heimat priesen. Unter abendlicher geborenen Deutschen ist die Kenntnis Ihrer Provinz aus eigener Anschauung recht selten, wie mir scheint. Das ist nichts besonderes; der Deutsche kennt im ganzen sein Deutschland schlecht, es gibt viele, die Italien besser kennen. Aber mit der Unbereitheit Ostpreussens hat es doch eine besondere Bewandtnis. Es bestehen Vorurteile. Es besteht eine Neigung zu seelischer Fahrlässigkeit, zum Sichabwenden, zum kulturellen Fallenlassen. Ein abgeschnürtes Gebiet, in das die geistigen Säfte Deutschlands nur spärlich dringen, ein leider wohl langsam verödendes deutsches Land. Ein deutsches, versteht sich – politisch ist man auf seiner Hut. Seelisch jedoch, gefühlsmäßig, liegt etwas in der Luft wie Unglaube, Gleichgültigkeit, Verzicht. Das ist nicht gut, das ist falsch. Man soll sich um Ostpreußen kümmern – nicht nur politisch und allenfalls wirtschaftlich, sondern mit den Sinnen, dem Herzen. Es soll in Betracht kommen, wenn der Deutsche ans Reisen denkt.«[46]

Weil ihn die einzigartige Landschaft so faszinierte, baute der Schriftsteller von seinem Nobelpreisgeld ein Haus in Nidden auf der

Die Freude von Thomas und Katia Mann an ihrem Sommer-
haus in Nidden auf der Kurischen Nehrung sollte nur kurze
Zeit währen. Nur drei Sommer lang genossen sie hier den
»Italienblick«, dann zwangen die Nationalsozialisten sie zur
Emigration.

Kurischen Nehrung. Die Popularität der Niddener Künstlerkolonie hatte bereits in wilhelminischer Zeit zu dem Ausspruch geführt, man befürchte eine Invasion des Kurfürstendamms. Die hat es nie gegeben, ganz im Gegenteil: Die ostpreußischen Künstler und Intellektuellen gingen nach Berlin.

Das geistig einst so rege und befruchtende Königsberg wurde so provinziell wie die Provinz. Große Ostpreußen wie der Maler Lovis Corinth – neben Max Beckmann und Ernst Ludwig Kirchner die dynamischste und eine der wegweisenden Künstlerpersönlichkeiten der deutschen Malerei des 20. Jahrhunderts –, der für die Kirche seiner Heimatstadt Tapiau drei Altargemälde schuf, lebten nicht hier. Auch Käthe Kollwitz (1867–1945) nicht, die wegen ihres sozialkritischen Engagements zu den populärsten deutschen Künstlern zählen dürfte. Die Architektenbrüder Bruno (1880–1938) und Max Taut (1884 bis 1967) gelangten in Berlin zu Weltruhm, ebenso Erich Mendelsohn (1887–1953), der in seiner ostpreußischen Heimat 1925 die Tilsiter »Loge zu den drei Erzvätern« erbaute. Werner Richard Heymann (1896–1961), der Bruder des gefallenen Dichters Walther Heymann, kehrte seiner Heimatstadt Königsberg den Rücken und feierte in Berlin als Komponist von Filmmusiken große Erfolge. Einige der erfolgreichsten Titel der »Comedian Harmonists« stammen aus seiner Feder, ebenso »Ein Freund, ein guter Freund«, »Irgendwo auf der Welt« sowie »Das ist die Liebe der Matrosen«.

In Königsberg entstand derweil eine antimoderne »Heimatliteratur«. Was mit Gerhart Hauptmanns, Max Halbes und Hermann Sudermanns Theaterstücken begonnen hatte – die Verschmelzung von Pathos und Landleben in den ostdeutschen Provinzen –, das war in Ostpreußen seit dem Krieg und erst recht seit der Abtrennung 1919 gefragt. Dramen und Erzählungen mit ostpreußischen Themen hatten in den 1920er und 1930er Jahren Konjunktur. Gerade die Ostpreußen fühlten sich in der Weimarer Republik heimatlos und suchten eine imaginäre Heimat in der Literatur. Für Heimatdichter erwies sich das mythenreiche Ostpreußen als munter sprudelnde Quelle. Neben den Brüdern Richard (1862–1932) und Fritz Skowronnek (1858–1939) mit ihren Masurenmotiven hatte vor allem der bei Insterburg geborene Gutsbesitzer William von Simpson (1881–1945) Erfolg mit »Die Barrings« und »Der Enkel«, Romane, bei denen es sich um Rekonstruktionen einer überschaubaren ländlichen Welt mit einer stabilen Sozialhierarchie handelt.

Alles, was Ostpreußens Mythos ausmachte, findet sich wohl am

Fernab der avantgardistischen Metropolen hinterließ der weltberühmte Architekt Erich Mendelsohn, der 1887 in Allenstein geboren wurde, ein Kleinod. In seiner ostpreußischen Heimat schuf er 1925 mit der Tilsiter »Loge zu den drei Erzvätern« ein beeindruckendes Zeugnis der Moderne. Es ist wie ein Wunder, daß dieser Bau den Krieg relativ unbeschadet überstanden hat. Bis heute verblüfft er die Besucher der Stadt.

besten zusammengefaßt in dem neuen »Ostpreußenlied«, das der Königsberger Herbert Brust (1900–1968) für den Schlußchoral seines »Oratoriums der Heimat« komponierte. Versehen mit dem Text von Erich Hannighofer (1908–1945), fand das »Land der dunklen Wälder« nach 1933, vor allem aber nach dem Untergang Ostpreußens bei den Heimatvertriebenen Anklang.

Zwei Männer haben die politischen Geschicke Ostpreußens während der Weimarer Republik nachhaltig bestimmt. Beide waren mit dem Land persönlich aufs engste verbunden und hätten dennoch unterschiedlicher kaum sein können: Otto Braun und Paul von Hindenburg. Braun engagierte sich als preußischer Ministerpräsident für seine Heimatprovinz und suchte das Land zu demokratisieren, während der Feldherr des Ersten Weltkriegs als Ikone, Mythos und Galionsfigur des ostelbischen Adels Einfluß nehmen sollte.

Mit der Schenkung des Gutes Neudeck, Kreis Rosenberg, im deutsch verbliebenen Teil Westpreußens gelangte Hindenburg im Oktober 1927 durch eine Initiative von Industrie und Landwirtschaft in den inneren Zirkel der ostpreußischen Gutsherrenelite. Sein Gutsnachbar Elard von Oldenburg-Januschau war die treibende Kraft bei der Schenkung. Zu Hindenburgs ostpreußischer Kamarilla zählten ferner Wilhelm von Gayl, Direktor der Ostpreußischen Landgesellschaft, Generallandschaftsdirektor von Hippel sowie der ehemalige Oberpräsident Adolf von Batocki, einer der größten ostpreußischen Grundbesitzer. Hindenburg stand für alles, was Braun zuwider war: Er war ostelbischer Junker, Monarchist und Militarist. Er hatte als Chef des Generalstabs des Feldheeres im Oktober 1918 den Waffenstillstand gefordert und es dann den Sozialdemokraten überlassen, die Verantwortung zu tragen. Er hatte kräftigen Anteil an der Erfindung der Dolchstoßlegende und war – sieht man von den Kommunisten ab – das Idol aller Feinde der Weimarer Republik.

Der Demokrat Otto Braun war gebürtiger Ostpreuße und als solcher ein vom Osten geprägter Mensch, zutiefst patriotisch und seiner Heimat verbunden. Hier fand er Ruhe und Kraft, eine Gegenwelt zu Berlin. Wenn Braun über Ostpreußen redete oder schrieb, dann brach sein Innenleben durch die harte Kruste seines Äußeren, dann konnte er zum Schwärmer werden. In einer Rede anläßlich der Grundsteinlegung zum Neubau der Königsberger Handelshochschule am 24. November 1930 hat er keinen Zweifel daran gelassen, daß er für die Revision der im Versailler Friedensvertrag festgelegten Grenzen eintrat: »So wenig ich das an der polnischen Nation verübte Unrecht früherer Zeit gebilligt habe, ebensowenig kann ich es billigen, daß dieses Volk sein staatliches Dasein auf ein Unrecht gegen ein anderes, das deutsche Volk, aufbaut … Gegen dieses Unrecht werden wir immer protestieren, die gewaltsam durchgeführte, willkürliche, ungerechte neue Grenzziehung werden wir niemals als berechtigt anerkennen … Unsere Kriegsgegner haben bei Schaffung des Korridors die Absicht gehabt, Ostpreußen verkümmern zu lassen, um es dann im geeigneten Moment zur Beute der östlichen Nachbarn werden zu lassen. Dem muß vorgebeugt werden.«[47]

Braun wie Hindenburg lag jenseits aller politischen Differenzen das Wohl Ostpreußens am Herzen. Der Sozialdemokrat war, obwohl er die Jagd in seiner Heimat liebte, ein vehementer Befürworter durchgreifender Landreformen zugunsten von Arbeitern und Landlosen. Mit großer Entschlossenheit trat er gegen die überkommenen Privilegien des ostelbischen Großgrundbesitzes auf und machte sich damit zum Feind des rechtsnationalen Milieus.

Die Auflösung der Gutsbezirke, die 1927 schließlich erfolgte, war längst überfällig gewesen. Die teuren und teilweise umständlichen Transportwege der landwirtschaftlichen Produkte durch den »Korridor« ließen den Preis der ostpreußischen Waren trotz Subventionen über den der Anbieter in den west- und mitteldeutschen Absatzgebieten steigen, und auch der Import landwirtschaftlicher Geräte aus dem Reich verteuerte sich aufgrund der infrastrukturellen Probleme. Um sich wirtschaftlich über Wasser zu halten, verschuldeten sich viele Landwirte. Da die Reinerträge nach 1918 stark zusammenschmolzen, wuchsen ihnen die Verbindlichkeiten bald über den Kopf. In der zweiten Hälfte der zwanziger Jahre nahm die Verschuldung der ostpreußischen Landwirtschaft bedrohliche Ausmaße an. Die Instabilität im sozialen, wirtschaftlichen und politischen Bereich wuchs, eine Katastrophe drohte.[48] Mit der Gründung einer »Notgemeinschaft Südostpreußen«, die eng mit dem von der DNVP dominierten »Landwirtschaftsverband Ostpreußen« (LVO) kooperierte, war schon auf die Verhältnisse im ehemaligen Abstimmungsgebiet aufmerksam gemacht worden, aber erst mit der staatlichen »Ostpreußenhilfe« seit 1928 gelangte konkrete Hilfe in die gebeutelte Region.

Neben Steuersenkungen und Subventionen stellte Berlin Kredite und Umschuldungsaktionen in Aussicht, um die bäuerlichen Wirtschaften zu retten. Doch die Bauern in Ostpreußen spürten davon nur wenig, da sie kaum in den Genuß dieser Vergünstigungen kamen. Die konservativen Gutsbesitzer an der Spitze der einflußreichen landwirtschaftlichen Lobbyistenverbände teilten diese nämlich an ihre eigene Klientel aus, die ihnen sehr viel näher stand als die ohnehin arme Schicht der Kleinbauern. Das war schon immer so gewesen. Das agrarische Junkertum war stets eine tragende Säule der Monarchie und genoß – abgesichert durch die Sitze im Preußischen Herrenhaus und das Drei-Klassen-Wahlrecht – eine politische Vorrangstellung, die in scharfem Gegensatz zu seiner zunehmenden ökonomischen Bedeutungslosigkeit stand. Die Junker hatten es verstanden, die Schwächen und Strukturfehler ihrer wirtschaftlichen Basis durch politische Einflußnahme auszugleichen, etwa indem sie Schutzzölle und Subventionen durchsetzten anstatt ihre Betriebe zu rationalisieren und zu modernisieren, wozu die agrarischen Kleinbetriebe geradezu gezwungen waren. Da in Ostpreußen die Großbetriebe den Ton angaben, wurde das Land auf diese Weise immer rückständiger. Gutsbetriebe mit über hundert Hektar Land stellten 39,2 Prozent der landwirtschaftlichen Nutzfläche, während es im Reich 20,2 Prozent waren. In neun von 37 Landkreisen gehörten sogar 50 bis 68 Prozent der Nutzfläche Großagrariern. Insgesamt verfügten 1925 nur 1,9 Prozent aller landwirtschaftlichen Betriebe über die Hälfte der gesamten Nutzfläche Ostpreußens.[49] Von der »Ostpreußenhilfe« profitierten zwölf Prozent der Bauern. Von den 100 243 Kleinbetrieben der Provinz erhielten nur elf Prozent einen Kredit, aber 38,6 Prozent der 3440 Großbetriebe. Während sich Gutsbetriebe sanierten, ging die Mehrheit der Bauern leer aus.

Otto Braun hielt von dieser »Ostpreußenhilfe« der Reichsregierung nichts, weil Kredite überschuldeter landwirtschaftlicher Betriebe in langfristige Kredite umgewandelt wurden – eine Form direkter Unterstützung, die es selbst in monarchischen Zeiten nicht gegeben hatte. Wie er befürchtet hatte, mußte die Landwirtschaftskammer für die Provinz Ostpreußen schon nach zwei Jahren eingestehen, daß in erster Linie die Großgrundbesitzer durch die »Ostpreußenhilfe« unterstützt wurden. Für 46 Prozent der Betriebe über hundert Hektar waren Umschuldungskredite vergeben worden, dagegen nur für 6,7 Prozent der Mittel- und Kleinbetriebe. Dementsprechend nahm die Zwangsversteigerung kleinerer Betriebe trotz »Ostpreußenhilfe« rapide zu, während sich die Zusammenbrüche großer Güter in Grenzen hielten. Braun nannte die Dinge beim Namen, als er am 14. Dezember 1928 im Preußischen Landtag äußerte, es sei nicht Staatsaufgabe, den Bankrott einer Klasse zu verhindern, indem er ihr das Berufsrisiko nehme und mit öffentlichen Mitteln ihren Privatbesitz

Gegen Ende der Weimarer Republik gelangen den Nationalsozialisten fulminante Erfolge in Ostpreußen. Die einst
preußisch-konservative Hochburg, reaktionär und kaisertreu,
wurde zu einer Bastion der NSDAP, was der gute Besuch dieser Versammlung in einer Fabrikhalle bestätigt. Wirtschaftliche Gründe spielten wie überall eine Rolle, vor allem aber
hat die »Insellage« fernab vom Reich Hitlers Erfolg befördert.
Wie kein anderer wußte er die »polnische Bedrohung« auszumalen und die Ostpreußen auf ihre »Vorposten«-Rolle einzuschwören. Eine NS-Propagandaschrift aus dem Jahr 1935
macht bildhaft deutlich, daß Ostpreußen bereits vom Hakenkreuz dominiert wird.

schütze. Braun wollte unrentable Güter lieber untergehen lassen, weshalb ihm die Agrarverbände »Agrarbolschewismus« vorwarfen.[50]

Die Fehlplanungen der »Osthilfe« verschärften den gesellschaftlichen Konflikt und untergruben die schwache Autorität der demokratischen Regierung in Ostpreußen vollends. Das traditionell festgefügte ostpreußische Weltbild von einer festen Ordnung geriet ins Wanken. Ostpreußens Bauern kehrten den demokratischen und letztlich auch den konservativen Parteien den Rücken, die sie mit leeren Versprechungen hinhielten, und setzten ihre Hoffnungen auf den Mann aus Braunau. Bei der Reichstagswahl 1930 dominierte die NSDAP bereits die Kreise Labiau, Darkehmen, Goldap, Gumbinnen, Insterburg Stadt und Land, Niederung, Pillkallen, Tilsit Stadt und Land, Johannisburg, Lötzen, Lyck, Ortelsburg und Sensburg. Die SPD führte in den Kreisen Fischhausen, Gerdauen, Wehlau, Angerburg und Königsberg Stadt, während die DNVP sich nur in den Kreisen mit vorwiegendem Großgrundbesitz wie Bartenstein, Heiligenbeil, Königsberg-Land, Mohrungen, Preußisch Eylau, Preußisch Holland, Rastenburg, Oletzko, Stallupönen, Neidenburg und Osterode als stärkste Partei behaupten konnte.

Im März 1932 zeigte sich der Kommentator der »Vossischen Zeitung« geradezu erbost darüber, daß die Ostpreußen bei den Reichspräsidentenwahlen in so großer Zahl Hitler und nicht Hindenburg gewählt und damit dem »österreichischen Proletarier« den Weg zur Macht geebnet hatten:

»Und Ostpreußen? Hier, im Heimatland Hindenburgs, in dem Lande, dessen Bewohner seinen Siegen Leib und Leben, Gut und Blut verdanken, hat Hindenburg mit 500 000 Stimmen zwar immer noch die meisten Wähler hinter sich, mehr sogar, als die hinter ihm stehenden Parteien bei den Reichstagswahlen auf sich vereinigen konnten; aber auch Hitler erhielt 400 000 Stimmen … in demselben Ostpreußen, das im Jahre 1925 mehr Stimmen für den Sieger von Tannenberg aufbrachte als irgendein anderer Wahlkreis. Die norddeutschen Landwirte haben nicht den preußisch-deutschen Landwirt Hindenburg, sondern den österreichischen Proletarier Hitler, die Protestanten den Katholiken gewählt. Eine groteske Verwirrung aller Fronten, die um so mehr jene ehrt, die ohne Rücksicht auf konfessionelle Borniertheiten oder die billigen Weisheiten der Klassenkampf-Propheten für den Repräsentanten des inneren Friedens ihre Stimme abgaben, und die eine Schmach bedeutet für die Kreise, die sich an einen politischen Zauberkünstler hängen, obgleich sein Gegner nicht nur der bessere

Hindenburg, der knorrige Preuße und imposante Repräsentant eines monarchistisch-protestantischen Patriotismus, wirkt selbst kurz vor seinem Tod noch wie das Standbild einer widerspenstigen Welt, die sich bis zuletzt der totalitären NS-Ideologie widersetzte. Der schmächtige Hitler gibt dagegen – bei seinem Besuch in Neudeck am 3. Juli 1934 – den unsicheren Bittsteller. Dennoch ist es ihm gelungen, sich als neuer »Retter« Ostpreußens zu präsentieren und damit Kontinuität vorzugaukeln. In Wahrheit begann eine neue Ära, in der Preußen und seine Wiege Ostpreußen in den Untergang geführt wurden. Die Nationalsozialisten wurden zu Totengräbern der siebenhundertjährigen deutsch geprägten Kultur in Ostpreußen.

Mann, sondern auch nach Herkunft und Tradition einer der ihren ist
... Man darf in der Politik keine Dankbarkeit verlangen. Aber etwas
mehr Einsicht hätte man den landwirtschaftlichen Wählern Hitlers
zutrauen können. Glauben sie wirklich, daß sich die Not der Landwirtschaft durch Pogrome heilen läßt? Der 13. März hat gezeigt, daß
das kleinlichste Klasseninteresse gerade in den Schichten am stärksten
herrscht, die sich das Recht anmaßen, die ›Marxisten‹ für die Tod-
feinde des wahren Deutschlands zu erklären. Dabei sehen sie selbst
die ganze Welt nur unter dem Gesichtspunkt des Kartoffelpreises!«[51]

An einem konkreten Beispiel zeigte die »Vossische Zeitung« die
Verschiebung der Gewichte: »Deutsche Treue in Neidenburg. Dort
gab es 3400 Stimmen für Duesterberg, 4500 Hindenburg, 8500 Hitler
und 930 für Thälmann ... Ich glaubte, nicht recht zu hören. So danken die Neidenburger, wenige Kilometer entfernt vom Tannenberg-
Denkmal, sie, deren Stadt von den Russen heruntergebrannt, von
Hindenburg befreit wurde, ihrem Befreier! Schämt euch, Neidenburger!« Ganz Ostpreußen zählte 1928 nur 200 NSDAP-Mitglieder,
Ende 1929 waren es bereits 8334 in 211 Ortsgruppen.

NSDAP-Wahlergebnisse in Ostpreußen und im Deutschen Reich[52]

Wahlen	Ostpreußen	Reich
20. Mai 1928	0,8	2,6
14. September 1930	22,5	18,3
31. Juli 1932	47,1	37,4
6. November 1932	39,7	33,1

Königsbergs Geschichte der NSDAP beginnt mit Waldemar Magunia,
der 1921 in München in die Partei eintrat. Nach der Rückkehr in seine
ostpreußische Heimat wurde Magunia Bäckermeister auf dem Steindamm. Seine Bäckerei bot der Königsberger Gruppe, die sich am
1. März 1925 als erste in der Provinz im Gasthaus »Alter Hirsch« in
der Altstädtischen Langgasse gründete, den nötigen finanziellen
Rückhalt. 1926 sprach erstmals Goebbels in der Komischen Oper
über »Lenin und Hitler«. Anschließend kam es zu einer Saalschlacht.
Am 14. September 1928 zog Erich Koch als hauptamtlicher Gauleiter
aus dem Rheinland nach Ostpreußen. Im November 1929 gelangten
drei NSDAP-Vertreter ins Stadtparlament. Schließlich traten am
25. Mai 1929 Hitler und Heß in der Königsberger Stadthalle auf.

Marodierende SA-Schlägertrupps gehörten alsbald zum ostpreu-

Das Bild zeigt die letzte Sitzung des ostpreußischen Provin-
ziallandtags in Königsberg vor der »Gleichschaltung«. Aufgrund der Machtverhältnisse gewinnt man jedoch den Eindruck, daß die Nationalsozialisten bereits regieren. Der
zweite von rechts in der vordersten Reihe ist Erich Koch, seit
1928 Gauleiter und seit 1933 Oberpräsident Ostpreußens, der
später als Reichskommissar für die Ukraine berüchtigt war.

BERICHT

der Bezirksleitung Ostpreußen der KPD. (Sektion der 3. Internationale)

an den Bezirksparteitag am 29. u. 30. März 1929 in Königsberg

Beginn des Parteitages Freitag, den 29. März, 10 Uhr vormittags, im Stadtverordneten - Sitzungssaal Junkerhof, Kneiph. Hofgasse, Ecke Brodbänkenstr.

Ostpreußen wird in der Regel als konservativ-nationale Hochburg wahrgenommen, doch es gab auch andere politische Kräfte. Kaum erforscht ist bislang die Geschichte der ostpreußischen Kommunisten. Diese Broschüre weist auf den ostpreußischen KPD-Bezirkstag 1929 in Königsberg hin.

ßischen Alltag. Angst breitete sich aus, weil auf der Gegenseite die
KPD mit ihren Kampftruppen in Stellung ging. Vier KPD-Mitglieder
überfielen am 22. Mai 1931 den nationalsozialistischen Vertriebslei-
ter der »Preußischen Zeitung«. Am Vorabend der Reichstagswahl,
am 30. Juli 1932, wurde in der KPD-Hochburg in der Königsberger
Selkestraße ein SA-Mann von Kommunisten erstochen.[53] Auch zwischen dem die Republik verteidigenden Reichsbanner und der SA
kam es zu Kämpfen. 1932 wurden zwei Königsberger Reichsbanner
leute im Verlauf von Saalschlachten in Friedland und Ludwigsort
tödlich getroffen. Im selben Jahr erlag der Sekretär der SPD im Un-
terbezirk Elbing den Folgen eines Überfalls. In der Nacht vom
31. Juli zum 1. August 1932 wurden jüdische Geschäfte beschädigt,
SA-Trupps drangen in die Wohnungen des SPD-Reichstagsabge-
ordneten Walter Schütz (1897–1933), in die des Chefredakteurs der
»Königsberger Volkszeitung«, Otto Wygratsch, und die des Stadtverordneten Sauff ein und verübten einen Anschlag auf den der DVP
angehörenden Königsberger Regierungspräsidenten von Bahrfeld.
Einige Attentäter entkamen mit falschen Pässen nach Österreich, andere wurden von prominenten, der NSDAP nahestehenden Rechtsanwälten verteidigt. In dieser Nacht wurden auch jüdische Geschäfte
beschädigt.[54]

Thomas Mann, der sich gerade in Nidden aufhielt, verurteilte die
Taten im »Berliner Tageblatt« vom 8. August 1932 in aller Schärfe:
»Werden die blutigen Schandtaten von Königsberg den Bewunde-
rern der seelenvollen Bewegung, die sich Nationalsozialismus nennt,
sogar den Pastoren, Professoren, Studienräten und Literaten, die ihr
schwatzend nachlaufen, endlich die Augen öffnen über die wahre Natur dieser Volkskrankheit, dieses Mischmasch an Hysterie und ver-
muffter Romantik, dessen Megaphon-Deutschtum die Karikatur und
Verpöbelung aller Deutschen ist?«[55]

Die Antwort lautete: nein. Nicht nur Bauern und Bürger, auch die
ostpreußischen Adligen, denen die Weimarer Republik ohnehin ein
Graus war, liefen in großer Mehrheit den nationalsozialistischen Rat-
tenfängern nach und verrieten ihre konservativen Traditionen. Männer
wie Friedrich von Berg-Markienen (1866–1939), der während der
gesamten Weimarer Republik als Marschall die Geschicke der »Deutschen Adelsgenossenschaft« prägte und engste Beziehungen zum ehemaligen Herrscherhaus im niederländischen Doorn unterhielt, waren
die Ausnahme. Der knorrige Ostpreuße trat resigniert von seinem
Amt zurück, nachdem er Anfang Februar 1932 für die Wahl Hinden-

burgs plädierte hatte und daraufhin von der völkischen Fraktion im Adelsverband zum Rücktritt gedrängt worden war.

Einer von denen, die nach eigenen Angaben der NSDAP im November 1932 ihre Stimme gaben, war Alexander Fürst zu Dohna-Schlobitten. An Hermann Göring, den er zur Jagd einlud, beeindruckte ihn die Aura des hochdekorierten Kampfpiloten. Heinrich Himmler gewann den Fürsten durch bescheidenes Auftreten, Belesenheit und die Tatsache, daß er ebenfalls Landwirtschaft studiert und einer schlagenden Verbindung angehört hatte. Der Fürst fuhr Himmler im Sommer 1932 mit dem fürstlichen Horch-Kabriolett spazieren[56] und veranstaltete mit Hermann Graf zu Dohna auf Schloß Finckenstein und mit Vetter Konrad Graf von Finckenstein-Schönberg auf der gleichnamigen Ordensburg Empfänge für Göring, Hitler und die Gauleitungsprominenz, wodurch die Dohnas ein weithin sichtbares Zeichen für den ostpreußischen Adel setzten.[57]

Die demokratischen Kräfte erwiesen sich als zu schwach, um die Radikalisierung von rechts zu verhindern. Ostpreußens einst lebendige Arbeiterbewegung war längst mit der Verschlechterung der wirtschaftlichen Lage ins linksradikale Lager abgedriftet. Über die ostpreußische KPD, die viele Anhänger hatte, ist kaum etwas bekannt, weil man diesen Teil der ostpreußischen Geschichte im landsmannschaftlichen Traditionsmonopolismus nach 1945 gern ausblendete. In ihrer ganzen ideologischen Widersprüchlichkeit war diese Partei jedoch ein fester Bestandteil des ostpreußischen politischen Lebens.

Zunächst gerierte sie sich als antiimperialistische Partei, die jede Form von Militarismus ablehnte, wie aus einer Resolution, verabschiedet auf dem Bezirksparteitag vom 16./17. Januar 1926, hervorgeht: »Die Ententekapitalisten legten auf Drängen der polnischen Imperialisten den polnischen Korridor zwischen Deutschland und Ostpreußen. Polens Imperialisten betrieben als Folge ihrer Politik eine systematische Arbeit zur völligen Eingliederung Ostpreußens in den polnischen Staatenverband. Die Partei muß hier mit dem polnischen Proletariat die klare und eindeutige Stellung des Kampfes gegen die polnischen und deutschen Imperialisten einnehmen. Die polnischen Adler dürfen so wenig auf dem Schlosse in Königsberg wehen, wie die Fahnen der deutschen Imperialisten auf den Türmen Polens wehen sollen.«[58]

Mit der Zeit wurde die Partei jedoch extrem und teilweise sogar gewalttätig. Immerhin bot sie der NSDAP zuweilen Paroli. 1923 erbeutete eine kommunistische Gruppe auf dem Gut des Majors Paul von Lenski in Kattenau, Kreis Stallupönen, 130 Gewehre und sechs Kisten Granaten. Was verwundert, ist, daß ein konservativer ostpreußischer Adliger zu Hause sechs Kisten mit Granaten lagern konnte.[59] Die Nutzung adliger Landgüter als Waffenkammern oder Ausbildungslager für die Konterrevolution war durchaus nicht ungewöhnlich. Sie wurde erstmals während des Kapp-Lüttwitz-Putsches erprobt, an dem adlige Offiziere einen bedeutenden Anteil hatten. Nach dessen Scheitern beteiligten sich viele an der Bewaffnung des Landvolks, dem Aufbau von Wehrverbänden – zunächst in der paramilitärischen Orgesch (Organisation Escherich), dann im Stahlhelm und schließlich in der SA.[60] Alexander Fürst zu Dohna-Schlobitten versteckte nachts Waffen und Munition für den »Heimatbund« hinter der Orgel in der Schlobitter Kirche.[61]

Politischen Demagogen bot sich ein weites Betätigungsfeld. Bei den von Deklassierung und Armut betroffenen Menschen ging ihre extremistische Saat auf. Hitler nutzte diese Chance am besten. Allein mit wirtschaftlichen Problemen ist das jedoch nicht zu erklären. Ostpreußens Gesellschaft galt vor 1918 als unerschütterlich in ihrer Treue zum Hohenzollernhaus. Die Monarchie, insbesondere der preußische König, bedeutete für sie Stabilität und Schutz in einer vertrauten Staats- und Herrschaftsform. Über alle Krisen hinweg hatte die ostpreußische Bevölkerung stets für das konservativ-monarchistische Lager gestimmt. Diese »gottgewollte« Ordnung wurde 1918 schwer erschüttert und seither radikal in Frage gestellt. Nach der Abdankung der Hohenzollern setzte sich zwar die konservative Parteipräferenz fort, aber es fehlte die Identifikationsfigur. Hindenburg übernahm zwar die Rolle des Ersatzmonarchen, aber erst Hitler hat sie wirklich zu nutzen gewußt.

Aufmerksam geworden durch steigende Wahlergebnisse, reiste Hitler im April und Juni 1932 nach Ostpreußen. Während seiner Visite im April suchte er das Tannenberg-Denkmal auf und demonstrierte seine feste Verwurzelung in den alten soldatischen Traditionen Preußens. Zugleich machte er deutlich, daß er als neuer Hindenburg in Krisenzeiten über Ostpreußen wachen wolle. Die Reise wurde ein Triumphzug. Zehntausende säumten die Straßen. Transparente grüßten ihn mit »Heil dem Retter unserer Heimat«.[62] In Lyck rief Hitler den Menschen zu: »Ich glaube nicht, daß es in Deutschland ein Land gibt mit der Treue des Masurenlandes«, was die NS-Medien sogleich zu einer »Masurischen Offenbarung« hochstilisierten. Hysterie und messianische Heilserwartung kamen auf, und selbst Hitler schien von dem überwältigenden Empfang gerührt. Masuren lag ihm zu Füßen. Die wenigen Mahner blieben ungehört.

In der nationalsozialistischen »Bewegung« und der von ihr propagierten »Volksgemeinschaft« standen die polnischsprachigen Masuren endlich auf einer Stufe mit den anderen Ostpreußen. Trotz des eindeutigen Abstimmungsergebnisses von 1920 für den Verbleib bei Deutschland hatten bis dahin selbst die Behörden am »Deutschtum« der Masuren Zweifel gehegt. Hitler schien diese Zweifel nicht zu teilen, sondern bot ihnen die vollwertige Mitgliedschaft in der deutschen Volksgemeinschaft an. Das wurde nach Jahrhunderten der Diskriminierung als großes Geschenk empfunden.

Wie stark das Vertrauen in die Weimarer Republik erschüttert war, demonstrierten die Reichstagswahlen von 1932. Weit hinter der NSDAP versanken alle anderen Parteien in der Bedeutungslosigkeit. Bei der Wahl am 31. Juli 1932 erzielte die NSDAP im Kreis Lyck mit 70,6 Prozent ihr bestes Resultat, gefolgt von Neidenburg mit 69,0 und Johannisburg mit 68,1 Prozent. Bei den Novemberwahlen, bei denen die NSDAP im Reichsdurchschnitt erheblich Federn lassen mußte, hielt Masuren der Partei Hitlers unverbrüchlich die Treue, wobei wiederum der Kreis Lyck mit 66,3 Prozent die Spitze einnahm. Obwohl bei den letzten Wahlen im März 1933 bereits der politische Terror die Straße regierte und die Stimmabgabe massiv behindert wurde, gaben die Masuren unbeirrt ihrer Hoffnung auf eine gute Zukunft mit der NSDAP Ausdruck und überboten das Ergebnis noch einmal: Neidenburg schlug mit 81 Prozent alle Rekorde, gefolgt von Lyck mit 80,38, Johannisburg mit 76,6, Ortelsburg mit 74,22, Lötzen mit 72,52, Sensburg mit 69,02 und Osterode mit 62,73 Prozent.[63]

Politische Radikalisierung: das Lehrstück Ostpreußen

Seit 1919 war Ostpreußen ein deutsches »Grenzland«, in dem allenthalben der Grenzlandgeist beschworen wurde. Die im Vorfeld der Volksabstimmung entstandenen Heimatverbände polemisierten heftig gegen Polen und Litauen und mißbrauchten ihren Einfluß in Ostpreußen zur Agitation gegen die Weimarer Parteien. Grenz- und Heimatwehren, Freikorps und nationalistische Verbände schürten die Angst vor einer bolschewistischen oder polnischen Invasion, vor der nur sie das Land bewahren würden. Verzweifelt warben republikanische Kräfte – allen voran die SPD – für die Weimarer Verfassung, doch es gelang ihnen trotz einiger lokaler Erfolge – vor allem in Königsberg – nicht, effektiv gegen die mehrheitlich deutschnationalen Lokalbehörden vorzugehen.

Die sozialdemokratische »Königsberger Volkszeitung« scheute den Konflikt mit der Großgrundbesitzerklientel nicht und griff den Grafen Eulenburg-Prassen anläßlich seiner Verteidigung des »Heimatbundes« an: »War schon die Person des Verteidigers der ›Verfassungstreue‹ des Heimatbundes ein Hohn auf diese Verfassungstreue, so war seine Rede in Form, Ausdruck und Geste eine Fanfare des Militarismus, des aktiven Widerstandes, den auch seine Versicherung von der Ungefährlichkeit des Heimatbundes nicht abschwächen konnte … Die Freunde und Verteidiger des Hochverräters Kapp gebärdeten sich, als wenn sie der Verfassung der Republik die Treue halten wollten.«[64]

Der »Heimatbund Ostpreußen« war eine extrem rechts orientierte Organisation, die nichts mit dem im Zuge der Abstimmung entstandenen »Ostdeutschen Heimatdienst« gemein hatte, sondern von einer reaktionären und auf aktiven Revisionismus bedachten Gutsbesitzer-Clique getragen wurde. Nach einer Einschätzung des ostpreußischen Oberpräsidenten Siehr von 1930 war der »Heimatbund« eine Großagrarierorganisation, »die mit ihren Beiträgen scharf rechts eingestellte Wehrorganisationen wie Stahlhelm u. dgl. unterstützen soll. Führer des Heimatbundes ist der frühere Oberpräsident von Hassel.«[65] Der ehemalige Oberpräsident Adolf von Batocki-Bledau lag auf derselben Linie. Er plädierte 1925 für eine Autonomie Ostpreußens und gegen demokratische Rechte:

»Während der Bayer und Württemberger, ja auch der Oldenburger und Lipper innerhalb der weit gesteckten Gesetze der Reichsgesetzgebung so regiert und so dem Reiche gegenüber vertreten wird, wie es seiner Bevölkerungsmehrheit genehm ist, hat der Ostpreuße, der Pommer usw. in Berlin außer der Reichsregierung die preußische Regierung über sich … Abhilfe kann, solange die Verhältnisse in Berlin so bleiben, nur eine Selbstverwaltung der Provinz schaffen, die sich ihrer besonderen Verantwortung bewußt ist und danach mit der nötigen selbständigen Entschlossenheit und Opferbereitschaft … handelt … Als Gegenleistung bieten wir Ostpreußen – das hat auch die Reichspräsidentenwahl wieder gezeigt – entschlossene Mitarbeit an der seelischen und politischen Gesundung des durch die Revolution und deren mißverstandene Nachäffung westlicher Demokratie verwirrten und verirrten deutschen Volkes, einer Gesundung, die nur von der Peripherie, von den durch den Umsturz weniger tief berührten äußersten Ländern und Provinzen her nach dem Mittelpunkte vordringen kann.«[66]

Darauf erwiderte die »Königsberger Volkszeitung« im scharfen Ton: »Das heißt mit anderen Worten: weil die ostpreußische Verwaltung, die übrigens ausgezeichnet arbeitet, nicht nach der Nase des Herrn v. Batocki und seiner Gesinnungsfreunde ist, soll die Provinz eine Autonomie, freilich nur eine Autonomie auf Zeit erhalten, bis auch in Preußen konservativ wieder Trumpf ist. Dann wollen sich Herr v. Batocki und die anderen ostpreußischen Junker wieder von Berlin regieren lassen! Sonst nicht. Wollte ein Republikaner im entsprechenden Falle solche Ansichten äußern und derartige Selbsthilfemaßnahmen vorschlagen, so würde die ganze reaktionäre Presse über ›Landesverrat‹ zetern.«[67]

Republikverachtung gehörte in Ostpreußen zum guten Ton. Schon Hindenburgs Besuch von 1922 offenbarte, wie bewußt die politische Polarisierung von den Rechten eingesetzt wurde mit dem Ziel, die Demokratie herauszufordern und bloßzustellen. Der deutschvölkische Wanderredner Eduard Stadtler hetzte schon damals in der »Ostdeutschen Turn-Zeitung«, Ausgabe für Ostpreußen, gegen die Bedenken der demokratischen Parteien: »Die Herren Severing und Konsorten bilden sich ein, das Deutsche Reich sei in Gefahr, wenn der ostpreußische Volksstamm seinen Retter Hindenburg feiert. Vielleicht haben ein paar geängstigte Parteibonzen der extremischen Sozialdemokratie Angstrufe nach Berlin gesandt, um gegen das Volk von Preußen den Berliner Staat zu mobilisieren.«[68]

Die Bedenken der Demokraten erwiesen sich als durchaus angebracht, denn Hindenburgs Reise wurde von Wilhelm von Gayl organisiert. Die Behörden wurden nicht konsultiert und erfuhren von dem Vorhaben erst aus der Presse. Das Programm des fast vierwöchigen Aufenthalts in der Provinz sah vor, daß Hindenburg stets bei adligen Republikgegnern übernachtete wie Elard von Oldenburg-Januschau, Graf Dönhoff-Friedrichstein sowie Mitgliedern des völkischen Heimatbundes wie Friedrich von Berg-Markienen, Graf zu Eulenburg-Prassen und Landeshauptmann Manfred von Brünneck. Die preußischen Behörden waren in der Zwickmühle: Weder wollten sie sich mit Statistenrollen in dem Schauspiel um den Sieger von Tannenberg abgeben, noch konnten sie den Besuch völlig ignorieren.

Die Reichswehr zeigte dagegen wenig Skrupel und nahm ohne Zustimmung der Regierung an den Feierlichkeiten teil. Die als Militärparade geplante Hauptveranstaltung fand auf dem weitläufigen Devauer Platz in direkter Nachbarschaft zu den Königsberger Kasernen statt. Am anschließenden Feldgottesdienst nahmen nach unterschiedlichen Schätzungen fünfzig- bis hundertzwanzigtausend Menschen teil. Das pseudostaatliche Zeremoniell unter der schwarz-weißroten Fahne bildete den wirkungsvollen Rahmen, als Hindenburg sich an »seine« Ostpreußen wandte:

»Ich will nur kurz danken für den herzlichen Empfang, der mir in der altehrwürdigen Krönungsstadt bereitet worden ist. Vor acht Jahren rief mich eine ernste Pflicht in dieses Land, wenn auch nicht direkt in diese Stadt. Und eine ernste Pflicht rief mich heute wieder hierher. Die Zeit der Not ist nicht vorüber. Bleibt treu, verzagt nicht, verzweifelt nicht am Vaterlande! Tut, wie die Preußen stets getan haben, Eure Pflicht. Ich kenne meine Ostpreußen! Gott sei mit Euch! Meine treuen Wünsche werden stets mit Euch allen sein, auch wenn ich nicht mehr bin. Ich bitte Euch, mit mir das Gelübde der unbedingten Treue zum deutschen Vaterlande zu bekräftigen.«[69]

Ohnmächtig standen die Demokraten vor diesem Spektakel einstiger Glorie, das die Hoffnungen auf einen Umschwung Ostpreußens in weite Ferne rücken ließ. Es kam zu Ausschreitungen, als die etwa achttausend Teilnehmer einer Protestveranstaltung, zu der die demokatischen Parteien und die KPD aufgerufen hatten, auf Soldaten stießen, die trotz Verbot an der Parade teilnehmen wollten. Einige Soldaten, die auf Anweisung der Kommandantur mit scharfer Munition ausgerüstet waren, machten von ihren Schußwaffen Gebrauch. Es fielen fünfzehn Schüsse, sechs Menschen wurden verletzt und ein Demonstrant durch Bajonettstiche getötet.[70]

Die demokratischen Organe stellten für die Militärs keinerlei Autorität dar. Sie maßen sich an, eigenmächtig und hinter dem Rücken der Landesbehörden gegen »Linke« vorzugehen. Oberpräsident Siehr unterrichtete den preußischen Innenminister persönlich davon, daß der Vorsitzende des Wehrkreiskommandos I (Ostpreußen), Generalleutnant von Dassel, im Falle polnischer Angriffe die ostpreußischen Kommunisten in Schutzhaft nehmen wolle.[71] Ferdinand Friedensburg, nach 1933 seines Amtes als Landrat enthoben und nach dem Zweiten Weltkrieg unter anderem Bürgermeister von Berlin, hat in seinen Erinnerungen von seinem Amtsantritt 1921 in Rosenberg/Westpreußen erzählt. In diesem Landkreis lebte der erzkonservative

Ostpreuße Elard von Oldenburg-Januschau. Friedensburg, der erste nichtadlige Landrat, noch dazu von der DDP, wurde einfach ignoriert und boykottiert. Da die DDP links von den Konservativen stand, war sie nach Ansicht des Landadels nicht viel anders zu beurteilen als die Kommunisten.[72]

Die Agrarierlobby der alten ostpreußischen Gutsherrenelite saß fest im Sattel und gab in der Provinz wie eh und je den Ton an. Der SPD-Ortsverein Kaukehmen meldete über den Lehrer und Kantor Klein, dieser habe am Tage des Kapp-Putsches an die Tafel des Klassenzimmers geschrieben: »Expräsident Ebert geht seinem alten Sattlerberuf nach. Noske geht Schweine hüten, Erzberger desgleichen, auch die anderen Juden. Deutschland ist erwacht – halte Wacht, Jugend.«[73]

Als Walther Rathenau ermordet wurde, weigerten sich die ostpreußischen Behörden, vor allem höhere Schulen, dem Außenminister Respekt und Trauer zu bekunden. Die konservative »Lycker Zeitung« wehrte sich vehement gegen eine Umbenennung der Kaiser-Wilhelm-Straße in Rathenau-Straße.[74] In Palmnicken kam es zu einem tödlichen Unfall, als am 1. Juli 1922 zweieinhalbtausend Menschen mit einem Trauermarsch des ermordeten Außenministers gedachten und ein örtlicher Landjäger dabei den Arbeiter Karl Steinke aus Groß Hubnicken erschoß.[75] Als der ehemalige Reichsfinanzminister Matthias Erzberger ermordet wurde, veröffentlichte die »Oletzkoer Zeitung« am 26. August 1921 statt eines Nachrufs eine Haßtirade:

»Ein Mann, der wie Erzberger wohl die Hauptschuld am Unglück unseres Vaterlandes hatte, mußte, solange er am Leben war, eine stete Gefahr für Deutschland bleiben. Es mag roh und herzlos klingen, solche Worte einem Toten nachzurufen, aber durch Gefühlsduselei kommen wir nicht weiter. Haß müssen wir säen! Und wie wir unsere Feinde von außen hassen lernen, so müssen wir auch die inneren Feinde Deutschlands mit unserem Haß und unserer Verachtung strafen. Vermittlungen sind unmöglich, nur durch Extreme kann Deutschland wieder das werden, was es vor dem Krieg war.«[76]

Rathenau und Erzberger waren als Demokraten wie als Juden verhaßt, und dieser Haß nahm zu. Bereits im Oktober 1919 war als Zusammenschluß mehrerer rechtsextremer Organisationen der »Deutsch-völkische Schutz- und Trutzbund« entstanden, der sich ganz dem Kampf gegen die »Judenrepublik« verschrieben hatte.

In Ostpreußen fand er bald vieler Anhänger. Die »Volksstimme«, das SPD-Organ für die Kreise Tilsit, Niederung, Ragnit und Pillkallen, berichtete im August 1920 unter der zynischen Überschrift »Teutsche unter sich«, daß sich in Tilsit eine Ortsgruppe des Bundes gegründet habe und »daß sich in unserer Stadt bis dato 286 männliche und weibliche ›Intelligenzen‹ fanden, die als Mitglieder des Bundes hinfüro bereit sind, auch am Memelstrand für die nötige Judenhetze und Erzeugung einer tüchtigen Pogromstimmung Sorge zu tragen«.[77]

Im November 1923 war die Provinz Ostpreußen Schauplatz einer Reihe pogromartiger Ausschreitungen gegen Juden: In den Städten Ortelsburg, Freystadt und Neidenburg wurden unter starker Beteiligung der Einwohner Geschäfte jüdischer Inhaber geplündert.[78] Bei den anschließenden Reichstagswahlen im Frühjahr 1924 erhielt die radikal-antisemitische »Deutsch-völkische Freiheitspartei« in Ostpreußen über zehn Prozent der Stimmen, was reichsweit nur von der »Ordnungszelle« in Bayern übertroffen wurde. Der Landesverband Ostpreußen des »Centralvereins deutscher Staatsbürger jüdischen Glaubens« warnte Anfang Januar 1932, bei Ostpreußens Juden habe »angesichts der politischen und wirtschaftlichen Depression eine starke Katastrophenstimmung eingesetzt, die zu einem ungeheuren Pessimismus geführt hat, so daß man der Ansicht ist, daß das dritte Reich schon bevorsteht«.[79]

Die Redaktion des »Stürmer« wollte im Dezember 1932 von der NSDAP-Ortsgruppe Königsberg Näheres wissen über den Mord an einem achtjährigen Jungen in der Nähe von Rastenburg, bei dem es »sich zweifelsohne um einen jüdischen Blutmord« handle,[80] und die »Angerburger Kreiszeitung« reimte wenig später:

Das Weihnachtsfest, deutsche Christen, ist Euer Fest,
daher Front gegen die raffende Judenpest,
kein Geschenk unter die Tanne aus dem Warenhaus,
denn Ihr macht sonst ein Fest für die Juden daraus.
Die arischen Händler sind in bitterster Not.
Wer noch auf Ehre und Gewissen ist bedacht,
helfe bannen deren Sorgen zur Weihnacht!
Schmach jedem, der sein Geld trägt zum Juden hinein,
er ist nicht wert, ein Deutscher und ein Christ zu sein![81]

Die ständige Propaganda der Deutschtums- und Wehrverbände, die von Angriffen der polnischen Nachbarn phantasierten und die Wirtschaftsnot den Juden in die Schuhe schoben, erzeugte blinden Haß. An dieses Pulverfaß legte Hans Nitrams nationalistischer Roman »Achtung! Ostmarkenfunk! Polnische Truppen haben heute nacht die ostpreußische Grenze überschritten« eine Lunte.[82] In dem Buch wird der polnische Militärangriff auf Ostpreußen als Tatsache dargestellt. Wie in einem Frontbericht werden in knapper Form die polnischen militärischen Aktionen und die aussichtslose Lage der schwachen deutschen Kräfte geschildert. Die Bildunterschriften lauten: »Ein Panzerauto ist 35 Minuten nach Abfahrt in Polen vor der Kaserne in Osterode!«, »Am Morgen des 22. wehte die polnische Raubfahne über Marienburg, über der Burg, die allen Deutschen als Symbol des Deutschtums im Osten galt und heilig war«, »Osterode ist in polnischer Hand«, »Bombenflugzeuge sind 60 Minuten nach Überfliegen der Grenze über Königsberg!«

Immer wieder unterstreicht der Autor die von der angeblich naiven demokratischen Reichsregierung verursachte Wehrlosigkeit der Deutschen, etwa wenn er den fiktiven Angriff auf Königsberg schildert: »Königsberg glich um diese Zeit einem Schlachtfeld. Um halb sieben war der dritte Fliegerangriff auf die Stadt niedergegangen ... Es rächte sich jetzt bitter, daß man auf deutscher Seite in unbegreiflicher Sorglosigkeit und Leichtfertigkeit und im Vertrauen auf die Heiligkeit der Verträge nichts für die Aufklärung und Vorbereitung der Bevölkerung getan hatte.« Und weiter: »Die Polen werfen Gasbomben, ... raus hier, ... das Gas schlägt nach unten ... Dieser Angriff hatte vernichtende Wirkung. Die ahnungslose Bevölkerung fiel dem Gift straßenweise zum Opfer ... Auf eine Zahl von 4000 Toten und entsprechend vielen Verwundeten gefaßt sein.«[83]

Nitrams Buch erlebte viele Auflagen und fand bei den republikfeindlichen Kräften Ostpreußens reichlich Zuspruch. Der Autor bestätigte ihnen, was sie schon lange zu wissen glaubten, nämlich daß die Reichs- und Landesbehörden hilflos und unfähig seien, weshalb Ostpreußen zur Selbstverteidigung greifen müsse: »Die Ostpreußen werden sich an ihrem Heimatboden, der ihnen seit Jahrhunderten gehört, festkrallen. Sie werden sich vor Königsberg, in Königsberg und hinter Königsberg schlagen. Noch auf der Mole von Pillau wird das letzte deutsche Maschinengewehr den Polen eine blutige Lehre geben. An dieses ›Grunwald‹ sollen sie denken!«[84]

Ostpreußen, einst Preußens Stimme der Vernunft, das Land der liberalen Gutsbesitzer des Vormärz, später Bollwerk der konservativen Reaktion, warf sich dem vermeintlichen Retter Adolf Hitler in die Arme. Joseph Goebbels hielt im Juli 1931 auf einer Kundgebung in Tilsit eine Rede, die der »Völkische Beobachter« unter der Überschrift »Ostpreußenpolitik ist deutsches Schicksal« zusammenfaßte: »Das ostpreußische Problem ist eine Frage des deutschen Schicksals überhaupt und ein guter Gradmesser für das Steigen oder Fallen unseres Volkstums, das seine Wurzelkraft nicht aus der Großstadt, sondern vom platten Lande zieht. Gelingt es den Deutschen, Ostpreußen trotz aller Widerstände des politischen Schicksals wieder aufzubauen und in wirtschaftlicher und kultureller Blüte zu behaupten, so ist damit der Beweis erbracht, daß die deutsche Kraft unversiegbar ist und stark genug, allen Gewalten zu trotzen. Ostpreußenpolitik ist deutsches Schicksal!«[85]

Unterm Hakenkreuz

»Hüter deutscher Ostmark«

Für viele Ostpreußen waren die Jahre bis 1939 die glücklichsten ihres Lebens. Nach dem 30. Januar 1933 zogen die Kampfgenossen Hitlers in zahlreiche lokale Ämter ein, besetzten Posten als Bürgermeister und Landräte. Damit verband sich eine soziale Revolution: Erstmals – wenn auch in sehr bescheidenen Ausmaßen – fand ein Elitenaustausch statt. Ostpreußen aus den unteren Schichten konnten aufgrund ihrer Parteizugehörigkeit aufsteigen. Das Monopol der konservativen preußischen Beamtenelite war gebrochen. Eine ganz ungewöhnliche Dynamik erfaßte das Land. Anders als in der Weimarer Republik verstand man sich nicht mehr als Opfer, das nur gegen die Feinde von Versailles protestierte, sondern ging in die Offensive über.

Dieses neue Selbstverständnis preist die »Ostpreußische Zeitung«: »Unsere Provinz, die abgetrennte Insel in der brodelnden Slawenflut, an die jahraus jahrein die Wellen spülen, um weiteres Land abzureißen, soll jetzt geistig und materiell eingedeicht – sie soll ein neues Bollwerk werden, Kraftzentrum eines neuen deutschen Lebensstroms. Wieder wie in den Tagen Hermann von Salzas und Hermann Balks soll sich ein Kreuzzug von Deutschen aller Stämme nach ›Ostland‹ ergießen ...

Ostpreußen ist heute wieder ein heiliges Land. Ostpreußen führt heute – wie einst Schwaben – des Deutschen Reiches Sturmkriegsfahne. Und Ostpreußen wird jetzt dabei wieder der Jungbrunnen deutscher Volkskraft werden.

Ostpreußen war von jeher Land der Entscheidung – historischer Boden, auf dem Weltgeschichte des Schwerts und des Geistes gemacht wurde. Ostpreußen hat dem Deutschen Reich den Staatsbegriff gegeben. Ohne Ostpreußens kategorischen Imperativ der Pflichterfüllung wäre niemals das Preußenreich geworden. Aber es soll auch geistig wieder seine alte Mission als Kulturbollwerk antreten. Dieses Ostpreußen, in dem sich die besten und wertvollsten Kräfte aller deutschen Stämme zu einem neuen Ganzen verschmolzen, soll jetzt abermals – ›Ordensland‹ werden. Fünfhundert Jahre hat das deutsche Volk von dem Erbe des Schwarzweißen Kreuzritters gezehrt. Jetzt wird Ostpreußen aufs neue zu einem Fundament deutscher Volksmacht und Kultur im Osten werden.«[1]

Niemand wollte zurückstehen. Selbst das ehemals dem Zentrum nahestehende katholische »Allensteiner Volksblatt« frohlockte: »In dieser deutschen Aufgabe fügen wir Katholiken im Ermland uns freudig ein in dem stolzen Bewußtsein, daß unsere Ahnen mehr als dreihundert Jahre lang die polnische Oberhoheit erdulden mußten und doch ihr Deutschtum rein und unversehrt bewahrt haben.«[2]

Der Nationalsozialismus in Ostpreußen ist vor allem mit dem Namen Erich Koch (1896–1986) verbunden. Der gebürtige Elberfelder widmete sich seit 1928 dem Aufbau der ostpreußischen NSDAP und prägte sie bis zum Untergang 1945. Als Gauleiter propagierte er anfänglich eine »Partei des preußischen Sozialismus«. Im parteiinternen Kampf überreizte der streitbare Koch sein Spiel jedoch, indem er sich gleichzeitig mit dem Reichsnährstand, der SS und vorübergehend auch noch mit der SA anlegte. Im Frühjahr 1934 ließ Koch einige Bauernfunktionäre verhaften, um den Reichsnährstand unter seine Kontrolle zu bringen. Die Staatspolizei konterte, indem sie Gefolgsleute Kochs festsetzte. Der Leiter der Königsberger Staatspolizei, der SS-Gruppenführer Erich von dem Bach-Zalewski, verfolgte Kochs Sozialismus mit Argwohn, und er verabscheute dessen korrupte Führung. Als der Königsberger Stadtrat Paul Wolff im Oktober 1935 Hitler eine umfangreiche Denkschrift über Machtmißbrauch und kriminelles Verhalten der ostpreußischen Parteifunktionäre zukommen ließ, trug von dem Bach-Zalewski einiges dazu bei, daß Himmler persönlich ein Untersuchungsverfahren gegen Koch einleitete. Die Anschuldigungen erwiesen sich als wahr. Koch wurde abgesetzt, doch Hitler sorgte für seine Rehabilitierung. Letztlich ging Koch aus der »Oberpräsidentenaffäre« gestärkt hervor.

Am 5. Juli 1933 beriet das Reichskabinett erstmals in Anwesenheit von Oberpräsident Koch über die zukünftige Ostpreußenpolitik. Das war die Geburtsstunde des »Ostpreußenplans«, einer Investitionskampagne, die einen beispiellosen wirtschaftlichen Aufschwung auslösen sollte. Die Bauern profitierten von einer Absatzgarantie mit festen Abnahmepreisen, die ihnen einen größeren Kalkulationsspielraum ließ. Günstige Kredite und Entschuldungsprogramme verbesserten ihre Liquidität, die wiederum Neuinvestitionen – Neubau und Modernisierung landwirtschaftlicher Betriebsgebäude und die Einführung neuer Techniken – ermöglichte. Noch heute spiegelt sich der wirtschaftliche Aufstieg der dreißiger Jahre in der Architektur Ostpreußens wider. Wer von Süden – etwa von Warschau – in nördlicher Richtung nach Masuren fährt und im Kreis Ortelsburg oder Johannisburg die ehemalige ostpreußische Grenze passiert, stößt auf massiv errichtete landwirtschaftliche Gebäude mit roten Ziegeldächern – Scheunen, Ställe, aber auch Wohnhäuser –, die an diese »goldene Zeit« erinnern.

Der arme Süden Ostpreußens erlebte eine erste, allerdings sehr kurze Blüte: Hier setzte die von den Nationalsozialisten als »Masurische Arbeitsschlacht« deklarierte Melioration neue Maßstäbe. Masurens feuchten, stetig überschwemmten Böden wurde im wahrsten Sinne des Wortes das Wasser abgegraben. Bereits im Mai 1933 beschlossen alle Landräte des Regierungsbezirks Allenstein ein Beschäftigungsprogramm, das die Begradigung und Regulierung der Wasserläufe an der polnischen Grenze zum Ziel hatte. Der zum Narew führende Omulefluß konnte binnen wenigen Jahren im Kreis Ortelsburg von 22 auf zwölf Kilometer verkürzt und begradigt werden. Dadurch gewannen die Bauern zwischen 1934 und 1936 mehr als 10 000 Hektar neuer Wiesenfläche. Dieses gewaltige Unternehmen konnte nur gelingen, weil mit der Arbeitsdienstpflicht die Mittel eines totalitären Regimes zur Verfügung standen. Arbeitslager des Reichsarbeitsdienstes (RAD) entstanden überall dort, wo Hilfe bei Meliorationsarbeiten, aber auch in der Land- und Forstwirtschaft notwendig war.

Zwischen 1932 und 1938 nahm die landwirtschaftliche Nutzfläche allein im Kreis Ortelsburg um 31 Prozent zu. Dadurch erhöhte sich der Viehbestand um 31 Prozent bei Milch- und Rindvieh, um 29 Prozent bei Pferden sowie um 45 Prozent bei Schweinen, und die Milchmengen des Kreises Ortelsburg stiegen in fünf Jahren von 8 Millionen Litern (1934) auf mehr als das Dreifache an, nämlich auf 28 Millionen (1939).[3] Den Aufschwung verspürte auch das mittelständische Gewerbe der Städte und Marktflecken, das von der ländlichen Kundschaft lebte. Die Kommunalbehörden erfreuten sich höherer Steuereinnahmen, die zur Verbesserung der Infrastruktur eingesetzt wurden. Mit Hilfe des RAD fanden selbst entlegene Dörfer über neue Straßen und Chausseen Anschluß an die lokalen Wirtschaftszentren. Erstmals nahm die Bevölkerung ökonomische und soziale Anreize wahr und registrierte ein offenkundiges Interesse des Staates am Schicksal seiner Bürger.

Ostpreußen erlag dem Führer. Die wirtschaftliche Aufbruchstimmung erfaßte alle Schichten. Königsbergs Bürgermeister Weber
sah die neue Zeit im historischen Zusammenhang: »Die Tradition des
Deutschordens hat im Nationalsozialismus die disziplinierte Tatkraft
wieder erwachen lassen. Im Erich-Koch-Plan hat der preußische
Geist des ethischen Sozialismus greifbare Gestalt erhalten. Der
Kampf gegen die Arbeitslosigkeit in Ostpreußen und Königsberg ist
damit zu einer neupreußischen Großtat geworden, die in ganz
Deutschland wie ein Fanal gewirkt hat.«[4]

Oberbürgermeister Hellmuth Will verstieg sich 1933 sogar zu
einem Vergleich mit der Königsberger Ständeversammlung gegen
Napoleon: »Symbolhaft deutet die politische Tat preußischer Größe
aus dem Jahre 1813 in die Zeit der letzten Jahrzehnte, aus deren schier
unüberwindlicher Härte sich der preußische Geist der Tat in der
neuen, unerhört großen Erscheinungsform der nationalsozialistischen Revolution kundgetan hat. Wie ein Gleichnis erscheint es deshalb, daß der seiner Haltung nach *preußischste Deutsche* unserer
Tage, *Adolf Hitler*, gerade in Königsberg in den dichtgefüllten Hallen
des Schlageterhauses am 4. März 1933, dem Tag des nationalen Erwa-
chens, seinen letzten Appell an das deutsche Volk richtete und seine
Zustimmung forderte zu dem Bund, der geschlossen wurde zwischen
dem preußischen General des Weltkrieges, der einst Ostpreußen befreite, und dem einfachen Soldaten, der im Westen für Deutschland
im Felde stand. Aus diesem Bunde erwuchs ›Das neue Reich!‹.«[5]

Immer weiter ging man in die Geschichte zurück auf der Suche
nach Vorbildern für die große Zeit, die man zu erleben glaubte. Pseu-
dowissenschaftliche Studien über den urgermanischen Charakter
Ostpreußens entstanden. Der dem Nationalsozialismus treu ergebene
Schweizer Schriftsteller Jakob Schaffner baute mit an einem neuen
Ostpreußen-Mythos: »Es ist auch kein Zufall, daß die Kritik der reinen Vernunft in Königsberg geschrieben wurde und daß der Begriff
vom kategorischen Imperativ der Pflicht und der Sittlichkeit hier ans
Licht kam. Wenn ein Land dafür die Voraussetzung besaß, so war es
das ausgesetzte Kolonialgebiet im Angesicht des gestaltlosen Völker-
meeres.«[6] Und weiter: »Auf dem Boden, für den das Deutschtum
heute so hart zu kämpfen hat und den die Deutschritter eroberten,
saß bereits in der Vorzeit, nachweislich aus den Funden, germanisches
Blut, Goten und Sueven mit allen Hinterlassenschaften, die eine
gründliche Bewohnung und Bearbeitung schafft. Mit dem Zug der
Völkerwanderung sind sie nach Süden abgezogen. Erst langsam und

Nach der erzwungenen Rückgliederung des Memelgebiets kam Adolf Hitler persönlich am 23. März 1939 nach Memel, um die »Heimholung« zu feiern. Tatsächlich empfand die überwältigende Mehrheit der Memeler Ostpreußen diesen Akt als »Befreiung«.

nur zögernd sind allmählich dann die Pruzzen in den leeren Raum vorgedrungen. Zwischen hinein waren die Wikinger da ... Das heilige Recht der deutschen Nation auf den deutschen Osten unterliegt nicht dem geringsten Zweifel!«[7]

Der Nationalsozialismus war für die Ostpreußen voller Verheißungen. Die neue Bewegung proklamierte die Auflösung alter Klassen- und Kulturgegensätze zugunsten der deutschen Volksgemeinschaft. Während in der Weimarer Republik dauernd das Gespenst einer drohenden polnischen Annexion durch die Presse gegeistert war, vermittelte die neue Regierung ein Gefühl der Stärke und Sicherheit gegenüber den Nachbarn. Jetzt rasselte man selber mit dem Säbel, und das zeigte Wirkung: Am 22. März 1939 erfolgte die Rückgabe des Memelgebiets. Die Lethargie der »Insellage« wich einem neuen »Wir«-Gefühl, das der Ostforscher Erich Maschke ehrfürchtig beschrieb: »Die wirtschaftliche und seelische Not der Jahre vor 1933 hatte das ferne Ostpreußen wie auch die anderen deutschen Gaue erfaßt. Die ostpreußische Landwirtschaft litt wegen aller halben und falsch angesetzten Hilfen unsäglich. Die Sorge um die außenpolitische Sicherung der Provinz wuchs. Was dann der 30. Januar 1933 dem deutschen Volke brachte, wie die Achtung bei all seinen Nachbarn und rings in der Welt anstieg, das hat neben den Rheinlanden keine deutsche Landschaft so dankbar empfunden wie Ostpreußen. Jetzt war es nicht mehr die bedrohte Insel im Meer fremder und feindlicher Völker, sondern tragende Brücke zu neuen Aufgaben und Verpflichtungen. Zuerst unter allen deutschen Gauen konnte Gauleiter und Oberpräsident Erich Koch dem Führer die Beseitigung der Arbeitslosigkeit melden.«[8]

Ostpreußen lebte auf, und die, die es in der schweren Zeit nach dem Krieg verlassen hatten, kehrten nun zum Teil in die Heimat zurück. Der ostpreußische Schriftsteller Alfred Karrasch war einer dieser Heimkehrer, die in den nationalsozialistischen Hymnus einstimmten: »Ich sah sie, als Ostpreußen noch zu einem stattlichen Reiche gehörte. Ich verließ sie und begegnete ihr wieder flüchtig in Zeiten, in denen Du, Mutter Ostpreußen, das verhärmte Gesicht trugst. Krieg und Not und Verfall, und daß Deine starken und fleißigen Söhne ohne Arbeit sein mußten, hatte Dir das Antlitz traurig und bitter gemacht. Jetzt aber, liebe Mutter Ostpreußenland, bist Du frei und wirklich so schön wie Du es noch niemals warst, bist Du eine der allerschönsten und reichsten Töchter unserer großen Mutter, deren Kinder alle sind, die da die deutsche Sprache sprechen und sich durch *ein* Blut untereinander verbunden fühlen, des Reiches, des großen und neuen Reiches, das uns der Führer gab! ...

Es ist jetzt Krieg. Aber der Krieg wird vergehn. Es muß Krieg sein, damit Deutschland nicht vergeht, der Deutschen Reich, Hitlerland nicht und Du nicht, kostbarste von jener großen kostbaren Erde, Heimat –!

Da, nimm mich wieder! Ich ging vor Jahrzehnten von Dir mit meiner Lebensgefährtin fort, weil Du mir zu gering erschienst, und jetzt – bringe ich Dir auch noch das Beste, was wir besitzen, unsere Söhne.

Sei gut mit ihnen und uns, und vergiß, daß ich eines Tages so vermessen war, Dich zu mißachten, ja, Dich vergessen zu wollen!«[9]

Mutter Ostpreußen, das war mehr als ein NS-Mythos; ein neues Heimatbewußtsein brach sich Bahn, das fest in einem gesamtdeutschen Patriotismus wurzelte. Mutter Ostpreußen: Erstmals empfanden sich die Kinder Ostpreußens als vollwertige Mitglieder der deutschen »Volksgemeinschaft«, ihr Land war nicht mehr ein »preußisches Sibirien«, sondern Teil eines neuen starken Reiches.

Germanisierung bis zum bitteren Ende

Als Szutken, Kreis Goldap, am 27. Oktober 1933 seinen alten litauischen Ortsnamen aufgab und sich in »Hitlershöhe« umbenannte, erlosch ein jahrhundertealter ostpreußischer Name. Unübersehbar kam die neue Zeit. Gleichmacherisch walzte sie alles nieder, was ihr nicht paßte. Was slawisch oder litauisch schien, sollte einen reinen deutschen Klang erhalten. Was in der wilhelminischen Zeit begonnen hatte, trieben die Nationalsozialisten auf die Spitze: die Germanisierung Ostpreußens. Mit dem Absolutheitsanspruch im Gepäck, entledigten sich die neuen Herren der unliebsamen ostpreußischen Geschichte und machten sich daran, ein slawen- und baltenfreies germanisches Grenzland zu schaffen.

In besonderer Weise tat sich der am 26. Mai 1933 als Nachfolger der Deutschtums- und Heimatorganisationen entstandene Bund Deutscher Osten (BDO) in der Germanisierungspolitik hervor. Vom BDO gingen sämtliche Maßnahmen aus zur Eliminierung der polnischen und litauischen Sprache in Ostpreußen, aber auch zur Bespitzelung und Auslieferung polnisch orientierter oder prolitauischer Ostpreußen an die Gestapo. Sein Hauptaugenmerk war auf Masuren und das südliche Ermland gerichtet, da Polen mit seinen Territorialforderungen ein gefährlicherer Gegner als Litauen zu sein schien. An der Spitze des ostpreußischen BDO stand der spätere bundesdeutsche Minister Theodor Oberländer, der sich nach Kräften darum bemühte, den nichtdeutschen Anteil Ostpreußens zu verringern, ja ganz auszumerzen. Zu diesem Zweck unterhielt der BDO Institutionen wie die Masurische Volkshochschule Jablonken, die seit 1933 als Grenzlandschule in der masurischen Jugend elitäre Kader ausbilden sollte. Auf allen Ebenen bemühte sich der BDO, den sprachlichen und kulturellen Austausch zwischen Masuren und Deutschen zu intensivieren.

Nennenswerte Proteste gegen die Germanisierungspolitik sind nicht überliefert, da die ökonomischen Erfolge für jeden spürbar waren und jeglichen Widerstand verstummen ließen. Die Namen der Dörfer, Wälder und Seen, die Ostpreußens multiethnisch geprägte Regionen zu etwas Besonderem machten, fielen ihr zum Opfer. Binnen fünf Jahren, zwischen 1933 und 1938, verpaßten die Nationalsozialisten Ostpreußen ein rein germanisches Antlitz. In den Jahren 1933 bis 1937 erfolgten zunächst zahlreiche Umbenennungen, über die aber fast immer individuell entschieden wurde. Bei allen Änderungsanträgen durften die betroffenen Dörfer über mehrere Varianten abstimmen, wobei allerdings der alte Name nicht zur Wahl stand. Am 16. Juli 1938 erfolgte dann auf Anweisung des Gauleiters und Oberpräsidenten die generalstabsmäßig vorbereitete ethnische Flurbereinigung Ostpreußens.

Siegfried Lenz hat diese Gewalttat in »Heimatmuseum« beschrieben: »Wer glaubt, für den Anbruch einer neuen Zeit sorgen zu müssen, der kann es nicht bei den alten Namen belassen, der muß umtaufen, umschildern, neue Flaggen setzen, und nicht nur dies: wer so Anspruch auf die Zukunft erhebt, wie die Ostlandreiter es taten, der muß darauf achten, daß alle überlieferten Zeugnisse für ihn sprechen, und deshalb kommt er nicht darum herum, die Zeugen und Zeugnisse zu sortieren, er muß aussondern, durchforsten, reinigen, ja: es bleibt ihm wohl nichts anderes übrig, als ein Erbsenlesen zu veranstalten unter den Belegen der Geschichte.«[10]

Mit den neuen Ortsnamen sollte vorgegaukelt werden, daß es sich hier um altes deutsches Siedlungsgebiet handele. Wawrochen mußte dem neuen Deutschheide weichen, Suchorowitz hieß fortan Deutschwalde, Sendrowen Treudorf, Romanowen Heldenfelde und Achodden, ein kleines Dorf im Kreis Ortelsburg, erhielt den NS-Namen Neuvölklingen. Gern bemühte man den Deutschen Orden. Vielen Orten verlieh man die Namen ihrer einstigen Gründer. Seelonken hieß nach Hochmeister Ulrich von Jungingen Ulrichssee, Salusken Kniprode nach Winrich von Kniprode, Kaminsken erhielt nach Ludwig von Erlichshausen den Namen Erlichshausen, und im Kreis Oletzko wurden Dörfer nach ihrem Gründer Herzog Albrecht von Preußen benannt, Gonsken etwa wurde zu Herzogskirchen und Kukowen zu Herzogshöhe.

1938 wurde der Prozeß zum Abschluß gebracht. Mit Brachialgewalt war eine germanisierte, nichtssagende Wüste geschaffen worden. Im Kreis Neidenburg fielen unter anderen folgende masurische Dörfer – in Klammern der germanisierte Name – der »Taufkrankheit«, wie Siegfried Lenz es nannte, zum Opfer: Sierokopaß (Breitenfelde), Klein Grabowen (Kleineppingen), Lissaken (Talhöfen), Sablotschen (Winrichsrode), Puchallowen (Windau), Napierken (Wetzhausen), Ittowken (Ittau), Sawadden (Herzogsau), Wychrowitz (Hardichhausen) und Saddeck (Gartenau). Nicht anders sah es im Kreis Johannisburg aus, wo viele klangvolle Namen für immer verschwanden: Jegodnen (Balkfelde), Nowaken (Brüderfelde), Wonglik (Balzershausen), Bogumillen (Brödau), Sabielnen (Freudlingen), Krzywinsken (Heldenhöh), Turoscheln (Mittenheide) sowie Wollisko (Reihershorst). Von 157 Dörfern des Kreises Ortelsburg traf 62 das Schicksal der Umbenennung, eine Quote von vierzig Prozent. Allein 45 Dörfer erhielten am 16. Juli 1938 neue Namen. Erbarmungslos schlug man bei der ethnischen Flurbereinigung auch im Kreis Lyck zu: Von 157 Gemeinden versah man zwei Drittel (102 Dörfer) mit einer germanisierten Neukreation. Dörfer mit spezifischem Klang erhielten Namen, die eher an süd- und mitteldeutsche Regionen erinnern, etwa Rostken (Waiblingen), Dobrowolla (Willenheim), Ogrodtken (Klagendorf), Prawdzisken (Reiffenrode), Skomatzko (Dippelsee) und Gortzitzen (Deumenrode).

Im litauischsprachigen Teil Ostpreußens erhielten sogar Kreisstädte neue Namen: Pillkallen (Schloßberg), Stallupönen (Ebenrode), Darkehmen (Angerapp). Die unverwechselbaren Klänge des litauischsprachigen Teils von Ostpreußen verschwanden: Budwethen (Altenkirch), Gawaiten (Herzogsrode), Girrehnen (Guldengrund), Kraupischken (Breitenstern), Lasdehnen (Haselberg) und Groß Skaisgirren (Kreuzingen). Im Kreis Niederung kam es 1938 unter anderem zu folgenden Umbenennungen: Bittehnischken (Argemünde), Dwarrehlischken (Herrendorf), Schillgallen (Hochdünen), Budehlischken (Hoheneiche), Scharkus-Tawell (Iwenheide), Skieslauken (Kieslau), Tirkseln (Kleeburg), Tunnischken (Schneckenwalde), Aulawöhnen (Aulenbach), Enzuhnen (Rodebach), Niebudszen (Herzogskirch), Ischdaggen (Branden), Judtschen (Kanthausen), Jurgaitschen (Königskirch), Kallningken (Herdenau), Karalene (Luisenberg), Kraupischkehmen (Erdmannsreih), Lauknen (Hohenbruch), Pabuduppen (Finkenhagen). Im Kreis Stallupönen verschwanden unter anderen Romanuppen (Mildenheim), Kiddeln (Sonnenmoor), Schiwegupönen (Neuenbach), Szabojeden (Haselgrund), Schöckstupönen (Pohlau), Lawischkehmen (Stadtfelde), Rittigkeitschen (Martinsort), Pakalnischken (Schleusen), Krajutkehmen (Dürrfelde). Auf einen Schlag wurden 1500 Ortsnamen ausradiert. Der masurische Ofensetzer Eugen Lawrenz aus dem »Heimatmuseum« verstand die Welt nicht mehr, als er 1938 auf altvertrauten Wegen wanderte und überall auf den Ungeist der neuen Zeit stieß: »›Nu is jeschafft‹, sagte er, ›nu haben se einen Irrjarten jemacht aus Masuren.‹«

Mit allen Mitteln versuchten die Nationalsozialisten der polnischen Sprache in Masuren und im südlichen Ermland den Garaus zu machen. Daß die Menschen kein Unrecht darin sahen, auf Parteiveranstaltungen polnisch zu sprechen, konnten die neuen Herren nicht verstehen. Selbstverständlich wich das Polnische unter diesem Druck aus dem öffentlichen Raum, aber in den Familien und im Dorf lebte es weiter, denn mit den Großeltern mußten auch die bereits mehrheitlich deutschsprachigen Kinder polnisch sprechen. So überdauerte im südlichen Ermland das Polnische in spezifischer Weise: »Oma i Opa poszli do bonofu i pojechali zugiem na kiermas do Gietkowa« (Oma und Opa gingen zum Bahnhof und fuhren mit dem Zug zur Kirmes nach Göttkendorf).[11] Der Sensburger Kreisleiter des BDO resignierte schließlich: »Wenn aber mal paar Schnäpse getrunken sind, sind Befehle leicht vergessen und der innerlich treudeutsch gesinnte Masure gebraucht dann ebenso den heimischen Dialekt, wie es bei ähnlichen Gelegenheiten der Berliner oder Kölner auch macht. Dieser masurische Dialekt ist aber noch lange nicht ausgestorben, wie man im Reiche vielfach wähnt. Er lebt im Familienkreise, im Kruge und auf den Märkten.«[12]

Überall saßen die Vertrauensmänner des BDO und meldeten genauestens den Gebrauch der polnischen Sprache in ihren Dörfern. Immer stärker griff der fanatische Wahn um sich, alles Undeutsche auszumerzen, so daß die Kinder schließlich von den Lehrern angehalten wurden, in ihren Elternhäusern »pädagogisch« im Sinne des deutschen Sprachgebrauchs zu wirken, und Enkelkinder ihre Großeltern beim Lehrer denunzierten. An Markttagen verteilten Jugendliche Flugblätter an die vom Lande kommenden polnischsprachigen Masuren und Ermländer, in denen diese aufgefordert wurden, deutsch zu sprechen. In der Kleinstadt Hohenstein hielt ein eifriges BDO-Mitglied die Verteiler aus dem Jungvolk an, allen polnisch sprechenden Passanten »entweder mit einem Gruß vom Bund Deutscher Osten ein Handblatt« auszuhändigen oder sie aufzufordern, »in Deutschland deutsch zu sprechen«. Das veranlaßte das »Sägewerk Orgassa & Rogatty und 2 Gutsbesitzer, ihrer Gefolgschaft unter Androhung von Geldbußen im Betrage von 50 Pfg. bis 1.– RM« zu verbieten, »in ihren Betrieben masurisch zu sprechen«. Die Parteileitung sah das »mit Freude«, da es zu einer »Besinnung zu bewußtem Deutschtum« führe.[13]

Im Juni 1938 fand eine BDO-Konferenz unter Teilnahme aller Landräte, Superintendenten und BDO-Vorsitzenden statt, auf der ein Plan zur endgültigen Verdrängung der polnischen Sprache festgelegt wurde. Dieser sah die Abschaffung der polnischsprachigen theologischen Ausbildung an der Universität Königsberg vor. Das war das Ende jener Toleranz und Achtung, die schon Albrecht von Brandenburg seinen Untertanen entgegengebracht hatte. Ferner unterblieben Ankündigungen polnischer Andachten in der Lokalpresse und die Anbringung von Nachrichten und Hinweisen für die polnischsprachigen Gläubigen in den Kirchengemeinden. Außerdem entfiel die Masurenzulage für Pfarrer, die sich der Mühe unterzogen, dem seelsorgerischen Auftrag in einem zweisprachigen Grenzgebiet nachzukommen. Am 24. November 1939, knapp drei Monate nach Kriegsausbruch, verbot die Allensteiner Staatspolizei den Gebrauch der polnischen Sprache im Gottesdienst. Damit endeten die besten Traditionen der preußischen Reformation. Seit 1525 war dieses Land evangelisch und damit – nach dem Willen Herzog Albrechts – dem Gedankengut Luthers verpflichtet, das Evangelium in der Muttersprache zu verkünden. Chauvinistische Überheblichkeit und nationalistischer Größenwahn bereiteten der sechshundertjährigen Tradition polnischer Sprache in Ostpreußen ein Ende.

Heimatverlust und Mord an den Juden

Schon 1933 begannen die neuen Herren mit ihrer Menschenhatz: Juden, Kommunisten, Sozialdemokraten, Demokraten und Christen gehörten in Ostpreußen zu den Verfolgten. Waren es anfänglich Verhöhnung und Demütigung, ging man bald zu Terror und Mord über.

Königsbergs SPD hatte erst 1930 eine neue Zentrale für die »Königsberger Volkszeitung« errichtet, das »Otto-Braun-Haus«. Damit fand die Lebensleistung des großen Ostpreußen für Preußen und Deutschland eine würdige Ehrung. Als der braune Mob an die Macht kam, machte die Königsberger SA die Redaktionszentrale zu ihrem Hauptquartier und verhöhnte die Sozialdemokraten, indem sie fortan vom »Braunen Haus« sprach.

Was nicht in die NS-Ideologie paßte, mußte weichen. Unliebsame Politiker emigrierten, Intellektuelle sahen in Deutschland keine Zukunft mehr. Die Bücher weltberühmter Schriftsteller landeten auf dem Scheiterhaufen, darunter die Werke des Nobelpreisträgers Thomas Mann. Im Aufruf zur Königsberger »Bücherverbrennung« hieß es: »Wider den undeutschen Geist! Deutsche Männer und Frauen! Beteiligt Euch an unserm Kampf gegen das jüdisch-marxistische Schrifttum. Säubert Euren Bücherschrank von diesem Unrat und liefert die Erzeugnisse artfremden Geistes bei unseren Sammelstellen ab. Sie werden am Mittwoch, 10. Mai 1933, abds. 19.30 Uhr, *öffentlich auf dem Trommelplatz verbrannt* werden.«[14]

Bereits im März 1933 war das erste jüdische Opfer zu beklagen. Der ehemalige Kinoverwalter Max Neumann erlag seinen Verletzungen, die ihm bei Mißhandlungen im »Braunen Haus« beigebracht worden waren. Bäckermeister Rubinstein kam mit schweren Verletzungen davon, als auf sein Geschäft ein Brandanschlag verübt wurde.[15] Eine Kampagne vom März 1933 verfehlte ihre Wirkung nicht. Auf sogenannten Schandtafeln stellte man Kunden jüdischer Geschäfte öffentlich an den Pranger. Mit Terror zwang man die jüdischen Geschäftsleute zur Aufgabe. Juden galten als Staatsfeinde und waren quasi vogelfrei. Boykott, Terror, Plünderungen, Brandstiftungen, körperliche Gewalt: Das alles war Alltag in Deutschland, in jeder Kleinstadt, jedem Marktflecken, auch in Ostpreußen. Unter Duldung und sogar unverhohlener Zustimmung der Mitbürger wurden die Juden entrechtet und schließlich umgebracht. Die NSDAP-Kreisleitung Insterburg rief am 1. April 1933 alle Einwohner zum Boykott jüdischer Ärzte, Rechtsanwälte und Kaufleute auf. »All=Juda hat dem deutschen Volke den Krieg erklärt!«[16] stand auf der Denunziationsliste, die alle jüdischen Geschäfte und Praxen aufführte. In Neidenburg plakatierte die Schutzstaffel (SS) folgendes Flugblatt:

»Masuren! Deutschbewußte Bürger und Bauern!

Durch Eure Entschlossenheit und Euer mannhaftes Eintreten für Adolf Hitler und die nationale Regierung habt Ihr die roten Bonzen, Schieber und Wucherer von Ministersesseln, aus Verwaltung und sonstigen Futterkrippen vertrieben! Nun müßt Ihr aber auch den heimlichen Drahtziehern, Förderern und Zuhältern von Reichsjammer, Rotfront und sonstigen kommunistischen Räubergarden die Rechnung vorhalten. Durch Aussagen und Aktenmaterial ist einwandfrei erwiesen, daß in der Grenz- und Kreisstadt Neidenburg den roten Garden erst ihre Organisierung und Ausrüstung durch große Geldspenden der Juden Neidenburgs ermöglicht ist. Also tragen die Juden in Neidenburg die Hauptschuld an dem verbrecherischen Treiben, an den Überfällen der kommunistischen Meute auf Deutschdenkende … Wir fordern Euch auf, daher nie mehr bei Juden und Juden-Filialen zu kaufen, Euch nie mehr von jüdischen Ärzten behandeln und nie mehr von jüdischen Rechtsanwälten beraten zu lassen … Befreiung vom Judenjoch!«[17]

In der Regel hatten die Boykottaufrufe den gewünschten Erfolg, in Allenstein war das aber wohl nicht der Fall, da der Kreisleiter verfügte: »In Zukunft müssen Aktionen gegen das Judentum geheimgehalten werden. Denn durch die Ankündigung des Boykotts wurde hier in Allenstein gerade das Gegenteil erreicht. Die jüdischen Geschäfte waren an den beiden vorhergehenden Tagen direkt überfüllt.«[18] Der Druck nahm beständig zu. Es kam zu nächtlichen Attacken auf Villen jüdischer Eigentümer im Ostseebad Rauschen, Anschlägen auf die Synagogen von Wormditt und Johannisburg, und in Allenstein wurde der jüdische Friedhof in der Nacht zum 2. Februar 1936 geschändet. Das Jahr 1938 bildete dann den vorläufigen Höhepunkt der Judenverfolgung. Berufsverbote für Ärzte, Rechtsanwälte und Hausierer bedeuteten deren finanziellen Ruin. Im November 1938 brannten Ostpreußens Synagogen. Das NS-Regime ließ keinen Zweifel an seinen Absichten. In einem abendländischen Kulturland standen Gotteshäuser in Flammen, in Brand gesteckt von der Staatsmacht. Gotteshäuser brannten in einem Landstrich, in dem Religion und Volksfrömmigkeit eine so große Rolle spielten.

Königsbergs Neue Synagoge ging in Flammen auf. In den Mor-

Erst waren es Bücher, dann Gotteshäuser und schließlich
Menschen: der nationalsozialistische Terror kannte kein Erbarmen. In Ostpreußen wurde die reiche, über Jahrhunderte
gewachsene jüdische Kultur ebenso barbarisch zerstört wie in
anderen Teilen des Reiches. Die Königsberger Neue Synagoge
war nach der Pogromnacht vom 9./10. November 1938 völlig
verwüstet, alles Wertvolle zertrümmert.

genstunden des 10. November wurden 450 Königsberger Juden festgenommen und auf dem Polizeipräsidium mißhandelt. Ortelsburgs
repräsentatives Gotteshaus an der Kaiserstraße brannte vollkommen
aus. In letzter Minute versuchte Samuel Gorfinkel, der letzte Syn-
agogenvorsteher der Ortelsburger jüdischen Gemeinde, die heilige
Thorarolle aus dem brennenden Tempel zu retten, doch vergebens:
Alles wurde ein Raub der Flammen. Der Ortelsburger Bürgermeister
stellte der verbliebenen jüdischen Gemeinde auch noch den Abbruch
der Synagogenruine in Höhe von 1055 Mark in Rechnung.[19] Nur der
einsame Friedhof am Stadtrand hinter der Bahnstrecke Ortelsburg–
Johannisburg kündet heute davon, daß es hier einst ein blühendes
jüdisches Leben gab. Ralph Giordano sagte nach dessen Besuch:
»Ringsum die Steine einer unermeßlichen Tragödie, die auch die
übrige Gemeinschaft der Juden in Ostpreußen verschlungen hat.«[20]

Am schlimmsten tobte der NS-Mob in Neidenburg. Während der
Pogrome im Zuge der »Kristallnacht« starben zwei jüdische Neidenburger, drei weitere wurden verletzt. Die beiden Opfer – Julius
Naftali und Minna Zack – starben durch Messerstiche, die ihnen von
einer betrunkenen Horde SA-Männer zugefügt worden waren. Auch
dem Ehemann der Ermordeten, Händler Aron Zack, wurde eine
schwere Bauchverletzung zugefügt, dagegen kamen die Söhne Helmut und Kurt mit leichteren Armverletzungen davon. Alle beteiligten
SA-Leute stammten aus der näheren Umgebung, waren also Neidenburger, was zumindest in diesem Fall die nach 1945 immer wieder gehörte Behauptung, es habe sich bei den Gewalttätern in der Pogromnacht ausschließlich um auswärtige SA-Leute gehandelt, widerlegt.

Ein NSDAP-Parteigericht sprach die SA-Leute frei. 1962 gelangte
der Neidenburger Mord in der Bundesrepublik noch einmal vor Gericht. Mehrere der SA-Männer hatten sich vor dem Paderborner Landgericht für das Verbrechen zu verantworten. Zum Prozeß reisten Fa-
milienangehörige der Ermordeten aus Bolivien und Argentinien an.
Ihre Aussagen führten schließlich zur Verurteilung zweier Hauptbe-
teiligter, die mehrjährige Haftstrafen erhielten. 1992 wurde der Fall
erneut aufgerollt. Fritz R., der bis dahin in der DDR gerichtlich nicht
verfolgt werden konnte, hatte sich wegen des Mordes an Minna Zack
zu verantworten. Der zu diesem Zeitpunkt Dreiundachtzigjährige erhielt eine Freiheitsstrafe von zwei Jahren auf Bewährung wegen Beihilfe zum Totschlag. Mehr als ein halbes Jahrhundert nach der Tat gab
es wenigstens Ansätze einer Ahndung dieses Verbrechens gegen die
Menschlichkeit, begangen von Neidenburgern an Neidenburgern.[21]

Es ist wenig, was heute noch von den blühenden jüdischen Gemeinden in Ostpreußen erzählt. Die Synagogen brannten, die Friedhöfe wurden geschändet, die Menschen deportiert und ermordet. Nach dem Krieg kam niemand zurück. Im südlichen Ostpreußen erinnern aber noch einige erhaltene Gräber des jüdischen Friedhofs an die Gemeinde in Preußisch Holland.

Einige wenige haben sich dem Mordbrennen entgegengestellt. Zu ihnen zählte der Landrat von Pillkallen, Wichard von Bredow (1888 bis 1951). In der Nacht vom 9. auf den 10. November 1938 eilte er in Wehrmachtsuniform nach Schirwindt und stoppte unter Androhung von Waffengewalt die Brandstiftung. Schirwindts jüdisches Gotteshaus blieb in der Pogromnacht als einziges im Regierungsbezirk Gumbinnen unversehrt.[22]

In Königsberg verringerte sich die Zahl der jüdischen Gemeindeglieder zwischen Juni 1933 und Oktober 1938 von 3170 auf 2086, das heißt um ein Drittel. Zunächst glaubten sich viele bei Verwandten in den Großstädten, etwa in Berlin, sicher, da es dort im Gegensatz zu den ostpreußischen Kleinstädten noch Rückzugsmöglichkeiten gab. Im Memelland, das bis 1939 zum litauischen Staatsgebiet gehörte, erlebte die jüdische Kultur in diesen Jahren dagegen eine ungeahnte Blüte, denn die Pogromstimmung in Polen und Deutschland bescherte Memels jüdischer Gemeinde nach 1923 eine lebhafte Zuwanderung. Zählte sie 1918/19 etwa zweitausend Gemeindeglieder, waren es 1938 fast achttausend. Hier konnte das jüdische Leben seine Vielfalt unbehelligt neben dem deutsch-litauischen Konflikt entfalten, bis auch diese Gemeinde 1939 von den Nationalsozialisten in den Untergang getrieben wurde.

Anfang Januar 1939 zwang man Königsbergs Juden in sogenannte Judenhäuser, in denen mehrere Familien untergebracht wurden. Selbst mit alten Königsbergern, die jahrzehntelang für ihre Heimatstadt gewirkt hatten, zeigte man kein Erbarmen. Männer wie der Sozialdemokrat Alfred Gottschalk und der in ganz Königsberg verehrte Schulrat Paul Stettiner mußten ihre Wohnungen aufgeben. Als im September 1941 der »Judenstern« zur Kennzeichnung eingeführt wurde, nahm sich Paul Stettiner das Leben, und auch Alfred Gottschalk starb vor der Deportation. Dennoch harrte eine ansehnliche Zahl jüdischer Gemeindeglieder aus, insbesondere in Königsberg. Einer von ihnen war der in Preußisch Eylau geboren Geheime Medizinalrat Professor Hugo Falkenheim (1856–1945). Bis 1933 hatte der Kinderarzt Königsberger Kliniken geleitet. Von 1928 bis zu seiner Emigration 1941 stand Falkenheim der immer kleiner werdenden jüdischen Gemeinde vor.

Den Untergang jüdischen Lebens in Ostpreußen hat Josef »Israel« Wilkowski aus Insterburg in einem Brief vom 24. April 1941 geschildert: »Am 10. November 1938, sechs Monate nach der Jubelfeier, war es in der Frühe zwischen 3 und 4 Uhr, als das schöne Gotteshaus,

Juden haben sich um 1935 – wohl im Haus Louis Löwenstein – in Memel versammelt. Während in Deutschland seit 1933 Terror zur Staatsräson gehörte und Polen von antisemitischen Pogromen heimgesucht wurde, entwickelte die jüdische Gemeinde in Memel infolge der Flut von schutzsuchenden Flüchtlingen ein reges Leben. Doch das war nur von kurzer Dauer. Mit der Rückgliederung des Memelgebietes 1939 gerieten auch die Memeler Juden in die Fänge der Nationalsozialisten.

die Stätte einhundertjährigen jüdischen Lebens und Webens in der Stadt Insterburg, in Flammen aufging mit allem, was sie an Gedenktafeln und an sonstigen Denkwürdigkeiten aus der Zeit von 1838 bis 1938 enthielt, mit etwa 20 Thorarollen und ihren kostbaren Mänteln, mit wertvollen Vorhängen der heiligen Lade, mit der schönen Chuppa, mit seinem klangvollen Harmonium ... Nur ein winzig kleiner Rest von Mitgliedern unter Führung des Seniors der Gemeinde des allverehrten zeitigen Vorstehers Herrn Josef Kador im biblischen Alter von 81 Jahren, bildet den Bestand einstiger Grösse der Gemeinde. Diesem Restbestand gelingt es einstweilen noch, an Sabbaten und Festtagen Gottesdienst abzuhalten, den der langjähr. frühere Schriftführer der Repräs.-Versammlung, Herr David Simon, in einem Betraume mit Sachkenntniss leitet. Wie lange dieses zusammengeschrumpfte Häuflein noch eine jüdische Einheit bilden wird, das liegt in Deiner Hand, Du grosser, erhabener Gott; Erbarme Dich unser, erbarme Dich des ganzen jüd. Volkes!«[23]

Was ist aus ihnen geworden, den letzten Juden in Ostpreußen? Lange lag ihr weiteres Schicksal im dunkeln, doch in den letzten Jahren ist ihre traurige Geschichte ans Licht gekommen.[24] Am 31. August 1941 lebten noch 1139 Juden im Regierungsbezirk Königsberg. Bis zum 23. Oktober 1941 konnten Juden aus dem Reich emigrieren. Aus Ostpreußen wanderte als letzter Hugo Falkenheim aus und gelangte über Barcelona und Havanna zu seinem schon früher emigrierten Sohn nach Rochester bei New York. Für das Schicksal der anderen waren die regionalen Staatspolizeistellen und -leitstellen in Königsberg, Allenstein und Tilsit verantwortlich, die im Auftrag Heinrich Himmlers vom Referat IV B 4 des Reichssicherheitshauptamtes Berlin unter Leitung Adolf Eichmanns Einzelmaßnahmen zur systematischen »Evakuierung« der deutschen Juden umsetzten. Das hieß nichts weiter als Deportation. Der Haupttransport verließ Königsberg am 24. Juni 1942 in Richtung Minsk. Zur Abfahrt von der Ladestraße am Güterbahnhof des Königsberger Nordbahnhofs stand abends von 19 bis 22 Uhr ein Sonderzug bereit.

Der vom NS-Regime als Halbjude klassifizierte Michael Wieck erlebte als kleiner Junge, wie seine Ziehmutter Fanny Berg, einige Schulfreunde sowie seine Lehrerin Rosa Wolff in einer Reithalle gesammelt und von dort zum Güterbahnhof Königsberg Nord im Stadtteil Vorderhufen getrieben wurden: »Den ganzen Morgen zogen die bepackten Juden zu Fuß durch die Stadt. Manche mußten nach wenigen Schritten pausieren, andere behalfen sich mit kleinen Leiterwagen. Ihre Gesichter wirkten leer, resigniert, aber auch angespannt. Diese Verjagten hatten keine Zukunft, auf die sie hoffen konnten ... Als schuldlos Verfemte gingen sie durch die Straßen, in denen, von wenigen Ausnahmen abgesehen, die ehemaligen Mitbürger, Patienten, Kunden, Freunde oder Nachbarn untätig daneben standen, zusahen oder wegsahen. Einige ganz gewiß mit bitteren Gefühlen und dem Wissen um das schlimme Unrecht und die eigene Ohnmacht. Aber an den zurückgelassenen Gütern, Häusern, Wohnungen, Möbeln, Büchern und beruflichen Vakanzen profitierte in der Regel bedenkenlos, wer Gelegenheit dazu hatte. – Irgendwo in der riesigen Halle war auch Tante Fanny. Ich hatte sie aus den Augen verloren. Ständig würgte mich dieser schlimme Abschiedsschmerz. Und dann kam der Moment, als die vielen Menschen innerhalb weniger Minuten aufbrechen mußten.«[25]

Penibel gründlich hielt man die technische Abwicklung der Deportation in den Tod fest. Der Zug verließ Königsberg um 22.34 Uhr über Korschen nach Prostken, dort erfolgte die Weiterfahrt um 6.41 Uhr nach Białystok mit dem vorläufigen Ziel Zelwa bei Wolkowysk. Dazu kam wohl auch ein Zug aus dem südlichen Ostpreußen, der in Korschen am 24. Juni 1942 an den Königsberger Zug angehängt wurde. Am Freitag, dem 26. Juni 1942, traf man auf dem Güterbahnhof Minsk ein, wo die ostpreußischen Juden ausgeladen, auf Lastwagen abtransportiert und schließlich an den Gruben bei Maly Trostinez ermordet wurden. Ein kleiner Teil, etwa 65 bis 70, wurde zur Zwangsarbeit ausgewählt und wenige Monate später getötet.

Ostpreußens Juden waren die ersten Vertriebenen. Ihnen wurde von Nachbarn, von ihren eigenen Landsleuten, die Heimat zur Hölle gemacht. Deutsche töteten Deutsche, weil eine Mehrheit der »arischen« Deutschen das Leben ihrer »nichtarischen« Landsleute als »lebensunwert« einstufte. Wem die Emigration nicht gelang, der starb in den Todeslagern im Osten, in den Ghettos von Lodz, Riga und Kaunas oder bei Massenexekutionen im Baltikum und in Minsk. Wie viele ostpreußische Juden Opfer der deutschen Gewalt wurden, läßt sich nicht mehr ermitteln. Allein aus Berlin wurden mehrere tausend Juden deportiert, die in Ostpreußen geboren wurden. Die Flucht in die Großstadt hatte sie nicht gerettet, auch dort gerieten sie in die nationalsozialistische Todesmaschinerie.

Flucht, Tod und Vertreibung begannen 1933, nicht erst 1945. Heute erinnert fast nichts mehr an das reiche jüdische Leben Ostpreußens. Eine Stele in Yad Vashem trägt die Namen der untergegangenenen Gemeinden Ostpreußens, und eine Landsmannschaft ehemaliger Ost- und Westpreußen sowie Danziger wirkt in Israel, wo sie voller Liebe ihrer deutschen Heimat Ostpreußen gedenken, die ihnen durch Deutsche genommen wurde.

»Wir sind vogelfrei!« Terror und Widerstand

Ostpreußen zu den Widerstandshochburgen zu zählen, wäre vermessen. Daß das Attentat vom 20. Juli 1944 auf ostpreußischem Boden erfolgte, war ein Zufall und nicht Ausdruck einer jahrhundertealten preußischen Geisteshaltung. Der preußische Geist der Toleranz war 1933 mit dem NS-Staatsterrorismus untergegangen. Widerstand kam nur von wenigen mutigen Demokraten, Kommunisten, Juden und überzeugten Christen. Die KPD leistete nach 1933 als einzige größere Gruppe Gegenwehr. Zum letzten Mal rief die Königsberger Sektion für den 14. Februar 1933 zu einer Massenversammlung auf, zu der etwa sechstausend Teilnehmer kamen. Im Mai 1934 fand die Gestapo Handzettel und rote Plakate an Königsberger Hauswänden: »Die SA hat goldne Tressen, das Volk hat nichts zu fressen. SA-Mann hungert treu und doof – der Hitler praßt im Kaiserhof.«[26]

Schon 1933 wurden Hunderte Sozialdemokraten und Kommunisten verhaftet, der SPD-Reichstagsabgeordnete Walter Schütz in Königsberg ermordet. Einige sahen sich einer doppelten Verfolgung ausgesetzt, da sie aufrechte Demokraten und Juden waren. Der engagierte Sozialdemokrat Gerhard Birnbaum wurde 1942 in Lemberg von der Gestapo ermordet. Im selben Jahr starb in Auschwitz die Königsberger Stadträtin Martha Harpf, in Theresienstadt Justizrat Lichtenstein und Alfred Gottschalk kurz vor seiner Deportation dorthin. In Ravensbrück starb die ehemalige Landtagsabgeordnete Annemarie Oestreicher im Alter von siebzig Jahren. Im Sommer 1943 wurden zwei bekannte Königsberger Sozialdemokraten denunziert: Gustav Bludau und Paul Kraschewski. Beide kamen in das Zuchthaus Brandenburg/Havel, wo sie am 13. März 1944 hingerichtet wurden.

Ostpreußens Kirchen blieben zunächst im Dialog mit dem Regime. Während die evangelische Mehrheitskirche noch mit Streitereien in den eigenen Reihen beschäftigt war, gerieten Ostpreußens Katholiken unter ihrem ermländischen Bischof Maximilian Kaller ziemlich bald mit der Staatsmacht aneinander. In einem Hirtenbrief vom 23. April 1935 benannte Kaller die Konflikte: »Die katholische

Kirche Ostpreußens befindet sich zur Zeit in schwerster Bedrängnis ... Ein Sturmbefehl der SA fordert zum Austritt aus den katholischen Vereinen auf unter Androhung sofortiger Entlassung. Unsere Katholische Aktion ist des Hochverrats beschuldigt.«[27] Im Jahr 1937 spitzte sich die Auseinandersetzung weiter zu, als Kallers Hirtenwort zur Fastenzeit in Kirchen und Pfarrhäusern beschlagnahmt wurde. Die Druckerei der »Ermländischen Zeitung« in Braunsberg, wo das Bistum in 30 000 Exemplaren die päpstliche Enzyklika »Mit brennender Sorge« hatte drucken lassen, wurde enteignet. Als man die Texte vor den Kirchen verteilte, zog die Gestapo die Flugblätter ein.

Kurz darauf schreckte ein Ereignis in Heilsberg die Katholiken in Deutschland auf: Die Polizei sprengte dort am 27. Mai 1937 die Fronleichnamsprozession und verhaftete vier Geistliche und zehn Laien. Ein Königsberger Sondergericht verurteilte die völlig Ahnungslosen wegen eines angeblich geplanten Aufstands zu hohen Gefängnisstrafen und anschließender Ausweisung. Heilsberg glich einer belagerten Festung. Alle katholischen Vereine wurden verboten, womit das Ermland als erstes deutsches Bistum die Verfolgung gläubiger Christen zu spüren bekam. Der Fastenhirtenbrief Kallers von 1938 ließ dazu an Deutlichkeit nichts zu wünschen übrig: »Wir sind vogelfrei; andere dürfen uns höhnen und lästern. Wir dürfen kein Wort der Erwiderung bringen. Von Gewissensfreiheit kann nicht mehr die Rede sein.«[28] Doch die Drangsalierung ging weiter. Während des Krieges wurden von der Polizei Klöster, Konvikte und die Missionsschule Sankt Adalbert bei Mehlsack beschlagnahmt.

Kaller gründete die sogenannte Wandernde Kirche und organisierte zahlreiche Diözesanwallfahrten nach Dietrichswalde, Heiligelinde, Crossen, Springborn, Glottau und Rehhof. Sie sollten »Glaubensbekundungen des treu katholischen ermländischen Volks« und »Bußwallfahrten« sein. Dietrichswalde hatte immer als umstrittenes Heiligtum gegolten, auch bei den ermländischen Bischöfen, da der Marienwallfahrtsort in erster Linie ein Heiligtum der polnischsprachigen Ermländer war. Kallers Vorgänger, die Bischöfe Krementz, Thiel und Bludau, hatten es stets vermieden, an Wallfahrten nach Dietrichswalde teilzunehmen. Kaller hingegen verlieh dem Ort den Rang eines Diözesanheiligtums. Am 9. September 1934 hielt er in Dietrichswalde die Kirchweihpredigt auf deutsch, nach der Messe auf polnisch. Im November desselben Jahres predigte er in polnischer Sprache. Die Predigt begann: »Geliebtes polnisches Volk!« Das trug ihm eine Beschwerde des Gauleiters Koch in Berlin ein.[29]

Als das Regierungspräsidium Allenstein um Reduzierung der polnischen Gottesdienste in der Allensteiner Sankt-Jakobi-Kirche nachsuchte, wies Kaller Erzpriester Hanowski in einem Schreiben vom 15. August 1939 an: »Hierdurch ordne ich an, daß angesichts der unruhigen gespannten Zeitverhältnisse in allen Städten der Diözese bis auf weiteres von polnischen Predigten und polnischem Gesang Abstand zu nehmen ist.«[30] Diese Entscheidung verletzte das Zentrum des polnischsprachigen Ermlands tief. In seinem Hirtenbrief vom 25. Januar 1941 äußerte sich der Bischof dann sogar ausgeprochen regimetreu: »Wir bekennen uns freudig zur deutschen Volksgemeinschaft und fühlen uns mit ihr untrennbar verbunden in guten wie in trüben Tagen ..., in diesem echt christlichen Geist durchleben wir nun auch mit der Teilnahme unseres ganzen Herzens den großen Kampf unseres Volkes um Sicherung seines Lebens und seiner Geltung in der Welt. Mit Bewunderung schauen wir auf unser Heer, das im heldenhaften Ringen unter hervorragender Führung beispiellose Erfolge erzielt hat und weiterhin erzielt. Wir danken Gott für seinen Beistand. Gerade als Christen sind wir entschlossen, unsere ganze Kraft einzusetzen, damit der endgültige Sieg unserem Vaterlande gesichert werden kann. Gerade als Gläubige, von der Liebe Gottes durchglühte Christen stehen wir treu zu unserem Führer, der mit sicherer Hand die Geschicke unseres Volkes leitet.«[31] Das widersprüchliche Verhalten des ermländischen Oberhirten hat auch zu gegensätzlichen Bewertungen Kallers geführt, dennoch wird man ihm und den ostpreußischen Katholiken weitaus weniger Regimenähe unterstellen können als der überwältigenden Mehrheit der evangelischen Christen.

Zu einer Konfrontation zwischen evangelischer Kirche und Staat kam es zunächst nicht. In der vom innertheologischen Kirchenkampf stark erschütterten ostpreußischen Landeskirche war lange eine Grundloyalität gegenüber der NSDAP und dem evangelisch geprägten Gauleiter Koch spürbar. Das wurde bekräftigt, als der neue ostpreußische Landesbischof Fritz Keßel 1933 den Gauleiter Erich Koch zum Präsidenten der ostpreußischen Provinzialsynode wählen ließ. Keßel war ein Freund des Königsberger Wehrkreispfarrers und späteren Reichsbischofs Ludwig Müller, mit dem er die Evangelische Kirche im nationalsozialistischen Sinn ausrichten wollte. Auf einer Sonnenwendfeier der SA auf dem Galtgarben im Samland sagte Müller am 23. Juni 1934 zu den versammelten SA-Männern, daß »wir als Kameraden Christi uns für den Führer wie für Jesus Christus zu entscheiden haben«.[32] Viele evangelische Christen werteten das als

Kampfansage gegen Schrift und Bekenntnis. Die Bekennende Kirche (BK) hat dementsprechend theologischen Aussagen dieser Art, die von der nationalsozialistischen Fraktion der Deutschen Christen vorgetragen wurden, energisch widersprochen, verhielt sich aber ansonsten ziemlich systemkonform. Dennoch gab es vielfältigen Widerstand gegen das Regime. Pfarrer Mingo in Schwentainen, Kreis Ortelsburg, gehörte zu den leidenschaftlichsten Vertretern der BK, weshalb er einige Zeit inhaftiert wurde. Er hatte als Reserveoffizier den Eid auf Hitler verweigert.[33]

Auf Initiative der BK-Pfarrer Just in Schimonken und Siska in Seehesten wurde 1936 eine Flugblattaktion durchgeführt, die auf starke Resonanz stieß. In Gurkeln, Kreis Sensburg, konfiszierte die Polizei die religiösen Flugblätter, in denen die gerade im konservativ-religiösen Masuren Empörung auslösenden blasphemischen Inhalte der NS-Ideologie angeprangert wurden. Ein SS-Obergruppenführer wurde mit den Worten zitiert: »Wer war größer, Christus oder Hitler? Christus hatte bei seinem Tode 12 Jünger, die ihm aber nicht einmal treu blieben. Hitler hat heute ein Volk von 70 Millionen hinter sich.«[34] Und Fritz Maxin, ein Bauer aus Wychrowitz, Kreis Neidenburg, der bereits in jungen Jahren zum Ostpreußischen Lutherischen Gebetsverein gestoßen war und als führender Repräsentant der Gromadki galt, hatte über einen Bekannten, der der Partei angehörte, ein persönliches Schreiben an die NS-Behörden überstellen lassen. Für kurze Zeit hatte er selbst mit dem Nationalsozialismus sympathisiert, doch dann hatte er dessen Feindschaft zum Christentum erkannt und attackierte nun die nationalsozialistische Bewegung in klaren Worten: »Daß es ein Hitlerstaat wäre, ist eine Anmaßung der Eingebildeten und eine Anerkennung der geistig Unmündigen und Krüppligen, die tatsächlich ohne Führer nicht leben können, daher sich an den Namen Führer so krampfhaft halten. Ihm muß sein Führer Christus auch ohne den irdischen Führer der Leitstern sein … Ein Führerprinzip, das sich zwischen Christus und seine Gemeinde, zwischen Gott und die Seele mit Totalitätsanspruch setzt, ist antichristlich.«[35]

In der Evangelischen Kirche war die Solidarität mit den Juden wenig verbreitet. Die BK hat sich, wenn überhaupt, nur um getaufte oder zu taufende Nichtarier gekümmert, was einer der Pfarrer später zutiefst bereute: »Wo nahm aber die Bekennende Kirche ihre öffentliche Verantwortung für den Menschen angesichts der Nazi-Verbrechen wahr, da sie zur gleichen Zeit für die Belange der Kirche freimütig und tapfer stritt? Gewiß, wir wußten vieles einfach nicht, was geschah. Aber was uns bekannt war, hätte genügt, um laut für die Rechte der Menschen zu rufen, zu schreien. Und es gibt auch ein schuldhaftes Nichtwissen.«[36] Doch es gab auch Pfarrer wie Erich Sack, die ihr aufrechtes Christentum mit dem Leben bezahlten. Sack wurde 1887 in Goldap geboren und wirkte als Pfarrer in Zinten und seit 1926 in Lasdehnen, wo er als energischer Gegner der Deutschen Christen auftrat. Der Anlaß für seine Verhaftung 1942 soll die Bemerkung im Konfirmandenunterricht gewesen sein: »Ein Volk, das seinen Glauben verleugnet, wird niemals siegen.« Man nahm ihn wegen »Schwächung der Widerstandskraft des deutschen Volkes« fest und verbrachte ihn nach Dachau, wo er am 24. Januar 1943 starb.[37]

Neben den politischen und religiösen Gegnern des Regimes sahen sich auch die Vertreter der propolnischen und prolitauischen Minderheiten starken Repressalien ausgesetzt, die schließlich in physische Gewalt mündeten. Die Presseorgane der zahlenmäßig völlig unbedeutenden polnischen Masuren- und Ermländerbewegung – die Allensteiner »Gazeta Olsztyńska« und der Ortelsburger »Mazur« – wurden zeitweise verboten. Verlage, Redaktionen, Vereinsbüros und Privathäuser wurden überwacht, auf Hausdurchsuchungen mußte man jederzeit gefaßt sein. Führende Persönlichkeiten der Minderheitenvereine saßen in Gefängnissen und Konzentrationslagern, viele starben: Arno Kant überlebte die Mißhandlungen nicht, Robert Małłek starb 1939 bei Soldau durch ein Erschießungskommando, Otto Scharkowski in einem Zuchthaus, der evangelische Gromadki-Führer Reinhold Barcz wurde wegen Hochverrats 1942 in Berlin-Moabit enthauptet, Seweryn Pieniężny, Herausgeber der »Gazeta Olsztyńska« starb im Straflager Hohenbruch im Kreis Labiau.

Nach dem Einmarsch der Deutschen ins Memelgebiet optierten einige prolitauische Memelländer für Litauen und mußten Ostpreußen verlassen. Sie galten als »Renegaten«, wurden von den Deutschtumsverbände angefeindet und von der Gestapo verfolgt. Nach dem Anschluß des Memellands 1939 verbot man die litauische Gemeinschaftsbewegung, was einige der Stundenhalter mißachteten. Daraufhin wurden drei von ihnen festgenommen. Redveikis und Pozera sagten sich in der Haft von ihrer Seelsorgearbeit los, Kopustas aber lehnte das ab und kam in ein Konzentrationslager, wo er starb.[38] Die fünf Mitglieder der Familie Ensies Jagomast aus Tilsit, die den Verlag »Lituania« betrieben, wurden am 23. August 1941 in Wilna als »großlitauische Agitatoren« von der Gestapo ermordet.[39]

Die Widerstandsgruppe um Oberst Stauffenberg rückte am

20. Juli 1944 Ostpreußen in den Mittelpunkt der Ereignisse. Die Welt hielt den Atem an: Hatte Hitler das Attentat überlebt? Stundenlang herrschte Ungewißheit, dann die bittere Erkenntnis: Der Anschlag war mißlungen, die Attentäter waren verloren. Auch einige Ostpreußen starben durch die NS-Henker. Carl Friedrich Goerdeler, bis 1937 Oberbürgermeister von Leipzig, hatte in Königsberg studiert und war zehn Jahre zweiter Bürgermeister der Stadt am Pregel gewesen. Am 8. September 1944 wurde er vom Volksgerichtshof zum Tode verurteilt und in Plötzensee gehenkt. Auch sein Bruder Fritz Goerdeler, Stadtkämmerer in Königsberg, war unter den Verschwörern. Nach dem Attentat wurde er als Mitwisser und Mitverschwörer verhaftet, am 23. Februar 1945 vom Volksgerichtshof in Berlin zum Tode verurteilt und am 1. März 1945 hingerichtet. Aus dem Verschwörerkreis starben ferner die Ostpreußen Helmuth Groscurth, Heinrich Graf von Lehndorff und Heinrich Graf zu Dohna.

Nach 1945 erfuhr der 20. Juli in der Bundesrepublik eine mythische Verklärung, was seine Bedeutung für Ostpreußen schwer einschätzbar macht. Daß von einer ungebrochenen Widerstandskraft des ostpreußischen Adels gesprochen werden kann, wie es nach 1945 gern geschah, bestätigen die jüngsten Forschungen nicht.[40] Die eindrucksvolle Adelspräsenz im Verschwörerkreis des 20. Juli ist durch unzählige Stilisierungen und Fachveröffentlichungen gleichermaßen befördert worden, doch scheint die Aura, die von dieser Adelspräsenz ausgeht, den Blick für die Relationen getrübt und die Einsicht behindert zu haben, daß es sich hier um einzelne handelte, die weder für ihre Familien noch für die Schicht des Adels repräsentativ waren. »Die besten Namen des ostelbischen Adels waren hier noch einmal vereint«, heißt es in einer typischen Formulierung von Walter Görlitz über die adligen Mitglieder des 20. Juli. Der Satz ist zutreffend, doch die »besten Namen« des preußischen Adels, so Stephan Malinowski, waren vor und nach dem gescheiterten Staatsstreich viel zahlreicher in der NSDAP »vereint«.[41] Eine Liste mit 53 Familien des alten Adels belegt, daß sie 1595 NSDAP-Mitglieder stellten. 528 (33,1 Prozent) gehörten der Partei schon vor 1933 an. 41 Schulenburgs und 23 Dohnas entsprachen etwa dreißig bis vierzig Prozent aller nach dem Lebensalter für den Dienst in der Partei in Frage kommenden Mitglieder der Familien.[42] Anders als adlige Memoiren und ein erheblicher Teil der älteren Literatur vermitteln, ist die konsequente NS-Gegnerschaft von der Weimarer Republik bis zum Martyrium des 20. Juli 1944 eher selten. Ein großer Teil der Verschwörer gehörte 1933 zu den Befürwortern der nationalsozialistischen »Revolution« und hatte zuvor gegen die Republik agiert.[43]

Auch Marion Gräfin Dönhoff entwarf ein positives Preußenbild: das Preußen des Allgemeinen Landrechts, der Stein-Hardenbergschen Reformen und der Berliner Salons der Romantik. Es war das Preußen Kants und Kleists, das Preußen der Aufklärung und des Humanismus. Dieses Preußen ist jedoch mit der Reichsgründung 1871 untergegangen in der rücksichtslosen Germanisierungspolitik und einem deutschtumszentrierten Nationalismus. Mit dem 20. Juli 1944, so Dönhoff, hat sich noch einmal der alte preußische Geist erhoben: »Alle großen Namen der preußischen Geschichte: Yorck, Moltke, Dohna, Schulenburg, Lehndorff, Schwerin sind in diesem letzten und wohl schönsten – weil der Macht so fernen, dem Wesentlichen so nahen – Kapitel noch einmal verzeichnet. Es ist, als wäre der Geist des Preußischen ..., von allen Pervertierungen gereinigt, noch einmal Gestalt geworden.«[44] Das ist ein Mythos, denn man muß, wie der Historiker Stephan Malinowski fordert, »beide Geschichten erzählen«,[45] die des Widerstands und die der Verstrickung des Adels in den Nationalsozialismus, wozu sich die Geschichte Ostpreußens anbietet. Jeder zweite Verschwörer stammte aus dem Adel, aber die adligen Verschwörer waren oftmals in ihren eigenen Familien isoliert, erst recht im eigenen Stand. Bei Kriegsbeginn waren fünfzehn Prozent aller Offiziere Adlige. Der Adel machte Hitler möglich, und dessen Bewegung bot ihm im Gegenzug Karrieren. So war es immer gewesen in Ostpreußen. Ohne den Adel hätte es keinen 20. Juli 1944 gegeben, aber auch keinen 30. Januar 1933.

Unter denen, die ihr Leben riskierten und verloren, war der junge Königsberger Gerhard Lascheit aus der »Bündischen Jugend«. Von ihm stammt die Melodie zu dem ostpreußischen Lied »Abends treten Elche aus den Dünen«. Lascheit emigrierte 1937 nach Schweden, wo er den Namen Gerd Salten annahm. Im August 1940 mußte er Schweden jedoch wieder verlassen, da sein Asyl abgelaufen war. Lascheit kehrte nach Königsberg zurück, wo man ihn am 8. April 1941 verhaftete und in die Gestapo-Folterzentrale Prinz-Albrecht-Straße in Berlin verbrachte. Ohne Prozeß steckte man ihn in das KZ Sachsenhausen. Am 20. Juni 1942 ist er im Alter von 29 Jahren im KZ Groß Rosen gestorben. Die Urne mit seiner Asche wurde seinen Eltern zugestellt, die sie auf dem Friedhof an der Haberberger Kirche beisetzen ließen.[46]

Das Mädchen Marie-Luise Jahn, geboren 1918 in Sandlack, Kreis

Bartenstein, wuchs auf dem elterlichen Gut auf und studierte später Chemie in München. Dort lernte sie 1941 Hans Leipelt kennen. Beide waren Mitglieder der »Weißen Rose«. Beide hat man am 18. Oktober 1943 festgenommen. Marie-Luise Jahn wurde vom 2. Senat des Volksgerichtshofs in Donauwörth zu zwölf Jahren Zuchthaus, ihr Freund Hans Leipelt zum Tode verurteilt und am 29. Januar 1945 hingerichtet. Marie-Luise Jahn war 1987 Mitbegründerin der »Weiße Rose Stiftung«.[47]

Kriegsalltag in trügerischer Ruhe

»Durch die gewaltigen Feldzüge gegen Polen und gegen den russischen Koloß sind die engen Grenzen Ostpreußens endlich und endgültig gesprengt, ist Ostpreußen mitten hineingestellt in den großdeutschen Interessenraum des Ostens. Korridor und Memelland, lange Zeit Sinnbilder ostpreußischer Not und deutscher Schmach, sind längst vergessen; nach allen Seiten steht der alte deutsche Nordost-Gau dem Verkehr offen ... Zum ersten Mal in der neueren Geschichte sind die politischen Voraussetzungen für die verkehrstechnische und wirtschaftliche Nutzung der Tatsache geschaffen, daß Ostpreußen auf der kürzesten Landbrücke zwischen der Ostsee und dem Schwarzen Meer liegt. Das Grenzland Ostpreußen ist Herzland des ganzen Ostens geworden.«[48] So charakterisiert ein Reiseführer »Ostpreußen« aus dem Jahr 1942 die neue Rolle Ostpreußens in den großdeutschen Plänen nationalsozialistischen Größenwahns.

Ostpreußen war 1939 und 1941 Aufmarschgebiet für die Wehrmacht, insofern ging der Zweite Weltkrieg von ostpreußischem Boden aus. Ansonsten blieb die östlichste Provinz des Reiches aber eine Oase der Ruhe in einem mörderischen Krieg. Bis die sowjetische Armee 1944 an die Grenzen Ostpreußens vorstieß, sah sich die Bevölkerung nicht unmittelbar mit dem Krieg konfrontiert, wenn auch die Einberufung der männlichen Bevölkerung, die besonders die landwirtschaftlichen Familienbetriebe traf, Lebensmittelrationierungen, die steigende Kriminalität und der Kontakt zu ausländischen Kriegsgefangenen und Zwangsarbeitern ihn allgegenwärtig machten.

Nach dem deutschen Überfall auf Polen und der Besetzung des Nachbarlandes erfolgte durch den Führererlaß vom 8. Oktober 1939 eine territoriale Neuordnung, die Polen als Staatswesen eliminierte. Das Soldauer Gebiet wurde wieder Teil des Kreises Neidenburg, was bei einem Besuch von Reichsinnenminister Frick als »Befreiung« und »Heimkehr« Soldaus gefeiert wurde.[49] Die Reichsgaue Wartheland und Danzig-Westpreußen wurden eingerichtet und die Provinz Ostpreußen mit Wirkung zum 26. Oktober 1939 um die nordmasowischen Kreise Polens erweitert. Das geschah auf Betreiben Erich Kochs, der seinen Machtbereich auszuweiten suchte. Der neugebildete Regierungsbezirk Ciechanów (Zichenau) umfaßte die Kreise Maków (Makeim), Mława (Mielau), Ostrołęka (Scharfenwiese), Płońsk (Plöhnen), Sierpć (Sichelberg), Płock (Schröttersburg), Pułtusk (Ostenburg) und Przasnysz (Praschnitz). Zu Ostpreußen kamen ferner die ostpolnischen Landkreise Suwałki und Augustów, die dem Regierungsbezirk Gumbinnen angegliedert wurden. Damit vergrößerte sich die Provinz um 12 000 Quadratkilometer polnischen Gebiets und reichte bis vor die Tore Warschaus. Insgesamt war Ostpreußen durch derartige Eroberungsraubzüge auf eine Größe von 53 140 Quadratkilometern angewachsen und zählte 3 335 000 Einwohner. In den polnischen Gebieten lebten achthunderttausend Polen, achtzigtausend Juden und nur etwa fünfzehntausend Deutsche. Zwar wurden mit der Übernahme der Deutschen Gemeindeordnung deutsche Verwaltungsstrukturen eingeführt, doch die polnischen Gebiete behielten einen polizeilichen Sonderstatus, der das Passieren der alten Reichsgrenze erschwerte. Das erleichterte Himmlers Aktionen gegen die jüdische und polnische Bevölkerung sowie die Deportation in das Generalgouvernement.

Nachdem Gauleiter Koch auch Reichskommissar für die Ukraine geworden war, rekrutierte er in Ostpreußen besonders zuverlässige Beamte für die Verwaltung der besetzten Ukraine. Die Beteiligung ostpreußischer Wirtschafts- und Verwaltungsstellen war umfassender, als man den Berichten entnehmen kann. Drei der zehn Generalkommissare kamen aus Ostpreußen: der Königsberger Polizeipräsident Heinrich Schoene (Brest-Litowsk), Waldemar Magunia (Kiew) und Ewald Oppermann (Nikolajew). Stellvertretender Generalkommissar war der Mohrunger Landrat Gerhard Pannenborg. Als Stadtkommissare waren unter anderen Friedrich Schiedat (Allenstein/Kriwoi Rog), Bruno Armgardt (Ortelsburg/Gomel), Hellmuth Will (Königsberg/Kiew), Fritz Nickau (Deutsch Eylau/Nikolajew) und Alfred Gille (Lötzen/Saporoshje) tätig.[50]

Klaus von der Groeben kam 1942 als ostpreußischer Beamter in das ukrainische Rowno. Der ostpreußische Landrat erhielt bald detaillierte Kenntnisse von den deutschen Massenmorden: »Als ich von einer solchen Fahrt Mitte Juli wieder in Rowno eintraf, waren 24 Stunden vorher alle Rownoer Juden ermordet worden. In Rowno hatte es zuvor ca. 20 000 Juden gegeben, von denen etwa 15 000 Anfang August 1941 durch eine Einheit des SS-Obergruppenführers Jeckeln liquidiert worden waren.« Und weiter: »Ich faßte sofort den Entschluß, diese Stätte des Grauens und der Verbrechen so schnell wie möglich zu verlassen und kehrte schon Anfang August nach Königsberg zurück, nachdem meine Abordnung auf meinen Wunsch vom Innenminister aufgehoben worden war. Ich wollte nicht Mitwisser eines solchen Verbrechens sein, ohne mich sichtbar zu distanzieren. Mein Abbruch in Rowno ist als Protest verstanden worden. Nachteile sind mir daraus nicht erwachsen.«[51]

In Ostpreußen selbst wurde Anfang 1940 eine größere Anzahl ostpreußischer Frauen wegen des Umgangs mit Kriegsgefangenen zu hohen Zuchthausstrafen verurteilt. Sowohl die Zivilbevölkerung als auch die Wachleute legten gegenüber den polnischen Kriegsgefangenen ein »undeutsches« Verhalten an den Tag, das die obersten Justizbehörden Ostpreußens stark beschäftigte. Obwohl sie rigide durchgriffen, wurden immer wieder Fälle von Hilfsbereitschaft und Freundlichkeit gegenüber den Gefangenen gemeldet. Die Verfahrenszahl und die Zahl der Todesurteile stieg von 1941 an sprunghaft. Legt man die Zahlen des ersten Halbjahrs 1942 (Lagebericht vom 29. Juni 1942) und die von 1943/44 (Lagebericht vom 29. März 1944) zugrunde, so verhandelte das Königsberger Sondergericht zwischen 1939 und 1944 etwa fünf- bis sechstausend Fälle, die für fünf- bis sechshundert Angeklagte mit dem Todesurteil endeten. Die ostpreußische Justiz stand in dem Ruf, besonders streng zu sein.[52]

Auf der anderen Seite bemühte man sich offiziell um den Anschein von Normalität. Die 400-Jahrfeier der Universität Königsberg vom 7. bis 10. Juli 1944 verlief angesichts der nahenden Front in absurder Ruhe. Keine acht Wochen später versank das alte Königsberg im Bombenhagel der Royal Air Force. In den Nächten vom 26. auf den 27. August und vom 29. auf den 30. August 1944 warfen britische Bomber ihre todbringende Fracht gekoppelter Phosphor- und Sprengbomben über Königsberg ab. Der erste Luftangriff der britischen Flotte am 26./27. August 1944, auf den man nicht gefaßt war, traf vor allem den nördlichen Stadtteil Maraunenhof. Bei dem folgenden Angriff in der Nacht vom 29. zum 30. August vernichteten 650 britische Bomber – beim ersten waren es nur 200 gewesen – durch den Abwurf der neuen Brandstrahl-Bomben, die einen Feuersturm auslösten, fast die ganze Innenstadt Königsbergs. Den Menschen nahm der Feuersturm, der wie ein Tornado wirkte, den Atem, riß sie fort und schleuderte sie in die Flammen. Das historische Königsberg – Altstadt, Löbenicht und Kneiphof – wurde zu nahezu hundert Prozent zerstört. Etwa viertausendzweihundert Tote waren zu beklagen, insgesamt waren zweihunderttausend Königsberger ohne Obdach.

Der Mann, der das alles zu verantworten hatte, mochte die östliche Landschaft nicht, aber er blieb für beinahe tausend Tage, fast ein Viertel seiner Herrschaftszeit, unter das ostpreußische Walddach gebannt. Zunächst hat er noch Frontbesuche und Reisen unternommen, bis Anfang 1943 für insgesamt 57 Tage, dann verkroch er sich immer mehr. Im Kreis Rastenburg entstand mit der »Wolfsschanze« Hitlers größtes Hauptquartier. Hier wurde seit Juli 1940 der Rußlandfeldzug geplant. Das dichte Waldgebiet der Görlitz bot eine gute Tarnung, Sümpfe und Seen bildeten ein natürliches Hindernis für Bodentruppen. Unter den Mitarbeitern war das Hauptquartier allerdings als »Mückenloch« bekannt. Hier ereignete sich am 20. Juli 1944 das Attentat auf Hitler. Vier Monate später, am 20. November 1944, verließ Hitler die Wolfsschanze.

Nahe beim »Führer« hatten sich einige NS-Größen behaglich eingerichtet. In einem Wald bei Rosengarten lag das Hauptquartier von Hans Heinrich Lammers, dem Chef der Reichskanzlei. Etwa acht Kilometer nordöstlich von Rosengarten, am Ufer des Mauersees, ließ sich der wegen seiner Eitelkeit verrufene Außenminister Joachim von Ribbentrop nieder. Dem (gekauften) Adelstitel angemessen residierte er hochherrschaftlich im Barockschloß Steinort der Familie Lehndorff. Ribbentrops Mitarbeiterstab war im Gästeheim »Jägerhöhe«, einem für die Olympischen Spiele 1936 erbauten Sporthotel am Schwenzaitsee, einquartiert oder im Gut Numeiten südlich von Schwenten. Am Mauersee, sechs Kilometer nördlich von Steinort, lag auch das neben der Wolfsschanze größte ostpreußische Hauptquartier, das Feldlager des Oberkommandos des Heeres (OKH) »Mauerwald«. Hier lebten 1500 Stabsangehörige in etwa 120 Holzbaracken und Luftschutzbauten. Der Reichsführer SS, Heinrich Himmler, hielt sich elf Kilometer östlich von Steinort in einem Waldstück bei Großgarten in der Feldkommandostelle »Hegewald« auf, die 1940/41 errichtet und später »Hochwald« genannt wurde. Mit hoher Wahrscheinlichkeit war die Wolfsschanze das bestbewachte und gesicherte Sperrgebiet des Deutschen Reiches.

Etwa sechzig Kilometer entfernt hatte sich Reichsmarschall Göring eingenistet, und zwar im »Reichsjägerhof« in der Rominter Heide.[53] Dort betrieb der passionierte Jäger im ehemaligen kaiserlichen Jagdrevier eine Art Nebenaußenpolitik des Reiches. Bis 1940 kamen Staatsgäste und Botschafter hierher. Von der Rominter Heide aus befehligte er den Bombenkrieg gegen England und die Kunstraubzüge gegen jüdisches Eigentum im besetzten Frankreich. Nach dem Überfall auf die Sowjetunion machte Göring Rominten im Juli 1941 zu seinem Standort, während das eigentliche Hauptquartier des Oberkommandos der Luftwaffe bei Turoscheln (Breitenheide) in der Johannisburger Heide untergebracht war. Doch die mit großem Kostenaufwand eingerichtete Bunkeranlage in Breitenheide erwies sich als feucht, weshalb man in den Reichsjägerhof umzog. So wurde die stille Rominter Heide zur Schaltstelle im Luftkrieg über einen ganzen Erdteil, vom Atlantik bis Rußland, von Norwegen bis Ägypten. Hitler hat Göring in Rominten, wo dieser bis Mitte Oktober 1944 seiner Jagdleidenschaft frönte, nie besucht. Als die Front schließlich bedrohlich nahe rückte, befahl der Reichsfeldmarschall, alles zu zerstören: Am 20. Oktober 1944 wurde das Anwesen angesteckt, am folgenden Tag drang die Rote Armee in Rominten ein.

Das Jahr 1944 trug den Krieg nach Ostpreußen. Während die Propaganda noch den »Endsieg« pries, war der Geschützdonner in Deutschlands östlichster Provinz bereits unüberhörbar. Hans Graf von Lehndorff, Mitglied der Bekennenden Kirche und Arzt in Insterburg, hielt diesen Sommer 1944 fest: »Die Vorboten der Katastrophe machten sich bereits in den letzten Junitagen 1944 bemerkbar – leichte, kaum ins Bewußtsein dringende Stöße, die das sonnendurchglühte Land wie von fernem Erdbeben erzittern ließen. Und dann waren die Straßen auf einmal überfüllt mit Flüchtlingen aus Litauen, und herrenloses Vieh streifte quer durch die erntereifen Felder, dem gleichen unwiderstehlichen Drang nach Westen folgend. Noch war es schwer zu begreifen, was da geschah, und niemand durfte es wagen, seinen geheimen Befürchtungen offen Ausdruck zu geben. Aber als der Sommer ging und die Störche zum Abflug rüsteten, ließ sich das bessere Wissen von dem, was bevorstand, nicht länger verborgen halten. Überall in den Dörfern sah man Menschen stehen und zum Himmel starren, wo die großen vertrauten Vögel ihre Kreise zogen, so als sollte es diesmal der letzte Abschied sein. Und jeder mochte bei ihrem Anblick etwa das gleiche empfinden: ›Ja, ihr fliegt nun fort! Und wir? Was soll aus uns und unserem Land werden?‹«[54]

Verschwiegen und verdrängt:
Konzentrationslager in Ostpreußen

Kaum waren die Nationalsozialisten an die Macht gelangt, begann der Staatsterror. Daß es auch in Ostpreußen Arbeitserziehungs-, Durchgangs- und Konzentrationslager gab für Kriegsgefangene und Zwangsarbeiter aus verschiedenen europäischen Ländern, das war lange Zeit ein Tabu. Das Grauen war hier nicht geringer als in anderen nationalsozialistischen Lagern. Neben den in der Landwirtschaft eingesetzten Arbeitskräften wurden politische Häftlinge, vor allem Polen, in »Arbeitserziehungslager« gesperrt. In Hohenbruch (Lauknen), Kreis Labiau, im Großen Moosbruch, wurden sie bei der Moorentwässerung eingesetzt. Bereits Anfang November 1939 gelangten auch Juden nach Lauknen, die vom dortigen Lagerleiter Pust durch Prügel gezwungen wurden, ihre Exkremente aufzulecken.[55]

In der Nähe der Palmnicker Bernsteinwerke entstand vermutlich 1944 ein Strafarbeitslager für polnische Gefangene, die im Bernsteintagebau arbeiten mußten. Im Laufe der Zeit wurden mißliebige deutsche Häftlinge aus dem Gerichtsgefängnis Königsberg nach Palmnicken verlegt. Für verschleppte Juden aus angrenzenden litauischen Gemeinden existierten im Kreis Heydekrug verschiedene Lager. Über ganz Ostpreußen waren Hunderttausende von Zwangsarbeitern verstreut, vor allem osteuropäische Zivilverschleppte, aber auch westliche Kriegsgefangene, unter ihnen der französische Schriftsteller Michel Tournier, dessen Roman »Der Erlkönig« in Ostpreußen während der Kriegsjahre spielt. Polen, Russen und Ukrainer wurden noch viel schlechter behandelt als die französischen und belgischen Kriegsgefangenen und überlebten die Sklavenarbeit in Industrie und Landwirtschaft nur selten. Dennoch wäre, wie die Zahlen belegen, ohne die polnischen Zwangsarbeiter die Kriegswirtschaft nicht aufrechtzuerhalten gewesen.

Im Februar 1940 errichtete man in Soldau in einer ehemaligen Kaserne ein Durchgangs-, Haft- und Vernichtungslager eigens für in Schutzhaft genommene Polen, um deren geplante Ermordung besser vor der Öffentlichkeit verbergen zu können. Das Wachpersonal in Soldau bestand aus Reservisten der Schutzpolizei, die auf Befehl des Höheren SS- und Polizeiführers (HSSPF) Nordost vom Kommando der Ordnungspolizei in Königsberg gestellt wurden. Propolnische Masuren, Angehörige der polnischen Intelligenz, Juden sowie geistig

Behinderte aus ostpreußischen Behinderteneinrichtungen wurden in Soldau interniert und größtenteils ermordet. Die Häftlinge wurden wahlweise als Staatsfeinde, Verbrecher oder Asoziale deklariert, so daß der willkürlichen Tötung nichts im Wege stand.

Beschäftigung von Polen in der Wirtschaft Ostpreußens 1939 bis 1944 [56]

Stichtag	Männer absolut	Frauen absolut	gesamt absolut	Anteil an den Fremd-arbeitern (in Prozent)
25.04.1941	39 575	13 306	52 881	83,0
25.09.1941	51 680	16 138	67 818	72,9
20.01.1942	56 563	17 336	73 899	74,5
10.07.1942	66 693	22 118	88 811	79,2
31.03.1943	74 357	32 375	106 732	74,4
30.06.1943	83 618	40 808	124 426	69,9
31.12.1943	85 325	46 390	131 715	65,8
31.03.1944	86 004	47 189	133 193	64,7
30.06.1944	92 272	53 463	145 735	64,4
30.09.1944	91 875	54 082	145 957	61,6

Zwischen dem 21. Mai und dem 8. Juni 1940 wurden 1558 ostpreußische Behinderte und dreihundert aus Polen deportierte Geisteskranke in einer mobilen Gaskammer ermordet. Diesen Mord führte das »Sonderkommando Lange« durch, das mit den Einsatzgruppen der Sicherheitspolizei und des SD eingerückt war und dem SS-Hauptsturmführer und Kriminalkommissar Herbert Lange (Stapo-Leitstelle Posen) unterstand. Patienten der Anstalten Allenburg, Tapiau, Kortau und Carlshof wurden zu je vierzig in den Gaswagen getrieben. Die Soldauer Aktion leitete der Höhere SS- und Polizeiführer Warthe, Wilhelm Koppe, der mit dem Höheren SS- und Polizeiführer Nord-Ost in Königsberg, Friedrich Wilhelm Reddies, für jeden getöteten Kranken ein Kopfgeld von zehn Reichsmark vereinbart haben soll. Nach der Aktion fand im Lagerkasino ein Abschieds- und Kameradschaftsabend statt. Die Angehörigen des Mordsonderkommandos erhielten als Anerkennung für ihre Tat ein Bernsteinkästchen samt Widmung des ostpreußischen Gauleiters und Sonderurlaub im besetzten Holland.[57]

Seit Anfang Februar 1940 fanden alle Exekutionen der ostpreußischen Gestapo in Soldau statt.[58] Insgesamt durchliefen etwa zweihunderttausend Menschen das Soldauer Lager, von denen mindestens zehntausend ermordet wurden, darunter der Erzbischof von Płock,

Antoni Julian Nowowiejski, mit 83 Jahren. In einer offiziellen Gedenkschrift zum sechshundertjährigen Bestehen der Stadt Soldau hieß es 1944 – quasi in Sichtweite zum Lager –, daß in allen Fragen am »Ausgang der Jude steht als Alldeutschlands schlimmster Feind«.[59]

Wenig bekannt ist auch die Existenz mehrerer Stutthofer Außenlager in Ostpreußen, die im Sommer 1944 eingerichtet wurden. Da nach der Evakuierung baltischer Ghettos, vor allem in Riga und Kaunas (Kowno), der Häftlingsstrom nach Stutthof beträchtlich zunahm, mußten neue Unterbringungsmöglichkeiten geschaffen werden. Sie entstanden auf Sonderbefehl des Stutthofer Lagerkommandanten in Absprache mit der SS. Jedes Lager erhielt einen Kommandanten aus den Reihen der SS-Besatzung von Stutthof. Insgesamt lagen sechs der etwa dreißig Außenstellen von Stutthof in Ostpreußen: Seerappen, Jesau (18 Kilometer südlich von Königsberg), Königsberg, Schippenbeil, Gerdauen und Heiligenbeil. Das Außenlager auf dem Gelände der Waggonfabrik Steinfurt in Königsberg-Ratshof wurde im August 1944 eingerichtet. Sein letzter Kommandant war seit 4. Oktober 1944 SS-Oberscharführer Fritz Weber.

Im Schatten des Reichsehrenmals Tannenberg befand sich das größte ostpreußische Kriegsgefangenenlager Stalag I b Hohenstein, das von Kriegsbeginn bis Januar 1945 existierte. Schätzungsweise fünfundfünfzigtausend Kriegsgefangene, vor allem Russen, fanden hier den Tod. Bis Dezember 1944 unterstand das Stalag I b Hohenstein zusammen mit anderen ostpreußischen Kriegsgefangenenlagern dem Sohn des Generalfeldmarschalls und Reichspräsidenten Hindenburg, Generalleutnant Oskar von Beneckendorff und von Hindenburg (1883–1960).[60] Weitere Lager des Wehrkreiskommandos I Ostpreußen waren das Stalag I a in Stablack sowie drei weitere Kriegsgefangenen-Sammelstellen.

Wie es ostpreußische Widerstandskämpfer gegen das NS-Regime gab, so gab es auch ostpreußische Täter. Zwei Täterbiographien ragen heraus und zeigen exemplarisch, wie die nationalkonservative Sozialisation schließlich zur ideologischen Radikalisierung führte. Emil Otto Rasch, zweifach promovierter Generalmajor der Polizei, wurde 1891 in Friedrichsruh, Kreis Darkehmen, geboren. Zunächst diente er in der kaiserlichen Marine und schließlich 1919 im Freikorps »Marine-Brigade Loewenfeld«. Frühzeitig wurde er Mitglied des antisemitischen Deutschen Schutz- und Trutzbundes. Nach dem Jurastudium arbeitete er als Rechtsanwalt in der sächsischen Industrie und wurde schließlich Bürgermeister in Radeberg. Seit 1931 war Rasch Mitglied der NSDAP, seit 1936 Mitglied des SD und der SS. Nach verschiedenen Verwendungen kehrte er im November 1939 in seine Heimat Ostpreußen zurück als Inspekteur der Sicherheitspolizei und des SD. Als Generalmajor der Polizei hatte Rasch von Mai 1941 bis Oktober 1941 die Führung der Einsatzgruppe C inne. Von Januar 1940 an oblag ihm, einem Liebling Heydrichs, als Chef der Polizei und des SD die Überstellung polnischer Häftlinge aus dem »südostpreußischen« Regierungsbezirk Zichenau in die Lager Hohenbruch, Rudau, Beydritten und Soldau sowie deren »unauffällige Liquidierung«. 1941/42 stieg Rasch aus und ging als Jurist zur Continental Oel AG. Die Gründe dafür liegen im dunkeln. Möglicherweise machten ihn die psychischen Belastungen, die mit dem Massenmord verbunden waren, dienstunfähig. Die Massenexekutionen im ukrainischen Babi Jar am 29. und 30. September 1941, bei denen 33 771 Kiewer Juden ermordet wurden, fanden in seinem Bereich statt. Seine Einsatzgruppe meldete bis zum 20. Oktober 1942 rund achtzigtausend »Sonderbehandelte« (sprich Ermordete). Das Kriegsende erlebte Rasch im niedersächsischen Wehrstedt. Er kam in ein Internierungslager für NS-Führungspersonal in Rotenburg/Wümme. Als vorübergehender Leiter der Einsatzgruppe C wurde Rasch an das internationale Militärtribunal in Nürnberg überstellt. Der politische Gefangene starb 1948 an der Parkinson-Krankeit im Gerichtsgefängnis Nürnberg.[61]

Ein zweiter Massenmörder aus Ostpreußen war Curt von Gottberg. Er wurde 1896 in Preußisch Wilten, Kreis Bartenstein, als Sohn eines alteingesessenen Gutsbesitzers geboren.[62] Nach der Teilnahme am Ersten Weltkrieg war er Mitglied der rechtsradikalen »Brigade Ehrhardt«, danach absolvierte er in Ostpreußen eine Landwirtschaftsausbildung und wirkte als selbständiger Siedlungsunternehmer. 1931 trat er der SA und im Jahr darauf der NSDAP bei. Kurze Zeit später wechselte der Siebenunddreißigjährige zur SS und wurde noch 1933 SS-Sturmbannführer und Leiter der Polizeibereitschaft im württembergischen Ellwangen. 1937 fand seine Ernennung zum Chef des Rasse- und Siedlungshauptamtes der SS (RuSHA) statt. Von dieser Aufgabe offensichtlich überfordert, geriet er ins Abseits. 1942 gelang es ihm jedoch, zum SS-Brigadeführer und Generalmajor der Polzei aufzusteigen. Von dort ging es unaufhaltsam weiter: Als Höherer SS- und Polizeiführer Rußland-Mitte und Weißruthenien sowie als Generalkommissar in Minsk kämpfte er mit Hilfe einer nach ihm benannten Truppe gegen die Partisanenverbände. Schon bei der Planung seines Vorgehens hat er Befehle formuliert, die das verbrecherische

Ausmaß dieser Mord- und Raubzüge offenbaren. Die Definition, was ein Partisan sei, war recht willkürlich und weit gefaßt. Niemand war vor ihm sicher, Juden und Zigeuner sowieso nicht, aber auch weißrussische Jugendliche, Frauen und Kinder nicht.

»In einem evakuierten Raum«, so von Gottberg in einem Befehl, »sind Menschen in Zukunft Freiwild.« Eines seiner Ziele war, die noch im Generalkommissariat Weißruthenien in kleineren Ortschaften bestehenden Ghettos zu liquidieren. Von der Richtigkeit seines Tuns gab er sich überzeugt. In zwei privatdienstlichen Schreiben berichtete er ebenso offen wie stolz über die Erfolge seines ersten Unternehmens unter dem Codewort »Nürnberg«: »Der erste Erfolg war nicht schlecht. Feindtote: 798 Banditen, über 300 Bandenverdächtige und über 1800 Juden. Ich habe zum ersten Mal kämpfende und schießende Juden erlebt. Eigenverluste: 2 Tote und 10 Verwundete. Glück muß man haben.« Am 31. Mai 1945, kurz nach der Festnahme in Flensburg, entzog von Gottberg sich der Verantwortung und beging Selbstmord.

Masssaker an der Küste des Samlands

Ein Massaker, das im Januar 1945 am samländischen Ostseestrand nahe Königsberg begangen wurde, erregte vor wenigen Jahren größere öffentliche Aufmerksamkeit, weil ein Mitglied der Hitlerjugend, mit sechzehn Jahren Zeuge des Verbrechens, nach Jahrzehnten sein Schweigen brach.[63] Martin Bergau löste mit seinem Buch »Der Junge von der Bernsteinküste« eine publizistische Lawine aus. Ein unbewältigtes Kapitel deutscher Zeitgeschichte kam ans Licht und zeigte Ostpreußen aus einem anderen Blickwinkel.[64] Alles, was dem eigenen Opfermythos widersprach, hatte man bis dahin geflissentlich verdrängt. Menschen wie Martin Bergau waren von ihren ostpreußischen Landsleuten vielfach als »Nestbeschmutzer« beschimpft worden. Unter chaotischen Umständen hatte man sich bei Kriegsende um die Beseitigung aller Spuren des Verbrechens bemüht und die Evakuierung der ostpreußischen Konzentrationslager in letzter Minute, buchstäblich bereits im Angesicht sowjetischer Truppen, veranlaßt.

Am 20. und 21. Januar 1945 marschierten die Häftlinge aus den Lagern Seerappen, Jesau, Heiligenbeil, Schippenbeil und Gerdauen zu Fuß nach Königsberg. Ein Teil kam zu den Insassen der Waggonfabrik Steinfurt (Nahe Nordbahnhof), eine andere Gruppe in die

Bindfadenfabrik an der Reichsstraße 1, eine dritte Gruppe in eine Kaserne in Kalthof. Ester Frielman hat über den Todesmarsch nach der Evakuierung des Außenlagers Heiligenbeil berichtet: »Man führte uns in einen großen Keller, wo wir bereits viele zusammengetriebene Juden vorfanden. In diesem Keller waren wir etwa sechs Tage. Täglich kamen Hans, die SS-Frau und ukrainische Wachmänner, schossen auf uns und töteten auf diese Weise viele Menschen. Sie warfen auch Steine auf uns und verletzten viele. Die ganzen sechs Tage haben wir kein Essen bekommen und viele starben vor Hunger. Die Lebenden haben dann das Fleisch der Toten gegessen ... 10 000 Frauen und 2000 Männer.«[65]

Nach mehreren Tagen in Königsberg wurden die aus ganz Ostpreußen zusammengetriebenen Juden am 26. Januar 1945 Richtung Samland in Marsch gesetzt. Am frühen Morgen brach man auf. Die Begleitmannschaft bildeten drei SS-Unterführer, 22 SS-Leute sowie etwa 120 bis 150 Angehörige der Organisation Todt (OT). Befehlshaber war der SS-Oberscharführer Fritz Weber und für die Begleitmannschaft SS-Unterscharführer Otto Knott.[66] Ohne warme Kleidung und ohne jede Marschverpflegung trieben die SS-Leute die Gefangenen auf Nebenwegen über Metgethen, Drugehnen, Muhmehnen, Polemmen, Kirpehnen und Germau nach Palmnicken. Hunderte von Ostpreußen waren Zeugen ihres Elends. In Palmnicken sollten die jüdischen Häftlinge in den alten Stollen (Annagrube) des Bernsteinwerks hineingetrieben und der Eingang verschlossen werden.[67] Man rechnete mit der Kooperationsbereitschaft des Bürgermeisters und NSDAP-Ortsgruppenleiters und der Unterstützung durch die Leitung des Bernsteinwerks. Weder für die Gefangenen noch für die Mörder waren Quartiere und Verpflegung vorbereitet.

Auf dem Marsch von Königsberg nach Palmnicken (rund fünfzig Kilometer) wurden etwa zwei- bis zweieinhalbtausend Häftlinge, die vor Erschöpfung zusammenbrachen, durch die Wachmannschaften erschossen, die ersten bereits in der Stadt. Die Leichen ließ man am Straßenrand liegen. Ein SS-Mann, der »Genickschußkommissar« genannt wurde, blieb zurück mit dem Auftrag, alle entflohenen Juden, die aufgegriffen wurden, zu ermorden. Von den etwa sechseinhalb- bis siebentausend Häftlingen sind nur etwa dreitausend in Palmnicken angekommen. Die Häftlingskolonne traf dort in der Nacht des 26. oder 27. Januar 1945 ein. Am nächsten Morgen fand man zwischen Palmnicken und Sorgenau, einer Strecke von zwei Kilometern, etwa zwei- bis dreihundert Leichen.

Die Bevölkerung war durch Schüsse aus dem Schlaf gerissen worden und hatte das, da die Front bereits seit Wochen unweit des Samlandes stand, als Einmarsch der sowjetischen Armee gedeutet. Martin Bergau hat dazu geschrieben: »Eines Nachts, es mag wohl um 3.00 Uhr gewesen sein, wurde ich durch Schüsse aus dem Schlaf gerissen. Mein erster Gedanke war, die Russen sind an der Küste gelandet ... Mein Vater, der die Schüsse auch vernommen hatte, rief mir noch hinterher, ich solle im Haus bleiben. Ich sah eine Frauengestalt, welche zur Gartenpforte hineinlaufen wollte. Als sie mich bemerkte, kehrte sie sofort wieder um und stürzte zurück auf die Straße. Es fielen Schüsse, die Frau brach zusammen. Noch schlaftrunken, nahm ich in der Dunkelheit eine endlose Kolonne zerlumpter Gestalten wahr, die fortwährend durch Schüsse vorwärts getrieben wurden. Ich bemerkte auch, daß immer wieder einzelne Personen aus der Kolonne ausbrachen und durch Schüsse niedergestreckt wurden.«[68]

Am Ziel angekommen, stieß die SS auf einen nicht einkalkulierten Widerstand: Bergwerksdirektor Landmann gab keinen der für den Massenmord vorgesehenen Stollen frei mit dem Argument, diese dienten der Wasserversorgung der Palmnicker. Statt dessen ließ er das Tor öffnen und die erschöpften und halb erfrorenen Opfer in der großen Werkschlosserei unterbringen. Den Wächtern wurde erlaubt, in Büros und auf Korridoren zu schlafen. Am Morgen, als Güterdirektor Hans Feyerabend eintraf, mußten die SS-Leute diesem praktisch das Kommando übertragen. Feyerabends Erklärung ist vielfach bezeugt: Solange er lebe, würden die Juden zu essen bekommen, keiner werde umgebracht, aus Palmnicken dürfe kein zweites Katyn werden. Er ließ Vieh schlachten sowie Stroh, Erbsen und Brot heranschaffen. Die Werkskantine mußte für die erschöpften Gefangenen kochen.

Güterdirektor Feyerabend genoß in der Gegend hohes Ansehen. Als Reservemajor des Ersten Weltkriegs war er auch Kommandant des Palmnicker Volkssturms. Für den Mordplan stellte Feyerabend ein unüberwindliches Hindernis dar. Man mußte ihn aus dem Weg räumen. Vom SD in Königsberg erhielt Feyerabend daher eine Drohung und den Befehl, mit hundert Volkssturmleuten eine Stellung der Wehrmacht bei Kumehnen zu verstärken. Das Kommando rückte am Dienstag, dem 30. Januar, aus, traf aber auf eine Heereseinheit, die diese Verstärkung weder angefordert hatte noch mit ihr etwas anfangen konnte. Feyerabend begriff, daß er in eine Falle geraten war und ihm kein Ausweg blieb. Kameraden fanden seine Leiche. Es sah aus, als habe er sich mit dem eigenen Gewehr in den Mund geschossen. Ob der Selbstmord nur vorgetäuscht war, untersuchte man nicht.

Nach dem Ausrücken der Volkssturmeinheit beorderte der Palmnicker Bürgermeister ein Dutzend bewaffneter Hitlerjungen, darunter Martin Bergau, in das Gemeindeamt, schenkte ihnen Schnaps ein und schickte sie im Gefolge von drei SS-Leuten an die Küste zur stillgelegten Annagrube. Andere Trupps von Hitlerjungen sollten in den Häusern nach geflohenen Juden fragen und auch den Wald durchsuchen. Es war ihnen freigestellt, entdeckte Opfer sofort zu erschießen oder sie auszuliefern. Martin Bergau erinnert sich:

»Als wir mit SS-Männern das Gemeindeamt verließen, war es schon recht dunkel. Schweigend gingen wir in Richtung Franneks-Höh. Als wir den nördlichen Ortsteil erreichten, bogen wir nach links in den abwärts führenden Weg zur schon lange stillgelegten Annagrube ein. Wir gelangten zu den auf Meereshöhe liegenden verwahrlosten Gebäuden. Ich bemerkte eine Gruppe von etwa vierzig bis fünfzig Frauen und Mädchen. Es waren aufgegriffene Juden. Eine diffuse Lichtquelle beleuchtete spärlich eine gespenstisch anmutende Szenerie. Die Frauen mußten sich in Zweierreihen aufstellen, und wir wurden von den SS-Männern angewiesen, sie zu eskortieren. Etwa sechs bis acht SS-Leute mochten zu dem Kommando gehört haben. Ob es sich um Deutsche oder Ausländer handelte, ich konnte es nicht feststellen, denn die Befehle wurden nur äußerst knapp erteilt. Als die Aufstellung beendet war, wurden jeweils zwei Frauen von zwei SS-Männern um das Gebäude geführt. Kurz darauf peitschten zwei Pistolenschüsse auf. Das war für zwei weitere SS-Henker das Zeichen, die beiden nächsten Opfer um das im Dämmerlicht liegende Gebäude zu geleiten, wo dann kurz darauf die Pistolen erneut knallten. Ich hatte mich ziemlich am Ende der langen Reihe postieren müssen. Mir gegenüber stand ein Schulkamerad mit schußbereitem Gewehr und bewachte die Frauen von der anderen Seite. Eine Frau wandte sich nun in gutem Deutsch an mich mit der Bitte, um zwei Plätze weiter nach vorn zu dürfen. Sie wollte zusammen mit ihrer Tochter den letzten Weg gehen. Mit fast tränenerstickter Stimme erfüllte ich den Wunsch dieser tapferen Frau ... Dann geleitete ich eine Mutter, die ich nie vergessen werde, zu ihrer Tochter.«[69]

Als am folgenden Morgen, dem 31. Januar 1945, ein Pferdewagen die Leiche Feyerabends nach Palmnicken brachte, verloren dessen Mitarbeiter, die er beauftragt hatte, die jüdischen Schützlinge weiter zu versorgen, allen Mut. Das Schicksal der dreitausend Gefangenen lag wieder in der Hand der SS. Noch in der Nacht zum 1. Februar wurden die Opfer unter dem Vorwand, man wolle sie per Schiff in Sicherheit bringen, aus dem nördlichen Werkstor den Seeberg hinunter zum Strand geführt. Dort mußten sie an der vereisten Ostseeküste entlang nach Süden marschieren. Zwischen dem Strand und dem dreißig Meter höher gelegenen Ort erstreckte sich ein breiter Wald- und Parkstreifen, so daß nur wenige Palmnicker beobachteten, was jetzt geschah. Die SS-Schützen rollten die weit auseinandergezogene Kolonne von hinten auf, trennten jeweils die letzte Gruppe ab und jagten sie unter Maschinengewehrfeuer auf das Eis und ins Wasser. In der Dunkelheit und bei der Eile war trotz des Einsatzes von Leuchtgeschossen nicht gewährleistet, daß alle Häftlinge tatsächlich getötet wurden. Viele hat man zunächst nur verwundet oder gar nicht getroffen. Manche sanken in Ohnmacht, erfroren oder gerieten zwischen die Eisschollen und ertranken. Andere starben nach tagelangen Qualen am Strand. Einheimische haben damals Leichen gesehen, die die Brandung an die Westküste des Samlandes gespült hatte.

Eine Palmnickerin machte folgende Aussage: »Daraufhin sind wir wieder zu Fuß nach Palmnicken zurückgegangen, und zwar nicht auf der völlig verstopften Straße, sondern am Strand entlang. Es war ein sehr beschwerlicher Fußmarsch, der mehrere Stunden in Anspruch nahm ... Kurz vor Palmnicken, und zwar zwischen Nodems und Palmnicken, sahen wir am Strand plötzlich zahlreiche Leichen liegen und hörten auch noch vom Wasser her verzweifelte Schreie. Die am Strand Liegenden waren nach meinen Beobachtungen alle tot, nur ab und zu hörte man aus dem Wasser heraus verzweifelte Rufe ... Das Wasser war am Ufer ein kurzes Stück gefroren, und Eisschollen trieben umher, dazwischen die Schwerverletzten bzw. Toten. Viele derselben waren mit gestreiften Bekleidungsstücken gekleidet. Viele Frauen waren auch darunter ... Ich war über den Anblick dermaßen erschüttert, daß ich meine Hände vor die Augen hielt ... Wir sind dann schnell weitergegangen, weil wir den Anblick nicht ertragen konnten.«[70]

Von den wenigen Überlebenden gibt es erschütternde Aussagen. Sie decken sich mit den Aussagen der Täter. Zila Manielewicz gab in Israel zu Protokoll: »Als wir an der Meeresküste ankamen, war schon finstere Nacht ... Plötzlich erhielt ich von ihm einen Schlag mit dem Gewehrkolben auf den Kopf, und ich fiel in einen Abgrund. Ich erlangte das Bewußtsein im Wasser. Zu dieser Zeit dämmerte es schon. An der Meeresküste lag es voll von Leichen, und über ihnen trieben sich noch SS-Männer herum ... Gegen Morgen verschwanden die SS-Männer. Zu der Zeit stellte es sich heraus, daß ungefähr 200 Personen zwischen uns noch lebten. Wir standen auf und kletterten auf das Ufer. Ebenfalls lag der Pfad, auf dem man uns nachts führte, voll Leichen, und das Wasser im Meer war rot vom Blut der Opfer. Zusammen mit noch zwei jüdischen Frauen schleppte ich mich zum nahe gelegenen deutschen Dorf; wir traten ins erste Haus, an das wir herankamen. Es stellte sich heraus, daß es das Dorf Sorgenau in der Nähe von Palmnicken war. Das Haus, in das wir hineingingen, gehörte einer deutschen Familie mit Namen Voss ... Nachher kam Voss und führte uns auf den Dachboden. In dieser Zeit näherten sich Palmnicken die ersten Abteilungen des russischen Militärs. Als diese Abteilungen zurückgeschlagen wurden, verjagte uns Voss vom Dachboden und sagte, daß er nicht die Absicht habe, Jüdinnen zu füttern ... Als Voss sich entfernte, näherte sich uns ein anderer Deutscher, wie sich herausstellte Albert Harder, und sagte, daß er uns verbergen werde. Zuerst verbarg er uns in irgendeinem Raum und später in einer Kammer über dem Hühnerstall, in der wir nur liegen konnten. In dieser Kammer verbargen wir uns ungefähr eine Woche; nachher kamen in diese Ortschaft viele deutsche Flüchtlinge aus dem Memeler Bezirk. Zu der Zeit führte uns Harder in seine Wohnung, seine Frau bereitete uns ein Bad und gab uns neue Kleidung. Unsere Lagerkleidung verbrannte sie persönlich. Von dieser Zeit an wohnten wir in der Wohnung der Eheleute Harder und waren dort bis zur Befreiung durch die Rote Armee.«[71]

Auch die russische Jüdin Pnina (Pola) Kronisch beeidete ihre Erlebnisse. Sie kam über mehrere Konzentrationslager nach Stutthof und schließlich nach Heiligenbeil. Als Überlebende des Todesmarsches beschreibt sie die Szene an der Ostseeküste: »Dann warfen sie die getöteten Juden mit Fußtritten ins Meer. Insofern die Küste des Meeres mit Eis bedeckt war, haben die Mörder mit den Gewehrkolben die Opfer ins eisige Wasser hineingestoßen. Da ich mich zusammen mit der Schwester Sara am Kopfe der Kolonne befand, war die Reihenfolge unserer Erschießung die letzte. Mich hat man zusammen mit der Schwester ebenfalls an die Küste des Meeres gelegt, jedoch war ich mit dem Schuß, der auf mich gerichtet war, nicht zu Tode getroffen worden, sondern nur am linken Fuß verwundet, das Gesicht war ganz im Blut von den ermordeten Juden, die neben mir lagen. Zu dieser Zeit wurde meine Schwester getötet. Ich wartete nicht, bis mich die Deutschen ins Meer stoßen; ich warf mich selbst hinunter und blieb am Rande der Eisscholle liegen, die schon vom Wasser ergriffen war und von den Meereswellen umspült wurde. Die Deutschen glaubten, ich sei eine Tote, und da ich, zu meinem Glück, allein war und die letzte in der Reihe der zur Ermordung Bestimmten, setzten sich die Deutschen in die Schlitten und fuhren ab. Vor dem Morgen kroch ich aus dem Meere und versteckte mich im Kohlenlager eines deutschen Bauern, der unweit vom Ort des Begebnisses wohnte.«[72]

Im Palmnicker Krankenhaus boten Ärzte und Schwestern einem schwerverwundeten Mädchen Schutz. Dr. Schröder aus Germau hat der Geflohenen Maria Blitz die Häftlingsnummer herausoperiert.[73] Auch zwei polnische Zwangsarbeiter – Stanisława und Romualdo Zbierkowski – halfen Juden zu retten.

Am 15. April 1945 nahm die 32. Division der Roten Armee Palmnicken ein. Bereits am 17. April fand eine Untersuchung der Ereignisse unter Generalmajor Danilow statt. Entgegen den Befürchtungen übten die Sieger keine Rache, obgleich sie die entsetzlich zugerichteten Opfer in den Massengräbern für sowjetische Zivilisten hielten. Die wenigen Überlebenden – höchstens fünfzehn von siebentausend Juden, die auf den Todesmarsch geschickt worden waren – konnten den Sowjets Hinweise auf das Verbrechen geben. Die Rote Armee versuchte, die Schuldigen zu finden, doch die waren bis auf ein paar Hitlerjungen längst geflohen.

Pfingsten 1945 fand eine Art Abschlußritual statt: Etwa zweihundert Palmnicker Mädchen und Frauen wurden von den Russen gezwungen, 263 Leichen mit bloßen Händen auszugraben, die in einem dreißig Meter langen Graben in der Nähe der Annagrube verscharrt worden waren – 204 Frauen und 59 Männer. Schließlich wurden deutsche Tatzeugen aufgefordert, im Angesicht der Toten öffentlich zu berichten, wann und wie die Juden umgebracht worden waren. Rudolf Folger, der nach dem sowjetischen Einmarsch von den Palmnickern zum Bürgermeister gewählt und bald darauf durch die Sowjets bestätigt wurde, berichtete:»Nachdem die Toten ausgegraben waren, wurden sie auf einen freien Platz in zwei Reihen nebeneinander gelegt, und die Palmnicker Frauen, die zum Ausbuddeln eingeteilt waren, mußten sich hinter die Leichen stellen. Die Russen hatten zwei Maschinengewehre aufgebaut und dieselben auf die Frauen gerichtet. Anschließend hielt ein russischer Major – ein Jude – in deutscher Sprache eine Rede, worin er zum Ausdruck brachte, daß die Russen mit den Frauen jetzt dasselbe tun könnten, was man zuvor mit den Juden getan hat.«[74]

Die minderjährigen Hitlerjungen mußten für ihre Beteiligung an den Suchaktionen büßen. Horst S. wurde am 23. Juni 1945 zusammen mit anderen Hitlerjungen verhaftet und nach Königsberg verbracht. In einem Internierungslager in Preußisch Eylau wurde er von der sowjetischen Geheimpolizei gefoltert und am 15. Mai 1948 unter Ausschluß der Öffentlichkeit von einem Militärtribunal in Königsberg verurteilt. Ihm wurde die Beteiligung an der »Judenaktion« in Palmnicken zur Last gelegt. Für ihn und zwei weitere Palmnicker Hitlerjungen lautete das Urteil 25 Jahre Zwangsarbeit. Von 1948 bis zu seiner Freilassung am 17. Dezember 1953 verbüßte er seine Strafe in verschiedenen Lagern im Ural.

1945 wurde Palmnicken Teil der Sowjetunion und nach deren Zusammenbruch Rußlands. Die Sowjets machten bald keinerlei Anstalten mehr, an die Ermordung der Juden zu erinnern. Das Massengrab an der Annagrube versank im Dünensand. In den sechziger Jahren stießen Bernsteinbagger auf die Gebeine. Da man annahm, von Deutschen ermordete Sowjetsoldaten gefunden zu haben, wurde ein Gedenkstein mit der Inschrift »Ewiger Ruhm den Helden« errichtet. Jahr für Jahr legten Komsomolzen Kränze nieder, wurden Aufmärsche organisiert. Der ehemalige Palmnicker Martin Bergau recherchierte währenddessen und überzeugte die lokalen Behörden schließlich, daß es sich um jüdische Massengräber handele. Mit Unterstützung des Auswärtigen Amtes, des Volksbundes Deutscher Kriegsgräberfürsorge sowie der russischen Organisation »Memorial« wurde die Anlage 1999 von deutschen und russischen Jugendlichen instand gesetzt. Am 31. Januar 2000, dem 55. Jahrestag des Massakers, weihte die Königsberger Synagogengemeinde einen Gedenkstein ein. Ein aus Feldsteinen errichtetes Denkmal in der Nähe der einstigen Schachtanlage Anna erinnert an das größte deutsche Massaker in Ostpreußen.

Als Martin Bergau seine autobiographischen Aufzeichnungen über den Judenmord veröffentlichte, urteilte »Das Ostpreußenblatt« in einer Rezension, er sei nicht in der Lage, »sein kleines Leben in die großen geschichtlichen Abläufe einzuordnen«. Die Besprechung unterschlug die Hauptintention Bergaus, nämlich an das Verbrechen zu erinnern, vollkommen.[75]

Ein von der Staatsanwaltschaft Ludwigsburg angestrebtes Verfahren gegen die Täter von Palmnicken wurde eingestellt, da diese nicht überführt werden konnten, obwohl man mehr als hundert Zeugen vernahm. Immerhin hat man den Anführer des Todesmarsches,

SS-Führer Fritz Weber, am 11. Januar 1965 auf Grund eines Haftbefehls des Amtsgerichts Kiel in Untersuchungshaft genommen. In der Nacht vom 20. auf den 21. Januar 1965 – genau zwanzig Jahre nach dem Todesmarsch – hat er in seiner Zelle Selbstmord begangen.[76]

Der Todesmarsch von Königsberg nach Palmnicken berührt in ganz eigener Weise die deutsche Geschichte des 20. Jahrhunderts, da das Massaker mit Flucht und Vertreibung zusammenfällt. Das Geschehen in Palmnicken steht für das letzte Kapitel des Holocaust und ist zugleich der erste Akt im Drama der Flucht. Am 30. Januar 1945 geht die »Wilhelm Gustloff« vor der Küste Pommerns mit mehr als neuntausend ostpreußischen Flüchtlingen unter. Während das Land an allen Ecken brannte und die Ostpreußen vor den Sowjets flohen, weil sie um ihr Leben fürchteten, starben am ostpreußischen Bernsteinstrand Juden, die sich von eben diesen Sowjets die Rettung ihres Lebens erhofft hatten.

»Der Exodus«

Ostpreußens Untergang als deutsches Land war spätestens seit Beginn der russischen Großoffensive am 22. Juni 1944 nur noch eine Frage von Monaten. Ende Juli 1944 genehmigte Hitler die »vorübergehende Evakuierung« der nicht kampffähigen Zivilbevölkerung aus dem Memelland. Mit Schiffen wurden über fünfzigtausend Memeler nach Pillau, Danzig und Gdingen (Gotenhafen) gebracht. Am 7. Oktober 1944 wurde das Memelland vollständig geräumt, Tilsit wurde im Oktober 1944 Frontstadt, denn die Rote Armee stand am nördlichen Memelufer. Den einzigen Übergang über den Fluß, die Königin-Luise-Brücke, haben Pioniere am 22. Oktober gesprengt.

Am 16. Oktober 1944 gelangten sowjetische Truppen zwischen Stallupönen und der Rominter Heide erstmals auf deutschen Boden. Am weitesten drangen die Truppen der 11. Gardearmee vor, die am 21./22. Oktober im Kreis Gumbinnen im Raum Nemmersdorf auf Einheiten der 4. deutschen Armee trafen. Nemmersdorf wurde zum Schreckensmythos, als die deutschen Truppen bei der Rückeroberung des Ortes Hinweise auf ein Massaker an der Zivilbevölkerung entdeckten. Erstmals ahnten die Deutschen, wie grausam die Rache der Sieger sein könnte. Erst jetzt entschloß sich Gauleiter Koch zur Räumung eines dreißig Kilometer breiten Grenzstreifens.

Doch anstatt sich schleunigst um die Evakuierung der Bevölke-

Im Oktober 1944 drangen sowjetische Truppen weit in den Kreis Gumbinnen ein, wurden aber von den Deutschen noch einmal zurückgeschlagen. In Nemmersdorf hatte der Gegner eine Ahnung davon geliefert, was die Besiegten erwartete, denn es gab Hinweise auf ein Massaker an der Zivilbevölkerung. Die NS-Propaganda schürte in zynischer Weise die panische Angst der Menschen, indem sie »Rache für Nemmersdorf« schwor, wo doch schon alles verloren war. An einer Hauswand in Tilsit sind diese Durchhalteparolen bis heute nicht verblaßt.

rung zu kümmern, mißbrauchten die Nationalsozialisten Nemmersdorf für ihre sinnlose, unverantwortliche und menschenverachtende Durchhaltepropaganda. Am 27. Oktober 1944 titelte der »Völkische Beobachter«: »Das Wüten der sowjetischen Bestien – Furchtbare Verbrechen in Nemmersdorf – Auf den Spuren der Mordbrenner in den wiederbefreiten ostpreußischen Orten«,[77] einen Tag später war unter der Überschrift »Lebend an die Wand genagelt – Bisher 61 Opfer des bolschewistischen Mordterrors«[78] von den Greueln zu lesen. Goebbels selbst hatte entschieden, die Verbrechen »zum Anlaß einer großen Presseaufklärung« zu machen und das Augenmerk der Presse ausschließlich auf die Nemmersdorfer Zivilisten zu lenken. Tote Wehrmachtssoldaten waren für ihn kein Thema: »Ich bin im Augenblick nicht geneigt, diese Unterlagen der Öffentlichkeit bekanntzugeben, weil ich mir davon keine anfeuernde Wirkung bei unseren Truppen verspreche.«[79] Die Wirkung der Kampagne reflektierte der wöchentliche Tätigkeitsbericht des Propagandaministeriums vom 30. Oktober:

> »a) Sie würden als Bestätigung des … dem Volk gesagten empfunden und steigern den Widerstandswillen,
>
> b) Unter den Frauen würden … Angstgefühle ausgelöst.«[80]

Mittlerweile gilt als erwiesen, daß deutsche Stellen die Leichen in Szene setzten, um Angst zu schüren und die Kampagne »Rache für Nemmersdorf« zu stärken. Ein Sonderkommando der geheimen Feldpolizei untersuchte den Fall am 25. Oktober 1944. Das Protokoll bezeugt: Vor Ort befanden sich nicht nur Mitarbeiter der Gaupropaganda, sondern auch der oberste SS-Arzt Gebhardt und eine Kommission der SS, die das ohnehin grausame Ereignis noch grausamer gestalten sollten.

Mitte November 1944 wurde es an der Front plötzlich still. Eine Kampfpause trat ein, die Russen zogen sich in die Rominter Heide zurück. Die NS-Propaganda brüstete sich, die Rotarmisten zurückgeschlagen zu haben, dabei warteten diese nur die naßkalte Jahreszeit ab, in der der aufgeweichte Boden ihr Vorrücken leicht ins Stocken bringen konnte. Das Weihnachtsfest 1944 verlief in angespannter Ruhe. Trügerische Ruhe lag auch über dem Jahreswechsel 1945 an der Front. Es war die Ruhe vor dem Sturm auf Ostpreußen, den die Rote Armee fast ein halbes Jahr vorbereitete. Verhärtet und abgestumpft durch jahrelange Kämpfe und Entbehrungen, waren die Soldaten bereit, den verhaßten Feind auf seinem eigenen Territorium zu vernichten. Als es soweit war, erließ Marschall Georgi Konstantinowitsch

Schukow, Oberbefehlshaber der 1. Weißrussischen Front, folgenden Aufruf: »Die Zeit ist gekommen, mit den deutsch-faschistischen Halunken abzurechnen. Groß und brennend ist unser Haß! Wir haben unsere niedergebrannten Städte und Dörfer nicht vergessen. Wir gedenken unserer Brüder und Schwestern, unserer Mütter und Väter, unserer Frauen und Kinder, die von den Deutschen zu Tode gequält wurden. Wir werden uns rächen für die in den Teufelsöfen Verbrannten, für die in den Gaskammern Erstickten, für die Erschossenen und Gemarterten. Wir werden uns rächen für alles.«[81]

Auf deutscher Seite heizte der NSDAP-Kreisleiter von Königsberg, Ernst Wagner, am 5. Februar 1945 dem Volkssturm ein:

»Die bolschewistischen Bestien sind unter gewaltigem Einsatz ihrer großen Überlegenheit trotz schwerster Verluste bis an unsere Gauhauptstadt Königsberg vorgedrungen. Sie rennen jetzt schon seit Tagen an, um die Stadt zu bekommen. Wir sind nun auf Gedeih und Verderb mit dem Schicksal der Festung Königsberg verbunden. Entweder wir lassen uns in der Festung wie tolle Hunde erschlagen, oder wir erschlagen die Bolschewisten vor den Toren unserer Stadt.

Wir müssen daher die Ausdauer und die Standhaftigkeit aufbringen, um diese schwere Zeit zu überstehen und die Stadt zu halten, bis die Bolschewisten durch die bereits sich formierenden Armeen zerschlagen und aus Ostpreußen hinausgefegt werden. So wie in Nemmersdorf haben die Bolschewisten in Labiau und Tannenwalde gehaust. Wer sich den Bolschewisten ergibt, ist ein Kind des Todes …

Unser Gauleiter, der heute zu den Ortsgruppenleitern sprach, grüßt die Volkssturmmänner und wünscht Ihnen Hals- und Beinbruch. Ich rufe jeden Volkssturmmann auf, das Letzte aus sich herauszuholen, an den Führer zu glauben, zäh und standhaft zu sein. Es kommt auf jeden an! Vernichtet Bolschewisten, wo Ihr nur könnt. Zeigt ihnen die Zähne und macht ihnen den Weg nach Königsberg zum Massengrab. Jeder Ansturm hat einmal sein Ende, so auch der bolschewistische. Deshalb kämpft bis zum letzten Schulter an Schulter mit den Kameraden der Wehrmacht. Tod den Bolschewisten. Es lebe der Führer und unser deutsches Volk!«[82]

Am 13. Januar 1945 schlug die Rote Armee los, zunächst die 3. Weißrussische Front im Norden zwischen Stallupönen und Pillkallen, dann die 2. Weißrussische Front von Süden her. Nach stundenlangem Trommelfeuer brach sie aus den Brückenköpfen an Weichsel und Narew heraus und erzwang in wenigen Tagen weiträumige Durchbrüche. Ostpreußen war eingekesselt, als Stalins Truppen am

26. Januar 1945 bei Tolkemit das Frische Haff erreichten. 1,6 Millionen sowjetische Soldaten befanden sich im Einsatz. Drei Tage später schloß sich der Belagerungsring um Königsberg. Die Heeresgruppe Mitte wurde hier in drei Kessel aufgespalten: den Heiligenbeiler Kessel, die Festung Königsberg und das Samland. Gerüchte nährten die Hoffnung auf eine Wende des Kriegsglücks. Seitens der Gauleitung, aber auch durch fanatische NSDAP-Kreisleiter wurde eine rechtzeitige Evakuierung und geordnete Räumung Ostpreußens weiterhin verhindert. Erst unmittelbar vor dem Einmarsch der Roten Armee wurde die Bevölkerung alarmiert, was eine geordnete Flucht unmöglich machte. Den örtlichen Funktionsträgern der NSDAP gelang es indes fast überall, sich abzusetzen. Der Widminner Pfarrer Rudolf Mantze stellte fest, daß nur noch galt »Rette sich wer kann! ... Das ist das letzte Wort der Männer, denen jeder in diesen Jahren zu gehorchen hatte, die immer nur vom Endsieg geredet haben.«[83] Bereits am 18. Januar 1945 fiel Soldau, einen Tag später gaben deutsche Truppen Tilsit auf und zogen sich zurück. Damit befand sich die erste größere Stadt auf deutschem Boden in Sowjethand. Sensburg wurde am 29. Januar als letzte Stadt Masurens besetzt, Memel fiel am 28. Januar 1945.

»Und dann begann der große Auszug aus dem gelobten Land der Heimat, nicht wie zu Abrahams Zeiten mit der Verheißung ›in ein Land, das ich dir zeigen werde‹, sondern ohne Ziel und ohne Führung hinaus in die Nacht«, so schrieb Marion Gräfin Dönhoff über die Flucht aus Ostpreußen im Januar 1945.[84] Es herrschten eisige Temperaturen. Abertausende erfroren. Die Sowjets erschießen, plündern, vergewaltigen, brennen ganze Orte nieder. Von sowjetischen Tieffliegern beschossen, fliehen die Menschen über das vereiste Frische Haff auf die vorgelagerte Landzunge, die Frische Nehrung, der einzig verbliebenen Landverbindung nach Westen, in den Danziger Raum. Ein Teil von ihnen zieht nach Pillau, dem fünfzig Kilometer von Königsberg entfernten Hafenstädtchen, in der Hoffnung, per Schiff herauszukommen.

Am 30. März 1945 fällt auch Danzig, damit war die Landverbindung nach Westen endgültig abgeschnitten. Für Ostpreußen gab es keine Rettung mehr. Die zunächst wohlgeordneten Trecks der Eingeschlossenen wurden von deutschen und sowjetischen Militärkolonnen von den Straßen gedrängt, von Artillerie und Tieffliegern beschossen, überrollt und niedergemacht. Sie irrten bei Eis- und Schneestürmen umher, verloren die Pferde, setzten die Flucht zu Fuß fort.

Für viele blieb nur die Rettung über See. In einer großangelegten Rettungsaktion gelang es der deutschen Kriegsmarine, vom Hafen Pillau aus ostpreußische Flüchtlinge nach Danzig, Gdingen (Gotenhafen) und Hela zu bringen, von wo sie weiter nach Westen, nach Swinemünde und Saßnitz auf Rügen, gebracht wurden. Die tatsächliche Bilanz: Nur acht- bis neunhunderttausend Flüchtlinge und dreihundertfünfzigtausend Verwundete schafften es, über See den rettenden Westen zu erreichen. Neben den Fliegerangriffen waren die Kreuzfahrtschiffe des KdF (Kraft durch Freude) auch den Torpedos von U-Booten ausgesetzt. In der eisigen Ostsee ereigneten sich die größten Schiffskatastrophen der Seefahrtsgeschichte. Zehntausende fanden den Tod auf dem Grund der Ostsee. Vor der pommerschen Stadt Stolp liegt das Schiff »Steuben« mit 3608 Toten, das am 10. Februar 1945 von sowjetischen Torpedos getroffen wurde. Nur 659 Flüchtlinge haben den Untergang dieses ehemaligen Luxusdampfers des Norddeutschen Lloyd überlebt, der am 9. Februar von Pillau aus gestartet war. Dasselbe U-Boot versenkte die »Wilhelm Gustloff« mit 9343 Menschen.[85] Der Untergang der »Goya« vor Stolpmünde am 16. April 1945 kostete 6666 Menschen das Leben. Beim Untergang der »Titanic« 1912 starb nicht einmal ein Viertel davon, nämlich 1517 Menschen.[86]

Das Samland, Teile der Frischen Nehrung und Königsberg hielten noch stand. Erich Koch harrte ebenfalls aus, aber nicht etwa in der verblutenden Stadt Königsberg, sondern mit seinem engsten Stab in einem Hotel in Pillau. Als das Hotel von einer Bombe getroffen wurde, zog er in das Dorf Neutief am nördlichsten Ende der Frischen Nehrung. Dort stand ein Flugzeug für ihn bereit, seit April lagen zwei Eisbrecher, die »Ostpreußen« und die »Pregel«, in Pillau unter Dampf, damit er jederzeit fliehen konnte. Durch Botschaften nach Berlin suchte er den Eindruck zu erwecken, er sei unablässig mit der heroischen Verteidigung Königsbergs beschäftigt. Im April setzte er sich dann nach Hela ab, wo die beiden Eisbrecher auf ihn warteten. Sie waren in Pillau mit Kochs Mercedes, mehreren Kisten Wein, Zigarren und Likör, riesigen Schrankkoffern, Lebensmitteln und den beiden Windhunden des Gauleiters beladen worden. Es wäre noch viel Platz für Flüchtlinge gewesen, doch Koch verweigerte deren Mitnahme.

Am 25. Mai 1949 wurde in der Nähe von Hasenmoor bei Hamburg ein gewisser Rolf Berger, Major der Luftwaffe und ehemaliger Gutsbesitzer aus Gumbinnen, verhaftet und den Briten übergeben.

Es war Koch, der sich unter falschem Namen auf einem Gut als Landarbeiter versteckt hatte. Vier Jahre nach Kriegsende fühlte er sich sicher genug, ein Ostpreußen-Treffen zu besuchen. Dort erkannte man ihn sofort. Die britischen Besatzungsbehörden lieferten ihn an Polen aus. Am 9. März 1958 wurde Koch vom Bezirksgericht Warschau in einem sachlich geführten Prozeß des Mordes und der Beihilfe zum Mord in 400 000 Fällen sowie der Verbrechen gegen die Menschlichkeit für schuldig befunden und zum Tode verurteilt. Die Anklageschrift beschränkte sich auf seine Verbrechen in Białystok und in Ciechanów. Für seine Verbrechen in der Ukraine sowie in Ostpreußen wurde er nie zur Rechenschaft gezogen. Die Hinrichtung wurde ausgesetzt. Erich Koch, ostpreußischer Gauleiter, Oberpräsident und Massenmörder, starb am 12. November 1986 mit neunzig Jahren im ostpreußischen Gefängnis Wartenburg.[87]

Viele Ostpreußen wurden auf der Flucht von der Roten Armee eingeholt und traten daraufhin den Rückweg in die heimatlichen Dörfer an. Gerettet waren sie damit nicht. Die meisten der Bedauernswerten, die nicht rechtzeitig fliehen konnten oder auf der Flucht überrollt wurden, fielen Gewaltakten zum Opfer. In Turowen, Kreis Johannisburg, wurden beim Einmarsch der Sowjets fünfzehn Menschen, davon neun Frauen, ermordet. Beim Einrücken der Roten Armee in Schönwalde im Kirchspiel Klaukendorf wurden am 22. Januar 1945 über hundert Bewohner und Flüchtlinge grausam ermordet, der Pfarrer von Groß Kleeberg wurde auf der Treppe des Pfarrhauses erschossen. In Alt-Wartenburg, Kreis Allenstein, das 830 Einwohner (1939) zählte, sind 103 Dorfbewohner während des Krieges gefallen oder galten als vermißt, neunzehn Zivilisten wurden beim Einmarsch der Roten Armee ermordet und 42 Ortsbewohner in die Sowjetunion verschleppt. Nur 25 Alt-Wartenburger sind nach Jahren von dort zurückgekehrt.[88]

In der Erzählung »Schwenkitten« beschreibt Alexander Solschenizyn die Stille nach dem Angriff: »Und diese Stille, diese eigenartige Taubheit – auch sie sind Zeichen des Sieges. Und der überall verstreute, teils noch warme deutsche Reichtum. Sammel ihn ein, schick ihn nach Hause. Dem Soldaten sind fünf Kilo erlaubt, dem Offizier zehn, dem General ein Pud. Wie kann man das Beste erwischen? Sich nicht vertun? Und du? Iss, trink, bis zum Überdruss.«[89] Der Schriftsteller war seit Oktober 1942 Soldat. Von Orjol über Gomel, Rogatschow, Bobruijsk, Minsk, Baranowitschi und Pułtusk führte sein Weg nach Ostpreußen. Seit August 1943 war er Oberleutnant,

Am Rande des Grenzortes Eydtkuhnen haben die Sowjets unmittelbar nach der Besetzung einen Wald von Schildern in kyrillischer Schrift aufgebaut, um den Truppen den Weitermarsch ins Innere Ostpreußens zu ermöglichen. Auf dem Schild rechts vorne steht »Eydtkuhnen«. Alexander Solschenizyn, Politoffizier der Roten Armee, hat den Einmarsch der Sowjets in Ostpreußen miterlebt und in seinem Gedichtzyklus »Ostpreußische Nächte« festgehalten:

> *Zweiundzwanzig, Höringstraße.*
> *Noch kein Brand, doch wüst, geplündert.*
> *Durch die Wand gedämpft – ein Stöhnen:*
> *Lebend finde ich noch die Mutter.*
> *Waren's viel auf der Matratze?*
> *Kompanie? Ein Zug? Was macht es!*
> *Tochter – Kind noch, gleich getötet.*
> *Alles schlicht nach der Parole:*
> *NICHTS VERGESSEN! NICHTS VERZEIH'N!*
> *BLUT FÜR BLUT – und Zahn um Zahn.*
> *Wer noch Jungfrau, wird zum Weibe,*
> *und die Weiber – Leichen bald.*
> *Schon vernebelt, Augen blutig,*
> *bittet eine:* ›Töte mich, Soldat!‹

seit Herbst 1944 Hauptmann. Er war Träger des Vaterländischen Ordens zweiter Klasse und mit dem Roten Stern ausgezeichnet. Für das Herausführen seiner Batterie aus der Einkesselung am 27. Januar 1945 bei Liebstadt in Ostpreußen wurde er zur Verleihung des Rotbannerordens vorgeschlagen. Am 9. Februar jedoch, also nur kurz nach den in der Erzählung »Schwenkitten« geschilderten Ereignissen, wurde Solschenizyn wegen einer kritischen Äußerung über Stalin in einem Brief an einen Freund direkt an der Feuerlinie bei Wormditt von Geheimdienst-Offizieren verhaftet. Alle Auszeichnungen wurden ihm aberkannt. Dann folgten acht Jahre Gulag, drei weitere Jahre in der Verbannung bis zu seiner Rehabilitierung 1957.

Als das Ende des Deutschen Reiches absehbar war, appellierten die Nationalsozialisten an die »soldatische Grundhaltung« der »abgehärteten Grenzbevölkerung«, die seit Generationen Gehorsam und Pflichterfüllung gewohnt war. Noch einmal wurde der Tannenberg-Mythos von 1914 bemüht – mit fatalen Folgen. Hitler erklärte Königsberg zur Festung. Obwohl keine Aussicht mehr bestand auf Rettung und die Königsberger wie die Flüchtlinge in der Stadt um die Kapitulation flehten, führte man den Kampf gegen alle Vernunft weiter. Allen war die sowjetische Überlegenheit bekannt, und alle wußten, daß es aussichtslos war, sich dieser Übermacht entgegenzustellen. Ein Drittel der russischen Luftflotte war im Einsatz auf Königsberg, aber kein einziges deutsches Flugzeug hob ab. Das Verhältnis der Panzer war 100 zu 1. Die Zivilbevölkerung konnte nicht begreifen, warum sie diesem mörderischen Bombardement ausgeliefert wurde, sie hatte doch schon genug gelitten. Am 9. April 1945 fiel Königsberg, am 26. April 1945 Pillau. Kahlberg auf der Nehrung folgte am 3. Mai 1945. Einige Orte Ostpreußens wurden noch gehalten, als Berlin bereits gefallen war. Den Untergang konnte das nicht aufhalten, Ostpreußen war unwiederbringlich verloren. Im letzten Wehrmachtsbericht vom 9. Mai 1945 heißt es: »In Ostpreußen haben deutsche Divisionen noch gestern die Weichselmündung und den Westteil der frischen Nehrung tapfer verteidigt, wobei sich die 7. Division besonders auszeichnete. Dem Oberbefehlshaber, General der Panzertruppen von Saucken, wurden in Anerkennung der vorbildlichen Haltung seiner Soldaten die Brillanten mit Schwertern zum Ritterkreuz des Eisernen Kreuzes verliehen. Seit Mitternacht schweigen nun an allen Fronten die Waffen.«

Lew Kopelew, Offizier der Roten Armee, war beim Einmarsch in Ostpreußen dabei. In seinen Memoiren »Aufbewahren für alle Zeit«

Am 9. April 1945 kapitulierten General Lasch und sein Stab und gingen in sowjetische Gefangenschaft. Der sinnlose Durchhaltekampf, der Tausende deutsche und sowjetische Opfer kostete, war damit zu Ende, aber für die verbliebene deutsche Zivilbevölkerung ging der Kampf ums Überleben weiter. Es begann eine Zeit der Entrechtung und Pein, die mehr als hunderttausend Ostpreußen in Königsberg das Leben kosten sollte.

beschrieb der von der Idee des Kommunismus durchdrungene Major der Sowjetarmee: »Was geschah in Ostpreußen? War eine derartige Verrohung unserer Leute wirklich nötig und unvermeidlich – Vergewaltigung und Raub, mußte das sein? Warum müssen Polen und wir uns Ostpreußen, Pommern und Schlesien nehmen? Lenin hatte seinerzeit schon den Vertrag von Versailles abgelehnt, aber dies war schlimmer als Versailles. Die Zeitungen riefen auf zur heiligen Rache. Aber was für Rächer waren das, und an wem haben sie sich gerächt? Warum entpuppten sich viele unserer Soldaten als gemeine Banditen, die rudelweise Frauen und Mädchen vergewaltigten – am Straßenrand im Schnee, in Hauseingängen; die Unbewaffnete totschlugen, alles, was sie schleppen konnten, kaputtmachten, verhunzten, verbrannten.«[90] Kopelew wurde wegen »Mitleids mit dem Feind« aus der Partei ausgeschlossen, Gefängnis und Straflager folgten.

Ein erschütterndes Dokument über die Zeit der Belagerung und Eroberung Königsbergs stammt aus der Feder eines Arztes, Hans Deichelmann, der am 20. April 1945, elf Tage nach der Eroberung Königsbergs, schrieb: »Besonders tragisch ist der Fall im Krankenhaus der Barmherzigkeit. Hier war Prof. Unterberger gerade bei einer schwierigen Zangengeburt, als die Russen hereinkamen. Sie nahmen ihm sofort rücksichtslos die Instrumente weg, so daß er die Sache nur mit großer Mühe zu Ende führen konnte. Sofort nach Beendigung der Operation rissen sie die Frau vom Operationsstuhl herunter und mißbrauchten sie in fürchterlicher Weise. Prof. Unterberger zog sich hierauf auf sein Zimmer zurück und nahm sich das Leben. Er liegt im Hof des Krankenhauses begraben. Im übrigen hat man alle Nebengebäude des Krankenhauses in Brand gesteckt. Als das Haupthaus, das sehr modern gebaut ist, trotz aller Bemühungen nicht Feuer fing, trieb man Kranke und Personal rücksichtslos auf die Straße. Transportmittel wurden nicht gestellt, kaum daß für die Schwerkranken Tragen zur Verfügung gestellt wurden. Leute mit frischen Beinamputationen mußten sich auf Krücken, mühsam von Leichtkranken gestützt, auf den Weg machen ... Im verlassenen Krankenhaus müssen sich grausame Szenen abgespielt haben. Man fand hinterher den Treppenaufgang und die Vorhalle des Krankenhauses bedeckt mit den Leichen massakrierter Offiziere und Mannschaften mit den scheußlichsten Verstümmelungen. Mit Hilfe ihrer Verwundungen hatte man sie außerdem in wahnsinniger Weise gepeinigt. An den Fensterpfosten, Türklinken und Bettpfosten fand man eine Reihe Erhängter.«[91]

Ostpreußen hat unter allen deutschen Ländern den größten Ver-

Die in Europa einzigartige Kulturlandschaft Ostpreußens ging im Zweiten Weltkrieg unter. Noch lange kündeten wie in Rudau Ruinen von dieser untergegangenen Welt. Doch die neuen Bewohner können die Zeichen nicht lesen. Die Ruinen werden abgetragen, die Felder nicht mehr bestellt.

lust an Menschenleben erlitten. Von seinen fast 2 490 000 Einwohnern überlebten 511 000, davon 311 000 Zivilisten Kampf, Flucht, Verschleppung, Lagerinternierung, Hunger und Kälte nicht. Ostpreußen ging unter in einem Krieg, der Terror und Verbrechen über ganz Europa verbreitete. Siebenhundert Jahre deutscher Geschichte in Ostpreußen sind unter den Trümmern des Dritten Reiches verschüttet.

Hans Deichelmann, der Arzt in Königsberg, schrieb an jenem 20. April 1945 weiter in sein Tagebuch: »Unwichtig, wie ich mich jetzt durchschlage, ich darf ruhig vergessen, wo ich geschlafen und was ich gegessen habe in dieser kummervollen Zeit, und es interessiert niemanden, was ich gedacht und gewünscht habe in diesen Stunden und Tagen des untergehenden deutschen Ostens. Ich bin kein Sohn dieser Erde, hier hat weder meine Wiege gestanden, noch schlummern in dieser Erde meine Vorfahren ihren letzten langen Schlaf. Aber was dieses Land nun leiden muß, das will ich nie vergessen, und wenn ich die Vögel des Himmels anflehen muß, die Klage des Landes zum Herrn des Himmels zu tragen, und wenn ich es den Toten zuraunen muß, es zum Richter der Unterwelt zu bringen: Die Klage muß geführt werden, und jeder, der es überlebt hat, muß sie künden.«[92]

Ein Erbe – dreigeteilt

Ostpreußen in Rußland, Polen und Litauen

Kriegsbeute Königsberg

Ostpreußens Zukunft lag 1945 im ungewissen, niemand hatte eine
Vorstellung, wie es weitergehen sollte, erst recht nicht die Deutschen,
die noch in ihrer ostpreußischen Heimat ausharrten: entrechtet, ge-
demütigt, hoffnungslos und voller Angst. Das Land, das – sieht man
einmal vom Ermland ab – von 1422 bis 1919 in seinen Grenzen unverändert blieb, war in drei Teile zerschlagen. Für die Siegermacht Sowjetunion, die Ostpreußen erobert hatte, war Preußen der Inbegriff
des Faschismus. In der sowjetischen Agitationspresse hieß es: »Jeder
Meter dieses Landes [Preußen] ist vom Blut slawischer Völker ge-
tränkt, die hier von den teutonischen Rittern ausgerottet worden
sind.«[1] Diese seit 1943 eifrig geschürte Haßpropaganda hatte sich
in den Köpfen der sowjetischen Militärs festgesetzt. Preußen war
gleichbedeutend mit Ostpreußen, seine Hauptstadt Königsberg eine
Hochburg des Militarismus und Faschismus.

Stalin hat bereits 1944 vollendete Tatsachen geschaffen. Die Sowjetunion schloß am 27. Juli 1944 ein Geheimabkommen mit dem
kommunistischen Polnischen Komitee der Nationalen Befreiung
(PKWN), in dem die künftige Westgrenze Polens festgelegt und die
Teilung Ostpreußens beschlossen war. In Potsdam begründete Stalin
die sowjetischen Ansprüche auf Ostpreußen nicht nur mit dem eis-
freien Hafen Pillau, sondern auch damit, »daß die Russen gelitten und
so viel Blut verloren hätten, daß ihnen daran liege, ein Stück des deutschen Territoriums zu erhalten, um den vielen Millionen ihrer Bevölkerung, die in diesem Krieg gelitten hätten, wenigstens eine kleine
Genugtuung zu verschaffen«.[2] Im Gegensatz zu Polen und Litauen,
die historische Ansprüche auf Ostpreußen vorbrachten, konnte die
Sowjetunion letztlich nur die Macht eines gigantischen Militärimpe-
riums ins Feld führen.

Nordostpreußen wurde Kriegsbeute der Sowjets, die nun der sowjetischen Faschismustheorie folgend darangingen, das Grundübel, den preußischen Militarismus, mitsamt seinen Wurzeln auszurotten. Noch viel wichtiger war ihnen aber wohl die strategische Bedeutung, die dem Land als westlicher Vorposten des Sowjetimperiums zufiel. Auch der wirtschaftliche Aspekt spielte eine Rolle, denn trotz der immensen Zerstörungen handelte es sich bei der Beute doch im Vergleich zu vielen Regionen Rußlands um ein landwirtschaftlich fruchtbares und hochentwickeltes Kulturland.

Unmittelbar nach dem Anschluß an die Russische Sozialistische Föderative Sowjetrepublik (RSFSR) wurde die politische Idee für die Zukunft des eroberten Gebietes geboren. Noch war es allerdings nicht aufgeteilt. Zwar begannen Polen, Russen und Litauer im Frühjahr 1945 mit dem Aufbau ziviler Strukturen, doch es war nicht geklärt, wo genau die Grenzen der jeweiligen Herrschaftsbereiche verlaufen sollten. Ein polnisch-sowjetisches Grenzabkommen vom 16. August 1945 war nur ein erster Schritt. Eine entscheidende Grenzkorrektur wurde im Oktober 1945 zugunsten der Sowjets vorgenommen, indem man die Grenze zwölf bis vierzehn Kilometer nach Süden verschob, was eine Verringerung des polnischen Anteils um 1125 Quadratkilometer bedeutete. Erst am 7. Mai 1947 lag ein polnisch-sowjetisches »Demarkationsprotokoll« vor, wonach die Demarkationslinie mitten durch Ostpreußen verlief. [3] Diese Demarkationslinie wurde 1954 noch ein weiteres Mal zugunsten der UdSSR korrigiert. Im September 1958 stellte die polnisch-sowjetische Grenzkommission ihre Arbeit ein.

Ein offizielles sowjetisches Dokument vom 1. September 1945 enthält eine Aufstellung über die deutsche Bevölkerung im Königsberger Gebiet, wobei zu beachten ist, daß viele Deutsche zu diesem Zeitpunkt überhaupt noch nicht erfaßt waren. Mindestens zehntausend Menschen befanden sich in sowjetischen Lagern in Nordostpreußen, vor allem in Preußisch Eylau mit seinen zahlreichen Außenstellen sowie im Königsberger Lager Rothenstein. Aus diesen Lagern wurden viele Zivilisten zur Zwangsarbeit in das Innere der Sowjetunion verschleppt. Die meisten kehrten nicht zurück.

Bevölkerung in den Kreisen Ostpreußens, die an die UdSSR fielen (ohne Memelgebiet), am 1. September 1945 [4]

	Deutsche gesamt	Männer	Frauen	Kinder unter 17 Jahren
Gesamtgebiet	174 125	48 946	80 668	44 511
Königsberg	84 651	20 749	47 265	16 637

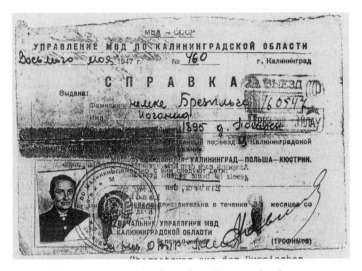

In der Oblast Kaliningrad erhielten alle Deutschen bis 1949 die »Erlaubnis zur Ausreise«, was in Wahrheit den zwangsweisen Abtransport in die Besatzungszonen bedeutete. Hunger, Seuchen und Gewalt machten den Ostpreußen, die in ihren Städten und Höfen ausgeharrt hatten oder ausharren mußten, die Heimat ohnehin bald zur Fremde. Wenn der Abschied auch noch so schwer fiel, es gab im Grunde keine Alternative zur Ausreise.

Mit der Kapitulation Königsbergs am 9. April 1945 begann für die verbliebenen Deutschen im nördlichen Ostpreußen ein neuer, verzweifelter Überlebenskampf. Michael Wieck, der als Halbjude soeben erst der Hölle der Nationalsozialisten entronnen war, machte nun die Hölle des sowjetischen Terrors in seiner Heimatstadt Königsberg durch: »Ich entging gerade noch der ›Endlösung‹, um dann, nach der Eroberung Königsbergs durch die Rote Armee, in Stalins Hände zu fallen. In dreijähriger russischer Gefangenschaft teilte ich die Not und Entbehrungen, die die verbliebene Königsberger Bevölkerung um 80 Prozent dezimierten, fast völlig auslöschten. Erst ließ Hitler die Juden, dann Stalin die Ostpreußen vernichten.«[5] Auf die alliierten Bomben folgte die Willkür eines nach Rache dürstenden Feindes. Schlimmer als manche Entbehrung war die Rechtlosigkeit, das Ausgeliefertsein an Sieger, denen der besiegte Mensch weniger wert war als die Uhr, die er trug.

Mit den sowjetischen Eroberern kamen Fleck- und Bauchtyphus sowie Malaria nach Königsberg. Inmitten des Chaos und der Anarchie gab es deutsche Ärzte und Pfarrer, die sich durch Zivilcourage und tätige Nächstenliebe auszeichneten. Zur ärztlichen Versorgung der Zivilisten wurde bereits im April 1945 von Professor Wilhelm Starlinger ein erstes deutsches Seuchenlazarett in der Universitätsnervenklinik eingerichtet. In den Krankenhäusern, die Starlinger bis zu seiner Verhaftung – er wurde als Zwangsarbeiter nach Sibirien verbannt – leitete, sind bis 1947 etwa 13 200 Deutsche behandelt worden, von denen 2700 starben. Im deutschen Zentralkrankenhaus war unter der Leitung von Arthur Böttner auch der Chirurg Hans Graf von Lehndorff tätig, der das ostpreußische Leben der Nachkriegszeit in seinem »Ostpreußischen Tagebuch« festgehalten hat.

Am Ende der Belagerungszeit lebten 126 000 Zivilisten in Königsberg (Starlinger schätzt 100 000), 24 000 wurden nach 1947/48 nach Deutschland abtransportiert. In der kurzen Zeitspanne dazwischen starben also mehr als hunderttausend Deutsche an Hunger (75 Prozent), an Epidemien, vor allem an Typhus (2,6 Prozent) und durch Gewalt (etwa fünfzehn Prozent).

Michael Wieck hat geschildert, wie unvorstellbar groß der Hunger war: »Herrenlose Hunde sind menschenscheue Wildlinge geworden, die um jeden Preis einen weiten Bogen schlagen, denn die Katzen sind alle schon in die Kochtöpfe gekommen, und irgendwie müssen sie unsere Absichten wittern. Einmal aber überfährt ein rasant fahrender Jeep einen mittelgroßen Hund. Ich gewinne den Wettlauf nach dem verendeten Tier und bringe es nach Hause. Jetzt kommt mir endlich zugute, daß ich zugeschaut habe, wie mein Kaninchen gehäutet und ausgenommen wurde. Genauso machte ich es mit dem Hund, der allen köstlich schmeckte und gut bekommen ist.«[6]

Da es keine städtische Gemeindeverwaltung gab, übernahmen die kirchlichen Würdenträger auch die weltliche Gemeindearbeit. Die Pfarrer traten als Sprecher ihrer Gemeinden gegenüber den sowjetischen Kommandanten auf. Hugo Linck war einer dieser deutschen evangelischen Pfarrer, die bis zur Ausweisung der letzten Deutschen 1948 in Königsberg blieben.[7] Jeden Sonntag versammelte er die Gemeinde im Gemeindehaus Liep zur Andacht. Er predigte aber auch in den Gemeinden am Haff, in Peyse, Zimmerbude und Neplecken sowie alle drei Wochen in Cranz und Sarkau. Im Frühjahr 1947 trug er täglich dreißig bis vierzig Menschen zu Grabe.[8]

Im März 1946 erließ Moskau schließlich ein Gesetz »Über den Fünfjahrplan zur Wiederherstellung und zum Ausbau der Volkswirtschaft der UdSSR in den Jahren 1945–1950«, in dem Königsberg erstmals erwähnt wurde. Es war der Auftakt zur Integration der Kriegsbeute in die UdSSR. Am 7. April 1946 wurde das nördliche Ostpreußen als »Kenigsbergskaja oblast« offiziell in die RSFSR eingegliedert. Anfang Juni 1946 löste eine Zivilverwaltung die Militäradministration ab. Mit der administrativen Neugestaltung ging eine improvisierte Volkszählung einher, die für den 1. Mai 1946 noch 45 120 Deutsche in der ostpreußischen Hauptstadt ermittelte und für die gesamte Oblast 114 070. Doch es ist von einer höheren Zahl auszugehen, da viele nicht registriert waren. Zu diesem Zeitpunkt lebten nur 41 029 Sowjetbürger einschließlich der Zwangsarbeiter aus der NS-Zeit in der Oblast.

Nach sowjetischem Muster erfolgte die Gliederung der Oblast in vierzehn Rayons. Am 4. Juli 1946 wurde Königsberg umbenannt in Kaliningrad. An Rückgabe war nicht mehr zu denken. Ein neues »Tauffieber« brach aus: Innerhalb eines Jahres wurden alle Ortschaften umbenannt. Es entstand ein heilloses Durcheinander, so daß in den ersten Jahren zur sicheren Identifizierung stets auch die vor 1938 gültigen deutschen Namen beigefügt werden mußten. Fast alle Postboten in Königsberg waren Deutsche, denn nur sie kannten sich im Geflecht der Stadtviertel und Straßen aus. Deutsche Königsberger waren auch die ersten Wagenführer der 1946 wieder in Betrieb genommenen Straßenbahn.

Anders als Litauer und Polen hatten die Russen keinerlei Vorbehalte gegen die deutsche Sprache. Man gestand den Deutschen nach und nach Schulen und kulturelle Einrichtungen zu. Im Schuljahr 1946/47 gab es im ehemaligen Ostpreußen 44 Schulen für deutsche Kinder, darunter acht siebenklassige und 36 Grundschulen mit 4927 Schülern, etwa im Kreis Labiau in Labiau, Hindenburg, Groß Droosden, Groß Legitten, Kelladen, Nemonien und Pronitten sowie in den drei Fischerdörfern am Haff Gilge, Inse und Karkeln.[9] Am 12. Juli 1947 bestanden die Gemeinden Nemonien zu 71,37 Prozent und Pronitten zu 67,83 Prozent aus Deutschen.[10] Im Februar 1946 entstand ein »Deutscher Klub für das Gebiet Königsberg«. Ein deutsches Theater, Rundfunk sowie die Zeitung »Neue Zeit. Zeitung für die deutsche Bevölkerung des Gebiets Kaliningrad« waren Zeichen der Normalisierung.

Dennoch blieb die Lage katastrophal. Hunger trieb die Besiegten zur Verzweiflung. Im Winter 1946/47 waren einige Deutsche so verzweifelt, daß sie im »Vorgefühl des Todes selbst auf den Friedhof kamen und sich zum Sterben auf die Gräber ihrer Verwandten legten«.[11] Als sich herumsprach, daß es in Litauen mehr zu essen gebe, setzten sich regelrechte Hungerzüge Richtung Litauen in Bewegung. Hin und wieder führten litauische Händler deutsche Kinder mit sich, die man ihnen angeboten hatte. In den Dörfern kannten sie ältere Leute, deren Kinder aus dem Haus gegangen, ausgewandert oder umgekommen waren und die ein hungerndes deutsches Kind in Pflege zu nehmen bereit waren. Immer mehr deutsche Kinder, die meisten Waisen, kamen zum Betteln nach Litauen. Sie versuchten auf Güterzügen aus der Oblast herauszukommen, harrten bei Kälte und Regen auf den offenen Waggons aus, wurden aber oft von Polizisten mit Schlägen vetrieben oder vom fahrenden Zug geworfen.

Elfriede Riemer, ein vierzehnjähriges Mädchen, kam nach der Flucht in den Kreis Labiau zurück. Ende Januar 1946 verschleppte man sie nach Milluhnen im Kreis Stallupönen auf eine Sowchose. Es gab keine Kühe, da diese in großen Herden nach Rußland getrieben worden waren, keine Schweine, kein Geflügel, auch keine Hunde und Katzen. Die Störche wurden von den russischen Soldaten wahllos als Zielscheibe benutzt, Fische durch Panzerfäuste getötet. Im Sommer und Herbst 1946 war der Hunger so groß, daß ein Weißkohlfeld von russischen Posten bewacht werden mußte, dennoch wurde der Kohl unter Lebensgefahr gestohlen. Elfriedes damals zwölfjähriger Bruder war schließlich so schwach, daß er nicht mehr aufstehen konnte und starb. Das Mädchen schlug sich nach Litauen durch. Dort wurde es von Litauern einfach mit nach Hause genommen und überlebte.[12] Diese ostpreußischen Kinder nannte man in Litauen *vokietukai* (kleine Deutsche). In der Bundesrepublik wurden sie später als Wolfskinder bekannt. Ihr Schicksal ist sicher das tragischste in der ostpreußischen Kriegs- und Nachkriegsgeschichte. Überlebensgeschichten der »Wolfskinder« sind traurige Dokumente unendlichen Leids, zugleich jedoch vielfach Zeichen von Hoffnung.

Ein »Wolfskind« war auch Lothar-Manfred W., geboren 1935 in Königsberg, wo seine Mutter am 1. Mai 1947 an Hunger starb: »Nach dem Tod der Mutter blieben wir alleine zurück – ich zwölfjähriger Knabe und meine noch nicht zehnjährige Schwester … Im Herbst 1947 halfen wir einem Bauern bei der Kartoffelernte, der uns sagte, daß er uns zu seiner Verwandten bringen würde, wo wir länger bleiben könnten … Diese gutwilligen Leute hatten keine eigenen Kinder und nahmen uns auf. Damals gab es in Litauen noch keine Kolchosen, und sie bewirtschafteten ihren 18 ha großen Hof. An Arbeit mangelte es nicht. Ob ich wollte oder nicht, ich mußte alle landwirtschaftlichen Tätigkeiten lernen. Nach einigen Monaten molk ich auch Kühe … Wir waren satt und eingekleidet. Ich ehrte dieses Ehepaar, liebte es, war ihnen grenzenlos dankbar, erinnerte mich aber dennoch jeden Tag an meine Angehörigen. Am meisten fehlte uns die Mutter – die Liebe einer Mutter zu ihren Kindern läßt sich durch nichts ersetzen … Am 1. September 1948 begannen wir in Birzai in die Schule zu gehen. Da konnten wir schon gut Litauisch.«[13]

Nach der politischen Wende gründeten ehemalige »Wolfskinder«, die bis heute in Litauen leben, den Verein »Edelweiß«, in dem sie über ihr Schicksal sprechen und nach ihren Angehörigen in Deutschland suchen können. Zur Erinnerung an ihr Leiden errichtete man zwischen Tilsit und Tauroggen, dort, wo die Straße nach Pogegen und Schmalleningken kreuzt, ein Denkmal mit deutscher und litauischer Inschrift: »Zum Gedenken an die in den Jahren 1944 bis 1947 umgebrachten und verhungerten Einwohner Ostpreußens«.

1948 wurde die deutsche Bevölkerung aus der Oblast ausgesiedelt. Zwischen dem 24. August und dem 26. Oktober 1948 trafen 21 Transporte mit 42 094 Personen in der Sowjetischen Besatzungszone (SBZ) ein. Der 48. und offiziell letzte Zug mit deutschen Aussiedlern verließ Königsberg am 21. Oktober 1948. Da aber nicht alle Deutschen im Gebiet hatten ausfindig gemacht werden können oder an ihrem Arbeitsplatz nicht so schnell zu ersetzen waren, folgte am 8. November ein Spezialzug mit 138 Ostpreußen, ein weiterer am

11. Dezember 1948. Am 12. November 1949 verließen noch einmal 1401 Deutsche, vorwiegend Spezialisten, die Oblast, und am 7. Januar 1950 bildeten sechs Einzelreisende aus Königsberg den Abschluß der Aussiedlung.[14] Von da an war die Oblast Kaliningrad – das sowjetische Nordostpreußen – ein Land ohne Deutsche.

Einer ist dort jedoch in dieser Zeit neu angekommen: Der Kommunist Rudolf Jacquemien (1908–1992), ein gebürtiger Kölner, emigrierte vor dem NS-Regime in die UdSSR. Nach Verbannung und Rehabilitierung fand er in der Nachkriegszeit in diesem westlichsten Zipfel der UdSSR als sowjetischer Schriftsteller deutscher Sprache eine neue Heimat:

> *Noch hat die Zeit des Krieges Schreckensspuren*
> *im Antlitz dieser Stadt nicht ganz verwischt ...*
> *Neubauten, vielgeschossig, heute ragen*
> *Glasklare Fensterreihen hoch empor,*
> *wo der Komfort schenkt wohnliches Behagen,*
> *wo Loggien geschmückt mit Blumenflor ...*
> *Wie eh und je die Möwen mühlos schweben*
> *Allgegenwärtig über Strom und Stadt;*
> *In ihren Straßen pulst ein neues Leben,*
> *das jenes alte überwunden hat.*[15]

Die UdSSR beschloß, aus der Oblast Kaliningrad ein Musterland des Kommunismus zu machen, weil sie glaubte, hier die geeigneten Voraussetzungen dafür vorzufinden. »Die Sowjetmenschen waren im Kaliningrader Gebiet von Anfang an frei von den Fesseln des Privateigentums an Produktionsmitteln«,[16] wurde immer wieder in der Presse betont. Man konnte also mit Menschen experimentieren, die keine Ansprüche an Altes stellten, da sie allesamt geographisch und familiär entwurzelt waren. Bereits im Sommer/Herbst 1945 ließen sich demobilisierte Sowjetsoldaten vor allem in Königsberg, Tilsit und Insterburg nieder.

Die Landwirtschaft vegetierte indes vor sich hin. Man benötigte Neusiedler und warb dafür im August und September 1946 auf freiwilliger Basis zwölftausend Kolchosbauernfamilien an aus den verschiedenen Regionen der UdSSR sowie 2500 Familien aus der Belorussischen SSR. Zu den Privilegien, mit denen für die Ansiedlung geworben wurde, gehörten die Reise, Umzug von Besitz und Vieh (bis zu zwei Tonnen pro Familie), Reisegelder, ein Haus auf dem

Land, eine Kuh oder ein Darlehen für ihre Anschaffung sowie Steuer- und Abgabenfreiheit für drei Jahre. Das alles erinnert sehr an die preußische Ansiedlungspolitik des 18. Jahrhunderts, als Salzburger Protestanten, niederländische Mennoniten, Hugenotten und andere ins Land kamen. Die politischen Agitatoren lockten jedoch nicht nur mit materiellen Privilegien, sondern bemühten auch ideologische Argumente, wonach die Oblast ursprünglich russisches Gebiet gewesen sei und von neuem in Besitz genommen werden müsse. Daran mitzuwirken sei Pflicht jedes Sowjetbürgers. In Grußadressen der Werktätigen Kaliningrads an Stalin hieß es: »Wir alle kamen in die neue Oblast mit einem Gedanken, mit einem Ziel – die slawische Erde wiedererstehen zu lassen, ihr neues Leben zu verleihen.«[17]

Im Sommer 1946 trafen 1294 Fischerfamilien aus Moskau, Astrachan, Weißrußland, Rostow, Irkutsk, Tobol und Krasnodarsk ein, die man am Ufer des Kurischen Haffs ansiedelte. Im Sommer 1947 folgte eine weitere Gruppe Fischer: Hundert Familien kamen auf die Kurische Nehrung, fünfzig nach Pillkoppen, fünfzig nach Sarkau; am Ostufer des Haffs fanden achtzig Familien in Karkeln, in Inse und Tawe fünfzig sowie in Gilge 125 eine neue Heimat. Bis zu diesem Zeitpunkt waren die Fischerdörfer noch sämtlich deutsch. Doch das Kurische Haff wies üppige Fischbestände auf, und so kamen nach und nach russische Fischer vom Kaspischen und Asowschen Meer, von der Wolga und vom Don, vom Ilmen- und vom Ladogasee. Obwohl sie geschickte Fischer waren, blieben ihnen die für das Haff typischen Kurenkähne gänzlich fremd, die Aalfischerei hingegen lernten die sowjetischen Neubürger von den ostpreußischen Fischern.

In einem bemerkenswerten Oral-History-Projekt haben russische Forscher sowjetische Neusiedler im Königsberger Gebiet über ihre Ankunft sowie über das Verhältnis zu den verbliebenen Deutschen befragt.[18] Die Berichte offenbaren, daß der Kontakt zwischen Ostpreußen und Neubürgern in der ersten Zeit recht intensiv gewesen sein muß. Das erste Pflügen auf deutschen Feldern barg für die Neusiedler allerdings so manche Überraschung: »Bei den Deutschen bedeckte die Felder eine dicke Humusschicht. Und wir pflügten dann bis zu 25 cm tief um. Nachdem wir den Boden zerstört hatten, schafften wir es auch noch, daß an einigen Stellen nicht einmal mehr Gras wuchs. Außerdem zerstörten wir das gesamte Drainage-System. Ich erinnere mich, wie wir über das Feld gingen und die Rohre herauszogen und sie dann in den Brunnen warfen. Und die Brunnen, die von kleinen Flüssen gespeist worden waren, standen unter Wasser, erzählt Agnija Pawlowna Bussel.«[19]

Die Neubürger konnten von den Deutschen, die in den Dörfern noch überwogen, viel lernen. »Aber ja, bekräftigt Alexandra Iwanowna Mitrofanowa aus Primorsk. Ich kam aus dem Gebiet Wladimir und wußte nicht, wie man Kompott kocht. Zu Hause, auf dem Dorf, hatten wir das nie gemacht. Bei uns wird alles eingesalzen und in Fässern eingelegt, saure Äpfel, Kohl, Fleisch, alles mögliche kommt in Fässer. Und hier machte ich Kompott in Gläsern ein. Einmal habe ich im Gemüsegarten herumgewühlt und eine große Rhabarberstaude weggeworfen. Meine Nachbarin, eine Deutsche, hat das gesehen und sagte, man könnte daraus eine Süßspeise zubereiten. Ich habe ihr die Staude gegeben, und sie ›Oh, danke, danke!‹. Damals hatten alle Rhabarber im Garten. Und wir hielten das für Unkraut. Die Deutschen erklärten uns, daß das eine eßbare Pflanze ist. Und heute steht er auch bei mir im Garten. Wir machen damit Kuchen.«[20]

Die Sowjets behaupteten, daß auf den Ruinen der untergegangenen Zivilisation eine neue Geschichte ohne jede Beziehung zur vorangegangenen Epoche begonnen habe. Das vertrug sich mit dem Bewußtsein der ersten sowjetischen Königsberger, denen die Kriegsschrecken noch in Erinnerung waren.[21] In der sowjetischen Stadt modernen Zuschnitts sollte es keine Relikte der Vergangenheit mehr geben. Der Homo sovieticus sollte in Königsberg in Reinform gegossen werden. Die Monotonie der Stadt war Programm und sollte das historische Grauen abwehren. Man wollte Ruhe haben vor der Geschichte und deren Alpträume bändigen. Viele wertvolle Baudenkmäler, die den Krieg in irgendeiner Weise überlebt hatten, wurden geschleift, geplündert und schließlich abgerissen. Eine blutende Wunde im Herzen Ostpreußens – bis heute. Die Reste des Königsberger Schlosses blieben dabei vorerst unangetastet. Die langwierigen Diskussionen um Erhalt oder Sprengung der Ruine in der ersten Hälfte der 1960er Jahre offenbarten schon ein gewandeltes Selbstverständnis.

Der Abriß der Schloßüberreste war bereits 1949 in der Stadtplanung vorgesehen: »Das Stadtzentrum wurde von den Deutschen planlos bebaut, barbarisch, wie es überhaupt für kapitalistische Länder typisch ist. Hier gab es viele enge Gassen, wo die Straßenbahn nur mit Mühe fahren konnte. Anstelle dieser Gebäude werden jetzt Prospekte angelegt, bepflanzte Boulevards und Grünanlagen ... Die zentrale Achse der Stadt führt durch das Zentrum und verbindet das rechte mit dem linken Flußufer. Im Stadtzentrum ist ein Areal für den großen Palast der Sowjets abgesteckt. Es ist möglich, daß das Fundament für ihn der heutige Schloßplatz mit Turm und großem Platz sein wird, der sich bis zum Fluß hinunterzieht ... Das große Gebäude des Sowjetpalasts soll ein Denkmal für Michail Iwanowitsch Kalinin sein, den großen Aktivisten der Kommunistischen Partei und des sowjetischen Staates. Der Palast soll gekrönt sein von einem hohen, schon von fern sichtbaren Leuchtturm, der den Charakter der Stadt Kaliningrad als Hafenstadt unterstreichen soll. Die Schaffung des künftigen Palastes ist die Aufgabe unserer sowjetischen Architekten, die ein Projekt ausarbeiten sollen, das des neuen Kaliningrads würdig ist.«[22]

Mit dem »Tauwetter« meldeten sich erstmals Stimmen, die für den Erhalt der Überreste plädierten, dabei aber die historischen ostpreußisch-russischen Bezüge bemühten. So sei das Schloß mit Zar Peter I., dem Feldherrn Suworow und anderen Russen verbunden. Das Schwergewicht wurde jedoch auf die Verbindung des Schlosses mit der revolutionären Geschichte gelegt. In einem der Säle hatte zu Beginn des Jahrhunderts der Prozeß gegen die deutschen Sozialdemokraten stattgefunden, hier hatte Karl Liebknecht gesprochen.

Den Sowjets in der RSFSR fehlte jegliches Konzept im Umgang mit der deutschen Vergangenheit, und so wurde das nördliche Ostpreußen nach 1945 ein eigentümlich ambivalenter Erinnerungsort. Bei sowjetischen Betrachtern stellte sich angesichts der Ruinenfelder im Zentrum Königsbergs anfänglich ein Gefühl der Befriedigung ein, waren sie doch ein Zeichen für die deutsche Niederlage und den sowjetischen Sieg. Ein sowjetischer Besucher begeisterte sich 1951 nach einer ersten Fahrt durch das Stadtzentrum: »Was für eine Stadt! Die Straßenbahn führt uns durch bucklige und enge Gassen des ehemaligen Königsberg. Ehemalig deshalb, weil Königsberg tatsächlich eine ehemalige Stadt ist. Sie existiert nicht. Kilometerweit öffnet sich ein unvergeßliches Ruinengemälde ... Das alte Königsberg ist eine tote Stadt. Es wiederaufzubauen wäre sinnlos. Einfacher, praktischer ist es, eine neue Stadt zu bauen. Was aber mit der alten Stadt machen! Die Kaliningrader schlagen im Ernst vor, um das zerstörte Königsberg eine Mauer zu ziehen und dorthin von Zeit zu Zeit Anwärter auf die Weltherrschaft zu führen.«[23]

Bis ins 20. Jahrhundert verband sich in Rußland mit Königsberg vor allem die Erinnerung an Kant und der Eintritt in eine andere Welt. Königsberg war das Tor zum Westen. Hier traf der russische Reisende auf Europa und die westliche Lebensweise. Die Mittlerin zwischen Ost und West verkam zum sowjetischen Provinznest, die alten Verbindungen waren abgerissen, ein rigoroser Cordon trennte die Stadt von Deutschland und Polen. Königsberg war kein realer Ort, sondern eine feindliche Idee.[24] Je länger aber der Zweite Weltkrieg zurücklag, desto mehr ärgerten sich die Neu-Königsberger über die Dämonisierung ihrer Stadt, die immer wieder als Kulisse in antideutschen Kriegsfilme herhalten mußte. 1958 hieß es in der »Kaliningradskaja Prawda«: »Mögen die Moskauer und Minsker zu uns zu Filmaufnahmen kommen, so meinen die Arbeitenden, aber nicht, um in Kaliningrad ›Frontlandschaften‹ zu suchen, sondern um die Schönheit unserer Gartenstadt zu rühmen.«[25] Das einstige Königsberg beschäftigte schließlich eine junge Generation Moskauer, Leningrader und auch litauischer Intellektueller. Es war die einzige westliche Großstadt mit Erinnerungen an Traditionen der westeuropäischen Kultur, die man – so der litauische Literaturkritiker, Lyriker und Essayist Tomas Venclova – mit eigenen Augen sehen konnte, denn man brauchte dafür keinen Auslandspaß.

Zu den intellektuellen Königsberg-Anhängern zählte auch der Nobelpreisträger Iosif Brodskij, der das Königsberg der Nachkriegszeit in Gedichten beschrieben hat. Brodskij kam 1963 erstmals in die Stadt und war 1968 auch in Pillau. Der Schriftsteller Valentin Sorin hat »Zehn Träume von Königsberg« verfaßt: »Kopfsteinpflaster, die Backsteingotik eines Hauses – die Militärstaatsanwaltschaft … Hier war das ostpreußische Ackerbauministerium, dort das Landgericht … Spitze Türme kratzen am niedrigen Winterhimmel. Eben hat es geschneit, und schon taut es. Ein Scherz: ›Wenn Sie das Wetter in Kaliningrad nicht mögen, warten sie fünfzehn Minuten, es wird schon anders …‹ Junge Leute nennen die Stadt ›Kenig‹. In diesem schönen großen Haus war die Gestapo, jetzt sitzt das KGB drin; dort war ein Gefängnis, jetzt auch. An den Gullydeckeln sieht man lateinische Buchstaben, die Trafohäuschen erinnern an kleine Kapellen. In den engen Reihen der betont europäischen Architektur – eine etwas düstere, solide Bausubstanz unter Ziegeldach – tauchen mehrstöckige sowjetische Wohnkasernen auf, die in unendlichen Vierteln das Land füllen … Wir versuchen seit vierzig Jahren, Ostpreußen zu ›verdauen‹, und dieses Ostpreußen ›verdaut‹ unmerklich uns, indem es ein Teil unser selbst wird.«[26]

Nachdem 1991 der Status des militärischen Sperrgebiets aufgehoben worden war, bot sich Besuchern ein Bild, das beträchtlich von jenen Vorstellungen abwich, die sich aus der Vorkriegszeit speisten. Ostpreußen war die Kornkammer, das Zentrum der Pferde- und

In der Kaiserzeit hat Ostpreußen einen wirtschaftlichen Aufschwung erlebt. In den verschlafenen Städtchen wichen die Holzhäuser wilhelminischen Backsteinbauten, Eisenbahnen wurden gebaut, Kanalisation und Elektrizität hielten Einzug. Das war in jener Zeit eine große zivilisatorische Leistung, deren Spuren bis heute nicht getilgt sind.

Viehzucht gewesen. Jetzt war der Anblick verheerend. Die Exklave war ein Tummelplatz militärischer Verbände. Kleinere ländliche Siedlungen lagen wüst, das Straßen und Wege waren zerstört, das Meliorationssystem unbrauchbar, und die Natur holte sich allmählich mühsam gewonnenes Kulturland zurück.[27] Versteppung, wilde Waldungen sowie Sumpfland entstanden, wo einst landwirtschaftliche Nutzflächen gewesen waren. 1936 gab es viermal so viele Rinder wie 2001.

Bis zum Zweiten Weltkrieg gelangte ein Reisender aus Litauen jenseits der Grenze in eine Welt höherer Zivilisation: Häuser aus Stein statt aus Holz, gepflegtere Felder, adrette europäische Kleinstädte statt ärmlicher Dörfer und Flecken, Asphaltstraßen statt Erdwege. Auch heute ist ein Unterschied zu bemerken, nun aber zum Vorteil von Litauen: Im Laufe von gut fünfzig Jahren hat das Land Fortschritte erlebt, das Gebiet des ehemaligen Ostpreußen hingegen Rückschläge erlitten. Über Kaliningrad liegen Apathie und Gleichgültigkeit. Das Land ist zur Anomalie geworden und wirkt im postsowjetischen Raum wie ein Reservat des ehemaligen sowjetischen Systems.

Tomas Venclova, der 1937 in Memel geboren wurde und sich mit Ostpreußen im Sowjetreich sowie mit dessen Bedeutung für Litauen immer wieder beschäftigt hat, schrieb: »Im ehemaligen Ostpreußen ist viel Trauriges geschehen. Aber auf die Geschichte böse zu sein ist ungefähr dasselbe wie böse zu sein auf die Schwerkraft der Erde. Besser ist es, die Geschichte zu überwinden, so wie die Menschen die Schwerkraft überwunden haben, indem sie Flugapparate bauten. Für jeden Litauer, darunter auch für mich, ist es wichtig, daß das kulturelle Erbe des sogenannten Kleinlitauen erhalten bleibt. Ich will nicht verbergen, daß die Frage der traditionellen geographischen Bezeichnungen für viele Litauer sehr schmerzhaft ist ... Ich verstehe überhaupt nicht, weshalb die große europäische Stadt Königsberg den Namen einer Person trägt, deren Verdienste überaus zweifelhaft sind. Warum sollte das in der Weltgeschichte bekannte Tilsit mit seinem jetzigen Namen an das alte sowjetische System erinnern, das dem russischen Volk wohl kaum viel Gutes gebracht hat?«[28]

Nach dem Umbruch von 1991 brach sogleich ein enormes Interesse hervor. Schon im darauffolgenden Jahr stemmten sich einige Idealisten mit der Herausgabe der Zeitschrift »Zapad Rossii« (Westen Rußlands) gegen die staatliche Gleichgültigkeit: »Unsere Region – ein Schnittpunkt, an dem allgemeineuropäische Kultur und die unseres Vaterlandes eine Verbindung eingehen. Wir sind darum bemüht, diese Verbindung sichtbar zu machen und zu zeigen, wie sie unauflösbar in

НАТУРАЛЬНАЯ МИНЕРАЛЬНАЯ ВОДА

ТИЛЬЗИТСКАЯ

ЛЕЧЕБНО-СТОЛОВАЯ
ХЛОРИДНО-НАТРИЕВАЯ
ГАЗИРОВАННАЯ

5 6 7 8 9 10 11 12 13 14 15 16 17 18 19 20 21 22 23 24 25 26 27 28 29 30 3

»Tilzitskaja« (Tilsiter) heißt dieses russische Mineralwasser, und im Hintergrund ist eine historische Ansicht der Stadt zu erkennen. Die russische Bevölkerung in der Oblast sehnt sich nach einer regionalen Identität, nach einer Verbindung von Vergangenheit, Gegenwart und Zukunft. Jenseits aller Nostalgie sind das ermutigende Zeichen. Es entwickelt sich eine Bürgergesellschaft, die stolz ist auf das Erbe der Region und dieses für ihre russische Zukunft in Ostpreußen neu entdeckt.

den Materialien über Geschichte und Kultur der Region zu sehen ist. Dabei beginnen wir nicht in den Nachkriegsjahren, sondern in ferner Vergangenheit.«[29] Diese Zeitschrift kann als Indikator für die Entwicklung eines regionalen Bewußtseins in diesem Gebiet angesehen werden. Sie beruft sich auf Zar Peter I. mit der Forderung, die Isolation der Region aufzugeben und sich für Westeuropa zu öffnen. Das entspräche den reformerischen Ideen des russischen Zaren ebenso wie der ostpreußischen Tradition. In diesem Punkt treffen sich russische Geschichte, ostpreußische Traditionen und Königsberger Zukunftsperspektiven. Inzwischen bemühen sich immer mehr Menschen um diese Öffnung.

Es gibt einen Aufbruch, eine Spurensuche, ein Aufbegehren gegen das verordnete Dogma des Nichtfragens, aber die russischen Königsberger müssen erst die sowjetische Periode nach 1945 mit ihren fundamentalen materiellen und ideellen Einbrüchen bewältigen. 1996 wurde das Buch »Vostočnaja Prussija« (Ostpreußen. Von den ältesten Zeiten bis zum Ende des Zweiten Weltkrieges) herausgegeben.[30] Sein Erscheinen markiert eine Zäsur im Bemühen der Kaliningrader Russen um Zugang zu der Region, die sie schon ein halbes Jahrhundert bewohnen. Dieser »erste bedeutende Beitrag zur allgemeinen Geschichte Ostpreußens von russischer Seite« setzte endgültig die Prämisse außer Kraft, unter welcher die UdSSR nach Kriegsende begonnen hatte, den nördlichen Teil Ostpreußens in die RSFSR einzugliedern, nämlich die Geschichte bei Null beginnen zu lassen.

Im Jahr 2001 wurde in Heiligenbeil ein Gedenkstein anläßlich der 700-Jahrfeier der Stadt eingeweiht. Die Geschichte dieser Landschaft beginnt vor 1945, das haben die Bewohner der Oblast verstanden.[31] Das historische Wappen von Preußisch Eylau schmückt den Ortsrand, versehen mit dem Namenszug »Preußisch Eylau«. Die neue jüdische Gemeinde Königsbergs mit zweitausend Gemeindegliedern will ihre Synagoge am alten historischen Platz errichten und damit an die reiche Tradition der deutschen Juden in Ostpreußens Hauptstadt anknüpfen. Überall stößt man auf historische Stadtansichten, Wappen des Deutschen Ordens. Es gibt Dutzende von Projekten, die vor allem mit deutscher Hilfe angestoßen wurden. Auf dem Kneiphof erstand der ehrwürdige Dom aus Ruinen neu, Stadttore wurden restauriert sowie einige der wunderschönen Kirchen auf dem Land, etwa in Groß Legitten, Mühlhausen und Arnau.

Doch die russische Zentralregierung verfolgt diesen Prozeß der kulturellen Aneignung mit Argwohn, Rückschritte sind schon auszumachen. Die Aufbruchstimmung ist einer düsteren postsowjetischen Allrußland-Haltung gewichen. Die Hoffnung von »Zapad Rossii« auf eine Neuentdeckung Ostpreußens als Schnittstelle zwischen West und Ost scheint sich nicht zu erfüllen, vielmehr vollzieht sich eine Hinwendung nach Osten, nach Rußland. Am 23. Juni 1996 wurde im Beisein von Boris Jelzin der Grundstein gelegt für eine Christus-Erlöser-Kirche. Sie soll die zweitgrößte Rußlands werden und die ewige Zugehörigkeit Kaliningrads zum russischen Mutterland symbolisieren. Um dies zu unterstreichen, mauerten Jelzin und der Metropolit Kyrill eine Kapsel mit heiliger Moskauer Erde in den Grundstein ein.

Während Rußland von einer ungeheuren Dynamik erfaßt wird, entwickelt sich die Oblast Kaliningrad zu einem sowjetischen Freilichtmuseum. Ostpreußens Hauptstadt ist nach dem stalinistischen Mörder Kalinin benannt, andere Städte heißen Gwardejsk, Krasnoznamensk, Pionerskij, Znamensk – Gardestadt, Rotbannerstadt, Pionierstadt, Bannerstadt. Die meisten Dörfer haben hingegen naturverbundene Namen bekommen. Auch hier gibt es ein Oktjabrskoje und ein Moskowskoje, ein Oktoberdorf und ein Moskauer Dorf, aber es überwiegen unpolitische Namen wie Pastuchowo, Wischnjowka, Wassilkowo, Solonzi, Aisty, also Hirtendorf, Kirschendorf, Kornblumendorf, Sonnendorf und Storchendorf. Einige Namen beziehen sich auf geographische Besonderheiten wie Ufer, Buchten, Inseln, Anlegestellen und Landzungen. Das alte Seckenburg heißt jetzt Sapowednoje (Naturschutzgebiet).[32] Manchmal stößt man auch auf Namen sowjetischer Soldaten, die im Kampf um Ostpreußen ihr Leben ließen. Bei der Eroberung von Pillau etwa ist der Kommandant der 11. Gardearmee, General Gurjew, gefallen, weshalb Neuhausen bei Königsberg heute zu seinen Ehren »Gurjewsk« heißt.

Die Glorifizierung des postsowjetischen Idylls ist zynisch, aber die Erinnerung an das alte Ostpreußen würde auch nicht weiterhelfen, denn beides ist ohne Perspektive. Bedenkt man, daß die Fahrzeit von Berlin nach Königsberg um 1900 neun Stunden und 1934 gar nur sechseinhalb Stunden betrug, wird klar, was nicht nur die Deutschen, sondern alle Europäer mitten in Europa verloren haben. Fast fünfzig Jahre verkehrten überhaupt keine Personenzüge zwischen Europa und dem sowjetischen Ostpreußen, heute erreicht man Kaliningrad erst nach fast fünfzehn Stunden, aber nur mit einem kostspieligen Visum.[33] Man scheint die Menschen im nördlichen Ostpreußen vergessen zu haben. Sie dienen Moskau nur – wie in der Geschichte so häufig – als materielle Legitimation für einen geopolitischen Anspruch.

Anna Iwanowna Ryshowa, eine Zeitzeugin aus dem Oral-History-Projekt, sagte über die traurige Realität: »Es war das sowjetische Prinzip. Durch Zerstörung des Alten kommt man zum Neuen, freilich mit einer Prise Nationalismus. Wer wollte das verurteilen? Der Krieg war gerade zu Ende gegangen. – Heute ist Kaliningrad eine sowjetische Stadt mit all ihren Vor- und Nachteilen. Eine Stadt, die ungeschickt auf den Ruinen der einstmaligen Königsstadt erbaut wurde und weder deren Größe noch deren Originalität bewahrt hat. Eine Stadt ohne Kultur. Aber das Gespenst von Königsberg schwebt über der Stadt. Es läßt den Menschen keine Ruhe.«[34]

Damit die Menschen im ehemaligen Königsberg zur Ruhe kommen, bedarf es der Einmischung, sonst bleibt der traurige Status zwischen den Stühlen erhalten, wachsen Frustration und Wut. Ein Aufbruch nach Ostpreußen tut not, damit es nicht, wie Bert Hoppe vor wenigen Jahren schrieb, »für die Deutschen ein Land ohne Gegenwart, für die Russen ein Land ohne Geschichte« bleibt.[35]

»Polnische Brüder«?

»Jetzt liegt das Städtchen in Trümmern, das Land weit und breit verödet, die herrlichen Gutshäuser zum größten Teil in Schutt und Asche. Um den zerstörten Stadtkern herum haben sich etwa zwölfhundert Polen in den noch vorhandenen Wohnungen angesiedelt, aber die wenigsten scheinen schon seßhaft geworden zu sein. Die Mehrzahl von ihnen ist in ständiger Unruhe; und der Zug, der ein- oder zweimal täglich die Bahnstrecke befährt, ist vollgestopft mit Abenteurern, die kommen und gehen, weil sie noch keine feste Bleibe gefunden haben oder nach besseren Möglichkeiten Ausschau halten wollen. Sie stammen aus allen Teilen Polens und verkörpern deshalb die verschiedensten Typen, östliche und westliche, die in ihrem Wesen und ihrer Mentalität kaum etwas miteinander zu tun haben ... Allen gemeinsam ist nur, daß sie wurzellos geworden sind, sonst kämen sie wohl nicht freiwillig hierher, in ein Land, das wüst liegt und zu dem sie keinerlei Beziehung haben«,[36] so beschreibt Hans Graf von Lehndorff die westpreußische Stadt Rosenberg im August 1946.

Wie in Rosenberg sah die Lage im gesamten südlichen Ostpreußen aus. Während die Bewohner noch keinerlei Bindung zu ihrer neuen Umgebung aufgebaut hatten, verfügten die Behörden schon über klare Vorstellungen von Ostpreußen als »urpolnischem Land« (prapolskie ziemie). Anders als die Sowjets, die in die Geschichte Ostpreußens hineinstolperten und das Königsberger Gebiet als Kriegsbeute vereinnahmten, hatten Polen und Litauen ideologische Ansprüche im Gepäck. Seit Wojciech Kętrzyńskis erstem Vorstoß 1872, dem die piastische Konzeption zugrunde lag, träumten sie davon, alle westslawischen Grenzregionen als polnische Westmarken (kresy zachodnie) dem polnischen Staat einzugliedern. Nicht nur die historische Verbindung zu Polen, sondern auch die Existenz »polnischer« Ethnien – der »Autochthonen« – galt als Beweis für die Zugehörigkeit dieser Gebiete zu Polen. In der Konsequenz bedeutete das, daß die Ermländer und Masuren keine nationalen Polen werden konnten, da sie schon immer Polen waren. Diese Interpretation übernahmen alle Parteien und gesellschaftlich relevanten Gruppen im Nachkriegspolen. Das führte zu verhängnisvollen Fehleinschätzungen, da die verbliebene deutsche Bevölkerung Ostpreußens nicht bereit war, dem ideologischen Wunschdenken zu entsprechen.

Die Nachkriegspolitik für das polnische »Ermland und Masuren« (Warmia i Mazury) wurde schon während des Krieges konzipiert und in ein »Repolonisierungsprogramm« gegossen. Das war reine Ideologie, denn eine Repolonisierung setzte ein früheres nationales Bewußtsein der Ermländer und Masuren voraus, das aber nie vorhanden war. Bis heute versucht man in Polen das Wort Ostpreußen zu vermeiden, indem man vor allem von »Ermland und Masuren« und häufig sogar noch heute von den »Wiedergewonnenen Gebieten« (Ziemie Odzyskane) spricht.

Als sich die deutsche Niederlage immer deutlicher abzeichnete, trafen sich die im Untergrund lebenden ehemaligen Mitglieder des Soldauer »Masurenbundes« (Związek Mazurski) im Generalgouvernement, wo die meisten unter falschem Namen überlebten, obwohl sie von der Gestapo aufgrund ihrer Vorkriegstätigkeit als »Renegaten« gesucht wurden. Man unterstützte nicht die Londoner Exilregierung, sondern stellte sich an die Seite der Kommunisten, die im PKWN zusammengeschlossen waren. Am 27. Oktober 1944 übergab das Komitee dem Lubliner PKWN ein Memorandum, das die Grundlagen der späteren polnischen Masurenpolitik enthielt und die polonozentrische Sichtweise der masurischen Geschichte festlegte. Die Masurengruppe forderte auch im Namen derer, die »ihr Leben auf dem Altar des Vaterlandes geopfert haben, im Namen der elendig Ermordeten und derer, die sich noch heute erschöpft in den Konzentrationslagern aufhalten, im Namen der ganzen masurischen Bevölkerung: Masuren – das ist Polen«.[37] In einem zweiten Memorandum bat die Gruppe die alliierten Machthaber, die Masuren bei der Eroberung Ostpreußens rücksichtsvoll zu behandeln, da sie Polen seien.[38]

Bereits am 5. Februar 1945, noch während der Konferenz von Jalta, erklärte Bolesław Bierut als Präsident des Landesnationalrats, daß Polen die Zivilverwaltung Ostpreußens übernommen habe. De facto waren zu diesem Zeitpunkt aber noch viele Teile in deutscher Hand oder unter dem Kommando der sowjetischen Armee. Dennoch begann bereits am 19. Februar der Aufbau einer polnischen Zivilverwaltung. Der Wojewode von Białystok, Jerzy Sztachelski, übernahm in Absprache mit der sowjetischen Armee die südlichen Kreise der Provinz und übte seit dem 14. März 1945 die Funktion eines »Regierungsbevollmächtigten« in Allenstein aus. An diesem Tag entstand auf Weisung des »Ministeriums für die Wiedergewonnenen Gebiete« der »Masurische Bezirk«, der nach dem Abzug der Deutschen den gesamten polnischen Teil Ostpreußens umfaßte. Am 23. Mai 1945 erfolgte in Allenstein die feierliche Übergabe des Gebiets durch sowjetische Militärbehörden, obwohl diese in einigen Teilen noch stationiert blieben.

Polen erhielt den größten Teil Ostpreußens. Von den 36 991 Quadratkilometern (ohne Memelland) kamen 23 489 zu Polen, und zwar die Kreise Braunsberg, Heilsberg, Mohrungen, Preußisch Holland, Rastenburg, Angerburg, Oletzko, Allenstein Stadt und Land, Johannisburg, Lötzen, Lyck, Neidenburg, Ortelsburg, Osterode, Rößel und Sensburg sowie Teile der Kreise Bartenstein, Gerdauen, Preußisch Eylau, Heiligenbeil, Darkehmen und Goldap.

Der Johannisburger Landrat Józef Wroblewski aus Białystok begann im Frühjahr 1945, mit nur drei qualifizierten Mitarbeitern die polnische Administration im Kreisgebiet aufzubauen. Im gesamten Bezirk lag im Mai 1945 der Pferdebestand bei 2,1 Prozent des Vorkriegsstandes. Die Städte im südlichen Ostpreußen waren zu vierzig bis fünfzig Prozent, die Dörfer zu 25 bis dreißig Prozent zerstört. Der größte Teil der Bevölkerung war entweder auf der Flucht, evakuiert, in Gefangenschaft oder in Lagern. Überwiegend waren ältere Menschen, Frauen und Kinder geblieben oder zurückgekehrt, wobei zehn Prozent der Kinder durch den Krieg zu Waisen, dreißig bis siebzig Prozent zu Halbwaisen geworden waren. Die Typhusepidemie im Sommer 1945 forderte noch einmal viele Opfer. Erst 1946 trat eine gewisse Stabilität ein. Insgesamt lag die Einwohnerzahl nur noch bei knapp 36 Prozent des Vorkriegsstandes.

Die polnischen Behördern sahen sich nicht nur vor die schier unlösbare Aufgabe gestellt, die Versorgung der Bevölkerung zu gewährleisten, sondern hatten auch mit unmittelbar hinter der Front plündernden polnischen Banden, sogenannten Szabrownicy, zu kämpfen, die alle noch brauchbaren mobilen Güter nach Zentralpolen schafften. Gewaltsame Auseinandersetzungen zwischen der sowjetischen Besatzungsmacht und polnischen Plünderern waren bis 1946 nicht selten. Die Lokalbehörden hatten weder Mittel noch Personal, um effektiv gegen diese vorzugehen. Hinzu kamen bis 1948 schwere Kämpfe zwischen Kommunisten und den im Untergrund agierenden Kämpfern der »Armia Krajowa« (AK – Heimatarmee), die den Aufbau der Region zusätzlich verzögerten.

Viele polnische Zwangsarbeiter übernahmen die Höfe der Bauern, bei denen sie während der Kriegsjahre gearbeitet hatten. In deren Wahrnehmung spielten sie sich als neue Herren auf. Tatsächlich rächten sich viele für Entbehrungen und Drangsalierungen in der Gefangenschaft, aber es gab ebenso Beispiele dafür, daß ehemalige Zwangsarbeiter sich schützend vor »ihre« ostpreußischen Bauern stellten. Vielfach haben die sowjetischen Kommandanturen Deutsche als provisorische Bürgermeister eingesetzt, um Ruhe und Ordnung in der Übergangszeit sicherzustellen. Auf diese folgten dann polnische Neusiedler als Wójt (Gemeindevorsteher) oder Sołtys (Schulze), die bereits während des Krieges als Zwangsarbeiter in die Region gekommen waren und über genaue Ortskenntnisse verfügten.

Der Warschauer evangelisch-augsburgische Pfarrer Feliks Gloeh unternahm im August 1945 eine Reise nach Masuren und berichtete, daß die polnische Miliz die ankommende Zivilbevölkerung geradezu ermutige, die masurische Bevölkerung zu »terrorisieren«. Nach Auffassung der Miliz sei »jeder Masure ein Deutscher, und ein Masure ist nur ein Evangelischer«.[39] Dieser Terror ließ unter den Masuren das Gerücht aufkommen, bei den Sowjets sei die Lage besser. Die katholischen Ermländer litten zwar nicht unter religiöser Diskriminierung, doch auch ihr Leben war hart. Dennoch harrten sie aus in der Hoffnung auf eine Rückkehr nach Deutschland.

Selbst die polnischen Neuankömmlinge hatten es schwer. Bolesław Wolski, dessen Vater Stanisław Bürgermeister in Bartenstein war und dort 1945 im Alter von nur 45 Jahren starb, schilderte das Begräbnis und gedachte dabei auch der in Bartenstein verbliebenen

Deutschen: »Ihr Schicksal war schrecklich, um so mehr, als die Mehrheit von ihnen Alte, Frauen und Kinder waren, die hierhin aus dem Reichsinneren verbracht wurden, um den Krieg zu überdauern ... Hier war ihr Leben unter den Russen eine Hölle. Vor allem für die Frauen. Der Vater versuchte ihnen zu helfen, viele von ihnen nahmen an seinem Begräbnis teil. Das war eine furchtbare Zeit. Nichts war heilig, außer dem Überleben!«[40]

Trotz intensiver Bemühungen propolnischer ermländischer und masurischer Aktivisten herrschte bis zum Frühjahr 1946 Unsicherheit darüber, wie mit den »autochthonen« Gruppen zu verfahren sei. Am 16. Juni konstituierte sich ein »Nationalitätenkomitee«, dem einige propolnische Ermländer und Masuren angehörten. Das Komitee versuchte zu ergründen, warum Ermländer und Masuren sich den polnischen Plänen gegenüber so ablehnend verhielten. Da man an ein tief verinnerlichtes polnisches Nationalgefühl der Ermländer und Masuren glaubte, das es nur wiederzubeleben galt, empfand man deren Ablehnung als große Enttäuschung

Von einer organisierten Ansiedlung konnte zunächst keine Rede sein. Erst die Gründung des »Ministeriums für die Wiedergewonnenen Gebiete« ermöglichte seit 1946/47 ein planmäßiges Vorgehen. Zur Ansiedlung berechtigt waren vor allem sogenannte Repatrianten aus den polnischen Ostgebieten sowie heimgekehrte Soldaten aus Zentralpolen und Polen, die der Krieg nach West- und Mitteleuropa verschlagen hatte. 1950 zählte die Wojewodschaft Allenstein 689 000 Einwohner, von denen 24,8 Prozent aus Zentralpolen sowie etwa zehn Prozent aus den übrigen altpolnischen Wojewodschaften kamen und 22,6 Prozent zwangsweise Umgesiedelte aus den polnischen Ostgebieten waren. Die angestammte deutsche Bevölkerung machte 18,5 Prozent aus. Auf zehn Prozent kam die Gruppe der 1947 in der »Aktion Weichsel« aus Südostpolen in die ehemals ostdeutschen Provinzen deportierten Ukrainer.[41]

Die polnischen Vertriebenen wie die von den Polen vertriebenen Ukrainer, euphemistisch von der kommunistischen Propaganda als »Repatrianten« bezeichnet, hatten einen schweren Stand, war ihnen doch bis 1989 untersagt, an ihre Heimat zu erinnern oder sich gar in Verbänden zusammenzuschließen. Die zwangsweise umgesiedelten Polen setzte man vor allem im Norden (in den Kreisen Bartenstein, Braunsberg, Preußisch Holland, Rastenburg, Lötzen, Osterode) sowie in und um Allenstein an. Die masowischen Siedler aus Zentralpolen hingegen wurden ansässig im grenznahen Raum des südlichen

Masuren, wo sie ihrer Heimat nahe waren und diese auch jederzeit besuchen konnten. Die Ukrainer gelangten vor allem in die Dörfer der Kreise Angerburg, Preußisch Holland, Braunsberg und Lötzen. 1950 lebten insgesamt 134 228 polnische Ostvertriebene im südlichen Ostpreußen, vorwiegend in den Kreisen Heilsberg (15 726 = 43,7 Prozent), Rastenburg (13 532 = 38,1 Prozent), Braunsberg (11 350 = 37,0 Prozent), Lötzen (9764 = 35,6 Prozent), Bartenstein (6576 = 34,2 Prozent) und Preußisch Holland (8936 = 32,2 Prozent). In Allenstein selbst stellten sie 42,8 Prozent der Gesamtbevölkerung.[42]

Unter der Überschrift »Ostpreußen hat aufgehört zu existieren« berichtete Zbigniew Przygorski in der Propagandazeitschrift »Odrodzenie« (Wiedergeburt) 1947 triumphierend von dem bisher Erreichten: »Hervorragend erleichterte unsere Aufgabe auch die Tatsache, daß die Deutschen aus Ostpreußen weggingen und dabei keine Feuersbrünste hinterließen. Für den Kampf mit dem Deutschtum benötigen wir überhaupt keine Energie. Dagegen sind die verbindenden Brücken, auf denen wir unseren kulturellen Marsch auf diesem Boden des großen Kopernikus antreten, die lebendigen polnischen Sprachtraditionen und die zahlreichen Denkmäler des Polentums im Alletal und in Preußisch Holland ... Der Untergang Ostpreußens – das ist ein Siegessymbol der guten Mächte über das Böse. Über den Ruinen des Hauptquartiers des größten Verbrechers der Menschheit blüht das friedliche Polen.«[43]

Mit diesem ideologischen Anspruch im Gepäck erging bereits Ende Mai 1945 die erste Verfügung zur Registrierung der Bevölkerung, nach der die Masuren und Ermländer als »Bevölkerung polnischer Abstammung« einzuordnen waren. Der »Verifizierung«, wie die Aktion beschönigend genannt wurde, lag ein auf ethnischen Kriterien basierender Rassismus zugrunde. Letztlich ging es darum, daß die einheimische Bevölkerung ihr »Polentum« per Unterschrift bestätigte. Als die gewünschte Resonanz ausblieb, setzten Repressalien ein. Wer nicht für Polen optierte, blieb völlig rechtlos. Plünderungen und Schikanen durch polnische Banden und Behörden führten indes nur dazu, daß die jahrhundertelange Sozialisation in einem preußisch-deutschen Staat die Bindung zur deutschen Nationalität noch verstärkte. Je größer der polnische Druck wurde, desto bewußter traten vor allem Masuren als Deutsche auf. Die Verifizierungskampagne von 1946 offenbarte dann, daß sich im Kreis Sensburg ein Zentrum des masurischen Widerstands herausgebildet hatte. Von den im Juni 1946 dort ansässigen 28 280 Masuren waren 20 580 nicht verifiziert, nach der Oktober-Aktion waren es noch 16 385. Im katholischen Ermland waren die Widerstände gegen die »Verifizierung« nicht so ausgeprägt, was die Zahlenverhältnisse in den Kreisen Allenstein-Stadt und -Land sowie Rößel belegen.

Stand der Verifizierung im südlichen Ostpreußen am 15. Oktober 1946 [44]

Kreis	verifiziert	nicht verifiziert	Kreis	verifiziert	nicht verifiziert
Bartenstein	173	304	Rastenburg	1 898	535
Braunsberg	224	217	Sensburg	6 879	16 385
Deutsch Eylau	355	111	Neidenburg	1 570	659
Heilsberg	1 305	344	Osterode	7 270	1 802
Mohrungen	1 844	532	Johannisburg	4 242	1 970
Allenstein-Stadt	2 067	12	Ortelsburg	7 213	6 649
Allenstein-Land	20 666	72	Angerburg	765	420
Preußisch Holland	94	616	Lyck	2 229	230
Rößel	6 271	1 341	Goldap	234	308
Lötzen	5 345	1 811	Oletzko	154	35
			gesamt	70 798	34 353

Wer nicht für Polen optiert hatte, mußte die Heimat verlassen. Das traf zunächst vor allem jene, die eindeutig als Deutsche galten. Allerdings ließen sich »Deutsche«, »Ermländer« und »Masuren« nur noch schwer unterscheiden, so daß bis 1948/49 eine große nichtverifizierte Gruppe blieb. Ihr Status harrte der Klärung. Die erfolgte mit dem Amtsantritt von Mieczysław Moczar. Der ehemalige Chef der Lodzer Geheimpolizei wurde Ende 1948 neuer Wojewode in Allenstein. Mit brutaler Entschlossenheit leitete er 1949 die sogenannte Große Verifizierung ein, um den »unnormalen Zustand« Tausender nichtverifizierter Masuren und Ermländer in der Wojewodschaft zu beenden. Die damit einhergehende Verhaftungswelle erfaßte selbst polnische Masurenfunktionäre aus der Vorkriegszeit. Moczar suchte die Masuren mit materiellen Zugeständnissen zu umwerben, schreckte bei Widerstand aber nicht vor Gewalt zurück. Masuren, die sich weigerten, die Papiere zu unterschreiben, wurden so lange festgehalten, bis sie psychisch zermürbt oder durch Gewalt getrieben zur Unterschrift bereit waren.

Die Berichte über Folterungen während der Großen Verifizierung 1949 gleichen sich. In Sensburg saßen viele in einem zementierten Keller gefangen: »Es waren viele Männer, vom Jüngling bis zum Greis, denen haben sie die Kleider vom Leibe gerissen und den bloßen Körper mit Drahtseilen, Stöcken und Eisenstangen bearbeitet. Ein Vater saß mit zwei Söhnen. Die Söhne haben sie nicht geschlagen, den Vater so, daß er zusammenbrach, dann einen Eimer Wasser auf den Kopf und noch eine Schicht. Vierzehn Tage hielt es der Mann aus. Dann kam er zu seiner Nachbarsfrau und sagte, er hat unterschrieben. Gewalt bricht Eisen!«[45] Die Gewalt zeigte Wirkung. Im Kreis Sensburg haben bei der Großen Verifizierung im April 1949 fast alle Masuren für Polen gestimmt. Offiziell war das ihre »Heimkehr ins Mutterland«.

Im selben Jahr wurde mit der Kollektivierung der Landwirtschaft der Klassenkampf auch in die ostpreußischen Dörfer getragen. Die alten Dorfstrukturen wurden zerstört, die sozialen Milieus aufgelöst und den Deutschen auch ökonomisch die Heimat zur Fremde gemacht. Die meisten Ostpreußen verweigerten sich dem neuen Staat und gingen in die innere Emigration.

Von einer freundlichen Aufnahme der Masuren und Ermländer in das polnische Mutterland konnte überhaupt keine Rede sein. Bis in die fünfziger und sechziger Jahre stellten sie vielerorts noch die absolute Mehrheit der Bewohner, viele Dörfer verzeichneten keinen einzigen polnischen Bewohner. Untereinander pflegte man eine besondere Solidarität und sprach aus Protest gegen die Polonisierungsmaßnahmen – etwa die Abhaltung des Gottesdienstes in polnischer Sprache und die Polonisierung der Vor- und Familiennamen – trotz Verbot bei den Zusammenkünften deutsch. Viele Ostpreußen schickten ihre Kinder bis in die fünfziger Jahre nicht in die polnische Schule. Auf Volksfesten sang man deutsche Lieder, Familienfeiern wurden zu Kundgebungen deutscher Kultur. Wo immer man konnte, verweigerte man dem Staat die Unterstützung.

Die Behörden setzten darauf, über den Bildungsbereich doch noch zum Ziel zu kommen. Schon im Dezember 1945 entstand die »Masurische Volksuniversität« in Ottilienhof, Kreis Ortelsburg. Sie sollte eine »Schmiede des Polentums« (Kuźnica polskości) sein, wie bis 1945 – unter umgekehrten nationalen Vorzeichen – die Masurische Volkshochschule im nur wenige Kilometer entfernten Jablonken eine »Schmiede des Deutschtums« gewesen war. Die nationalen Credos waren austauschbar, die Terminologie dieselbe. In Ottilienhof sollte die durch die radikale Germanisierungspolitik verdrängte alte polnisch-masurische Volkskultur wiederentdeckt und die historischkulturelle Bindung zu Polen verinnerlicht werden. Jerzy D., geboren 1930 in Freythen, Kreis Ortelsburg, wurde 1948 dort Schüler: »Mein Ziel war es, richtig polnisch zu sprechen, zu schreiben und zu lesen, etwas über die Geschichte unseres Landes und die Herkunft meiner Vorfahren zu erfahren. Dank unseres Direktors bin ich überzeugt worden, daß ich polnischer Abstammung bin und deshalb lernte ich auch die polnische Sprache.«[46]

Letztlich hat der polnische Staat seinem Ziel, einen einheitlichen Nationalstaat zu schaffen, seine multikulturelle Vielfalt geopfert. Die regionale Autonomie, die einige polnische Masurenvertreter forderten, wurde strikt abgelehnt. Die Integration der Masuren gelang trotzdem nicht, vielmehr verstärkte sich der Gegensatz zwischen alteingesessenen Ostpreußen und Neusiedlern. Während die Behörden und die Propaganda die Masuren als polnische Brüder in den polnischen Staat integrieren wollten, nahm die Mehrheitsbevölkerung die Masuren als Deutsche wahr. Für sie spielte die ethnisch polnische Abstammung keine Rolle, sondern zählte nur die Tatsache, daß die Masuren Hitler unterstützt und in der Wehrmacht gedient hatten. Wenn überhaupt, sprachen sie Polnisch nur in einem primitiven, für viele Polen unverständlichen Dialekt. Vor allem wurden sie jedoch aufgrund des konfessionellen Gegensatzes als Deutsche wahrgenommen. Die masurische Zugehörigkeit zur »deutschen« Kirche ließ nach Jahrhunderten der Gleichsetzung von evangelisch und deutsch eine breitere Akzeptanz seitens der polnischen Neusiedler einfach nicht zu. Besonders schwierig gestaltete sich das Verhältnis zwischen Zentralpolen und Masuren. Während die Masuren mit den ostpolnischen »Repatrianten« und den Ukrainern überwiegend in gutem Einvernehmen standen, nahmen sie in ihrer Nachbarschaft »Pollacken« und »polnische Wirtschaften« wahr. Die »Primitivität« der polnischen Neusiedler in Kleidung, Lebensgewohnheiten und Agrartechniken schockierte sie regelrecht.

1945 übernahm die Evangelisch-Augsburgische Kirche (EAK) in Polen die seelsorgerische Verantwortung für die in den einstigen Ostprovinzen des Deutschen Reiches verbliebenen Protestanten der preußisch-evangelischen Landeskirchen. Unter primitivsten Lebensbedingungen begannen die Pfarrer mit der kirchlichen Aufbauarbeit in einer Region, die über Jahrhunderte vielfältige Traditionen evangelischer Frömmigkeit entwickelt hatte. Den neuen Pfarrern wurde eine Aufgabe aufgebürdet, die nicht zu bewältigen war. Die meisten Masuren konnten dem polnischen Gottesdienst nicht folgen und sangen die Kirchenlieder in deutscher Sprache. Als bei einem Gottesdienst in der Ortelsburger Kirche ein schwedischer Pfarrer deutsch sprach, was der polnische Pfarrer ins Polnische übersetzte, meinte eine Teilnehmerin: »Uns tat das Herz weh, denn wir waren ja nur Deutsche in der Kirche.«[47]

Polnisch wurde unter Ausschaltung anderer Alternativen im Gottesdienst eingeführt, obwohl die meisten Gläubigen weder polnisch lasen noch schrieben, wenn sie auch polnisch sprechen konnten. Mit Polen assoziierten die lutherisch geprägten Masuren vor allem einen vereinnahmenden Katholizismus, den sie unter keinen Umständen wollten. Die Ängste vor einer Polonisierung durch die Kirche wirkten so nachhaltig, daß sie lieber ohne Seelsorger zur Andacht zusammentrafen. Einige der Gromadki waren im Land geblieben und konnten die Traditionen des Laienprotestantismus ohne Amtskirche reaktivieren, diesmal gegen die Polonisierungstendenzen.

Die Kirchenleitung – wie die Mehrheit der Pfarrer – unterstützte den Polonisierungskurs der Regierung. Aber alle Versuche der Pfarrer, die Masuren zur Verifizierung zu bewegen, stießen auf Ablehnung. In einem anonymen Brief an den Passenheimer Pfarrer hieß es in deutscher Sprache: »Gelegentlich eines Gottesdienst hatten Sie die Dreistigkeit gehabt die Gemeinde aufzufordern polnische Bürger zu werden, dazu sie ihre Unterschriften leisten sollten. Sie, Herr Pfarrer, sind als Seelsorger dazu berufen ihre Gemeinde auf Gotteswege zu führen und am allerwenigsten Propaganda zu treiben, die sich für einen gutdenkenden Menschen nicht ziemt.«[48]

Nach 1956 wurde offenkundig, was sich schon deutlich abgezeichnet hatte: der Versuch, die Masuren in die polnische Gesellschaft zu integrieren, war gescheitert. Die Zwangsmaßnahmen führten dazu, daß sie sich dem polnischen Staat gar nicht erst zu nähern versuchten. Ebenso folgenreich wirkte sich der Entfremdungsprozeß in der Kirche aus. Binnen wenigen Jahre (1955–1959) halbierte sich die Zahl der masurischen Protestanten durch Aussiedlung nach Westen.

Mitglieder der evangelisch-augsburgischen Diözese Masuren [49]

Jahr	Mitglieder	Jahr	Mitglieder	Jahr	Mitglieder
1950	68 500	1961	21 174	1970	7 043
1955	46 144	1964	16 368	1976	4 790
1958	24 822	1967	12 674	1981	3 536

In vielen Gemeinden vollzog sich ein Erosionsprozeß. Hinzu kamen Spannungen mit der katholischen Kirche, die mehrfach rechtswidrig evangelische Gotteshäuser besetzte. In Puppen, Kreis Ortelsburg, wurde die kleine evangelische Restgemeinde während des Gottesdienstes am 23. September 1979 aus der Kirche »geprügelt«, was noch einmal eine große Ausreisewelle auslöste, die die evangelischen Gemeinden Masurens zu einer verschwindenden Minderheit in der einst protestantisch geprägten Region machte.

Entgegen der polnischen Staatsdoktrin identifizierten sich die Masuren und Ermländer mit Deutschland. Ganz anders als die offizielle Propaganda sahen auch die polnischen Neusiedler in ihnen Deutsche. Anstatt eine Vermittlerrolle einzunehmen, förderte der Staat die Polarisierung. Seine Repräsentanten wurden aufgrund der Repolonisierungsmaßnahmen sowie der schlechten Versorgungslage uneingeschränkt abgelehnt. Auch von ihrer Kirche fühlten sich die Masuren im Stich gelassen, da sie dem Wunsch nach deutscher Seelsorge nicht nachkam. Und schließlich sah man in den polnischen Masurenfunktionären, die nach 1945 in führende Positionen aufrückten, die Verantwortlichen für die Repressalien und den permanenten Druck während der Repolonisierungsaktionen. Es ist kein Wunder, daß mit der neuen Ostpolitik und der Aufnahme diplomatischer Beziehungen zwischen der Bundesrepublik und der Volksrepublik Polen ein neuer Ausreiseschub einsetzte.

Nach der Vereinbarung zwischen Bundeskanzler Helmut Schmidt und Parteichef Edward Gierek am Rande der Helsinki-Konferenz von 1975 über Ausreisegenehmigungen gegen einen deutschen Milliardenkredit stieg die Anzahl der Aussiedler aus dem südlichen Ostpreußen sprunghaft an, was von einigen zynisch kommentiert wurde: »Ihr habt Masuren und Ermland, und wir haben die Masuren und Ermländer.«[50] Zwischen 1971 und 1988 reisten insgesamt 55 227 Masuren und Ermländer in die Bundesrepublik aus. Nach der Verhängung des Kriegsrechts stieg die Zahl noch einmal und erreichte 1983 einen letzten Höhepunkt. Ein polnischer Historiker hat über die polnische Masurenpolitik nach 1945 ein vernichtendes Urteil gefällt: »Was die Preußen in mehr als 400 Jahren nicht geschafft haben, das haben wir Polen in einer Generation geschafft, nämlich aus den Masuren bewußte Deutsche zu machen.«[51]

Im Ermland sah es etwas anders aus. Der ermländische Katholizismus, im Süden teilweise polnischsprachig geprägt, schuf eine andere Nähe zu den katholischen Polen. Viele katholische Pfarrer blieben bei ihren Gemeinden und arbeiteten nach 1945 weiter. Auch Bischof Maximilian Kaller entschied sich, vom schweren Los seiner Diözese tief bewegt, 1945 nicht zur Flucht, sondern blieb vorerst im Bistum. Die Gestapo mißbilligte das, weil man befürchtete, viele Ostpreußen würden sich ihm anschließen. Kaller wurde deshalb am 7. Februar 1945 kurz vor der Einnahme Frauenburgs durch die Sowjets von der SS mit Gewalt nach Danzig transportiert. Am 1. März 1945 gelangte er nach Halle an der Saale, wo er im Krankenhaus der Barmherzigen Schwestern von der Heiligen Elisabeth das Kriegsende abwartete. Vom Polnischen Komitee in Halle mit Ausweispapieren versehen, kehrte er am 26. Juli 1945 ins Ermland zurück. Bereits am 28. Juni 1945 hatte er Papst Pius XII. über diesen Schritt unterrichtet: »Vielleicht ist es möglich, im Ermland auch weiterhin als Bischof tätig sein zu dürfen, wenn auch die Bevölkerung eine andere (polnische) geworden ist. Ich beherrsche das Polnische soweit, daß ich ohne Mühe polnisch predige und mich polnisch unterhalte.«[52]

In Frauenburg hatte während der Abwesenheit Kallers Generalvikar Aloys Marquardt die Jurisdiktion inne. Von den acht Domherren blieben dort nur Marquardt, Bruno Schwark und Franz Heyduszka am Leben. Marquardt hatte noch unmittelbar vor seiner Ausweisung mit zwei Domherren den Ehrendomherrn Johannes Hanowski zum Kapitelsvikar gewählt. Da dieser als propolnischer Ermländer die polnische Sprache verstand, erhoffte man sich eine Rettung der alten bischöflichen Strukturen. Am 10. August 1945 übernahm Kaller wieder offiziell den Hirtenstab seiner Diözese. Der polnische Kardinal Hlond zwang ihn jedoch zum Rückzug aus dem Bistum.

Kaller berichtete dem Papst, daß Hlond ihn angewiesen habe, das Bistum zu verlassen: »Dort eröffnete er mir, er sei Delegat des Hl. Stuhles und mit der Ordnung der kirchlichen Verhältnisse in den von den Polen besetzten deutschen Gebieten betraut. Der Hl. Vater habe sechs Apostolische Administratoren ernannt, die am 1. September d. Js. ihr Amt antreten würden.«[53] Es stellte sich heraus, daß Hlond den deutschen Bischof unter Vorspiegelung falscher Tatsachen loszuwerden suchte, dennoch fügte sich Kaller den angeblichen Plänen Pius' XII. zur Neuordnung der kirchlichen Strukturen im Ermland und unterzeichnete ein Dokument, mit dem er auf die Ausübung der Jurisdiktion in suspenso im polnischen Teil der Diözese verzichtete. Er behielt aber den Titel Bischof von Ermland sowie die entsprechenden Amtsbefugnisse de jure im russischen Teil der Diözese. Kaller hat sich nur eine Woche in seiner Diözese aufgehalten und das Ermland am 17. August 1945 für immer verlassen.

Andere Pfarrer blieben. Insbesondere der Kreis Allenstein hat bis weit in die 1960er Jahre hinein eine mehrheitlich deutsche Bevölkerung verzeichnet. Man bewahrte das althergebrachte Kulturgut und pflegte die tief im Katholizismus wurzelnde Volksfrömmigkeit. Rosenkranzandachten im Mai und Oktober waren eine feste Tradition, die dank der intakten Dorfstrukturen die Zäsur von 1945 überdauerten. Zum Ausklang dieser Andachten sang die Gemeinde Alt-Wartenburg:

> *1. Leise sinkt der Abend nieder,*
> *und das Tagwerk ist vollbracht,*
> *will dich, Jesus, nochmal grüßen*
> *und dir sagen: gute Nacht!*

> *2. Du gabst mir die Kraft für heute,*
> *lenkest meine Schritte sacht,*
> *möchte' dir dafür herzlich danken,*
> *lieber Heiland: gute Nacht!* [54]

Dieses Abendlied hat ein Gemeindemitglied nach 1945 ins Polnische übertragen. Fortan wurde es in der Fassung »Mrok wieczorny znów zapada« gesungen. Auch Fronleichnamsprozessionen fanden weiterhin statt. Zur Tradition gehörte, daß die Kapelle nach dem Gottesdienst noch ein paar Märsche spielte. »Preußens Gloria«, »Alte Kameraden« und »Die Wacht am Rhein« gehörten auch in den 1950er Jahren dazu.[55] Im südlichen Ermland war Deutsch zwar auch aus dem öffentlichen Leben verbannt, aber man sprach es zu Hause, mit den Nachbarn, vor und nach dem Gottesdienst sowie auf Familienfeiern. Dennoch nahm das Gefühl der Heimatlosigkeit zu. Zunehmend richtete sich der Blick nach Westen. Nach 1956 verließen zunächst die Kleingrundbesitzer und Handwerker ihre Heimat, die Großbauern warteten am längsten, da sie ihren Besitz nur schweren Herzens aufzugeben bereit waren. In Alt-Wartenburg gab es 1950 unter 110 Familien nur fünf polnische, heute trifft man in diesem Dorf im Kreis Allenstein nur noch auf eine deutsche Familie.

Im polnischen Teil Ostpreußens gibt es schätzungsweise fünfzehn- bis zwanzigtausend Ostpreußen und deren Nachkommen, die sich ihrer Wurzeln oft gar nicht mehr bewußt sind. Erst nach 1989 entstanden deutsche Minderheitenvereine, die sich 1997 zum »Verband der Deutschen Gesellschaften im ehem. Ostpreußen e.V« zusammengeschlossen haben. Aber das ist nicht alles.

Ostpreußen lebt vielfältig weiter: Nicht in den Menschen, nicht in Kultur und Sprache, aber in der Erinnerung trifft man es an. Die politische Öffnung in Polen, die neugewonnene Freiheit eines freiheitsliebenden Volkes hat die von oben verordnete sprachliche Unmündigkeit aufgehoben. Immer mehr junge Polen, die im südlichen Ostpreußen leben, wollen endlich wissen, wie die Geschichte ihrer Heimat wirklich war. Bis 1989 überwog das ideologisch sorgsam gepflegte Bild, Ermland und Masuren seien urpolnisches Land, das 1945 ins polnische Mutterland heimgekehrt sei. Doch wo waren, fragen nun junge Polen, die Menschen, die ihre Rückkehr nach Polen 1945 nicht abwarten konnten? Sie fanden sie nicht. Niemand konnte ihnen die wahre Geschichte dieser Landschaft erzählen.

Die Jungen wollen nicht leben wie ihre Eltern und Großeltern, die 1945 nach Ostpreußen gekommen sind und sich immerzu nach ihrer Heimat gesehnt haben. Um sich zu Hause zu fühlen, bedarf es der Verwurzelung, einer Identität, die aus dem Vertrauten erwächst. Die Suche nach der eigenen Identität hat begonnen. Den Anfang machten junge Polen 1990 in Allenstein, wo die Kulturgemeinschaft »Borussia« entstand – ein provokanter Name. In Polen, wo alles Preußische mit dem germanischen Drang nach Osten verbunden ist, wählten die jungen Idealisten bewußt den Namen »Borussia«, denn sie wollten Anstöße geben und zur Diskussion ermuntern. Es ging ihnen nicht um eine Renaissance des preußisch-deutschen Erbes, vielmehr sahen sie in der lateinischen Form »Borussia« die multiethnischen Traditionen der alten Landschaft Preußen am besten repräsentiert. Ihr Anliegen war die Suche nach dem Regionalbewußtsein und der kulturellen Identität im polnischen Ostpreußen. Von Anfang an verstand sich die »Borussia« programmatisch als Verfechterin eines offenen Regionalismus, der die multikulturellen Facetten unterstrich.

Mittlerweile ist die Zahl regionaler deutsch-polnischer Initiativen zum Erhalt ostpreußischen Kulturguts kaum noch überschaubar. Polens Denkmalschützer retten historische Substanz, die alten deutschen Friedhöfe werden systematisch erfaßt und zum Teil mit bescheidenen Mitteln vor dem endgültigen Untergang bewahrt. In vielen Städten und Kreisen erscheinen Geschichtshefte, die unter uneingeschränkter Einbeziehung deutscher Autoren die Geschichte Ostpreußens dokumentieren. Eine historische Zensur gibt es längst nicht mehr. Die Lötzener »Masurische Gemeinschaft«, die in der

Stadt ein eigenes kleines Museum einrichtete und mit der Herausgabe der historischen Zeitschrift »Masovia« an die alte preußisch-deutsche Tradition der »Litterarischen Gesellschaft Masovia« anknüpft, die »Studia Angerburgica«, die Johannisburger »Znad Pisy«, das Ortelsburger »Masurische Jahrbuch« – sie alle zeugen von einem neuen polnischen Bewußtsein, das Hoffnungen für die Zukunft weckt.

»Autochthone« im Memelland

Die Besetzung des Memellandes durch sowjetische Truppen im Winter 1944/45 stellte einen Tiefpunkt in der Geschichte des Landes dar.[56] Bei der Einnahme der Stadt Memel fand man nur sechs Menschen vor, alle anderen waren evakuiert worden oder geflüchtet. Die politisch Verantwortlichen in der Litauischen Sowjetrepublik (LSSR) begriffen das als Chance, das Land endgültig zu Litauen zurückzuführen. Schon bald erhielten die Orte wieder ihre alten litauischen Namen, ideologische Namensänderungen fanden im Memelland nicht statt, ein Beleg dafür, daß die LSSR in die alten litauischen Ansprüche eingetreten war. Der 1. Sekretär der Litauischen Kommunistischen Partei (LKP), Antanas Sniečkus, der mehr als dreißig Jahre die Geschicke Sowjetlitauens lenken sollte, bestätigte das in einer Tagebuchnotiz, die er nach der Rückkehr von Militärübungen im Königsberger Gebiet verfaßt hat: »Diesmal war ich auch in der Gegend von Pillkallen. Also ganz nahe an der litauischen Grenze ... Ach du altes Pruzzenland, du gehörst doch auch zur litauischen Familie.«[57]

Aus anderen Dokumenten geht hervor, daß die litauische Seite 1945 die Eingliederung weiterer Teile des nördlichen Ostpreußen anstrebte, nämlich der gesamten Kurischen Nehrung sowie der Region um das Kurische Haff.[58] Daraus wurde jedoch nichts. Nur der Norden der Kurischen Nehrung gelangte zur LSSR. Haff und Meer blieben bis 1950 ohnehin unzugänglich. Es verkehrten weder Fähren noch Schiffe zur Kurischen Nehrung und den Stränden von Sandkrug. Ein Grund waren die vielen Munitions- und Waffenlager dort, ein weiterer die Furcht, daß Zivilisten von dort übers Meer fliehen könnten. Neben der verbliebenen ostpreußischen Bevölkerung gab es auf der Kurischen Nehrung Russen und Großlitauer. Von den 1412 Nehrungsbewohnern waren 1193 Neusiedler und nur 219 Altansässige. In Nidden wohnten von den 156 Familien der Vorkriegszeit nur noch 22, in Schwarzort von 55 acht, in Preil von 47 zwölf.

Insgesamt lebten noch 71 ostpreußische Familien mit 105 Männern, 114 Frauen und sechzig Kindern unter sechzehn Jahren auf der Nehrung, von denen 38 nach 1945 geboren worden waren. 108 Ostpreußen waren in Nidden ansässig, 45 in Perwelk, 36 in Preil und 30 in Schwarzort.

Litauens »Waldmenschen« leisteten bis in die 1950er Jahre hinein militärischen Widerstand gegen das Sowjetregime, und auch die überwältigende Mehrheit der übrigen Litauer verweigerte sich in den Anfangsjahren der Kommunistischen Partei. Nur 18,5 Prozent von ihnen waren 1948 in der LKP. Selbst die Parteimitglieder versuchten, die massive Russifizierung abzuwehren und den russischen Zuzug ins Memelland zu begrenzen. Dies gelang auf dem Land, nicht aber in den Städten. Memel selbst zählte 1950 rund 45 500 Einwohner, von denen nur vierzig Prozent Litauer waren.[59]

Zunächst erfolgte die Besiedlung spontan. In Litauen, insbesondere den grenznahen Gebieten, verbreitete sich das Gerücht, in »Deutschland« (so nannte man in Litauen das Memelgebiet) stünden Bauernhöfe leer. In der ersten Siedlungsphase gelangten russische Beamte, Militärs und Arbeiter nach Memel. Die dann folgenden Litauer zogen vor allem in die ländlichen Regionen. Es wurden auch viele der bereits in die Sowjetische Besatzungszone (SBZ) geflüchteten Memelländer zwischen 1946 und 1948 von den sowjetischen Repatriierungsbehörden zur Rückkehr aufgefordert. Vor allem Landwirte folgten dieser Aufforderung.

Man kann heute kaum noch verstehen, warum Ostpreußen die Rückkehr in die Heimat wagten und sich wissentlich in den Machtbereich der Sowjets begaben. Was genau das bedeutete, werden viele tatsächlich nicht gewußt haben, da sie dank der systematischen Evakuierungen der memelländischen Zivilbevölkerung im Sommer und Herbst 1944 bis dahin nicht mit sowjetischen Truppen in Berührung gekommen waren. Da in der SBZ die Aufhebung des Flüchtlingsstatus mit seinen Sonderkonditionen drohte, nutzten viele die Gelegenheit, nach dem Staatsbürgerschaftsgesetz von 1947 rückwirkend zum 28. Januar 1945 die Staatsbürgerschaft der UdSSR anzunehmen, die allen, die sich als Litauer bezeichneten und bis zum 22. März 1939 die litauische Staatsangehörigkeit besessen hatten, zustand.[60] Während man am 1. Januar 1946 im Memelland nur fünfundfünfzigtausend Einwohner zählte, von denen lediglich siebentausendachthundert Einheimische waren, lebten um 1950 wieder etwa fünfzehn- bis zwanzigtausend Memelländer in ihrer Heimat.

Spätestens bei der Ankunft in der alten Heimat mußten die Memelländer aber feststellen, daß man sie mit leeren Versprechungen gelockt hatte. Die ersten Ankömmlinge hatten zwar noch ihre Höfe zurückerhalten, doch von 1947 an wurden die Repatrianten auf Sowchosen aufgeteilt, da mittlerweile Neusiedler auf ihren Höfen saßen. Einige versuchten nun im naiven Glauben an die Gerechtigkeit der Sowjetjustiz ihr Eigentum per Gericht wiederzuerlangen. So wandten sich Bewohner der Kurischen Nehrung am 19. März 1949 an den Vorsitzenden des Exekutivkomitees der Stadt Memel.

Fritz Bastiks verfaßte seine Eingabe in deutscher Sprache: »In der Siedlung Preil lebte ich seit meiner Geburt, das heißt seit 1901 und besaß mein eigenes Haus. Im Januar 1945 wurde ich evakuiert, kam im Mai 1945 zurück und wurde in der Siedlung Perwelk angesiedelt, weil in Preil keiner wohnte (die Militärkommandantur hat es nicht erlaubt, sich in Preil niederzulasssen). Erst im September 1947 erhielten wir die Erlaubnis der Militärkommandanten nach Preil zurückzukommen. Ich bin dann umgesiedelt, aber mein Haus dient als Unterkunft für das Militär. Ich richtete mich an das Volksgericht, weil die Besitzurkunden bei der Evakuierung verlorengingen. Im Volksgericht hat man mich zu Ihnen verwiesen, deshalb bitte ich Sie um Anordnung zur Anerkennung des Hauses Nr. 13 als mein Eigentum und zur Ausstellung der Besitzurkunde. Ich bitte Sie, meinem Antrag zu genügen.«[61]

Letztlich verfolgte die sowjetische Agrarpolitik aber das Ziel, die Dorfstrukturen zu zerschlagen, und zwar durch Enteignung und Zwangskollektivierung. Die Kuren erreichten nichts, sondern wurden am 25. März 1949 mit ihren Familien nach Sibirien deportiert. Schon im Frühling 1948 hatte man nach einem in der Sonderberatung des Sowjetisches Ministerium für Staatssicherheit (MGB) der UdSSR getroffenen Beschluß die Verbannungsaktion »Vesna« (Frühling) durchgeführt und aus dem Kreis Memel 209 Familien deportiert. Bestimmungsort war Krasnojarsk, die Station Jenissej. Es folgte die Deportationsaktion »Priboj« (Der Wellenbruch) im März 1949, bei der aus ganz Litauen 25 500 »Großbauern, Banditen und Nationalisten« verbannt wurden, darunter die deutschen Familien der Kurischen Nehrung.[62]

Die Zurückgekehrten saßen also in der Falle. Sie wurden schikaniert, enteignet und sogar deportiert. Die Heimat wurde zur Hölle, der sie wieder zu entkommen suchten, indem sie Ausreiseanträge stellten. Große Hoffnungen verbanden sich mit dem Moskau-Besuch von Bundeskanzler Adenauer im Herbst 1955. Heinrich Kurschat richtete damals im Namen der in der Bundesrepublik ansässigen »Arbeitsgemeinschaft der Memellandkreise« einen eindringlichen Appell an Adenauer: »Wir haben ... darauf hingewiesen, daß Sie durch Ihr Telegramm an die Memelländer anläßlich der 700-Jahrfeier der Stadt Memel Ihr Interesse an unserem und unserer Heimat Schicksal bewiesen haben ... Wir wissen sehr zuverlässig, daß von rund 40 000 den Sowjets in die Hände gefallenen Memelländern 25 000 nach Sibirien deportiert worden sind. In diesen Wochen haben sich nach zehnjährigem Schweigen einige Dutzend dieser Totgeglaubten aus Workuta, aus Krasnojarsk und Irkutsk gemeldet. Ihnen die Freiheit und die Vereinigung mit ihren Angehörigen in Deutschland zu schenken – das wäre eine Tat, mit der die Russen ihren guten Willen unter Beweis stellen könnten.«[63]

Gemäß dem deutsch-sowjetischen Vertrag vom 8. Juni 1958 siedelten bis 1960 insgesamt 6156 Memelländer aus, davon 453 in die DDR und 5701 in die Bundesrepublik.[64] Heute gibt es noch zehntausend Memelländer in der alten Heimat. Ihre Lituanisierung schritt jedoch rasch voran, Deutsch verlernten sie, auch das alte memelländische Litauisch verschwand zusehends. Die kleine Gruppe der Memelländer lebte in der inneren Emigration.

Nach 1945 schlug die Stunde der litauischen Gemeinschaftsbewegung. Bereits am 5. März 1945 beauftragte das Lutherische Konsistorium Pfarrer Ansas Baltris mit der Aufgabe, die Memelländer geistlich zu betreuen und in die litauische Kirche einzugliedern. Baltris war einer der einflußreichsten Stundenhalter und hatte bereits in den 1920er und 1930er Jahren für die Stärkung des Litauischen in der Kirche gestritten. Die Familie Baltris aus dem Memelland hat über zwei Generationen Stundenhalter gestellt. Ansas Baltris senior (1835–1909), Bauer in der Nähe von Deutsch-Krottingen, gründete 1904 den Verein für Diakonie »Pagalba«. Er war aktiv in der litauischen Nationalbewegung und schrieb in der litauischen Presse. Ansas Baltris junior (1884–1954) setzte die Arbeit des Vaters fort. 1939 optierte er für Litauen. Nach dem Anschluß des Memellandes 1939 wurde die litauische Gemeinschaftsbewegung wie alles Litauische jedoch verboten.[65] Baltris junior ließ sich daher in Tauroggen zum Pfarrer ordinieren und wurde 1941 in unmittelbarer Nachbarschaft zum Memelland, in Kretinga, zum Pfarrer bestellt. Nach 1945 baute er im Memelland mit den verbliebenen Stundenhaltern ein Netz auf, die – ähnlich wie die masurischen Laienprediger der Gromadki – aufgrund des Pfarrermangels die Seelsorge übernahmen. Diese hatte allerdings ausschließlich auf Litauisch zu erfolgen. Der Stundenhalter Bruno Blaessner, der trotz aller Verbote deutsch predigte, wurde verhaftet und zu zehn Jahren Gefängnis verurteilt. Man hat ihn als »Handlanger Adenauers« diffamiert und 1958 in die Bundesrepublik abgeschoben. Erst nach Stalins Tod wagte man in abgelegenen Orten, etwa in Nidden, wieder auf deutsch zu predigen.

In der Kirche waren die Memelländer weiterhin unter sich. Die ersten Kirchengemeinden wurden offiziell 1948/49 registriert, da die Registrierung eine Voraussetzung war für die Zuteilung eines »Kultraums« für »Kulthandlungen«. Den Pfarrern, die in der sowjetischen Amtssprache »Kultusdiener« hießen, war verboten, außerhalb der Gemeinden zu predigen. 1948/49 waren elf Gemeinden mit 7169 Mitgliedern registriert, zu denen Prökuls mit tausendfünfhundert, Coadjuthen mit tausendeinhundert und Heydekrug mit neunhundert Seelen zählten. Etliche Gemeinden waren jedoch nicht registriert, da man sie mit hohen Steuern schikanierte. Daher dürfte die Zahl der Gemeinden und der Gemeindeglieder tatsächlich wesentlich höher gewesen sein. 1952 erreichte Baltris die Registrierung der Stadtgemeinde Memel, die jedoch Anfang 1955 widerrufen wurde. Nach der erneuten Registrierung zählte Memel 1965 fast tausendvierhundert Mitglieder und wurde zur größten Gemeinde im Memelland.[66]

Auf der Kurischen Nehrung entstand ebenfalls neues kirchliches Leben. Fischer Hans Sakuth, der seit 1941 Kirchenältester war und es nach seiner Rückkehr aus der Gefangenschaft blieb, kümmerte sich um die kirchlichen Belange und hielt vereinzelt auch Gottesdienste ab. Gegen die Zerstörung der Niddener Kirche protestierte er in Wilna und Moskau und hatte damit sogar Erfolg. Hans Sakuth wurde schließlich zum Diakon geweiht. Als Glöcknerin stand Anna Schekahn an seiner Seite. Sie reiste 1957 aus, Hans Sakuth folgte im Jahr darauf.[67]

Zwischen 1947 und 1949 wurden drei Pfarrer und der Vorsitzende des Konsistoriums wegen nationalen Widerstands festgenommen und verbannt. Die Lutherische Kirche Litauens, die zur Hälfte aus Memelländern bestand, war damit führungslos. Die verbliebenen Pfarrer wählten daraufhin am 26. April 1950 Ansas Baltris zum Vorsitzenden und Kantor Martynas Klumbys aus Ramutten zum Sekretär und Kassierer. Damit stiegen zwei Memelländer in den dreiköpfigen Vorstand des Konsistoriums auf. Unter Baltris' Führung bauten sie die Sonderstellung des Memellandes weiter aus. Sie nutzten

die altpreußische Agende sowie die Gesangbücher der Altpreußischen Landeskirche. Das wurde von Großlitauern und den dortigen Pfarrern mit Argwohn betrachtet und war einer der Gründe für
den Kirchenstreit auf der 1. Synode am 22. Mai 1955 und die Spaltung
der Kirche. Ansas Baltris war am 29. Januar 1954 gestorben. Damit
hatte das Memelland die Klammer zu Litauens evangelischer Kirche
verloren.

Mit der großen Ausreisewelle verließen über achttausend Memelländer, darunter auch Martynas Klumbys, in den nächsten zehn
Jahren ihre Heimat. Einige Gemeinden stellten die Arbeit ein. Und
dennoch hat die kleine memelländische Kirche die brutale Sowjetisie-
rungspolitik mit Deportation und den Anfeindungen russischer und
litauischer Nationalisten überlebt. Seit 1992 geben die memelländischen Gemeinden gemeinsam die Zeitschrift »Keleivis« (Der Wanderer) heraus. 1994 gab es im Memelland 23 Gemeinden mit 4805 Mitgliedern, die noch bis 1998 die altpreußische Agende benutzten.
Evangelische Traditionen und lutherische Kirche erwiesen sich als das
wichtigste Bindeglied der Memelländer zur Geschichte und Kultur
ihrer Heimat. Die Kirche bot ihnen Zuflucht in ihrer schweren Bedrängnis und erwies sich als die einzige Einrichtung, die alle Zeiten
überdauerte.[68]

Die Litauische Sowjetrepublik hat zum Teil verblüffende An-
knüpfungspunkte an die Historie des Landes gewählt. So wurde Thomas Manns Sommerhaus in Nidden 1967 als Gedenkstätte eröffnet.
1975 feierte man den hundertsten Geburtstag des Nobelpreisträgers.
Aus diesem Anlaß wurde sein Sommerhaus renoviert. Die Regierung
der LSSR steuerte dazu 40 000 Rubel bei, und die DDR stellte anschlie-
ßend rund 75 Dokumente für die Ausstellung zur Verfügung.[69] Nach
1945 galt Nidden als »schönstes Dorf der Sowjetunion«. In erster
Linie sah Litauen sich aber als Hüter des prußischen, also baltischen
Erbe Ostpreußens. Herkus Mantas (Herkus Monte) wurde zum
Volkshelden. Das Theaterstück »Herkus Mantas« (1957) von Juozas
Grušas (1901–1986) erfreut sich bis heute großer Popularität, weil
Herkus für die Freiheit des eigenen Volkes gegen die übermächtigen
Kreuzritter kämpfte. Viele sahen in seinem Kampf eine Parallele zu
Litauens Kampf gegen die Sowjetmacht. Ebenso beliebt ist der 1972
gedrehte Film über Herkus Monte von Marijonas Giedrys, der mit
der Rückkehr Herkus' 1260 aus Magdeburg beginnt, wo der Prußen-
sohn als Geisel im Geist des Christentums erzogen wurde. Eine
Oper »Prūsai« wurde am 1. September 1997 in Memel uraufgeführt.

Giedrius Kuprevičius hat sie anläßlich der Feiern zum 450. Jahrestag des ersten litauischen Buches im Dezember desselben Jahres komponiert.[70]

Auch Christian Donelitius (litauisch Kristijonas Donelaitis – 1714–1780), Pfarrer und Dichter der litauischen »Jahreszeiten«, wird in Litauen verehrt. Sein 250. Geburtstag war Anlaß für eine große Gedenkfeier in Wilna am 4. Januar 1964, die auch im Fernsehen und im Radio übertragen wurde. Im selben Jahr zeigte die Ostberliner Staatsbibliothek eine Ausstellung über Donelaitis, den »mutigen Vorkämpfer für die litauischen Leibeigenen gegen die deutschen Feudalherren«.[71] Für die Litauer ist Ostpreußen bis heute vor allem das Land von Herkus Monte, Jonas Bretkūnas, Martynas Mažvydas, Kristijonas Donelaitis, Vydunas und anderen Förderern des litauischen Volkstums. Dank des historischen Gedächtnisses der litauischen Nation gelang es im Königsberger Gebiet, das ansonsten in historischer Amnesie lebte, Donelaitis' Kirche in Tollmingkehmen nach alten Plänen wiederaufzubauen. Am 14. Juli 1979 wurden die Gebeine Donelaitis' in der Krypta beigesetzt. Auch hier entstand eine Gedenkstätte.[72]

Die Wende von 1989 hat enorme Veränderungen bewirkt. Es gibt seither deutsche Vereine der verbliebenen deutschen Memelländer, seit 1993 sogar eine deutsche Hermann-Sudermann-Schule. 1996 öffneten sich die Pforten einer deutsch-litauischen Begegnungsstätte, des Simon-Dach-Hauses in Memel. Das Ännchen-von-Tharau-Denkmal auf dem Theaterplatz kündet dort wieder von der unvergänglichen Liebe, andere Denkmäler erinnern an Hermann Sudermann und Hugo Scheu, einst Generallandschaftsdirektor in Ostpreußen und Landrat in Heydekrug. Das ostpreußische Memelland erhielt 1991 eine ideelle Aufwertung durch die Gründung einer Universität, der ein »Forschungszentrum für westlitauische und preußische Geschichte« angeschlossen ist, das sich der Erforschung des nördlichen Ostpreußen verschrieben hat. Das Theologische Seminar der Universität Memel verfügt über einen Lehrstuhl für evangelische Theologie, den einzigen in Litauen.

Seit 1989 gibt es auch einen Verein der Kleinlitauer, die ihre preußisch-litauische Identität pflegen, aber traditionell prolitauisch eingestellt sind. Obwohl zahlenmäßig eigentlich zu vernachlässigen, hat die kleinlitauische Bewegung aufgrund üppiger Dotationen aus dem Ausland eine einflußreiche Lobby. Bereits 1983 gründeten Verbände in Chikago eine »Widerstandsbewegung von Kleinlitauen« (MLRS):

»Schmerzvoll erlebend den tragischen Verlust der Heimat, verpflichten wir alle in der freien Welt, das Erbe der alten Prußen und Litauer fortzusetzen – unermüdlich zu kämpfen und der Welt zu verkünden, daß dies [Königsberger Gebiet] ein Land unseres Volkes ist, das zum allgemeinen, in der Zukunft neu entstehenden unabhängigen litauischen Staat zurückkehren soll.«[73]

Der Territorialanspruch auf das russische Königsberger Gebiet wurde durch den Kleinlitauischen Rat in Wilna 2001 bestätigt und die Politik der Sowjets heftig angegriffen: »Die Stalinisten haben keinen einzigen litauischen oder wenigstens baltischen Namen im alten Land der Balten gelassen, obwohl gleich hier in der nächsten Nachbarschaft eine sowjetische baltische Republik – Litauen – war. Man tat so, als ob die Russen hier ein unbesiedeltes Land entdeckt hätten, das keine Geschichte hatte, und dieses Land benannte man nach den ›Entdeckern‹. Es wurde kein Kulturerbe berücksichtigt. Das den Baltisten aller Welt bekannte Pabetai (Pobethen), wo der preußische Übersetzer des III. Katechismus, Abelis Vilius, gelebt und gewirkt hat, wurde zu Romanovo, und Tolminkiemis des genialen litauischen Schriftstellers Kristijonas Donelaitis zu Tschistyje Pruday … Auf diese Weise wurden die Spuren der Menschen vernichtet, die hier jahrhundertelang lebten.«[74]

Die kleinlitauischen Kreise führen ihren Anspruch weit zurück bis auf König Mindaugas, als Ostpreußen östlich der Deime litauisches Gebiet war. Von der langen Geschichte Preußens in dieser Region hört man indes wenig. Die offiziellen Tourismuskataloge geben die Geschichte des Memellandes zuweilen noch verzerrt, verkürzt und verengt wieder. Das paßt eigentlich gar nicht zu der offenen Kultur Litauens. Gerade durch seine enge historische Verbindung mit Ostpreußen bieten sich diesem Land im Aufbruch viele Chancen, auch für den Teil nördlich der Memel.

»Land der dunklen Wälder«

Ostpreußisches Erbe in der Bundesrepublik

Im Jahr 1955 begingen die vertriebenen Königsberger die 700-Jahr-feier ihrer Heimatstadt fern vom heimatlichen Pregel. Zehn Jahre nach Flucht und Vertreibung war der Schmerz über den Verlust noch frisch. Zumindest verbal waren die Jahre der frühen Bundesrepublik noch geprägt von der Hoffnung der Vertriebenen auf eine Rückkehr in ihre Heimat.

Zwei Millionen Ostpreußen lebten nach dem Krieg in West- und Mitteldeutschland. Herausgerissen aus allen sozialen und materiellen Zusammenhängen, standen sie zunächst vor dem Nichts. Von einer Solidarität der deutschen Landsleute im Westen war kaum etwas zu spüren, im Gegenteil: Die Flüchtlinge mit ihren eigentümlichen Dialekten, Trachten und Lebensgewohnheiten wirkten auf die Einheimischen fremd, sie galten als Aufschneider und Drückeberger, wurden angefeindet. Die zwangsweise einquartierten Flüchtlinge wurden von den Hausherren als »Pollacken« und »Parasiten« verachtet. Das ließ die Ostpreußen die Gemeinschaft der Schicksalsgenossen suchen. Bis 1947 haben die Westalliierten aber sämtliche Zusammenschlüsse von Heimatvertriebenen untersagt, da sie politische Unruhen befürchteten.

Neben die verächtlichen Urteile über die Habenichtse trat nach dem Lastenausgleich der Neid auf die strebsamen Häuslebauer. Daß mit den ausgezahlten Summen nicht einmal ein Bruchteil der verlorenen Vermögenswerte entschädigt wurde, übersah man ebenso wie die tiefen seelischen Verletzungen, die der Verlust der Heimat verursacht hatte und die durch kein Geld der Welt zu heilen waren. So haben die Betroffenen ihren Kummer hinter den Aufbauleistungen versteckt. Später wollte die Gesellschaft dann erst recht nichts mehr von ihrem Leid und von ihrer Trauer wissen.

Mit dem Lastenausgleichsgesetz begann die Integration der Vertriebenen. Mehr als eine Starthilfe konnte diese Zahlung jedoch nicht sein, aber die psychologische Bedeutung war groß, da der Staat damit

Agnes Miegel (1879–1964, erste Reihe, vierte von rechts) und
andere bekannte Königsberger kamen 1955 auf der 700-Jahr-
feier ihrer Heimatstadt in Duisburg zusammen. Die Dichterin
war bereits in Ostpreußen bekannt und fand nach 1945 unter
den vertriebenen Landsleuten einen neuen Leserkreis. Ihre
literarische Bedeutung ist im wesentlichen begrenzt auf einige
Balladen, die formgeschichtlich allerdings schon in ihrer Ent-
stehungszeit überholt waren. Dennoch wurde Agnes Miegel
im geistigen Umfeld Ostpreußens eine Art Ikone und offizielle Stadtschreiberin Königsbergs. Durch ihre Begeisterung
für den Nationalsozialismus und die nationalistische Grenz-
landdichtung hat sie, so urteilt der Literaturwissenschaftler
Ernst Ribbat zu Recht, dazu beigetragen, Königsberg als Ort
der Literatur zu vernichten. Sie verschrieb sich dem deutschtumszentrierten Kurs, stand nach 1933 dem NS-Regime nahe
und erhielt 1939 den »Ehrenpreis der Hitlerjugend«. 1940 trat
sie in die Partei ein. Ihre Gedichtbände »Heimat. Balladen
und Lieder«, »Memelland. Funkdichtung«, »Ostland. Ge-
dichte« sowie »Mein Bernsteinland und meine Stadt« erfreuten sich großer Popularität. Aus der Mystifizierung der ostpreußischen Tradition in Gedichten wie »Ordensdome« ließ
sich nach 1945 zum Trost der Vertriebenen eine verklärende
Erinnerungspoesie entwickeln, die wiederum viel Akzeptanz
fand.

anerkannte, daß die Vertriebenen ein besonders schweres Los zu tragen hatten.[1] Im Mittelpunkt des Lastenausgleichs stand die sogenannte Hauptentschädigung, die von 1957 an ausbezahlt wurde und einen Teil der nachgewiesenen Vermögensverluste erstattete. Die materielle Entschädigung nutzten viele Ostpreußen zum Erwerb eines Grundstücks. Es entstanden die sogenannten Flüchtlingssiedlungen, Häuser mit großen Gemüsegärten und Ställen für Kleinviehhaltung, für die der Staat günstige Darlehen vergab. Diese Siedlungen, die in den späten 1950er und frühen 1960er Jahren an der Peripherie der Städte und Dörfer entstanden, gehören zu den architektonischen Besonderheiten der Bundesrepublik. Namen wie Königsberger Straße, Ostpreußendamm oder Agnes-Miegel-Straße erinnern bis heute an diese große Integrationsleistung der ersten Nachkriegsjahre.

Ostpreußische Pfarrer bemühten sich während der schweren Zeit, ihren verstreuten Gemeindegliedern gute Hirten zu sein. Die Initiative zur Sammlung der Gemeinden ging häufig von den Heimatseelsorgern aus. Horst Vosskühler, früher Pfarrer in Postnicken am Kurischen Haff, schrieb 1946 in einem Rundbrief:

»Liebe Gemeindeglieder aus dem Postnicker Kirchspiel!

Der Bemühung eines unserer Kirchenältesten verdanke ich es, daß ich von einigen unserer Heimatgemeinde und ihrem Ergehen nun erfahren habe, wie ich es auch seiner Anregung verdanke, Ihnen allen diesen Brief zu schreiben, der mir so sehr am Herzen liegt. Es wird Ihnen jetzt so gehen wie mir, daß man sich vorkommt, als wäre einem nicht bloß die Heimat versunken, sondern als wäre man selbst schon im Grabe gewesen und sehe sich jetzt dem Leben noch einmal wiedergegeben. Um diesen Dank vor Gott über Wiederempfangenes weiß allerdings nur, wer um Verlorenes weiß.

Während des Krieges hat man immer gedacht, daß der Schmerz und das Getrenntsein von den Seinen, vielleicht für immer Getrenntsein, nicht mehr zu überbieten sei. Das Ende dieses Krieges hat uns alle eines anderen belehrt ... Was ... das Opfer, die Heimat zu verlieren, und was das Sterben im Osten so unerträglich macht, ist dies: es ist alles umsonst, ganz umsonst hingeopfert worden ... Lassen Sie sich nun mit allem, was Ihnen zum Elend und zur Verzweifelung gereichen will, der Gnade dessen befehlen, vor dem uns alle Dinge zum Besten dienen müssen, vor dem aber auch noch das Sterben in aller Einsamkeit zu einem Gewinn werden muß, wenn Christus unser Leben ist.«[2]

Der ermländische Bischof Maximilian Kaller versandte im September 1945 einen Hirtenbrief, der sich durch unerbittliche Aufrichtigkeit auszeichnet. Der Bischof gehörte von Anfang an nicht zu jenen, die den Ostpreußen Hoffnung auf eine Rückkehr machten oder diese gar vollmundig versprachen:

»Meine lieben ermländischen Diözesanen!

Jeder Ermländer liebt seine Heimat, seine Pfarrkirche, seine Diözese. Mit welcher Begeisterung sangen wir einst unser ermländisches Herz-Jesu-Lied ›Über Ermlands grünen Fluren, über unser Heimatland, über Samland und Masuren und den weißen Ostseestrand, über Haff und grünen Seen glänzt unendlich mild und rein, über Niederung hin und Höhen, einer Gottesflamme Schein … Mag uns denn der Haß umtoben, wir versprechen dir aufs neu: Ermlands Herz, das bleibt Dir treu‹ …

Unsere Heimat ist uns verloren. Das ist hart. Aber an harten Tatsachen dürfen wir nicht vorübergehen. Unsere Trauer um die verlorene Heimat muß sich trösten und aufrichten lassen: es ist der Wille Gottes: ›Wir sind nur Gast auf Erden und wandern ohne Ruhe mit mancherlei Beschwerden der ewigen Heimat zu … Oh, daß wir nicht verlieren den Weg zum Vaterhaus …‹ Ich hoffe, bestimmt, daß ihr diese ewige Heimat nicht verliert, wenn ihr fernerhin ein frommes katholisches Volk bleibt, fest verbunden mit den Kirchen und Priestern eurer Gastdiözesen, fest verbunden mit Christus in den hl. Sakramenten … Und nun empfehle ich euch, meine lieben Diözesanen, der Gottesmutter. Ihr haben wir 1943, im 700. Jubiläumsjahr, uns und unserer Diözese geweiht. Wir sind ihr treu, auch wenn wir fern der Diözese wohnen; sie ist und bleibt unsere Mutter; sie möge euch wunderbare Hilfe im Leben und Sterben gewähren! Es segne euch der Allmächtige Gott: der Vater, der Sohn und der Heilige Geist!

Maximilian, Bischof von Ermland.«[3]

Zurückkehren oder bleiben? Viele Jahre hat dies die Ostpreußen beschäftigt. Doch je mehr Zeit verstrich, desto deutlicher zeichnete sich ab, daß eine Rückkehr politisch nicht erwünscht war. Aber man hoffte dennoch, und die Solidarität unter den Leidensgenossen war groß. Quasi als Notgemeinschaft im Exil haben die Ostpreußen unmittelbar nach Aufhebung des Versammlungsverbots am 3. Oktober 1948 in Hamburg die »Landsmannschaft Ostpreußen« gegründet. Ihr erster Sprecher war der einstige Landespräsident in Memel, Ottomar Schreiber, auf den der ehemalige Bürgermeister von Lötzen, Alfred Gille, folgte. Dieser hat die Interessen der Vertriebenen im schleswig-holsteinischen Landtag sowie im Bundestag vertreten. Der nächste

URKUNDE

Der Rat der Stadt Nienburg-Weser hat im Anschluß an die Übernahme der Patenschaft für den ostpreußischen Landkreis Bartenstein durch den Landkreis Nienburg-Weser am 11. März 1958 beschlossen, die

PATENSCHAFT

für die Kreisstadt Bartenstein und für die kreisangehörigen Städte

Domnau, Friedland und Schippenbeil zu übernehmen.

Hierdurch soll die enge Verbundenheit mit unseren, aus ihrer Heimat vertriebenen ostpreußischen Brüdern und Schwestern bekundet und ihnen die Möglichkeit eröffnet werden, in den Mauern ihrer Patenstadt ostdeutsche Kulturwerte zu pflegen.

Stadt Nienburg-Weser, den 9. August 1958

Bürgermeister   Stadtdirektor

In den fünfziger und sechziger Jahren des vergangenen Jahrhunderts wurde die im Ersten Weltkrieg geborene Tradition der Patenschaften wieder aufgenommen. Nun waren es westdeutsche Kommunen, die Patenschaften mit den landsmannschaftlichen Organisationen eingingen, in denen die Heimatvertriebenen ihren Zusammenhalt pflegten.

Sprecher war der SPD-Bundestagsabgeordnete Reinhold Rehs, der wegen der Ostpolitik Willy Brandts 1969 zur CDU wechselte. Seit 1990 vertritt Wilhelm von Gottberg als Sprecher die Interessen der Landsmannschaft Ostpreußen.

In der ersten Satzung der Landsmannschaft standen noch soziale Aspekte im Vordergrund:

»1. Pflege der heimatlichen Kultur unter allen ostpreußischen Landsleuten durch Veranstaltung von Heimattreffen, Heimatabenden, Vorträgen, Wanderausstellungen, Herausgabe eines Nachrichtenblattes und anderer Druckschriften, Förderung kulturschaffender Ostpreußen und Einrichtung von Spiel- und Singkreisen.

2. Hilfe bei wirtschaftlichen Notständen, insbesondere durch Einrichtung von Kindergärten, Patenstellen für ostpreußische Waisenkinder und Erziehungsbeihilfen für begabte förderungswürdige ostpreußische Jungen und Mädchen.

3. Unterstützung aller sonstigen gemeinnützigen und mildtätigen Bestrebungen, die allen ostpreußischen Menschen zugute kommen sollen.

4. Durch alle geeigneten Maßnahmen zu erreichen, daß die Provinz Ostpreußen als deutsches Land mit einem einheitlichen Deutschen Reich in Frieden und Freiheit wieder vereinigt wird.«[4]

Unter dem Dach der Landsmannschaft bildeten sich Heimatkreisgemeinschaften, in denen sich die administrative Gliederung Ostpreußens bis 1945 widerspiegelte. Alle ostpreußischen Landkreise fanden eine Entsprechung als »Heimatkreisgemeinschaft«. Diese wurden zunächst fast immer von denjenigen geleitet, die auch vor 1945 in Ostpreußen kommunalpolitische Verantwortung getragen oder zur lokalen Honoratiorenschaft gehört hatten. Die »Kreistage« und »Kreisvertreter« verstanden sich als eine Art Exil-Kommunalparlament. Am 27. August 1950 wählte der Stallupöner Kreisausschuß Rudolf de la Chaux zum Kreisvertreter, der zum Jahreswechsel 1951/52 im »Ostpreußenblatt« schrieb: »Seit Potsdam ist das Abendland an uns schuldig geworden. Die Vertriebenen sind die Märtyrer des Abendlandes. Sie haben für die anderen mitbezahlt. Die Verjagten sind das Gewissen Europas.«[5]

In den 1950er Jahren wurde es üblich, daß westdeutsche Städte und Gemeinden die Patenschaft für ostdeutsche Heimatkreise übernahmen, um den Vertriebenen wenigstens ideell eine neue Anlaufstelle zu bieten. Einige dieser Patenschaften konnten auf ältere Verbindungen zurückgreifen. Die Patenschaft Stallupönens mit Kassel ging auf die Kriegshilfspatenschaft von 1915 zurück und fand ihre Erneuerung 1954 für die Heimatvertriebenen aus dem Kreis Stallupönen. 1955 übernahm der Kreis Verden/Aller die Patenschaft für den ostpreußischen Kreis Preußisch Eylau. In der Patenschaftsurkunde hieß es: »Als Bekenntnis zum deutschen Land jenseits von Oder und Neiße und jenseits der Weichsel und zum Zeichen der besonderen Verbundenheit mit den Einwohnern des Kreises Pr. Eylau hat der Kreistag des Landkreises Verden am 23. Juli 1954 beschlossen, die Patenschaft für den Kreis Pr. Eylau zu übernehmen. Mit der Übernahme der Patenschaft bekundet der Kreistag seinen Willen, den aus ihrer angestammten ostdeutschen Heimat vertriebenen Einwohnern der Städte und Gemeinden des Kreises Pr. Eylau nach Kräften zu helfen und ihnen bis zur Rückkehr in diese ihre Heimat einen Sammelplatz menschlicher, sozialer unde kultureller Gemeinschaft zu geben … Verden/Aller, den 8. Mai 1955.«[6]

Im Kalten Krieg bildete sich eine politische Rhetorik heraus, in deren Windschatten die Vertriebenenfunktionäre Gehör fanden, richtete sich doch der Zorn vieler gen Osten. Für das Schicksal der Vertriebenen – Flucht und Vertreibung – wurde von den großen Parteien übereinstimmend die Sowjetunion als Aggressor verantwortlich gemacht, während eine kritische Reflexion der Rolle der Westalliierten unterblieb und erst recht keine Auseinandersetzung mit der eigenen Schuld erfolgte.

Allmählich breitete sich Unmut aus über die leeren Versprechungen der Politiker, und dieser wurde lautstark vorgetragen von landsmannschaftlichen Funktionären, die eine geistige Kontinuität zur Vorkriegszeit wahrten. Die Übereinstimmung der landsmannschaftlichen Führung mit den alten Eliten Ostpreußens ist verblüffend. So fanden sich ehemalige deutschnationale und nationalsozialistische Landräte, Kreis- und Ortsbauernführer, höhere Kommunalbeamte, Gutsbesitzer und Großlandwirte in ihren Reihen wieder.

Neben die Bemühungen um die soziale und wirtschaftliche Integration traten schließlich Bemühungen um das kulturelle Erbe der Heimatgebiete. Ein »deutsches Ostpreußen« zu wahren, dazu fühlte sich vor allem das »Ostpreußenblatt« verpflichtet, das seit dem 5. April 1950 wöchentlich erschien und mit einer Auflage von 40 000 Exemplaren (1998) die wichtigste und einflußreichste Vertriebenenzeitung ist. Mit der »Stiftung Ostpreußen«, die 1974 gegründet wurde, entstand eine Dachorganisation für die ostpreußische Kulturarbeit in Deutschland, zu der 1998 die Agnes-Miegel-Gesellschaft, die Bischof-Maximilian-Kaller-Stiftung, die Landsmannschaft Ostpreußen, das Ostpreußische Jagd- und Landesmuseum, die Ost- und Westpreußenstiftung in Bayern, der Verein Ostheim Bad Pyrmont, die Prussia-Gesellschaft, der Verein zur Erhaltung und Förderung der Zucht des Trakehner Pferdes, der Historische Verein für Ermland, die Gemeinschaft evangelischer Ostpreußen, der Salzburger Verein sowie die Historische Kommission für ost- und westpreußische Landesforschung gehören. Der längst beendete Kalte Krieg erfuhr eine Wiederbelebung, als das »Ostpreußenblatt« 1996 die Sonderausstellung über den Kommunisten Hans Preuß »Ein Maler zwischen Kunst und Klassenkampf« zum »Museumsskandal« erklärte und dem Ostpreußischen Landesmuseum in Lüneburg linksextremistische Tendenzen vorwarf. Im selben Jahr unterstellte eine PDS-Anfrage im Deutschen Bundestag der Einrichtung Rechtsextremismus. Wieder einmal wurde die Geschichte Ostpreußens instrumentalisiert und mit ideologischen Floskeln versehen, wobei das eigentliche Anliegen – Erhalt und Dokumentation der ostpreußischen Geschichte und Kultur –, um die sich das Museum in Zusammenarbeit mit Polen, Rußland und Litauen vorbildlich bemüht, ins Hintertreffen geriet.

Die Ermländer nahmen immer eine Sonderstellung unter den Ostpreußen ein, und das blieb auch nach dem Krieg so. In einer von Großagrariern und Rittergutsbesitzern bestimmten Provinz waren sie »nur« Bauern und dazu noch Katholiken. Als solche galten sie als Außenseiter in der preußisch-protestantischen Gesellschaft, was sich nach 1945 durch eine kritische Distanz der Landsmannschaften zu den Ermländern fortzusetzen schien. Anders ist nicht zu erklären, daß in der »Stiftung Ostpreußen« der Verein zur Zucht des Trakehner Pferdes vertreten sein durfte, nicht aber das Ermländische Landvolk e.V.

Die Ermländer haben sich anders als die übrigen Ostpreußen schon zu einem Zeitpunkt, als der gesellschaftliche Konsens noch auf den Kalten Krieg ausgerichtet war, versöhnlich gezeigt, wie eine Erklärung »Junges Ermland zur Frage der Heimkehr« von Ostern 1952 belegt: »Wir jungen Ermländer wollen zurück in unsere ermländische Heimat. Unsere Väter haben dort sieben Jahrhunderte hindurch Kreuz und Pflug in Händen gehalten und uns die Treue zur Scholle und zum Glauben als Erbe übergeben. Wir haben ein Recht auf unsere Heimat und dürfen dieses Recht nicht lassen. Nach Jahrhunderten sinnvoller Begegnung zwischen Deutschen und Polen in der abendländischen Christenheit ist später im Verlauf einer nationalistischen Epoche von beiden Seiten Unrecht geschehen. Dadurch jedoch wird dieses Recht auf Heimat nicht aufgehoben. Weil wir aber heim wollen, muß auf beiden Seiten ein neuer guter Wille vorhanden sein. Was uns anbetrifft, so wenden wir uns ab von einem überheblichen Nationalstolz, der das fremde Volk, weil es anders ist, für minderwertig ansieht, und glauben an die Möglichkeiten einer neuen fruchtbaren Begegnung zwischen Deutschen und Polen.«[7]

Als Katholiken mit einer festen regionalen Identität suchten die Ermländer den Kontakt zu ihresgleichen unter dem Dach der katholischen Kirche. Seit 1961 ist das Ermlandhaus in Münster Sitz des Visitators und damit religiöses, geistiges und organisatorisches Zentrum der Ermländer für Treffen, Wallfahrten und Tagungen. Seit 1947 findet alljährlich im Mai die Ermländer-Wallfahrt in Werl statt, auf der noch heute acht- bis zehntausend Teilnehmer zusammenkommen. Nach der Neuregelung der kirchlichen Verhältnisse in den Gebieten ostwärts der Oder-Neiße-Linie wurden am 23. Oktober 1972 für Klerus und Laien der bisherigen Teilkirchen Apostolische Visitatoren bestellt. Hinsichtlich der Kleriker haben diese Visitatoren kumulativ mit dem jeweiligen Ortsordinarius Personaljurisdiktion mit allen Rechten und Pflichten eines Diözesanbischofs. Bis vor wenigen Jahren waren die Visitatoren Mitglieder der Deutschen Bischofskonferenz ohne Bischofsweihe. Der Visitator beruft ein Konsistorium aus den seiner Jurisdiktion zugehörenden Priestern, ein Nachfolgegremium des ermländischen Domkapitels.[8]

Einen besonderen Bereich der Seelsorge nimmt die Versöhnung und Verständigung mit Polen ein. In ihrer Verbundenheit mit der Heimatdiözese pflegen die Ermländer eine besondere Beziehung zum Erzbischof von Ermland und dem Metropolitankapitel von Frauenburg. Die Bischof-Maximilian-Kaller-Stiftung (Ermländisches Hilfswerk) fördert religiöse, karitative und kulturelle Bestrebungen der Ermlandfamilie; der »Historische Verein für Ermland«, 1856 in Frauenburg gegründet, erfüllt bis heute mit seiner Fachzeitschrift »Zeitschrift für Geschichte und Altertumskunde Ermlands« wichtige historische Forschungsaufgaben. Das 2003 eingeleitete Seligsprechungsverfahren für den letzten deutschen Bischof von Ermland, Maximilian Kaller, der wie ein Übervater die gesamte Ermlandgemeinschaft überragt, wird durch den Bischof von Münster und den Beauftragten der deutschen Bischofskonferenz für Priester und Gläubige aus dem Bistum Ermland betrieben und unterstützt durch den Bischof von Ermland, Edmund Piszcz, sowie den Primas von Polen, Józef Kardinal Glemp.

Die Landsmannschaft Ostpreußen hat dagegen lange gegen die »Verzichtspolitik« der Regierung Brandt protestiert und sich damit ins politische und gesellschaftliche Abseits manövriert. Die Erkenntnis, daß die Vertriebenen jahrelang als »Stimmvieh« mißbraucht und mit leeren Versprechungen hingehalten wurden, traf sie tief. In ihrer Erbitterung haben sie die Zeichen der Zeit nicht erkannt. Wegen ihrer starren Haltung gegen jedwede Verständigung mit Polen galten sie daher bald als »Ewiggestrige« und »Revanchisten«. Diese Klassifizierung, die im Einklang stand mit der Terminologie der Nachrichtenagenturen in den sozialistischen Ländern, war polemisch und ebenfalls wenig konstruktiv.

Brandts Ostpolitik hat den Ostpreußen die Chance eröffnet, ihre Heimat nach mehr als dreißig Jahren wiederzusehen. Viele hatten im südlichen Ostpreußen, etwa in den Dörfern des südlichen Ermlands und in Masuren, noch Verwandte, die sie besuchen konnten. Bis zur politischen Wende von 1989 gerieten die Vertriebenen in der Bundesrepublik dann zunehmend in den Hintergrund. Wenn sie sich doch einmal bemerkbar machten, galten sie als Störenfriede. Jedwede Beschäftigung mit dem Thema Ostpreußen wurde inzwischen als revanchistisch und politisch verwerflich verurteilt. Die Ideologie obsiegte auf beiden Seiten. Ostpreußen schien dem Untergang geweiht. An Rückkehr dachte längst niemand mehr. Die Landsmannschaft blieb für die Vertriebenen der einzige geschützte Bereich, in dem einer vom Leid des anderen wußte und man seine Verletzungen nicht verbergen mußte.[9]

Dann fiel die Berliner Mauer, und es geschah, was niemand für möglich gehalten hätte: Ostpreußen war in allen seinen drei Teilen wieder zugänglich. Die längst totgeglaubten Vertriebenenverbände sahen nicht lange tatenlos zu. Jenseits der großspurigen Funktionärsrhetorik entstanden unzählige Initiativen einzelner Ostpreußen, aber auch von Orts- und Kreisgemeinschaften und Vereinen, die sich neu in ihre Heimat einbrachten. Erst tastete man sich vorsichtig heran, mittlerweile sind beste Kontakte zu den polnischen, russischen und litauischen Kommunalbehörden und Partnerinstitutionen eine Selbstverständlichkeit. Die Ostpreußen befanden sich in einer Aufbruchstimmung. Nachdem sie die längste Zeit ihres Lebens Emigranten gewesen waren, stand nun eine Rückkehr in die Heimat offen. Ein Zeichen dieses Wandels sind zweisprachige Gedenksteine, die in Ostpreußen an die ehemaligen deutschen Bewohner erinnern.

Ostpreußisches Erbe in der DDR

Im Unterschied zu den Westzonen sprach man in der Sowjetischen Besatzungszone bereits 1945 offiziell von »Umsiedlern«. Damit begann eine vierzig Jahre währende öffentliche Tabuisierung ihrer Vergangenheit, die vielen Vertriebenen in der DDR die Trauerarbeit erschwert hat. Nicht einmal ihre kulturelle Identität konnten sie in der Aufnahmegesellschaft pflegen. Als »Umsiedler« wurden über vier Millionen Vertriebene in der SBZ und späteren DDR aus der öffentlichen Wahrnehmung verdrängt und ihr Schicksal totgeschwiegen.

Die sowjetische Militäradministration (SMAD) besaß kein Konzept zur Lösung der Flüchtlingsfrage. Auf sowjetischen Befehl entstand zunächst die »Zentralverwaltung für deutsche Umsiedler« (ZVU). Das drückte zum einen aus, daß der Aufenthalt am neuen Ort nicht vorübergehend war und daß es sich zum anderen – wie das Potsdamer Abkommen schon deutlich gemacht hatte – nicht um eine völkerrechtswidrige Vertreibung, sondern um eine ordnungsgemäße Umsiedlung handelte. Eine Bodenreform unter dem Motto »Junkerland in Bauernhand« sollte auch den heimatvertriebenen Landwirten einen Hof sichern. So kam die Bodenreform nicht nur dem Wunsch der KPD und später der SED entgegen, die politische Kontrolle auf dem Land zu gewinnen, sondern war zugleich eine Maßnahme zur Eingliederung der Vertriebenen.

Der Staat war in West wie in Ost bereit, materielle Hilfe zu leisten, doch die Gesellschaft verweigerte sich der Integration. Vorsichtig bereitete die ZVU die Länderverwaltungen 1947 darauf vor, daß noch Millionen Deutsche aus den Gebieten jenseits von Oder und Neiße zu erwarten seien. In einem Tagungsprotokoll der neugebildeten Landeskommission für Neubürger des Landes Thüringen vom 28. Oktober 1947 hieß es: »In diesen Wochen, also bis Ende November, bekommen wir noch ca. 12 000 Umsiedler aus dem russischen Ostpreußen. Wir müssen heute schon die zuständigen Kreise darauf aufmerksam machen, daß unter diesen Umsiedlern sehr viele Arbeitsunfähige sein werden. Zu den 12 000 Umsiedlern kommen noch 1400 elternlose Kinder, denen wir in Thüringen eine neue Heimat geben und die wir auch einmal in Familien unterbringen sollen, damit ihnen das Elternhaus ersetzt werden kann ... Alle diese Männer und Frauen, Kinder und Alte, die zu uns kommen, müssen in unserem Lande eine neue Heimat finden.«[10]

Für die SED war das Vertriebenenproblem rasch gelöst. Den ideologischen Vorgaben der Sowjetunion folgend, sprach man alsbald nur noch von »Umsiedlern«. Das öffentliche Erinnern an die verlorene Heimat im Osten war untersagt und als »Revanchismus« gebrandmarkt. Das war nach der physischen die geistige Vertreibung. Nach der politischen Wende und der Wiedervereinigung konnten sich erstmals nach über vierzig Jahren alle Ostpreußen wieder zusammenfinden.

Doch schon am 1. Juli 1948 wurde die ZVU aufgelöst und eine personell stark reduzierte Folgebehörde als bloße »Hauptabteilung Umsiedler« der Deutschen Verwaltung des Innern (DVdI) angegliedert. Im Herbst 1949 erging die Anweisung, in Amtsgebäuden sämtliche Aufschriften, die das Wort »Umsiedler« enthielten, zu entfernen. Dabei mußte den Behörden klar sein, daß das Vertriebenenproblem noch längst nicht gelöst war. Die frühzeitige Tabuisierung in der DDR förderte eine rücksichtslose Individualisierung der Integration, über die öffentlich so gut wie nicht mehr diskutiert werden durfte. Ohne institutionelles Netzwerk und ohne öffentliche Anerkennung sahen sich die Vertriebenen auf sich allein gestellt. Die feindselige Aufnahme in den ländlichen Gemeinden verstärkte ihre Sehnsucht nach der verlorenen Heimat. Ihre Hoffnung auf eine Rückkehr vertrug sich aber nicht mit der Politik der SED. Nach dem Görlitzer Vertrag vom 6. Juli 1950 galten alle Vertriebenen, die an der Grenzziehung Anstoß nahmen, als Revanchisten. Dennoch lehnten viele Flüchtlinge die Oder-Neiße-Grenze ab und verweigerten den Machthabern die Gefolgschaft.[11]

Der Dramatiker Heiner Müller setzte sich in einem bitteren Stück mit der deutschen Nachkriegsgeschichte auseinander. »Die Umsiedlerin« provozierte derart, daß das Stück gleich nach derUraufführung 1961 in Berlin-Karlshorst verboten wurde:[12]»Aus dem Osten kamen die Trecks, Umsiedler wie Heuschrecken, brachten den Hunger mit und den Typhus, die Rote Armee kam mit der Rechnung für vier Jahre Krieg, Menschenschinden und verbrannte Erde, aber mit Frieden auch und Bodenreform. Da war das Stiefellecken nicht mehr Trumpf, das Zuckerlecken noch nicht: Brachland gab's zu viel, Zugvieh zu wenig, Trecker keinen. Da fraß der Große wieder den Kleinen auf, ich hab acht Pferde, was hast du? Hack meine Rüben, wenn du dein Feld gepflügt willst, oder spann dich selber vor den Pflug und krepier in der Furche, Hunger habt ihr? Ich bin satt.«[13]

Man zwang die Vertriebenen, ihr Schicksal zu verleugnen und sich einer feindlich gesinnten Umwelt anzupassen, wenn sie überleben wollten. Schneller als im Westen, wo sie sich mit Schicksalsgefährten treffen konnten, verloren sich im Osten ihre Spuren. Auch die Erinnerung an Ostpreußen sollte getilgt werden, aus dem Sprachgebrauch wie überhaupt aus dem öffentlichen Raum. In den Berliner Stadtteilen Prenzlauer Berg, Pankow und Friedrichshain verschwanden die Neukuhrer Straße (seit 1974 Olga-Benario-Prestes-Straße), die Allensteiner Straße (seit 1974 Liselotte-Herrmann-Straße), die

Bartensteiner Straße (seit 1974 Margarete-Walter-Straße), die Goldaper Straße (Heinz-Kapelle-Straße), die Braunsberger Straße (Hans-Otto-Straße) und die Wehlauer Straße (Eugen-Schönhaar-Staße) zugunsten kommunistischer Kämpfer. Andererseits überdauerten die Sudauer Straße, die Masurenstraße, die Pillauer Straße, die Simon-Dach-Straße, die Lasdehner Straße, die Kadiner Straße sowie die Marienburger und Christburger Straße die DDR.[14]

Johannes Bobrowski, 1917 in Tilsit geboren, lebte nach dem Krieg in dem Teil Deutschlands, in dem die Vertreibung als »Umsiedlung« bezeichnet und seine Heimatstadt Tilsit »Sowjetsk« genannt wurde. Der Lyriker hat zwei Gedichtbände herausgegeben – »Sarmatische Zeit« (1961) und »Schattenland Ströme« (1962), ein dritter erschien posthum 1966 unter dem Titel »Wetterzeichen«. Das geographisch kaum verortbare »Sarmatien« wurde zum Ort der »gewollten Lebensgeschichte« Bobrowskis.[15] Dank dieses Konstrukts einer idealistischen Landschaft konnte Bobrowski im Westen wie im Osten, in Litauen, Rußland und Polen, wahrgenommen werden mit Gedichten wie »Die Daubas«:

So in der Nacht,
einfacher Landschaft Bild
in den Händen, Heimat,
dunkel am Rand,

ruf ich zu euch,
Gequälte. Kommt, Juden,
slavische Völker, kommt,
ihr anderen, kommt,

daß ich an eures Lebens
Stromland der Liebe vertane
Worte lernte, die Reiser,
die wir pflanzen den Kindern,
würden ein Garten.
Im Licht.[16]

Seit 1970 lockerte sich die Zensur in der DDR allmählich. Hermann Sudermanns »Miks Bumbullis und andere Geschichten« sowie Christian Donelaitis' »Die Jahreszeiten« erschienen, ebenso waren Johannes Bobrowskis »Litauische Claviere« und »Levins Mühle« zugänglich. 1978 brachte Helmut Welz »In letzter Stunde« heraus, eine Biographie des ersten Chefs der DDR-Panzertruppen Arno von Lenski aus Ostpreußen. Drei Jahre danach beschrieb Klaus-Jürgen Hofer seine wissenschaftliche Arbeit in »Ein Jahr in Masuren«, ein Buch, das die Käufer den Buchhändlern förmlich aus der Hand rissen, so daß es binnen wenigen Wochen vergriffen war. 1982 erzählte der ehemalige Chefredakteur der Kulturzeitschrift »Sinn und Form« und ostpreußische Altkommunist Wilhelm Girnus von seinem Leben in Ostpreußen und von seiner elfjährigen KZ-Haft in »Aus den Papieren des Germain Tawordschus«. Im Jahr darauf erfuhr der Widerstand von Königsberger Arbeitern gegen die Nationalsozialisten eine bemerkenswerte Würdigung in den Memoiren der litauischen Kommunistin Elena Pusiniene »Ich übersende neue Anschriften«.[17] Ferner erschien ein Nachdruck von Ernst Wicherts »Litauischen Geschichten«. Elisabeth Schulz-Semrau berichtete 1984 von der »Suche nach Karalautschi«, zunächst ein unverständlicher Titel, doch eine farbige Zeichnung des Königsberger Schlosses auf dem Umschlag ließ keinen Zweifel: »Karalautschi« war nichts anderes als der litauische Name für Königsberg. Manfred Ohlsen beschrieb 1987 Leben und Werk des Neidenburger »Eisenbahnkönig Bethel Henry Strousberg«, und Rolf Weber beschäftigte sich in »Das Unglück der Könige« mit dem Königsberger Arzt und Demokraten Johann Jacoby. Dorothea Schmidt schließlich wendete sich in »Die preußische Landwehr 1813« den großen ostpreußischen Tagen am Beginn der deutschen Freiheitskriege zu.

Viele Ostpreußen engagierten sich in der DDR, wo die Mitarbeit in Partei und Gesellschaft Zukunftsperspektiven und einen raschen sozialen Aufstieg versprach. Einige waren aufgrund ihrer Kriegserfahrungen erklärte Antifaschisten geworden, andere, die sich in den Dienst der SED stellten, waren ehemalige ostpreußische KPD-Mitglieder und hatten die NS-Zeit in Konzentrationslagern oder in der sowjetischen Emigration überlebt. So entstand etwas wie ein ostpreußischer Zirkel innerhalb der SED. Der Königsberger Leo Barteck (1887–1968) leitete einst die ostpreußische »Rote Hilfe«, Hermann Matern (1891–1971) war 1933 Bezirksleiter der KPD Ostpreußens, Bruno Fuhrmann (1907–1979), Vorsitzender des Kommunistischen Jugendverbandes, und Erich Funk (1903–1967) waren Mitglieder der KPD-Leitung Ostpreußens. Der einstige KZ-Häftling Konrad Stelzer, ein Königsberger Kommunist, wurde Verwaltungsdirektor am Berliner Museum für Deutsche Geschichte und der Gauführer des ostpreußischen SPD-Reichsbanners, Wilhelm Meissner, nach 1945 Gesandter der DDR.

Eine ungewöhnliche Figur war Wolfgang Harich (1923–1995), der in Königsberg als Sohn des Literaturwissenschaftlers Walther Harich geboren wurde. Er kehrte als Antifaschist aus dem Krieg zurück und hielt am 3. Juli 1945 als Vertreter der deutschen Jugend bei der Gründung des Kulturbundes eine Rede. Er sprach über die Schuld der deutschen Jugend in der NS-Zeit, von der Denunziation der eigenen Eltern bis zu den Pogromen gegen die Juden, von der Schändung der Synagogen bis zur Verhöhnung von Wissenschaft und Kunst. Er forderte die Jugend auf, Servilität und Devotion für immer abzuschwören. Harich war 1945 persönlicher Referent des Präsidenten der Kammer der Kunstschaffenden, Johannes R. Becher. Später wirkte er als Cheflektor des Aufbau-Verlags. Er stand im Zentrum einer Oppositionsgruppe innerhalb der SED, die einen »menschlichen Sozialismus« vertrat. Unter dem Einfluß von George Lukács, Bertolt Brecht und Ernst Bloch verfaßte er 1956 die Schrift »Plattform über den besonderen deutschen Weg zum Sozialismus«, die auf Umwegen in den Westen gelangte. Er wurde festgenommen und wegen »Bildung einer konspirativen staatsfeindlichen Gruppe« zu zehn Jahren Haft verurteilt. 1964 wurde er amnestiert, blieb jedoch im politischen Abseits.[18]

Selbst in dem Staat, in dem es Ostpreußen gar nicht geben durfte, hat die Erinnerung an das Land auf vielfältige Weise überlebt. Mecklenburg-Vorpommern zählte die meisten ostpreußischen Vertriebenen (189 000), die hier im Jahr 1946 immerhin 8,8 Prozent der Bevölkerung stellten. Fachleute aus Ostpreußen brachten den Bernstein nach Ribnitz-Damgarten und setzten am Strand der Ostsee die aus der Heimat mitgebrachten Traditionen der Bernsteinverarbeitung fort. Dort steht heute das Deutsche Bernsteinmuseum in ostpreußischer Tradition.[19]

In Mecklenburg fand auch Arno Esch, 1928 in Memel geboren, seine Familie wieder. 1946 begann er ein Jurastudium in Rostock und wurde noch im selben Jahr Mitglied der Liberaldemokratischen Partei Deutschlands (LDPD). Unermüdlich gründete Esch Orts- und Kreisverbände, wurde Landeshochschulreferent, 1948 Mitglied des LDPD-Hauptausschusses und im Januar 1949 Mitglied des Zentralvorstandes seiner Partei – eine erstaunliche Laufbahn für einen gerade Zwanzigjährigen. Immer wieder betonte Esch, daß der Sinn der Politik die Freiheit sei. Unter dem Motto »Mein Vaterland ist die Freiheit« verfocht er in der Tradition Kants die Idee des Weltbürgertums.

In der Nacht vom 18. zum 19. Oktober 1949 wurde Arno Esch mit dreizehn Freunden der LDPD Mecklenburgs verhaftet und nach Schwerin verbracht. Später gelangte er nach Moskau, wo man ihn am 5. April 1951 zum Tode verurteilte. Am 24. Juli 1951 starb der gebürtige Ostpreuße im Alter von 23 Jahren unter den Kugeln eines Moskauer Erschießungskommandos. 1991 hat ein Militärkollegium des Obersten Gerichtshofes der UdSSR das Urteil revidiert und Esch posthum rehabilitiert.[20]

Auch der Pfarrer Oskar Brüsewitz war Ostpreuße, gebürtig aus Willkischken im Memelland. Durch seine Selbstverbrennung 1976 vor der Michaeliskirche in Zeitz wollte er ein Zeichen setzen gegen den SED-Unterdrückungsstaat und die Anpassung der Evangelischen Kirche.

Viele Ostpreußen sind in der DDR verstorben. Sie haben ihre Trauer über den Verlust der Heimat all die Jahre still ertragen müssen und sie schließlich mit ins Grab genommen. Erst 1989 wurde das Schweigen gebrochen, konnten die überlebenden Ostpreußen erstmals ihren Verlust in Worte fassen. Ostpreußen wurde zum Thema. Bis heute hat es sich als unerschöpflich erwiesen.

Plädoyer für eine Wiederentdeckung

»Namen, die keiner mehr nennt«, das 1962 herausgegebene Buch von Marion Gräfin Dönhoff ließ einen Pessimismus erkennen, den in dieser Zeit wohl viele teilten. Dabei findet man ostpreußische Spuren selbst auf den banalen Alltagswegen. Allenthalben erinnern Ostpreußenalleen, Königsberger Straßen und Agnes-Miegel-Wege an die Landschaft im Osten, noch gibt es Königsberger Klopse, Trakehner Pferde und Tilsiter Käse, vor allem aber die ostpreußische Literatur von Siegfried Lenz, der in den Westen kam, bis zu Johannes Bobrowski, den es in den Osten verschlug, und es gibt die vielen Lieder, die an Ostpreußen erinnern: »Ännchen von Tharau«, »Zogen einst fünf wilde Schwäne«, »Es dunkelt schon in der Heide« und nicht zuletzt »Land der dunklen Wälder«. Ostpreußen existiert selbst in den österreichischen Alpen weiter. Die Sektion Königsberg Pr. des Deutschen Alpenvereins erbaute 1927/28 die Ostpreußenhütte (1630 Meter) am Aufstieg zum Hochkönig (2991 Meter) im Salzburger Land. Seit der Wiedergründung des Vereins 1952 lebt die Erinnerung an das Land zwischen Weichsel und Memel in luftiger Höhe fort.

Erinnerung ist wichtig. Das lehrt die Geschichte Ostpreußens. Im »Heimatmuseum« legte Siegfried Lenz ein eindrucksvolles Bekenntnis zur masurischen Geschichte ab, zugleich jedoch ist der Roman ein leidenschaftliches Plädoyer gegen den Nationalismus: Zygmunt Rogalla, der den nationalistischen Mißbrauch des Museums vorausahnt, sieht keinen anderen Ausweg, als die mühselig gesammelten Kleinodien des Museums durch Brandstiftung der politischen Manipulation zu entziehen. Daher kann es nur heißen: Die Erinnerung an Ostpreußen muß fortbestehen, sie darf jedoch nie wieder politisch instrumentalisiert werden. Nur dann besteht die Hoffnung, daß, wie der polnische Germanist Mirosław Ossowski gesagt hat, »Ostpreußen als historische Landschaft heutzutage in Deutschland zur lebendigen Tradition gehört und dass es wohl auch in Zukunft im deutschen kulturellen Leben als literarische Landschaft fungieren wird«.[1]

In Frauenburg direkt am Frischen Haff kündet dieser 2001
eingeweihte Gedenkstein: »450 000 ostpreußische Flüchtlinge
flohen über Haff und Nehrung, gejagt vom unerbittlichen
Krieg. Viele ertranken, andere starben in Eis und Schnee. Ihr
Opfer mahnt zu Verständigung und Frieden. Jan.–Feb. 1945.«

»Ich steh hier am Ufer und gebe mir Mühe, meine Bewegung zu verbergen. Der strenge Sarkasmus gegenüber der eigenen Person, die bewährte Selbstironie, die eingefleischte Abneigung gegen jede Form von Sentimentalität, sie sehen sich weit abgeschlagen, alle drei irgendwo untergegangen in der glitzernden Fläche bis zur anderen Seeseite – ich bin da. Ich bin da, wohin ich schon als Knabe wollte, aber siebzig werden mußte, um den frühen Wunsch endlich erfüllt zu sehen – ich bin in Ostpreußen!«[2] Dieses Bekenntnis legte der weitgereiste Journalist Ralph Giordano ab.

Ostpreußen stößt seit dem Mauerfall auf breites Interesse. Filme und Dokumentationen hat es seither zuhauf gegeben, und alle haben eines gemeinsam: Sie zeigen stille, unaufgeregte Sequenzen und sind untermalt von ruhiger Musik. Hohe Einschaltquoten sind ihnen sicher, denn sie präsentieren eine ganze Palette von Klischees, die offensichtlich den Nerv des Zuschauers treffen. Es scheint, als nährte die Landschaft Ostpreußens eine Sehnsucht. In unserer als hektisch empfundenen Welt strahlt Ostpreußen nostalgische Naturromantik aus. Oder gilt das Interesse der Tatsache, daß hier die Ursprünge des alten Preußen lagen? Alle Nachbarn der baltischen Prußen übernahmen die prußische Selbstbezeichnung »Prusa« oder »Prusai« (polnisch Prusy, russisch Пруссия [Prussija], litauisch Prūsai). Im Deutschen entwickelte sich daraus »Preußen«, das aus dem östlichen Land der Prußen hervorgegangen ist.

Ludwig von Baczko hielt 1792 fest: »Preußen begriff in den ältesten Zeiten nur dasjenige Land, welches die Weichsel, die Ostsee, Memel, das Großherzogthum Litthauen und Masovien begränzten.«[3] Seit Jahrhunderten gibt es unterschiedliche Traditionen, Erinnerungen und ideologische Entwürfe von diesem Land und seiner Geschichte. An Ostpreußen scheiden sich nach wie vor die Geister: Für die einen ist es Heimat, unverlierbarer Locus memoriae im Osten, für die anderen ein Hort preußischen Junkertums und vor allem nach 1945 der Vertriebenenverbände, über den zu Recht eine Damnatio memoriae verhängt wurde. Gerade die Instrumentalisierung nach 1945 – Glorifizierung oder Verdammung – ist ein wesentlicher Teil des Ostpreußenbildes im deutschen kollektiven Gedächtnis. Glorifizierung und sentimentale Verbundenheit durch die vertriebenen Bewohner sowie ideologisierte Verdrängung und Verdammung durch deren Kritiker: Dieser Konflikt beherrschte die deutsche Wahrnehmung von Ostpreußen.

In der Tat haben die Menschen in Ostpreußen, Schlesien und

Pommern über die Kriegsverluste und Bombardierungen hinaus, die sie mit allen Deutschen teilten, mit dem Verlust von Haus und Hof und allen sozialen Bindungen für den von Deutschland ausgehenden Krieg bezahlt. Derartig tiefgreifende Lebenseinschnitte, wie sie die Vertriebenen erlitten, blieben den Bewohnern von Hochschwarzwald, Bayerischem Wald und Lüneburger Heide erspart. Viele dieser Glücklicheren haben weggesehen, als die Heimatlosen kamen, oder sie haben sie gar wie Aussätzige behandelt und beschimpft. Ohne Zweifel war die Integration durch den Lastenausgleich eine große Leistung, aber es blieb ein weites Feld unbestellt: Der seelische Schmerz wurde verdrängt. Erst in jüngster Zeit widmet sich die wissenschaftliche Forschung diesem Versäumnis.

Lange Zeit verweigerten sich auch viele Intellektuelle einem Teil der eigenen Geschichte und überließen die Aufarbeitung von Flucht und Vertreibung der politischen Rechten. Deutsche Opfer waren inopportun. Das starre Klischee von »den« Vertriebenen saß tief in den Köpfen. Günter Grass hat dazu durchaus selbstkritisch in seinem Roman »Im Krebsgang« angemerkt: »Mochte doch keiner was davon hören, hier im Westen nicht und im Osten schon gar nicht.«[4] Doch es gab wohl viele, die hören wollten, nur war das Fragen ein politischer Drahtseilakt. Schaute man von links nur allzugern weg, zelebrierten Verbandsfunktionäre ihr großes politisches Revisionsspektakel, so daß Grass nachträglich bedauerte: »Niemals, sagt er, hätte man über so viel Leid, nur weil die eigene Schuld übermächtig und bekennende Reue in all den Jahren vordringlich gewesen sei, schweigen, das gemiedene Thema den Rechtsgestrickten überlassen dürfen. Dieses Versäumnis ist bodenlos.«[5] Ja, aber es ist nun einmal geschehen. Genau diese »Schuld« hat dafür gesorgt, daß es am Verständnis für das Leid der Vertriebenen fehlte.

Trotz des neuen Fragens ist für die meisten Deutschen Ostpreußen in weite Ferne gerückt. Dabei sind es von Aachen nur 1217, von Freiburg 1415, von Trier 1323, von München 1248 sowie von Berlin gar nur 525 Kilometer nach Königsberg. Man könnte sagen, so meint Karl Schlögel, der Verlust des deutschen Ostens sei die halbseitige Reduktion der deutschen Existenz.[6] Man wundert sich, daß dies augenscheinlich ohne gravierende Folgen für das innere Gleichgewicht der Deutschen geblieben ist.

Eigentlich hätten 2001 die Feiern zum Preußenjahr in Königsberg stattfinden müssen. Mit dem Jubiläum hat man jedoch eine große Chance vertan, indem kaum Bezug genommen wurde auf Ost-

Der polnische Zwangsarbeiter Stefan Bobak wurde am 17. Januar 1942 mit dreißig Jahren wegen seiner Liebe zu der jungen Hedwig Wölki aus Migehnen gehenkt. Aus dieser Verbindung ist ein Sohn hervorgegangen. Dem Kind hat man auch noch die Mutter genommen, indem man sie wegen Rassenschande in das KZ Ravensbrück einsperrte. An Stefan Bobak erinnert ein Gedenkkreuz auf dem polnischen Friedhof von Migehnen. Heimat erhalten und finden: Ein Zeichen dafür ist das Friedhofsprojekt in Migehnen im ermländischen Kreis Braunsberg. Ehemalige Bewohner, die jetzt in der Bundesrepublik leben, gründeten 1993 eine Arbeitsgemeinschaft zur Rettung des alten deutschen Dorffriedhofs. Unter tatkräftiger Mithilfe der polnischen Bevölkerung und des Allensteiner Denkmalamtes ging die deutsch-polnische Gruppe an die Arbeit, und auch die örtliche Schule trug mit viel Einsatz zum Gelingen des Ganzen bei. Derartige Unternehmungen sind mittlerweile im polnischen und litauischen Ostpreußen nichts Außergewöhnliches mehr. Aber es gibt historische Wahrheiten, die keine einfachen Antworten zulassen. Geschichte war immer komplex. In Migehnen stifteten die ehemaligen deutschen Bewohner einen Gedenkstein für die deutschen und polnischen Toten, aber zudem das Gedenkkreuz auf dem polnischen Friedhof für den ehemaligen Zwangsarbeiter.

preußen, das Kernland Preußens, über das sich die tiefen historischen Bindungen Preußens zu seinen Nachbarn in Ostmitteleuropa erschließen. Dieser kulturelle Reichtum prägte jahrhundertelang als Selbstverständlichkeit die Geschichte Ostpreußens, was der Lexikoneintrag »Königsberg« in »Zedlers Universal-Lexicon« 1733 verdeutlicht: »Königsberg, oder Königsperg, Künigsperg, Kunigsberg, Kinsberg, Kinzperg, lat. Regiomontium oder Regiomontum, Mons regius, fr. Royalmont, poln. Crolewiec oder Kroleffski, Krolowgorod, Krolowgrod, ist die Haupt=Stadt des Königreichs Preussen und von den grössesten, reichsten und schönsten Städten in Europa.« Heute hingegen spricht man von Preußen, wenn man eigentlich Brandenburg oder die deutsche Hauptstadt meint.

Ostpreußen hat der deutschen und europäischen Kultur viel gegeben, Menschen angeregt und unser Denken beeinflußt, was Hannah Arendt in dem Satz ausgedrückt hat: »In meiner Art zu denken und zu urteilen komme ich immer noch aus Königsberg.«[7] Man muß das Land heute ganz neu in den Blick nehmen, denn es ist anders als viele wahrhaben wollen. Seine wechselvolle Geschichte kündet vor allem von der hoffnungsvoll stimmenden Erfahrung, daß Leben neben- und miteinander möglich ist. Preußens Ursprünge in Ostpreußen belegen die dynamische Kraft eines Einwanderungslandes. Aber es geht von diesem Land, das durch seine exponierte geographische Lage nationale Begehrlichkeiten weckte und im 19. Jahrhundert der nationalen Legitimationsforschung als Paradebeispiel diente, auch eine Mahnung aus. Territoriale Ansprüche gingen Hand in Hand mit den aufstrebenden Nationalismen. Für die Deutschen wurde es zum *Bollwerk*, für Litauer und Polen ein Gebiet, das sie ihrem *Mutterland* einzuverleiben gedachten. Zwei Gegensätze prallten hier aufeinander: die einmalige ethnische Komposition und eine rücksichtslose nationalistische Instrumentalisierung.

Eine Neuverortung der Geschichte Ostpreußens ist vonnöten. Die Herauslösung aus dem deutschtumsbezogenen Zusammenhang und das neue Erinnern können das versunkene Ostpreußen der Vergessenheit entreißen und die Geschichte Ostpreußens nach 1945 fortschreiben. Diese Geschichte endete nicht mit dem Exodus der deutschen Ostpreußen. Eine im eigenen rückwärtsgewandten Geschichtsbild erstarrte Position läßt das Neue, das sich Verändernde, die dynamische und zuweilen schmerzhafte kulturelle Aneignung Ostpreußens durch seine jetzigen Bewohner ins Hintertreffen geraten. Es ist eben nicht so und darf nicht so sein, wie der letzte Königs-

Auf dem Friedhof von Ruß im Memelland ist sie noch greif-
bar, die einzigartige Kultur, die jahrhundertelang eine natürliche Brücke zwischen Deutschen, Litauern, Polen und Russen bildete. Diese Brücke ist eingestürzt, das Land hat seine
Vielfalt verloren, aber die Erinnerung daran auszulöschen, das
ist bisher nicht gelungen. Die Zukunft dieser Region – das hat
die Entwicklung in Polen, Litauen und Rußland gezeigt –
ist untrennbar verbunden mit der Erinnerung an das alte
Ostpreußen. Und ebenso ist Ostpreußen, das Land von Bernstein, Kant und Tannenberg, fest in der deutschen kollektiven
Erinnerung verankert.

berger Stadtarchivar Fritz Gause in seiner kürzlich wiederaufgelegten Geschichte Königsbergs festhielt: »Was mit Kaliningrad geschieht, ist Sache der UdSSR. Die siebenhundertjährige Geschichte Königsbergs ist mit den Königsbergern emigriert.«[8]

Die neuen Ostpreußen entdecken ihr Land, denn nur durch kulturelle Aneignung und ein neues Selbstbewußtsein kann es ihnen gelingen, dort eine neue Heimat zu finden. Sich Ostpreußen wieder anzunähern, heißt die Wurzeln Preußens wieder zu entdecken. Es geht nicht um die Europäisierung ostpreußischer Geschichte, sondern darum, Ostpreußens immensen kulturellen Reichtum als Schnittstelle mehrerer Welten zu begreifen und auch zu ergründen, was den Nationalismus beförderte. Ein solcher Ansatz ist Herausforderung und Chance zugleich, eine lebendige Kulturgeschichte kann erzählt werden, reich an Kontakten, Wahrnehmungen und Verflechtungen, aber auch an Mißverständnissen, Vorurteilen und Zusammenstößen. Hugenotten, reformierte Glaubensflüchtlinge aus Hessen-Nassau, dem Siegerland, der Pfalz, Schweizer aus Neuchâtel, Halberstädter und Magdeburger, Schotten, Salzburger Protestanten, polnische Reformierte und Arianer, russische Philipponen, sie alle fanden den Weg in das Land zwischen Weichsel und Memel. Sie formten das Preußen, das weit in die östlichen Landschaften ausstrahlte und ließen es so einzigartig werden. Preußen hatte dort seinen Ursprung, wo heute Russen, Litauer und Polen Nachbarn sind, dort entstand ein Staat, der jahrhundertelang aufs engste mit diesen drei Nationen verflochten war. Dieses Zusammenleben hat kein EU-Programm aus Brüssel gefördert, sondern es war in Ostpreußen bis zum 19. Jahrhundert gelebter Alltag, tief wurzelnd im Selbstverständnis eines vornational geprägten Staatswesens.

Ostpreußen steht stellvertretend für den Gesamtstaat Preußen und nimmt doch eine Sonderrolle darin ein. Es war das Land des Deutschen Ordens, des *Drangs nach Osten* und *Bollwerk* gegen die slawische Welt. Man feierte es als deutsche Kulturprovinz und übersah dabei geflissentlich den Beitrag der östlichen Nachbarn. Nationale polnische Mythen manifestierten sich nirgendwo stärker als im ostpreußischen Grunwald/Tannenberg, dem Ort des Triumphes über den Deutschen Orden 1410. Durch die historische Verschränkung der nationalen Mythen, die in Ostpreußen aufeinanderstoßen, wurde das Land zum Hort des Nationalismus.

Nach 1945 existierten vier sehr unterschiedliche historische Sichtweisen. Die deutsche Perspektive hatte den Vorteil, daß sie bis

1945 Ostpreußen als einheitliche deutsche Kulturlandschaft mit reichen jahrhundertealten Traditionen wahrnehmen konnte. Litauen, Polen und die Sowjetunion (nach 1991 Rußland) hingegen beschränkten sich auf eine selektive Wahrnehmung ihrer Teile Ostpreußens. Erst 1989 war endlich der ideologiefreie Blick auf die gesamte Geschichte möglich. Im litauischen und polnischen Ostpreußen vollzog sich der Prozeß des Wandels in einem atemberaubenden Tempo. Endlich fiel der ideologische Ballast der staatssozialistischen Ära von den Schultern der neu nach Heimat Suchenden.

Wenn sich Kinder und Enkelkinder auf den Weg machen, die Geburtsorte ihrer Eltern und Großeltern und damit die Wurzeln ihrer Familien kennenzulernen, kehren mit diesen Familiengeschichten längst vergessen geglaubte Landschaften ins Gedächtnis zurück. Wieder richtet sich der Blick nach Osten, diesmal aber nicht, wie die Publizistin Helga Hirsch bemerkt, auf Räume einer neuen Begierde, sondern auf »Räume der Erinnerung«.[9] Ob litauisches *Mažoji Lietuva*, russische *Kaliningrader Oblast*, polnisches *Warmia i Mazury* oder deutsches *Ostpreußen* – alle diese Bezeichnungen meinen aus unterschiedlichen Blickwinkeln dasselbe: die großartige Landschaft Preußen zwischen Weichsel und Memel, die nur in ihrer historischen Einheit lebendig wird. Kant, der größte Königsberger, hat es auf den Punkt gebracht, als er in seinem Werk »Vom ewigen Frieden« ein Weltbürgerrecht forderte, wonach »ursprünglich aber niemand an einem Orte der Erde zu sein mehr Recht hat als der andere«.

Anmerkungen

Wem gehört Ostpreußen?

1 Reinhold Rehs: Ostpreußens Wort zur Stunde. Die geistige Grundlage und politische Aufgabe der Ostpreußen. Die Ansprache des Sprechers der Landsmannschaft Ostpreußen, Reinhold Rehs, MdB, gehalten auf dem Düsseldorfer Bundestreffen am 3. Juli 1966. Hamburg 1966.

2 Pierre Nora: Gedächtniskonjunktur, in: Transit 22 (2001/2002), S. 18 bis 31.

3 Christoph Hartknoch: Alt- und Neues Preußen, oder Preußischer Historien zwei Theile. Danzig 1684, S. 101.

4 Hans-Georg Tautorat: Ostpreußen verpflichtet. Ein Beitrag zur Darstellung des lebendigen ostpreußischen Kulturerbes, hg. vom Landkreis Rothenburg (Wümme) und der Kreisgemeinschaft Angerburg. [o. O.] 1983.

5 Heinrich A. Kurschat: Das Buch vom Memelland. Heimatkunde eines deutschen Grenzlandes. Oldenburg 1990. [2. unveränderte Auflage], S. 117.

6 Heinrich von Treitschke: Das deutsche Ordensland Preußen, in: ders.: Historische und politische Aufsätze. Leipzig 1865, S. 11.

7 Max Halbe: Scholle und Schicksal. Die Geschichte meiner Jugend. Salzburg 1940, S. 11–14.

8 Erich Maschke: Der deutsche Ordensstaat. Gestalten seiner großen Meister. Hamburg 1942, Vorwort.

9 Walter Ulbricht: Die Entwicklung des deutschen volksdemokratischen Staates 1945–1953. Berlin 1958, S. 23, zitiert nach Wolfgang Wippermann: Der ›deutsche Drang nach Osten‹. Ideologie und Wirklichkeit eines politischen Schlagworts. Darmstadt 1981, S. 117.

10 Der Spiegel, 11. Juni 1976, zitiert nach Wolfgang Wippermann, Drang nach Osten, S. 1.

11 Dieser Absatz folgt Sven Ekdahl: Tannenberg/Grunwald – ein politisches Symbol in Deutschland und Polen, in: Journal of Baltic Studies 22 (1991), S. 271–324.

12 Zygmunt Lietz: Plebiscyt na Powiślu, Warmii i Mazurach w 1920 roku. Warszawa 1958, S. 252.

13 Manfred Klein/Gerhard Bauer: Das alte Litauen. Dörfliches Leben zwischen 1861 und 1914. Köln/Weimar/Wien 1998, S. 11.

14 Nerija Putinaitė: Auf der Suche nach Deutschland, in: Paulius Subacius (Hg.): Fortsetzung folgt. Essays über Litauen und Europa, Vilnius 2002, S. 131–139, hier S. 135.

15   Diese Passage folgt vor allem Alvydas Nikžentaitis: Ostpreußen in der litauischen Geschichtsschreibung, in: Jochen D. Range (Hg.): Baltisch-deutsche Sprachen- und Kulturkontakte in Nord-Ostpreußen, Methoden ihrer Erforschung [= Schriften des Instituts für Baltistik. Bd. 2]. Essen 2002, S. 143–163.

16   Zu Pferd in Pillau. Reiterstatue der Zarin Jelisaweta Petrowna, in: Frankfurter Allgemeine Zeitung, 24. Juli 2003.

17   Thoralf Plath: Wenn Kant das wüsste. 750 Jahre Königsberg: Moskau untersagt, bei der Jubelfeier den deutschen Namen des heutigen Kaliningrad zu nennen, in: Die Zeit, 15. Mai 2003.

18   Manfred Sapper: Ein Diener seines Herrn. Die zweifelhaften Verdienste von Michail Kalinin, in: Osteuropa 53 (2003), Heft 2–3, S. 244–248, hier S. 244.

Wo liegt Preußen?

1   Franz Tetzner: Die Slawen in Deutschland. Beiträge zur Volkskunde der Preußen, Litauer und Letten, der Masuren und Philipponen, der Tschechen, Mährer und Sorben, Polaben und Slowinzen, Kaschuben und Polen. Braunschweig 1902, S. 9.

2   Hartmut Boockmann: Ostpreußen und Westpreußen. Berlin 1995 [3. Auflage], S. 76.

3   Oskar Schlicht: Das westl. Samland. Heimatbuch des Kreises Fischhausen, 1. Bd. Dresden 1922, S. 393.

4   Marian Biskup/Gerard Labuda: Die Geschichte des Deutschen Ordens in Preußen. Wirtschaft-Gesellschaft-Staat-Ideologie [= DHI Warschau. Klio in Polen, Bd. 6]. Osnabrück 2000, S. 65.

5   Marian Biskup/Gerard Labuda, Geschichte des Deutschen Ordens in Preußen, S. 65.

6   Ludwig von Baczko: Geschichte Preußens, Bd. 1. Königsberg 1792, S. 88.

7   Oskar Schlicht, Das westl. Samland, S. 102.

8   Hartmut Boockmann, Ostpreußen und Westpreußen, S. 81.

9   Marian Biskup/Gerard Labuda, Geschichte des Deutschen Ordens in Preußen, S. 89.

10   Winfried Lipscher/Kazimierz Brakoniecki (Hgg.): Meiner Heimat Gesicht. Ostpreußen im Spiegel der Literatur. München 1996, S. 130–132.

11   Der Opferstein vom Rombinus, 1834, in: Wilhelm A. J. von Tettau/Judocus D. H. Temme: Die Volkssagen Ostpreußens, Litthauens und Westpreußens. Berlin 1837.

12   Ernst Opgenoorth: Stationen der Geschichtsschreibung des Preußenlandes, in: Udo Arnold/Mario Glauert/Jürgen Sarnowsky (Hgg.): Preußische Landesgeschichte. Festschrift für Bernhart Jähnig zum 60. Geburtstag [= Einzelschriften der Historischen Kommission für ost- und westpreußische Landesforschung, Bd. 22]. Marburg 2001, S. 120.

13   Łucja Okulicz-Kozaryn: Dzieje Prusów [= Monografie Fundacji na Rzecz Nauki Polskiej]. Wrocław 1997.

1 Ernst Wichert: Heinrich von Plauen. Historischer Roman aus dem deutschen Osten. Berlin [o.J.], S. 99.

2 Hartmut Boockmann: Der Deutsche Orden. München 1989 [3. Auflage], S. 126.

3 Lothar Dralle: Der Staat des Deutschen Ordens in Preußen nach dem 2. Thorner Frieden. Untersuchungen zur ökonomischen und ständepolitischen Geschichte Altpreußens zwischen 1466 und 1497 [= Frankfurter Historische Abhandlungen]. Wiesbaden 1975, S. 40.

4 Georg Michels: Die Entstehung des Landadels in Preußen, in: Udo Arnold/Mario Glauert/Jürgen Sarnowsky (Hgg.), Preußische Landesgeschichte, S. 224/225.

5 Die Ausführungen folgen überwiegend den hervorragenden Studien von Sven Ekdahl, Tannenberg/Grunwald – ein politisches Symbol in Deutschland und Polen, S. 271–324, sowie: Tannenberg – Grunwald – Žalgiris: Eine mittelalterliche Schlacht im Spiegel deutscher, polnischer und litauischer Denkmäler, in: Zeitschrift für Geschichtswissenschaft 50 (2002), Heft 2, S. 103–118. Vgl. auch ergänzend Sven Ekdahl: Die »Banderia Prutenorum« des Jan Długosz – eine Quelle zur Schlacht bei Tannenberg 1410. Untersuchungen zu Aufbau, Entstehung und Quellenwert der Handschrift. Mit einem Anhang: Farbige Abbildungen der 56 Banner, Transkription und Erläuterungen des Textes [= Abhandlungen der Akademie der Wissenschaften in Göttingen, Philologisch-Historische Klasse, Dritte Folge, Nr. 104]. Göttingen 1976.

6 Adam Mickiewicz: Grażyna. Eine litauische Erzählung (Übersetzung von Pentz/Dedecius), in: Karl Dedecius (Hg.): Adam Mickiewicz. Dichtung und Prosa. Ein Lesebuch. Frankfurt/Main 1995 [2. Auflage], S. 82/83.

7 Adam Mickiewicz: Konrad Wallenrod (Übersetzung Rutra/Dedecius), in: Karl Dedecius (Hg.), Adam Mickiewicz, S. 160.

8 Karol Szajnocha: Jadwiga i Jagiełło 1374–1412. Opowiadanie historyczne Bd. 1–2. Lwów 1861, S. 1off.

9 Henryk Sienkiewicz: Die Kreuzritter. Neu ins Deutsche übertragen v. Adam Kotulski. Berlin [vor 1914], S. 361.

10 Heinrich von Treitschke: Das deutsche Ordensland Preußen, S. 11.

11 Sven Ekdahl, Tannenberg – Grunwald – Žalgiris, S. 105.

12 Heinrich von Treitschke, Das deutsche Ordensland Preußen, S. 1, 2 und 8.

13 Heinrich von Treitschke, Das deutsche Ordensland Preußen, S. 60.

14 Hartmut Boockmann, Der Deutsche Orden, S. 246.

15 Ernst Wichert, Heinrich von Plauen, S. 175/176.

16 Zitiert nach Wolfgang Wippermann: Der Ordensstaat als Ideologie. Das Bild des Deutschen Ordens in der deutschen Geschichtsschreibung und Publizistik [= Einzelveröffentlichungen der Historischen Kommission zu Berlin, Bd. 24]. Berlin 1979, S. 255.

17 Fritz Gause: Deutsch-slawische Schicksalsgemeinschaft. Abriß einer Geschichte Ostdeutschlands und seiner Nachbarländer. Kitzingen 1952, S. 50/51 und 53.

18 Janusz Tazbir: Die »Kreuzritter« – kurze Geschichte und lange Legende, in: Ewa Kobylińska/Andreas Lawaty/Rüdiger Stephan (Hgg.): Deutsche und Polen. 100 Schlüsselbegriffe. München/Zürich 1992, S. 33.

19 Ludwig von Baczko: Geschichte Preußens, Bd. 3. Königsberg 1794, S. 4 und 8.

Das protestantische Herzogtum

1 Ludwig von Baczko: Geschichte Preußens, Bd. 4. Königsberg 1795, S. 194/195.

2 Zitiert nach A. Nietzki: Martin Luther und wir Ostpreußen. Luther, der Erbauer des Herzogtums Preußen. Luthers Familienbeziehungen in Ostpreußen. Königsberg 1917 [ND Iserlohn 1981], S. 32.

3 Zitiert nach Caspar Stein: Das alte Königsberg. Eine ausführliche Beschreibung der drei Städte Königsberg samt ihren Vorstädten und Freiheiten wie sie anno 1644 beschaffen waren. Nach dessen lateinischem Peregrinator zum ersten Male ins Deutsche übertragen von Arnold Charisius [= Sonderschriften des Vereins für Familienforschung in Ost- und Westpreußen Nr. 91. Hamburg 1998]. Königsberg 1911, S. 33.

4 Hartmut Boockmann, Ostpreußen und Westpreußen, S. 243.

5 Horst Schulz (unter Mitarbeit v. E. J. Guttzeit): Der Kreis Preußisch-Eylau. Geschichte und Dokumentation eines ostpreußischen Landkreises. Verden 1983, S. 81

6 Evangelisches Gesangbuch. Stammausgabe der EKD. Lied 342.

7 Hartmut Boockmann, Ostpreußen und Westpreußen, S. 248.

8 Georg Christoph Pisanski: Entwurf einer preußischen Literärgeschichte in vier Büchern. Hg. von Rudolf Philippi [= Sonderschriften des Vereins für Familienforschung in Ost- und Westpreußen Nr. 80/1. Hamburg 1994]. Königsberg 1886, S. 94.

9 Dieter Heckmann (Bearb.): Die Beziehungen der Herzöge in Preußen zu West- und Südeuropa (1525–1688). Regesten aus dem Herzoglichen Briefarchiv und der Ostpreußischen Folianten [= Veröffentlichungen aus den Archiven Preußischer Kulturbesitz Bd. 47]. Köln/Weimar/Wien 1999, S. 11/12.

10 George Pisanski: Collectanea zu einer Beschreibung der Stadt Johannisburg in Preußen, in: Altpreußische Geschlechterkunde 25 (1995), S. 129 bis 172, hier S. 151.

11 Reinhold Weber. Masuren. Geschichte – Land und Leute. Leer 1983, S. 71.

12 Albert Zweck: Masuren. Stuttgart 1900, S. 173/176.

13 Albertas Juška: Litauisches Luthertum in Ostpreußen, in: Arthur Hermann/Wilhelm Kahle (Hgg.): Die reformatorischen Kirchen Litauens. Erlangen 1998, S. 273–341, S. 277/278.

14 Friedrich Scholz: Mažvydas und die litauische Literatur. Zum 450. Jahrestag des Erscheinens des ersten litauischen Buches, in: Litauisches Kulturinstitut: Jahrestagung 1997. Lampertheim 1998, S. 15–33, hier S. 17.

15 Vincentas Drotvinas: Die Anfänge der litauischen Philologie an der Königsberger Universität (16.–18. Jahrhundert), in: Klaus Garber/Manfred

Komorowski/Axel E. Walter (Hgg.): Kulturgeschichte Ostpreußens der Frühen Neuzeit [= Frühe Neuzeit, Bd. 56]. Tübingen 2001, S. 405–420.

16 Franz Tetzner, Die Slawen in Deutschland, S. 23.

17 Dieser Abschnitt folgt vor allem Ernst Opgenoorth (Hg.): Handbuch der Geschichte Ost- und Westpreußens. Bd. II/1: Von der Teilung bis zum Schwedisch-Polnischen Krieg 1466–1655. Lüneburg 1994, S. 95

18 Roland Braunschmidt: Die Klosterkirche in Wartenburg/Ostpreußen, in: 31. Heimatjahrbuch Landkreis Allenstein Ostpreußen. Weihnachten 2000, S. 40–50, hier S. 40.

»Caressiret die Preussen«

1 Hartmut Boockmann, Ostpreußen und Westpreußen, S. 305.

2 Winfried Freud: Dir ein Lied zu singen. Eine literarische Reise durch das alte Ostpreußen. Rostock 2002, S. 19/20.

3 Diese Interpretation folgt Winfried Freud, Dir ein Lied zu singen, S. 25.

4 Zitiert nach Ulrich Tolksdorf: 230 Jahre ›Preußisches Wörterbuch‹, in: Preußisches Wörterbuch. Deutsche Mundarten Ost- und Westpreußens, Bd. 1ff., Begr. von Erhard Riemann. Fortgeführt von Ulrich Tolksdorf, hg. von Reinhard Goltz, Bd. 4, Lieferung 5. Neumünster 1974, S. 38.

5 Quelle: Johannes Sembritzki: Geschichte der königlich preußischen See- und Handelsstadt Memel. Memel 1926 [2. Auflage], S. 190.

6 Evangelisches Gesangbuch. Stammausgabe der EKD. Lied 445.

7 Walther Hubatsch: Geschichte der Evangelischen Kirche Ostpreußens, Bd. 1. Göttingen 1968, S. 133.

8 Gerhard Kling: Im Kirchenbuch der evgl. Pfarrei Pr. Holland vermerkte Hinrichtungen 1628–1665, in: Altpreußische Geschlechterkunde 26 (1996), S. 221–223.

9 Ernst Opgenoorth (Hg.), Handbuch der Geschichte Ost- und Westpreußens. Bd. II/1, S. 95; Max Toeppen: Geschichte Masurens. Danzig 1870 [= Reprint Aalen 1978], S. 257.

10 Winfried Lipscher/Kazimierz Brakoniecki (Hgg.), Meiner Heimat Gesicht, S. 316–321.

Die Provinz macht den König

1 Ludwig von Baczko: Geschichte Preußens, Bd. 6. Königsberg 1800, S. 297.

2 Mathias Weber: Preußen in Ostmitteleuropa. Geschichte und Geschichtsverständnis, in: ders.: Preußen in Ostmitteleuropa. Geschehensgeschichte und Verstehensgeschichte. München 2003, S. 13.

3 Mathias Weber, Preußen in Ostmitteleuropa, S. 14.

4 Jörg Hackmann: Preußische Ursprungsmythen. Entstehung und Transformation vom 15. bis ins 20. Jahrhundert, in: Mathias Weber (Hg.), Preußen in Ostmitteleuropa, S. 145.

5 Norbert Weis: Königsberg. Immanuel Kant und seine Stadt. Braunschweig 1993, S. 42: Brief Kants an Kaiserin Elisabeth, Königsberg, 14. Dezember 1758.

6 Walter Salmen (Hg.): Johann Friedrich Reichardt. Der lustige Passagier. Erinnerungen eines Musikers und Literaten. Berlin 2002, S. 31.

7   Carsten Fecker: Familiäres und Zeitgeschichte in einer Königsberger Hausbibel des 18. Jahrhunderts, in: Altpreußische Geschlechterkunde 30 (2000), S. 169–176, hier S. 172.

8   Andrej T. Bolotov, Ein Russe in Königsberg 1758–1762, in: Königsberg in alten und neuen Reisebeschreibungen. Ausgewählt von Birgitta Kluge. Düsseldorf 1989, S. 36–39.

9   Andrej T. Bolotov, Ein Russe in Königsberg 1758–1762, S. 36–39.

10 Hartmut Boockmann, Ostpreußen und Westpreußen, S. 330.

11 Hartmut Boockmann, Ostpreußen und Westpreußen, S. 339/340.

12 Max Toeppen: Historisch-comparative Geographie von Preußen. Gotha 1858, S. 262.

13 Max Toeppen, Geschichte Masurens, S. 293/294.

14 Hartmut Boockmann, Ostpreußen und Westpreußen, S. 323.

15 Lothar Berwein: Ansiedlung von Schweizer Kolonisten im Rahmen der Repeuplierung Ostpreußens. Untersuchung einer 1712 ausgewanderten Gruppe aus der Landvogtei Sax-Forsteck [= Sonderschriften des Vereins für Familienforschung in Ost- und Westpreußen, Nr. 103]. Hamburg 2003, S. 58/59.

16 George Christoph Pisanski, Collectanea, S. 129–172.

17 Horst Schulz, Der Kreis Preußisch-Eylau, S. 89.

18 Reinhold Weber: Die Landgemeinden des Kreises Lyck. Hohenwestedt 1988, S. 18/19.

19 Horst Penner: Die ost- und westpreußischen Mennoniten in ihrem religiösen und sozialen Leben in ihren kulturellen und wirtschaftlichen Leistungen. Weierhof 1978, S. 217/218.

20 Max Hein: Nassau und Ostpreußen, in: Altpreußische Forschungen 11 (1934) [= Sonderschriften des Vereins für Familienforschung in Ost- und Westpreußen Nr. 65/6. Hamburg 1989], S. 225–233.

21 Frank-Dieter Willeweit: Geschichte und Seßhaftmachung der Salzburger in Ostpreußen, in: Gumbinner Heimatbrief Nr. 96 (Juni 2000), S. 70–78.

22 Zitiert nach Wilhelm Gaigalat: Die evangelische Gemeinschaftsbewegung unter den preußischen Litauern [= Schriften der Synodalkommission für ostpreußische Kirchengeschichte, Heft 1]. Königsberg 1904. S. 5.

23 Siegfried Hungerecker: Die Untersuchung der litauischen Ämter durch die Kommission Blanckensee im Jahre 1727 [= Sonderschriften des Vereins für Familienforschung in Ost- und Westpreußen, Nr. 84]. Hamburg 1995, S. 179–180.

24 Martinas Pareigis: Litauische Namen in Ostpreußen, in: Altpreußische Geschlechterkunde 34 (2004), S. 1–8, hier S. 6.

25 Vincentas Drotvinas, Die Anfänge der litauischen Philologie an der Königsberger Universität, S. 405–420.

26 Georg Christoph Pisanski, Entwurf einer preußischen Literärgeschichte, S. 128.

27 Zitiert nach Marion Gräfin Dönhoff: Preußen. Maß und Maßlosigkeit. Berlin 1998, S. 26.

28 Marion Gräfin Dönhoff, Preußen, S. 26ff.

29 Marion Gräfin Dönhoff, Preußen, S. 28.

30 Johann Peter v. Eckermann: Gespräche mit Goethe in den letzten Jahren seines Lebens, 11. April 1827, in: Uwe Schultz: Immanuel Kant. Reinbek 1999, S. 165.

31 Tomas Venclova: Über den »Königsberg-Text« der russischen Literatur und die Königsberg-Gedichte von Iosif Brodskij, in: Osteuropa 53 (2003), Heft 2–3, S. 159-177, hier S. 160.

32 Johann Gottfried Herder: Wort und Begriff der Humanität, in: Ehrhard Bahr (Hg.): Was ist Aufklärung? Thesen und Definitionen. Stuttgart 2002, S. 38.

33 Johann Gottfried Herder: Ideen zur Philosophie der Geschichte der Menschheit (1784–1791). Zitiert nach Dietmar Albrecht: Wege nach Sarmatien. Zehn Tage Preußenland. Lüneburg 1995, S. 38

34 Marion Gräfin Dönhoff, Preußen, S. 52/53.

»Unser Todesurteil«

1 Malve Gräfin Rothkirch (Hg.): Königin Luise von Preussen. Briefe und Aufzeichnungen 1786–1810. München/Berlin 1995, S. 400/401.

2 Emil Schnippel: Napoleon in Ostpreußen (31. Januar bis 1. April 1807), in: Altpreußische Forschungen 7 (1930), S. 238–276, hier S. 240.

3 Malve Gräfin Rothkirch (Hg.), Königin Luise von Preussen, S. 312.

4 Zitiert nach Emil Schnippel, Napoleon in Ostpreußen, S. 247.

5 Zitiert nach Emil Schnippel, Napoleon in Ostpreußen, S. 253.

6 Marian Brandys: Maria Walewska. Napoleons große Liebe. Eine historische Biographie. Frankfurt/Leipzig 1996, S. 122.

7 Königsberger Gästebuch. Königsberg 1943, S. 18–20.

8 Malve Gräfin Rothkirch (Hg.), Königin Luise von Preussen, S. 375.

9 Max Toeppen, Geschichte Masurens, S. 429.

10 Johann Gustav Droysen: Das Leben des Feldmarschalls Grafen York von Wartenburg. Leipzig 1878 [8. Auflage], S. 446.

11 Max Toeppen, Geschichte Masurens, S. 433.

Reformzeit und Reaktion

1 Ernst Wichert, Heinrich von Plauen, S. 157.

2 Die Angaben basieren vor allem auf der großartigen Studie von Christian Pletzing: Vom Völkerfrühling zum nationalen Konflikt. Deutscher und polnischer Nationalismus in Ost- und Westpreußen 1830–1871 [= DHI Warschau. Quellen und Studien, Bd. 13]. Wiesbaden 2003, S. 118/119.

3 Saucken an Friedrich Wilhelm IV., Tarputschen, 28.Juli 1840, in: Reinhard Adam: Aus dem Briefwechsel des ostpreußischen liberalen Politikers Ernst von Saucken-Tarputschen, in: Mitteilungen des Vereins für die Geschichte von Ost- und Westpreußen 6 (1. Juni 1931) [= Sonderschriften des Vereins für Familienforschung in Ost- und Westpreußen. Nr. 75/2. Hamburg 1993], S. 26–32.

4 Bernhard-Maria Rosenberg: Die ostpreußischen Abgeordneten in Frankfurt 1848/49. Biographische Beiträge zur Geschichte des politischen Lebens in Ostpreußen [= Veröffentlichungen aus den Archiven Preußischer Kulturbesitz, Bd. 6]. Köln/Bonn 1970, S. 13.

5 Ernst Ribbat: Königsberg als Ort der Literatur. Entwicklungslinien im 19. und 20. Jahrhundert, in: Frank-Lothar Kroll (Hg.): Ostpreußen. Facetten einer literarischen Landschaft [= Literarische Landschaften, Bd. 4]. Berlin 2001, S. 28.

6 Christian Pletzing, Vom Völkerfrühling zum nationalen Konflikt, S. 126.

7 Saucken an Friedrich Wilhelm IV., Frankfurt, den 15. März 1849, in: Reinhard Adam, Aus dem Briefwechsel, S. 26–32.

8 Christian Pletzing, Vom Völkerfrühling zum nationalen Konflikt, S. 160.

9 Ferdinand Gregorovius: Die Idee des Polentums. Königsberg 1848, S. 127.

10 Fritz Gause: Eine deutsche Freischar für Polen in Königsberg 1848, in: Mitteilungen des Vereins für die Geschichte von Ost- und Westpreußen 8 (1. September 1933) [= Sonderschriften des Vereins für Familienforschung in Ost- und Westpreußen. Nr. 75/2. Hamburg 1993], S. 29–34, hier S. 32.

11 Christian Pletzing, Vom Völkerfrühling zum nationalen Konflikt, S. 190/191.

12 Christian Pletzing, Vom Völkerfrühling zum nationalen Konflikt, S. 214.

13 Hans-Werner Rautenberg: Johann Jacoby (1805–1877) und Eduard von Simson (1810–1899) – Lebenswege zweier jüdischer Liberaler aus Königsberg, in: Bernhart Jähnig/Georg Michels (Hgg.): Das Preußenland als Forschungsaufgabe [= Einzelschriften der Historischen Kommission für ost- und westpreußische Landesforschung, Bd. 20]. Lüneburg 2000, S. 169.

14 Christian Pletzing, Vom Völkerfrühling zum nationalen Konflikt, S. 87/88.

15 Ernst Opgenoorth (Hg.): Handbuch der Geschichte Ost- und Westpreußens Bd. III: Von der Reformzeit bis zum Vertrag von Versailles 1807–1918. Lüneburg 1998, S. 104 und 75.

16 Bruno Schumacher: Geschichte Ost- und Westpreußens. Augsburg 1994, S. 262.

17 Ernst Opgenoorth (Hg.), Handbuch der Geschichte Ost- und Westpreußens III, S. 77/78.

18 Christian Pletzing, Vom Völkerfrühling zum nationalen Konflikt, S. 29 bis 31.

19 Alexander von Normann: Nördliches Ostpreußen. Erinnerung und Gegenwart einer Kulturlandschaft. München 2002, S. 100.

20 Artur Kittel: Aus dem Königsberger Studentenleben 1858–1863. Königsberg 1920, S. 3.

21 Joachim Borchart: Der europäische Eisenbahnkönig Bethel Henry Strousberg. München 1991, S. 46/47.

22 Georg Witt: Königsberger Marzipan, in: Königsberger Bürgerbrief Nr. 53 (1999).

23 Alexander Jung, Das merkwürdige Königsberg, in: Königsberg in alten und neuen Reisebeschreibungen. Ausgewählt von Birgitta Kluge. Düsseldorf 1989, S. 103.

24 Karl Rosenkranz: Königsberger Skizzen. Hg. von Hermann Dembowski [= Deutsche Bibliothek des Ostens]. Berlin 1991, S. 97/98.

25 E. Powels: »Kenigsberger Fläck!«, in: Königsberger Bürgerbrief XLI 1993, S. 21.

1   Hans-W. Erdt: Das erste Ostpreußenlied, in: Lötzener Heimatbrief 92 (2002), S. 99–100.

2   Gert Hagelweide: Zur Geschichte der sozialdemokratischen Presse in Ostpreußen 1914–1922. Festschrift für Wilhelm Matull zum achtzigsten Geburtstag am 28. Mai 1983. Gevelsberg 1983, S. 11/12.

3   Walther Hubatsch (Hg.): Die evangelischen General-Kirchen- und Schulvisitationen in Ost- und Westpreußen 1853 bis 1944 (Bearb. Iselin Gundermann). Göttingen 1970, S. 83 Visitation Preußisch Holland 28. August bis 18. September 1883.

4   Hans-Werner Rautenberg, Johann Jacoby und Eduard von Simson, S. 168.

5   Wilhelm Matull: Ostpreußens Arbeiterbewegung – Geschichte und Leistung im Überblick [= Ostdeutsche Beiträge, Bd. XLIX]. Würzburg 1970, S. 23.

6   Wilhelm Matull, Ostpreußens Arbeiterbewegung, S. 25/26.

7   Gert Hagelweide, Zur Geschichte der sozialdemokratischen Presse, S. 18.

8   Kurt Eisner (Hg.): Der Geheimbund des Zaren. Der Königsberger Prozeß wegen Geheimbündelei, Hochverrat gegen Rußland und Zarenbeleidigung vom 12. bis 25. Juli 1904. Nach den Akten und stenographischen Aufzeichnungen mit Einleitungen und Erläuterungen hg. von Kurt Eisner. Berlin 1904.

9   Aufruf Hugo Haases, in: Vorwärts, 25. Juli 1914, Extraausgabe.

10 Audlind Vohland: Leuchten und Verlöschen von Eydtkuhnen. Fürsten und Spediteure, Architekten und jüdische Kaufleute, in: Ebenroder (Stallupöner) Heimatbrief 37 (Dezember 2000), S. 50–53.

11 Reinhold Weber: Der Kreis Lyck. Hohenwestedt 1995 [2. Auflage], S. 172/173, Erlebnisbericht Dr. Fritz Woita.

12 Stefanie Schüler-Springorum: Die jüdische Minderheit in Königsberg/Preußen, 1871–1945 [= Schriftenreihe der Historischen Kommission bei der Bayerischen Akademie der Wissenschaften, Bd. 56]. Göttingen 1996, S. 369.

13 Stefanie Schüler-Springorum, Die jüdische Minderheit, S. 176 und 185.

14 Tabelle nach Stefanie Schüler-Springorum, Die jüdische Minderheit, S. 368.

15 Mitteilungen der Litauischen Litterarischen Gesellschaft. Erster Band (1883), Heft I–VI. Gründungsaufruf.

16 Immanuel Birnbaum, Achtzig Jahre dabei gewesen. Erinnerungen eines Journalisten. München 1974, S. 15.

17 Immanuel Birnbaum, Achtzig Jahre dabei gewesen, S. 26.

18 Immanuel Birnbaum, Achtzig Jahre dabei gewesen, S. 40/41.

19 Der Absatz basiert vor allem auf Ernst Ribbat, Königsberg als Ort der Literatur, S. 31/32.

20 Arthur Kittel: 37 Jahre Landarzt im Preußisch-Litauen (1869–1906). Memel 1926, S. 46ff.

21 Arthur Kittel, 37 Jahre Landarzt, S. 51/52.

22 Gerhard Willoweit: Die Wirtschaftsgeschichte des Memelgebietes. Bd. 2
    [= Wissenschaftliche Beiträge, Nr. 85/II]. Marburg 1969, S. 190/191.
23 Johannes Sembritzki: Memel im neunzehnten Jahrhundert [= ders.: Ge-
    schichte Memels, II. Teil]. Memel 1902, S. 125.
24 Johannes Sembritzki, Memel im neunzehnten Jahrhundert, S. 121.
25 Albert Weiß: Preußisch-Littauen und Masuren. Historische und topo-
    graphisch-statistische Studie betreffend den Regierungsbezirk Gumbin-
    nen Teil I–III. Rudolstadt 1878/79, S. 71.
26 Christian Grigat: Kreis Pillkallen. Geschichtliches und Geographisches.
    Tilsit 1901, Vorwort.
27 Alexander Kurschat: Ein Ausflug nach dem russischen Litauen, in: Mit-
    teilungen der Litauischen Literarischen Gesellschaft 27/28 (Doppelheft
    1902/03), Heft 3.4, S. 312–328, hier S. 312.
28 Verein zur Verschönerung von Memel und Umgegend und zur Hebung
    des Fremdenverkehrs (Hg.): Neuer illustrierter Führer durch Memel und
    Umgegend. Memel 1905 [2. Auflage], S. 79.
29 Ewald Rugullis: Erinnerungen an ein deutsches Grenzland an der Me-
    mel. Der Amtsbezirk Lankuppen im Kirchspiel Prökuls, Kreis Memel-
    Land. Hilden 2000, S. 62/63.
30 Ewald Rugullis, Lankuppen, S. 64
31 Walter Broszeit: Das Kirchspiel Sandkirchen Kreis Tilsit-Ragnit. Lüne-
    burg 1977. Flurbezeichnungen aus den Dörfern Dreifurt und Hohenflur.
32 Erich Kriszio: Matznorkehmen/Matztal ein ostpreußisches Dorf zwi-
    schen der Rominter Heide und der polnischen Grenze. Frankfurt/Main
    1991, S. 144/145.
33 Julius Schnaubert: Statistische Beschreibung des Kreises Pillkallen. Pill-
    kallen 1894, S. 23.
34 Die Darstellung der litauisch-deutsche Sprachkontakte im folgenden ba-
    siert auf der wichtigen Studie von Manfred Klein: Vom ›kvieslys‹ zum
    ›Platzmeister‹. Vom Leben mit zwei Sprachen in Preußisch-Litauen,
    in: Litauisches Kulturinstitut: Jahrestagung 1994. Lampertheim 1995, S.
    81–97, hier S. 86.
35 Friedrich Tribukait's Chronik. Schilderung aus dem Leben der
    preussisch-littauischen Landbewohner des 18. und 19. Jahrhunderts
    mit Anmerkungen Sr. Excellenz des Königl. Staatsministers und Ober-
    präsidenten Herrn von Goßler-Danzcig, hg. von A. Horn und P. Horn.
    Insterburg 1894, S. 31.
36 Manfred Klein, Vom ›kvieslys‹ zum ›Platzmeister‹, S. 87/88.
37 Die heutige Verbreitung der Litauer, Basis: Visitationsrezesse des Königl.
    Konsistoriums 1878, in: Litauische Literarische Mitteilungen 2 (1884),
    Heft 7, S. 1–3.
38 Julius Schnaubert, Statistische Beschreibung, S. 26.
39 Albertas Juška, Litauisches Luthertum in Ostpreußen, S. 295/296.
40 Walther Hubatsch (Hg.), Die evangelischen General-Kirchen- und
    Schulvisitationen, S. 263/264 Visitation Litthauische Niederung 22. Mai
    bis 5. Juni 1891.
41 Walther Hubatsch (Hg.), Die evangelischen General-Kirchen- und
    Schulvisitationen, S. 140/141 Visitation Heydekrug 27. Juni bis 15. Juli
    1885.

42 Wilhelm Gaigalat, Die evangelische Gemeinschaftsbewegung, S. 35.

43 Wilhelm Gaigalat, Die evangelische Gemeinschaftsbewegung, S. 16/17.

44 Albertas Juška, Litauisches Luthertum in Ostpreußen, S. 330.

45 Chronik der Kirche und des Dorfes Ruß, angefangen den 12. August 1856 von Rademacher, Prediger und Kantor; In gekürzter Form mitgeteilt von Wilhelm Gaigalat, in: Mitteilungen der Litauischen Literarischen Gesellschaft 26 (1901), Heft V, 2, S. 166–174, hier S. 171.

46 Archiwum Państwowe w Olsztynie (APO) 99/256. Oberpräsident v. Horn. Königsberg, 24. Juli 1873: Bestimmungen über den Unterricht in der deutschen Sprache in den von Kindern polnischer und littauischer Zunge besuchten Volksschulen in der Provinz Preußen.

47 Ana Bedinkaite, geboren 1897, in: Gerhard Bauer: Deutsch-litauische Sprachbeziehungen und nationale Identität im Memelland, in: Litauisches Kulturinstitut: Jahrestagung 1994. Lampertheim 1995, S. 53–78, hier S. 69

48 Tabelle bei Leszek Belzyt: Sprachliche Minderheiten im preußischen Staat 1815–1914. Marburg 1998, Tabellen im Anhang.

49 Zitiert nach Wolfgang Wippermann, Der Ordensstaat als Ideologie, S. 198/199.

50 Robert Budzinski: Entdeckung Ostpreußens. [Faksimiledruck der Erstausgabe von 1914]. Leer 1994, S. 13.

51 Adolf Schimanski: Die wirtschaftliche Lage der Masuren. Königsberg 1921, S. 2.

52 Paul Stade: Das Deutschtum gegenüber den Polen in Ost- und Westpreußen. Berlin 1908, S. 9f.

53 Albert Weiß, Preußisch Litauen und Masuren, S. 174.

54 Ernst Wichert: Litauische Geschichten. Erinnerungen eine preußischen Kreisrichters. Berlin/Ost 1983, S. XIX.

55 Hermann Sudermann: Litauische Geschichten. Berlin 1917, S. 208.

56 Hermann Sudermann: Bilderbuch meiner Jugend. München/Wien 1988 [2. Auflage], Nachwort.

57 Hermann Sudermann, Litauische Geschichten, S. 38.

58 Manfred Klein: Preußisch-Litauen. Neue Aufgaben für die kulturanthropologische Forschung, in: Arthur Hermann (Hg. unter Mitarbeit v. Helga-Martina Skowera): Die Grenze als Ort der Annäherung. 750 Jahre deutsch-litauische Beziehungen. Köln 1992, S. 13–24, hier S. 15/16.

59 Alexander Horn: Culturbilder aus Altpreußen. Leipzig 1886, S. 78.

60 Janusz Jasiński: Świadomość narodowa na Warmii w XIX wieku. Narodziny i rozwoj [= Rozprawy i Materiały Nr. 88]. Olsztyn 1983, S. 242.

61 Janusz Jasiński, Świadomość narodowa, S. 289.

62 Winfried Lipscher/Kazimierz Brakoniecki (Hgg.), Meiner Heimat Gesicht, S. 123–126.

63 Winfried Lipscher/Kazimierz Brakoniecki (Hgg.), Meiner Heimat Gesicht, S. 121.

64 Winfried Freud, Dir ein Lied zu singen, S. 29/30.

65 Franz Tetzner, Die Slawen in Deutschland, S. 112.

66 Louis Passarge: Aus Baltischem Lande. Studien und Bilder. Glogau 1878, S. 184/185.

67 Christoph Hartknoch: Alt- und neues Preussen. Frankfurt und Leipzig
   1684, S. 9. Zitiert nach Adalbert Bezzenberger: Die Kurische Nehrung
   und ihre Bewohner. Stuttgart 1889, S. 256.
68 Richard Pietsch: Deutsch-Kurisches Wörterbuch. Mit einer Einleitung
   von Friedrich Scholz. Lüneburg 1991, S. 353.
69 Die Angaben zum Nehrungskurischen stammen aus Pēteris Vanags
   (Riga): Das Nehrungskurische in der lettischen Forschung, in: Jochen D.
   Range (Hg.): Baltisch-deutsche Sprachen- und Kulturkontakte in Nord-
   Ostpreußen. Methoden ihrer Erforschung [= Schriften des Instituts für
   Baltistik, Bd. 2]. Essen 2002, S. 99–115.
70 Johannes Thienemann, Rossitten. Drei Jahrzehnte auf der Kurischen
   Nehrung. Berlin und Neudamm 1941, S. 118.

Hindenburg, der Retter Ostpreußens

1 Ostpreußens Vergangenheit, Gegenwart und Zukunft. Vortrag des Oberpräsidenten der Provinz Ostpreußen, Herrn von Batocki-Bledau, gehalten in Berlin am 16. März 1915, S. 22.
2 Ostpreußens Vergangenheit, Gegenwart und Zukunft, S. 23.
3 Andreas Kuhn: Die Schreckenstage von Neidenburg. Kriegserinnerun-
   gen aus dem Jahre 1914. Minden/Westf. 1916, S. 18.
4 Alexander Solschenizyn: August Vierzehn. Darmstadt 1972, S. 585/586.
5 Rudolf Grenz: Stadt und Kreis Gumbinnen. Eine ostpreußische Dokumentation. Marburg/Lahn 1971, S. 284.
6 Ernst Wiechert: Die Jerominkinder. Frankfurt/Main/Berlin 1994, S. 307.
7 Fritz Gause: Die Geschichte der Stadt Königsberg in Preußen. III. Band:
   Vom Ersten Weltkrieg bis zum Untergang Königsbergs. Köln/Wei-
   mar/Wien 1996 [2. Auflage], S. 4/5.
8 Horst Schulz, Der Kreis Preußisch Eylau, S. 112–115.
9 Fritz Gause, Geschichte der Stadt Königsberg III, S. 10.
10 Victor v. Poser (Hg.): Ortelsburg. Ortelsburg 1916, S. 83.
11 Geheimes Staatsarchiv PK Berlin (GStA). Rep 2. XX. HA, Nr. 3653.
   Kriegshilfsverein Bremen für Schirwindt [1915].
12 Auszug aus der Chronik der Kirchengemeinde Locken, in: Christian
   Moszeik (Hg.): Kriegserlebnisse ostpreußischer Pfarrer Bd. 1. Berlin
   1915 [2. Auflage], S. 157–169, hier S. 168.
13 Fritz Gause, Geschichte der Stadt Königsberg III, S. 8.
14 Rudolf Grenz: Der Erste Weltkrieg (1914–1918), in: Klaus Bürger:
   Kreisbuch Osterode Ostpreußen. Osterode/Harz 1985 [2. Auflage],
   S. 279.
15 W. v. Ungern-Sternberg: Reiseland Ostpreußen, in: Das nationalsozialistische Ostpreußen. Königsberg 1935, S. 57.
16 APO 264/580. Magistrat Johannisburg: Heimatverein Johannisburg.
   Grußadresse v. Hindenburg. Hannover, 21. Mai 1920.
17 Rudolf Grenz: Reichsehrenmal Tannenberg, S. 309.
18 Rudolf Grenz, Reichsehrenmal Tannenberg, S. 314.
19 Ostpreußische Zeitung, 13. Juni 1922: »Königsberg im Zeichen Hindenburgs«.

20 Dieter Hertz-Eichenrode: Die Wende zum Nationalsozialismus im südlichen Ostpreußen 1930–1932, in: Olsztyńskie Studia Niemcoznawcze [= Rozprawy i Materiały Nr. 98]. Olsztyn 1986, S. 59–114, hier S. 94.

21 Ortelsburger Zeitung, 2. August 1934: »Der Reichspräsident gestorben«.

22 Max Siemoneit: Die Masurischen Seen. Reiseführer. Königsberg 1936, S. 13.

Ein Mythos und seine nationale Weihe

1 Wilhelm Freiherr von Gayl: Ostpreußen. Land und Leute in Wortbild. Breslau 1926, Vorwort.

2 Lycker Zeitung, 22. Mai 1919.

3 Zitiert nach Wilhelm Matull, Ostpreußens Arbeiterbewegung, S. 83/84.

4 Hans Preuß 1904 Königsberg – 1984 Kemerowo. Ein Maler zwischen Kunst und Klassenkampf. Husum 1996, S. 80.

5 Übersetzung aus Alfred Kleindienst/Oskar Wagner: Der Protestantismus in der Republik Polen 1918/19 bis 1939. Marburg 1985, S. 423/424.

6 Winfried Lipscher/Kazimierz Brakoniecki (Hgg.), Meiner Heimat Gesicht, S. 120.

7 Wojciech Wrzesiński: Plebiscyty na Warmii i Mazurach oraz na Powiślu w roku 1920. Olsztyn 1974, S. 271.

8 Lycker Zeitung, 10. Juli 1926.

9 Stanisław Srokowski: Z kraju czarnego krzyża. Uwagi o Prusiech Wschodnich. Poznań 1925. [Sonderdruck ZOKZ]. Zitiert nach Axel Schmidt: Ostpreußen deutsch in Vergangenheit, Gegenwart und Zukunft. Berlin/Leipzig 1933, S. 7.

10 Stanisław Rybka: Protest. Poznań 1921, S. 5.

11 Dieser Absatz folgt weitgehend Vytautas Žalys: Das Memelproblem in der litauischen Außenpolitik, in: Nordost-Archiv. N.F. Bd. 2 (1993), S. 235–278, hier S. 242–244.

12 Walther Hubatsch: Die evangelischen General-Kirchenvisitationen in den von Ost- und Westpreußen sowie Posen 1920 abgetretenen Gebieten. Göttingen 1971, S. 11.

13 Johannes Sembritzki/Arthur Bittens: Geschichte des Kreises Heydekrug. Memel 1920, S. 312/313.

14 Vgl. die neuesten Forschungserkenntnisse bei Vygantas Vareikis: Die Rolle des Schützenbundes Litauens bei der Besetzung des Memelgebietes 1923, in: Annaberger Annalen 8 (2000), S. 1–42.

15 Joachim Tauber: Das Memelgebiet (1919–1945) in der deutschen und litauischen Historiographie nach 1945, in: Nordost-Archiv N.F. Bd. 10 (2001), S. 11–44, hier S. 14.

16 Reinhold Pregel: Die litauische Willkürherrschaft im Memelland. Königsberg [o.J.], S. 8.

17 Manfred Klein: Die versäumte Chance zweier Kulturen. Zum deutsch-litauischen Gegensatz im Memelgebiet, in: Nordost-Archiv N.F. Bd. 2 (1993), S. 317–360, hier S. 357/358.

18 Manfred Klein, Die versäumte Chance zweier Kulturen, S. 324/325.

19 Karl-Heinz Ruffmann: Deutsche und Litauer in der Zwischenkriegszeit. Erinnerungen eines Memelländers, Überlegungen eines Historikers, in:

Nordostdeutsches Kulturwerk (Hg.): Lüneburger Vorträge zur Geschichte Ostdeutschlands und der Deutschen in Osteuropa, Heft 12. Lüneburg 1989, S. 13.

20 GStA PK. Rep. 77. I. HA. Abt. 856, Nr. 177: Kriegsministerium an Reichsleitung/Innenministerium über litauische Gesandtschaft. Berlin, 30. Januar 1919.

21 Königsberger Allgemeine Zeitung, 13. Augsut 1925.

22 GStA PK. Rep. 77. I. HA. Abt. 856. Nr. 187. Litauerverbände an Oberpräsidium. Tilsit, 27. August 1925.

23 Tilsiter Allgemeine Zeitung, 13. August 1927.

24 GStA PK. Rep. 2. XX. HA. Nr. 3502. Kulturbund an Landeshauptmann Ostpreußen. Tilsit, 4. Juli 1930.

25 Biographische Angaben folgen Vacys Bagdonavičius: Vydūnas und sein Wirken im Zusammenhang deutsch-litauischer Beziehungen, in: Arthur Hermann (Hg. unter Mitarbeit v. Helga-Martina Skowera), Die Grenze als Ort der Annäherung, S. 83–96.

26 Gert Hagelweide, Zur Geschichte der sozialdemokratischen Presse.

27 Wilhelm Matull, Ostpreußens Arbeiterbewegung, S. 79/80.

28 GStA PK. Rep. 2. XX. HA. Nr. 4164: Leopold Jessner an August Winnig. Königsberg, 6. März 1919.

29 GStA PK. Rep. 2. XX. HA. Nr. 4045: Reichs- und Staatskommissar an preußischen Minister für Kunst/Wissenschaft und Volksbildung. Königsberg, 12. Juni 1920.

30 Rudolf Klatt: Ostpreußen unter dem Reichskommissariat 1919/1920 [= Studien zur Geschichte Preußens, Bd. 3]. Heidelberg 1958, S. 214ff.

31 Vorwärts, 17. November 1921: »Wetterwinkel Ostpreußen«.

32 Rote Fahne des Ostens, 21. Juli 1922: »Die Mehrheitssozialisten als Helfershelfer der Junker«.

33 GStA PK. Rep. 2. XX. HA. Nr. 3006. Bd. 1: Gottberg an Oberpräsident durch Regierungspräsident. Bartenstein, 28. Juli 1922.

34 Berliner Tageblatt, 11. Juni 1921: »›Beamtenflucht‹ aus Ostpreußen?«.

35 Königsberger Volkszeitung, 3. September 1931.

36 Wilhelm Matull: Damals in Königsberg. München [o.J.], S. 104.

37 GStA PK. Rep. 77. I. HA. Abt. 856. Nr. 562. Oberpräsident an preußischen Innenminister. Königsberg, 28. September 1920, Betr.: Politische Lage in der Provinz Ostpreußen.

38 Wilhelm Matull, Ostpreußens Arbeiterbewegung, S. 93/94.

39 GStA PK. Rep. 77. I. HA. Abt. 856. Nr. 562: Bund heimattreuer Ostpreußen an preußischen Innenminister. Satzung und Ziele. Berlin, 1. Juni 1921.

40 Hamburger Nachrichten, 27. Oktober 1931: »Ostpreußen und Niedersachsen«. Von Franz Fromme.

41 Aufruf zur Unterstützung der Kommissionsarbeit. Zitiert nach: Ausgewählte Protokolle und Berichte, in: Bernhart Jähnig (Hg.): 75 Jahre Historische Kommission für ost- und westpreußische Landesforschung [= Tagungsberichte der Historischen Kommission, Bd. 13]. Lüneburg 1999, S. 38.

42 Pfarrer Dr. Flothow: Bilder aus dem religiösen und kirchlichen Leben Ostpreußens. Festschrift zum Deutschen evangelischen Kirchentag in

Königsberg Pr. vom 17. bis 21. Juni 1927. Königsberg 1927, S. 7/8: Zum Geleit v. Berg-Markienen (Provinzialkirchenrat) D. Gennrich (Ev. Konsistorium).

43 Horst Schulz, Der Kreis Preußisch-Eylau, S. 707.

44 Zitiert nach Hans-Christof Kraus: Josef Nadler (1884–1963) und Königsberg, in: Preußenland 38 (2000), Nr. 1, S. 12–26, hier S. 17.

45 Joachim Ringelnatz: Königsberg in Preußen, in: Birgitta Kluge (Hg.): Königsberg in alten und neuen Reisebeschreibungen. Düsseldorf 1989, S. 193.

46 Marbacher Magazin. Sonderheft 89 (2000). »Alles ist weglos«. Thomas Mann in Nidden. Bearbeitet von Thomas Sprecher, S. 37ff: Thomas Mann über Ostpreußen, in: Königsberger Allgemeine Zeitung, Sonderbeilage »Das schöne Ostpreußen«, 16. Juni 1929.

47 Vorwärts, 25. November 1930.

48 Die Angaben stützen sich auf Dieter Hertz-Eichenrode: Die Wende zum Nationalsozialismus im südlichen Ostpreußen, S. 59–112.

49 Dieter Hertz-Eichenrode: Politik und Landwirtschaft in Ostpreußen 1919–1930. Untersuchung eines Strukturproblems in der Weimarer Republik. Köln/Opladen 1969, S. 148ff.

50 Hagen Schulze: Otto Braun oder Preußens demokratische Sendung. Eine Biographie. Frankfurt/Main u.a. 1977, S. 678/679.

51 Vossische Zeitung, 15. März 1932: »Ostpreußens Dank«.

52 Tabelle aus Ernst Opgenoorth (Hg.), Handbuch der Geschichte Ost- und Westpreußens IV, S. 35.

53 Christian Tilitzki: Alltag in Ostpreußen 1940–45. Die geheimen Lageberichte der Königsberger Justiz. Leer 1991, S. 14. und 23.

54 Fritz Gause, Geschichte der Stadt Königsberg III, S. 111ff.

55 Zitiert nach Fritz Gause, Geschichte der Stadt Königsberg III, S. 115.

56 Alexander Fürst zu Dohna-Schlobitten: Erinnerungen eines alten Ostpreußen. Berlin 1989, S. 170–175.

57 Stephan Malinowski: Vom König zum Führer. Sozialer Niedergang und politische Radikalisierung im deutschen Adel zwischen Kaiserreich und NS-Staat. Berlin 2003 [2. Auflage], S. 578/579.

58 Zitiert nach Hans Preuß 1904, S. 78.

59 Hans Preuß 1904, S. 73.

60 Stephan Malinowski, Vom König zum Führer, S. 231ff.

61 Alexander Fürst zu Dohna-Schlobitten, Erinnerungen eines alten Ostpreußen, S. 165.

62 Völkischer Beobachter, 21. April 1932 (Reichsausgabe).

63 Adalbert Josef Nobis: Die preußische Verwaltung des Regierungsbezirks Allenstein 1905–1945 [= Gesamtreihe der Ost- und Westpreußenstiftung, Bd. 17]. München 1987, S. 433–435.

64 Königsberger Volkszeitung, 21. März 1923: »Geheimbündler gefährden Ruhe und Republik«.

65 GStA PK. Rep. 77. I. HA. Abt. 856. Nr. 565: Oberpräsident Ostpreußen. Politischer Referent. Königsberg, 10. Februar 1931 an preußischen Innenminister.

66 Deutsche Allgemeine Zeitung, 2. Mai 1925: »Ostpreußische Probleme«.

67 Königsberger Volkszeitung, 5. Mai 1925: »Ein ostpreußischer Junker. Einst und jetzt«.

68 Ostdeutsche Turn-Zeitung. Kreisblatt des Kreises I Nordosten der Deutschen Turnerschaft, 21. Juni 1922. Darin: Hindenburg in Ostpreußen, von Eduard Stadtler, (in: Der Dietwart. Beilage).

69 Ostpreußische Zeitung, 13. Juni 1922.

70 Die Angaben folgen der exzellenten Studie von Noel Rademacher: Der Heimatbund. Konservative Opposition und völkischer Nationalismus in Ostpreußen 1919–1922. Unveröffentlichte Magisterarbeit Berlin 2001, S. 84–86.

71 GStA PK. Rep. 77. I. HA. Abt. 856. Nr. 562: Oberpräsident Siehr an preußischen Innenminister Koch persönlich. Königsberg, 21. Februar 1921.

72 Ferdinand Friedenburg: Herr v. Puttkamer gedenkt zu verreisen. Oder: Warum die Republik von Weimar keine Chance hatte, in: Die Zeit, 30. Januar 2003.

73 GStA PK. Rep. 2, XX. HA. Nr. 4119: SPD-Ortsverein Kaukehmen an Reichs- und Staatskommissar. Kaukehmen, 6. Mai 1919.

74 Lycker Zeitung, 15. Juli 1922.

75 Rote Fahne des Ostens, 5. Juli 1922: »Die Erschießung eines Palmnicker Arbeiters«.

76 Zitiert nach Heinrich August Winkler: Weimar 1918–1933. Die Geschichte der ersten deutschen Demokratie. München 1998, S. 161.

77 Die Volksstimme, 12. August 1920: »Teutsche unter sich«.

78 C.V.-Zeitung, 9. November 1923: »Die Ausschreitungen in Ostpreußen«.

79 GStA PK. Rep. 240. XX. HA. GON B 29e, Centralverein. LV Ostpreußen. Königsberg, 5. Januar 1932, Sabatzky an OV Königsberg.

80 GStA PK. Rep. 240. XX. HA. GON B 29e. Der Stürmer an NSDAP-Ortsgruppe Königsberg. Nürnberg, 9. Dezember 1932.

81 Angerburger Kreiszeitung, 16. Dezember 1932.

82 Hans Nitram: Achtung! Ostmarkenfunk! Polnische Truppen haben heute nacht die ostpreußische Grenze überschritten. Oldenburg 1932 [2. Auflage].

83 Hans Nitram, Achtung! Ostmarkenfunk!, S. 106 und 110.

84 Hans Nitram, Achtung! Ostmarkenfunk!, S. 154.

85 Völkischer Beobachter, 5. August 1931: »Ostpreußenpolitik ist deutsches Schicksal«.

Unterm Hakenkreuz

1 Ostpreußische Zeitung, 9. Juli 1933: »Das Gesetz der Revolution. Dienst am Volk durch schöpferische Kraft. Der neue Deutschritter-Kreuzzug«.

2 Allensteiner Volksblatt, 16. August 1933: »Tannenberg 1933. Die deutsche Mission im Osten«.

3 Victor v. Poser/Max Meyhöfer: Der Kreis Ortelsburg. Leer 1978 [2. Auflage], S. 171–182.

4 Bürgermeister Dr. Weber: Die Haupt- und Residenzstadt Königsberg Pr., in: Das nationalsozialistische Ostpreußen. Königsberg 1935, S. 165.

5 Oberbürgermeister Will: Königsberg, in: Das nationalsozialistische Ostpreußen, S. 95.

6 Jakob Schaffner: Rote Burgen und blaue Seen. Eine Ostpreußenfahrt [o.O., o.J.], S. 44/45.

7 Jakob Schaffner, Rote Burgen und blaue Seen, S. 53.

8 Erich Maschke, Die Geschichte des Reichsehrenmals Tannenberg, in: Kuratorium für das Reichsehrenmal Tannenberg (Hg.), Tannenberg, S. 217 und 247.

9 Alfred Karrasch: Heimkehr in die Heimat, in: Hermann Luding/Rudolf Thurau (Hg. im Auftrage des Landeskulturwartes Gau Ostpreußen – Landesleiter der Reichsschrifttumskammer): Land der dunklen Wälder ... Ostpreußische Dichtung unserer Zeit. Königsberg 1940, S. 200–202.

10 Siegfried Lenz: Heimatmuseum. München 1997 [11. Auflage], S. 415.

11 Ulrich Fox: Bischof Maximilian Kaller und die Seelsorge für die polnischsprechenden Diözesanen, in: Zeitschrift für Geschichte und Altertumskunde Ermlands 49 (1999), S. 147–174, hier S. 170.

12 Ośrodek Badań Naukowych im. Wojciecha Kętrzyńskiego Allenstein (OBN). BDO. R 724/18. BDO-Kreisleiter Hoffmann an Untergruppe Allenstein. Sensburg, 5. Juni 1938.

13 Lehrer Schröder an BDO-Untergruppe Allenstein. Hohenstein, 23. November 1937. Dokumentenanhang, in: Emilia Sukertowa-Biedrawina: Materiały do dziejów walki hitlerowców z ruchem polskim na Mazurach i Warmii w latach 1933-1939, in: Komunikaty Mazursko-Warmińskie 95/96 (1967), S. 157–185, hier S. 174/175.

14 Ronny Kabus: Juden in Ostpreußen. Husum 1998, S. 148.

15 Stefanie Schüler-Springorum, Die Jüdische Minderheit, S. 297.

16 Ronny Kabus, Juden in Ostpreußen, S. 145.

17 GStA XX. HA. Rep. 240. GON B 29g: Antisemitisches Material. Flugblatt Neidenburg 1933.

18 Alois Sommerfeld: Juden im Ermland – Ihr Schicksal nach 1933, in: Zeitschrift für die Geschichte und Alterstumskunde Ermlands, Beiheft 10. Münster 1991, S. 45.

19 Andreas Kossert: Die jüdische Gemeinde Ortelsburg, in: Michael Brocke u. a. (Hg.): Zur Geschichte und Kultur der Juden in Ost- und Westpreußen. Hildesheim/Zürich/New York 2000, S. 87–124, hier S. 116.

20 Ralph Giordano: Ostpreußen ade. Reise durch ein melancholisches Land. München 1997 [3. Auflage], S. 164.

21 Vgl. dazu den Bericht des ehemaligen Neidenburger Bürgermeisters Paul Wagner: Neidenburger Heimatbrief 43 (1963), S. 271–274. Vgl. auch Westfalen-Blatt, 16. September 1992.

22 Ronny Kabus, Juden in Ostpreußen, S. 170.

23 Ronny Kabus, Juden in Ostpreußen, S. 171.

24 Die Angaben zu den Deportationen stammen aus einer neuen Arbeit. Vgl. Alfred Gottwaldt: Zur Deportation der Juden aus Ostpreußen in den Jahren 1942/1943, in: Alfred Gottwaldt/Norbert Kampe/Peter Klein (Hgg.): NS-Gewaltherrschaft. Beiträge zur historischen Forschung und juristischen Aufarbeitung. Berlin 2005, S. 152–172.

25 Michael Wieck: Zeugnis vom Untergang Königsbergs. Ein ›Geltungsjude‹ berichtet. Heidelberg 1996 [6. Auflage], S. 31–33.

26   Klaus Schulz-Sandhof: Radau in Rudau. Bausteine zur Geschichte der Region Radau Teil II. Drethem/Elbe 2004, S. 37.

27   Ernst Opgenoorth (Hg.), Handbuch der Geschichte Ost- und Westpreußens IV, S. 145.

28   Ernst Opgenoorth (Hg.), Handbuch der Geschichte Ost- und Westpreußens IV, S. 146.

29   Marian Borszyszkowski: Bischof Maximilian Kaller und die polnischsprachige Seelsorge in der Diözese Ermland, in: Zeitschrift für die Geschichte und Altertumskunde Ermlands 49 (1999), S. 127–145.

30   Ulrich Fox, Bischof Maximilian Kaller und die Seelsorge für die polnischsprechenden Diözesanen, S. 169.

31   Manfred Koschorke (Hg.): Geschichte der Bekennenden Kirche in Ostpreußen 1933–1945. Göttingen 1976, S. 337.

32   Klaus Schulz-Sandhof, Rudau, S. 133.

33   GStA PK. XX. HA. Rep. 240. GON B 25. NSDAP-Kreisleiter Turowski an stellvertr. Gauleiter. Ortelsburg, 3. März 1939.

34   APO 16/10. Landrat an Gestapo. Sensburg, 21. November 1936. Betr. Verbreitung von religiösen Flugschriften an die Bevölkerung. Eine Abschrift der Flugschrift wurde beigefügt: Bericht über ein studentisches Schulungslager der NSDAP auf der Ordensburg der NSDAP Crössin in Pommern Juli-August 1936.

35   APO 16/104. Fritz Steffan an Landrat. Schönfeld, 10. Dezember 1934. Mit der Anlage: Brief Fritz Maxin an Fritz Steffan. Wychrowitz, 22. November 1934.

36   Pfarrer Johannes Jänicke. Zitiert nach: Manfred Koschorke (Hg.), Geschichte der Bekennenden Kirche, S. 477.

37   Emil Johannes Gutzeit: Der Kreis Heiligenbeil. Ein ostpreußisches Heimatbuch. Leer 1975, S. 579.

38   Albertas Juška, Litauisches Luthertum in Ostpreußen, S. 332/333.

39   Jürgen Storost: Vydūnas im Spiegel zeitgenössischer deutscher Behörden und Presseorgane. Eine Dokumentation, in: Arthur Hermann (Hg.), 750 Jahre deutsch-litauischer Beziehungen, S. 97–166, hier S. 104.

40   Stephan Malinowski, Vom König zum Führer.

41   Stephan Malinowski, Vom König zum Führer, S. 573.

42   Stephan Malinowski, Vom König zum Führer, S. 574/575.

43   Stephan Malinowski, Vom König zum Führer, S. 588/589.

44   Marion Gräfin Dönhoff: Peter Graf Yorck: Preußens letztes Kapitel, in: dies.: Menschen, die wissen, worum es geht. Hamburg 1976, S. 15–36, hier S. 36. Zitiert nach Eckart Conze: Aufstand des preußischen Adels. Marion Gräfin Dönhoff und das Bild des Widerstands gegen den Nationalsozialismus in der Bundesrepublik Deutschland, in: Vierteljahrshefte für Zeitgeschichte 51 (2003), 51. Jg., S. 483–508.

45   Spiegel-Gespräch. »Beide Geschichten erzählen«. Der Historiker Stephan Malinowski über die Begeisterung im deutschen Adel für den Nationalsozialismus und die Rolle von Grafen und Baronen beim Attentat auf Hitler, in: Der Spiegel, 12. Juli 2004, S. 46–48.

46   Renate Wehmeyer: Gerhard Lascheit. Widerstand eines jungen Königsbergers im Dritten Reich, in: Königsberger Bürgerbrief Nr. 54 (Sommer 2000), S. 34–35.

47   Unser Bartenstein, Heimatkreisblatt Bartenstein/Ostpr. Nr. 1 (2002),
     53. Jg., S. 30/31: »Menschen, die wir nicht vergessen sollten!«.
48   Ostpreußen. Berlin 1942 [Reihe: Die deutschen Heimatführer, Bd. 22].
     Geleitwort: Landeshauptmann, Leiter des Landesfremdenverkehrsver-
     bandes Ostpreußen e.V.
49   Allensteiner Zeitung, 2. September 1940: »Die Stadt Soldau im Wechsel
     der Geschichte«.
50   Christian Tilitzki, Alltag in Ostpreußen 1940–45, S. 51.
51   Klaus v. d. Groeben: Im Dienst von Staat und Gemeinschaft. Erinnerun-
     gen [= Quellen zur Verwaltungsgeschichte, Nr. 9]. Kiel 1995, S. 102 und
     103.
52   Christian Tilitzki, Alltag in Ostpreußen, S. 53.
53   Andreas Gautschi/Burkhard Winsmann-Steins: Rominten. Gestern und
     Heute. Bothel 1995 [2. Auflage], S. 55.
54   Hans Graf von Lehndorff: Ostpreußisches Tagebuch. Aufzeichnungen
     eines Arztes aus den Jahren 1945–1947. München 1985 [15. Auflage],
     S. 9.
55   Bundesarchiv. Außenstelle Ludwigsburg (…) BA. Außenstelle LU. AR-Z
     149/80: Lager Hohenbruch. Band 1/1: Zeugenvernehmungsprotokoll
     Florian Wichlacz. ÜS. Gdańsk, 12. Juli 1979.
56   Bohdan Koziełło-Poklewski/Bohdan Łukaszewicz (Hgg.): Ze znakiem
     ›P‹. Relacje i wspomnienia robotników przymusowych i jeńców wo-
     jennych w Prusach Wschodnich. Olsztyn 1977, S. LI.
57   Ernst Klee, Euthanasie im NS-Staat. Die Vernichtung lebensunwerten
     Lebens. Frankfurt/Main 1999 [9. Auflage], S. 190. Etwas ausführlicher
     Janusz Gumkowski: Obóz hitlerowski w Działdowie, in: Biuletyn
     Głównej Komisji Badania Zbrodni Hitlerowskich 10 (1958), S. 57–88.
58   Gabriele Lofti: SS-Sonderlager im nationalsozialistischen Terrorsystem:
     Die Entstehung von Hintzert, Stutthof und Soldau, in: Norbert Frei/
     Sybille Steinbacher und Bernd C. Wagner (Hgg.): Ausbeutung, Vernich-
     tung, Öffentlichkeit. Neue Studien zur nationalsozialistischen Lagerpo-
     litik [= Darstellungen und Quellen zur Studie von Auschwitz, Bd. 4].
     München 2000, S. 209–229, hier S. 221–223.
59   Grenzstadt Soldau: Denkschrift zum 600jährigen Bestehen. Soldau 1944,
     S. 60.
60   Vgl. Janusz Tycner: Auf den Spuren von Tannenberg 1914. Ostpreußen
     im Ersten Weltkrieg. Ein kleines ABC. Warszawa 2000 [2. Auflage].
     Darin auch Stalag (S. 108–111); Zofia Januszkiewicz, Stalag IB. Miejsce
     niewoli i niedoli. Olsztyn 1982.
61   Klaus Schulz-Sandhof: Rudau, S. 176–189.
62   Peter Klein: Curt von Gottberg – Siedlungsfunktionär und Massen-
     mörder, in: Klaus-Michael Mallmann/Gerhard Paul (Hgg.): Karrieren
     der Gewalt. Nationalsozialistische Täterbiographien [= Veröffentlichun-
     gen der Forschungsstelle Ludwigsburg der Universität Stuttgart, Bd. 2].
     Darmstadt 2004, S. 95–103.
63   Martin Bergau möchte ich für seine Mithilfe und Engagement für ein
     bleibendes Andenken an das Massaker danken. Vgl. Martin Bergau: Der
     Junge von der Bernsteinküste. Erlebte Zeitgeschichte 1938–1945. Hei-
     delberg 1994. Dankbar ist der Autor Martin Bergau auch für die freund-

liche Überlassung seines unveröffentlichten Manuskripts »Endlösung am Bernsteinstrand oder Dann fiel das Grauen über uns«, das viele Dokumente und Recherchen zusammenfaßt.

64 Auf Bergau folgten Michael Wines: Russians Awaken to a Forgotten SS Atrocity, in: The New York Times, 31. Januar 2000; Reinhard Henkys: Endlösung am Bernsteinstrand. Das größte NS-Massaker in Ostpreußen fand noch Ende Januar 1945 statt, in: Die Zeit, 2. November 2000. Vgl. Schon früher Shmuel Krakowski: Massacre of Jewish Prisoners on the Samland Peninsula. Documents, Introduction, in: Yad Vashem Studies 24 (1994), S. 349–387, hier S. 350 und 351.

65 BA. Außenstelle LU. AR-Z 299/1959, Bl. 944-: Untersuchungsstelle für N.S. Gewaltverbrechen beim Landesstab der Polizei Israel. Tel Aviv, 20. März 1964. Zeugenaussage: Ester Frielman (in jiddischer Sprache), Tel Aviv, 30. Dezember 1963. Zwischenbericht Nr. 3. Betr. Vernehmung von Zeugen im Vorermittlungsverfahren wegen der Ermordung von Juden in Palmnicken/Ostpreußen im Jahre 1945. Bezug: Schreiben der Zentralen Stelle der Landesjustizverwaltungen vom 14. November 1963 – 7 AR-Z 299/59.

66 BA. Außenstelle LU. AR-Z 299/1959, Bl. 944-: Angaben aus dem vorläufigen Abschlußbericht der Staatsanwaltschaft. Staatsanwaltschaft Lüneburg, 16. Juni 1967. Abschlußverfügung.

67 BA. Außenstelle LU. AR-Z 299/1959, Bl. 944-: Abschlußbericht. Ludwigsburg, 27. Mai 1964.

68 Martin Bergau, Der Junge von der Bernsteinküste, S. 108–110.

69 Martin Bergau, Der Junge von der Bernsteinküste, S. 111–114.

70 BA. Außenstelle LU. AR-Z 299/1959, Bd. IV, Bl. 500–748: Palmnicken. Landeskriminalamt Baden-Württemberg. Sonderkommission – Zentrale Stelle – z. Zt. Werdohl, 3. Juli 1962. Vernehmungsschrift. Auf Vorladung erscheint am 3. Juli 1962 in den Räumen der Polizeistation Werdohl/Westfalen, die verh. Hausfrau Helene Z.

71 BA. Außenstelle LU. AR-Z 299/1959, Bd. III, Bl. 391–499: Palmnicken. Zeugenaussage Zila Manielewicz, Jerusalem, 10. Oktober 1961 (in polnischer Sprache).

72 BA. Außenstelle LU. AR-Z 299/1959, Bd. III, Bl. 391–499: Palmnicken. Zeugenaussage Pnina (Pola) Kronisch. Gerzlja, 4. Oktober 1961 (in russischer Sprache).

73 Martin Bergau, Endlösung am Bernsteinstrand, S. 47 [unveröffentlichtes Manuskript].

74 BA. Außenstelle LU. AR-Z 299/1959, Bd. I, Bl. 1–260: Palmnicken. Zentrale Stelle. Z. Zt. Düsseldorf, 24. Januar 1961. Vernehmungsniederschrift Rudolf Johann Folger.

75 Diese Leugnung durch das »Ostpreußenblatt« ist nachzulesen in einer Rezension: »Nicht ohne Ungereimtheiten«, in: Das Ostpreußenblatt Nr. 9 (1996), von Kurt Gerdau.

76 BA. Außenstelle LU. AR-Z 299/1959, Bd. VI, Bl. 944-: Oberstaatsanwaltschaft, Kiel, 22. Januar 1965.

77 Bernhard Fisch: Nemmersdorf, Oktober 1944. Was in Ostpreußen wirklich geschah. Berlin 1997, S. 44.

78 Bernhard Fisch, Nemmersdorf, S. 50.

79 Bernhard Fisch, Nemmersdorf, S. 144.

80 Bernhard Fisch, Nemmersdorf, S. 148.

81 Norbert Weis, Königsberg, S. 145.

82 Patricia Clough: In langer Reihe über das Haff. Die Flucht der Trakehner aus Ostpreußen. München 2004, S. 112.

83 Bericht Rudolf Mantze, in: Edgar Günther Lass: Die Flucht. Ostpreußen 1944/45. Bad Nauheim 1964, S. 100f.

84 Marion Gräfin Dönhoff: Ritt gen Westen, in: Die Zeit, 14. März 2002.

85 Neueste Zahlen beruhen auf Heinz Schön: Flucht aus Ostpreußen 1945. Die Menschenjagd der Roten Armee. Kiel 2001, S. 7.

86 Günter Stiller: ›Steuben‹ – die vergessene Tragödie. Entdeckt: 3608 Menschen starben, als ein Russen-U-Boot 1945 das Flüchtlingsschiff versenkte. Taucher fanden das Wrack jetzt auf dem Grund der Ostsee, in: Hamburger Abendblatt, 24. Juli 2002.

87 Die beiden Absätze folgt Patricia Clough, In langer Reihe über das Haff, S. 165–169, S. 187–189, S. 202/203.

88 Ulrich Fox, Alt-Wartenburg, S. 344–350.

89 Alexander Solschenizyn: Schwenkitten 1945. München 2004, S. 121.

90 Zitiert nach Ulla Lachauer: Die Brücke von Tilsit. Begegnungen mit Preußens Osten und Rußlands Westen. Reinbek 1995, S. 291.

91 Ich sah Königsberg sterben. Aus dem Tagebuch eines Arztes. Von Hans Deichelmann [Nachdruck der ersten Fortsetzungen des zur Zeit in den ›AN‹ erscheinenden Tatsachenberichtes. Dieser Druck schließt mit der Fortsetzung in Nr. 76 vom 2. Juli 1949. Altpreußische Geschlechterkunde 25 (1995), S. 180–346, S. 192.

92 Hans Deichelmann, Ich sah Königsberg sterben, S. 192.

Ein Erbe – dreigeteilt

1 Ruth Kibelka: Ostpreußens Schicksalsjahre 1944–1948. Berlin 2001 [2. Auflage], S. 31.

2 Ruth Kibelka, Ostpreußens Schicksalsjahre, S. 54.

3 Hubertus Neuschäffer: Das ›Königsberger Gebiet‹. Die Entwicklung des Königsberger Gebietes nach 1945 im Rahmen der baltischen Region im Vergleich mit Nord-Ostpreußen der Vorkriegszeit. Plön 1991, S. 105.

4 Dokument 87: Über die Zusammensetzung der örtlichen Bevölkerung in den Kreisen Ostpreußens, die an die UdSSR gefallen sind (ohne das Memelgebiet) vom 1. September 1945, in: Eckhard Matthes (Hg.): Als Russe in Ostpreußen. Sowjetische Umsiedler über ihren Neubeginn in Königsberg/Kaliningrad nach 1945. Ostfildern 1999, S. 312.

5 Michael Wieck, Zeugnis vom Untergang Königsbergs, S. 23.

6 Michael Wieck, Zeugnis vom Untergang Königsbergs, S. 264/265.

7 Hugo Linck: Im Feuer geprüft … als die Sterbenden, und siehe, wir leben … Berichte aus dem Leben der Restgemeinden nach der Kapitulation in und um Königsberg. Leer 1973.

8 Hugo Linck, Im Feuer geprüft, S. 56ff.

9 Eckhard Matthes (Hg.), Als Russe in Ostpreußen, S. 340.

10 Ruth Kibelka, Ostpreußens Schicksalsjahre, S. 178.

11 Eckhard Matthes (Hg.), Als Russe in Ostpreußen, S. 326.

12 Elfriede Rick, geb. Riemer: Wolfskinder. Meine Erlebnisse als Bettlerin in Litauen in den Jahren 1946 bis 1948, GeO-Brief Nr. 4 (2004), S. 12/13.

13 Ruth Kibelka: Wolfskinder. Grenzgänger an der Memel. Berlin 1996, S. 214/215.

14 Ruth Kibelka, Ostpreußens Schicksalsjahre, S. 242.

15 Zitiert nach Ulla Lachauer, Die Brücke von Tilsit, S. 141.

16 Zitiert nach Ruth Kibelka, Ostpreußens Schicksalsjahre, S. 138.

17 Ruth Kibelka, Wolfskinder, S. 74.

18 Eckhard Matthes (Hg.), Als Russe in Ostpreußen.

19 Eckhard Matthes (Hg.), Als Russe in Ostpreußen, S. 143ff.

20 Eckhard Matthes (Hg.), Als Russe in Ostpreußen, S. 348.

21 Svetlana Galcova: Die Geschichte des Kaliningrader Gebietes in der sowjetischen Forschung, in: Nordost-Archiv Band III (1994) Heft 2, S. 495–505.

22 Kaliningradskaja Pravda, 30. April 1949, S. 3. Architekt M.R. Naumow. Zitiert nach Eckhard Matthes (Hg.), Als Russe in Ostpreußen, S. 172/173.

23 Zitiert nach Bert Hoppe: Die Last einer feindlichen Vergangenheit. Königsberg als Erinnerungsort im sowjetischen Kaliningrad, in: Mathias Weber (Hg.), Preußen in Ostmitteleuropa, S. 299–311, hier S. 300.

24 Bert Hoppe, Königsberg als Erinnerungsort, S. 301.

25 Kaliningradskaja Pravda, 30. Dezember 1958. Zitiert nach Bert Hoppe, Königsberg als Erinnerungsort, S. 304.

26 Valentin Nikolajewitsch Sorin: »Zehn Träume von Königsberg«, in: Winfried Lipscher/Kazimierz Brakoniecki (Hgg.), Meiner Heimat Gesicht, S. 493–512, hier S. 504/508.

27 Die Angaben zur Landwirtschaft entstammen Elke Knappe: Eine schwierige Zukunft. Landwirtschaft und ländlicher Raum im Gebiet Kaliningrad, in: Osteuropa 53 (2003), Heft 2–3, S. 336–351.

28 Tomas Venclova: Im Vorhof Europas. Über Kaliningrad und Litauen, in: Transit. Europäische Revue 23 (2002), S. 156–168.

29 Der Beitrag folgt Tomas Venclova: Über den »Königsberg-Text« der russischen Literatur und die Königsberg-Gedichte von Iosif Brodskij, in: Osteuropa 53 (2003), Heft 2–3, S. 159–177.

30 Autorenkollektiv unter Leitung von V. S. Isupov und G. V. Kretinin: Vostočnaja Prussija. S drevnejčich vremën do konca vtoroj mirovoj vojny. Istoričeskie očerki. Dokumenty. Materialy. Kaliningrad 1996. Die weiteren Aussagen in diesem Abschnitt folgen einer glänzenden Analyse von Eckhard Matthes: Verbotene Erinnerung. Die Wiederentdeckung der ostpreußischen Geschichte und regionales Bewußtsein im Gebiet Kaliningrad (1945–2001), in: Osteuropa 51 (2001), Heft 11–12, S. 1350–1390.

31 Heimatblatt des Kreises Heiligenbeil Nr. 47 (2002), S. 29.

32 Ulla Lachauer, Die Brücke von Tilsit, S. 87.

33 Bert Hoppe: Zwischen deutscher Geschichte und postsowjetischer Zukunft. Ein Literaturbericht zu Königsberg/Kaliningrad, in: Osteuropa 53 (2003), Heft 2–3, S. 410–422.

34 Eckhard Matthes (Hg.), Als Russe in Ostpreußen, S. 377.

35 Bert Hoppe, Berliner Zeitung, 19. Februar 2000.

36 Hans Graf v. Lehndorff, Ostpreußisches Tagebuch, S. 256.
37 Memorandum des Związek Mazurów: »Mazury«. Ediert bei Tadeusz Filipkowski: Zagadnienia Prus Wschodnich w memoriałach przedłożonych Polskiemu Komitetowi Wyzwolenia Narodowego, in: Komunikaty Mazursko-Warmińskie 147 (1980), S. 53–79, hier S. 72.
38 Erklärung Jerzy Burskis an Provisorische Nationale Regierung. Lublin, 2. Januar 1945, in: Tadeusz Baryła (Hg.): Warmiacy i Mazurzy w PRL. Olsztyn 1994, S. 1f.
39 Archiv der Ev.-Augsburgischen Kirche in Polen [AKEAK]. Memorandum Feliks Gloeh an Konsistorium. Warschau, 10.9. 1945.
40 Reporter, 21. Januar 2005, Beilage Gazeta Olsztyńska.
41 Halina Murawska: Przesiedleńcy z Kresów Północno-Wschodnich II Rzeczypospolitej w Olsztyńskim. Olsztyn 2000, S. 154.
42 Halina Murawska, Przesiedlency, S. 155.
43 Zbigniew Przygórski: Prusy Wschodnie przestały istnieć, in: Odrodzenie, 1947, Nr. 14–15, S. 5–6.
44 Leszek Belzyt: Między Polską a Niemcami. Weryfikacja narodowościowa i jej następstwa na Warmii, Mazurach i Powiślu w latach 1945–1950. Toruń 1996, S. 116.
45 Paul Glass/Fritz Bredenberg: Der Kreis Sensburg. Würzburg 1960, S. 128.
46 Karol Małłek: Polskie są Mazury. Wspomnienia 1945–1966. Warszawa 1972, S. 167.
47 Bericht von Marta Lorkowski, in: Hugo Krüger (Hg.): Die Kirchen des Kreises Ortelsburg. Leer 1989, S. 74–85. Verfaßt am 30. November 1970.
48 AKEAK. Anonym an Pfarrer Passenheim. Jedwabno, 22. März 1948. Abschrift.
49 Alfred Jagucki: Zawiedzione nadzieje. Wspomnienia i refleksje z lat pracy na Mazurach. [Mschr. o. O].
50 Andrzej Sakson: Mazurzy – społeczność pogranicza [= Ziemie Zachodnie. Studia i Materiały, Nr. 21]. Poznań 1990, S. 183.
51 Zitiert nach einem Vorwort von Gotthold Rhode, in: Andrzej Wróblewski: »Wer unterschied schon Masuren von Deutschen?«, in: Frankfurter Allgemeine Zeitung, 4. August 1990.
52 Dariusz Kalinowski: Bischof Maximilian Kaller und die Fragen des deutschen Ostens in den Jahren 1945 bis 1945, in: Zeitschrift für Geschichte und Altertumskunde Ermlands 49 (1999), S. 175–215, hier S. 179.
53 Dariusz Kalinowski, Bischof Maximilian Kaller, S. 189.
54 Ulrich Fox, Alt-Wartenburg, S. 225.
55 Ulrich Fox, Alt-Wartenburg, S. 368.
56 Arthur Hermann: Die Evangelische Kirche im Memelland des 20. Jahrhunderts, in: Nordost-Archiv Band X (2001), S. 337–367.
57 Alvydas Nikžentaitis, Historische Tradition und Politik, S. 234.
58 Alvydas Nikžentaitis, Historische Tradition und Politik, S. 233.
59 Ruth Kibelka, Ostpreußens Schicksalsjahre, S. 30.
60 Ruth Kibelka, Ostpreußens Schicksalsjahre, S. 113ff.
61 Arūnė Liucija Arbušauskaitė: Einige Aspekte der nationalen Selbsteinschätzung bei der altansässigen Bevölkerung der Kurischen Nehrung nach 1945, in: Annaberger Annalen 2 (1994), S. 65–73, hier S. 54/55.

62   Arūnė Liucija Arbušauskaitė: Die Deportation der alteingesessenen Familien der Kurischen Nehrung 1949, in: Altpreußische Geschlechterkunde 48 (2000), S. 479–487.

63   Ruth Kibelka: Memelland. Fünf Jahrzehnte Nachkriegsgeschichte. Berlin 2002, S. 67.

64   Ruth Kibelka, Memelland, S. 103.

65   Arthur Hermann, Evangelische Kirche im Memelland, S. 358ff.

66   Arthur Hermann, Evangelische Kirche im Memelland, S. 360.

67   Richard Pietsch/Max Schlicht: 100 Jahre Kirche in Nidden 1888–1988. Mannheim 1987, S. 31.

68   Arthur Hermann, Evangelische Kirche, S. 367.

69   Marbacher Magazin. Sonderheft 89 (2000). »Alles ist weglos«. Thomas Mann in Nidden. Bearbeitet von Thomas Sprecher, S. 107.

70   Maximilian Rankl: Der Stoff von Herkus Monte bei Rolf Lauckner und Juozas Grušas. Zum Phänomen der Prußen als Identifikationspotential in der Literatur des Dritten Reiches und Sowjetlitauens, in: Jochen D. Range (Hg.): Aspekte baltischer Forschung [= Schriften des Instituts für Baltistik, Bd. 1]. Essen 2002, S. 252–278.

71   Lutz Wenau: Der Pfarrerdichter von Tollmingkehmen und seine Zeit. Lilienthal 1996.

72   Napoleonas Kitkauskas: Die Kristijonas Donelaitis-Gedenkstätten in Tollmingkehmen und Lasdinehlen, in: Jörg Hackmann (Hg.): Litauen. Nachbar im Osten Europas. Köln 1996, S. 59–75.

73   www.mlrt.lt/old/deu.html

74   http://pirmojiknyga.mch.mii.lt/Leidinai/Prusviet.de.htm

»Land der dunklen Wälder«

1   Helga Hirsch: Schweres Gepäck. Flucht und Vertreibung als Lebensthema. Hamburg 2004, S. 239.

2   Hans Hermann Engel/Werner Marienfeld (Hgg.): Uns ward dennoch geholfen. Predigten und Andachten ostpreußischer Pfarrer. Leer 1984, S. 125/126.

3   Hirtenbrief des Bischofs Maximilian Kaller. Halle, September 1945, in: Georg Kellmann: Die Kirchspiele Groß Kleeberg und Klaukendorf mit allen Ortschaften einschließlich Wiranden und Elisenhof. Mannheim 1993, S. 107–109.

4   50 Jahre Landsmannschaft Ostpreußen 1948–1998. Hamburg 1998, S. 46.

5   Reinhold Theweleit: Fast 50 Jahre Kreisgemeinschaft Ebenrode (Stallupönen) Ebenroder (Stallupöner) Heimatbrief 35 (Dezember 1998), S. 12–15.

6   Horst Schulz, Kreis Preußisch Eylau, S. 803.

7   Folgende Angaben Ernst Manfred Wermter: Geschichte der Diözese und des Hochstifts Ermland. Münster 1968.

8   Johannes Schwalke: Der Apostolische Visitator. Aufgezeigt am Beispiel Ermland, in: Ermlandbuch 1982, S. 48–53.

9   Ulla Lachauer, Die Brücke von Tilsit, S. 291.

10   Zitiert nach Ruth Kibelka, Ostpreußens Schicksalsjahre, S. 254/255.

11 Arnd Bauerkämper: Scharfe Konflikte und ›feine Unterschiede‹. Vertriebene in der ländlichen Gesellschaft Brandenburgs von 1945 bis zu den frühen fünfziger Jahren, in: Christoph Kleßmann/Burghard Ciesla/Hans-Hermann Hertle (Hgg.): Vertreibung, Neuanfang, Integration. Erfahrungen in Brandenburg. Potsdam 2000, S. 123–151, hier S. 137.

12 Heiner Müller: Die Umsiedlerin oder Das Leben auf dem Lande. Berlin 1975.

13 Zitiert nach K. Erik Franzen: Die Vertriebenen. Hitlers letzte Opfer. München 2002, S. 237.

14 Karl-Heinz Gärtner (Hg.): Berliner Straßennamen. Ein Nachschlagewerk für die östlichen Bezirke. Berlin 1995 [2. Auflage].

15 Leonore Martin: Landschaft und Erinnerung – Der »Sarmatische Kosmos« Johannes Bobrowskis, in: Nordost-Archiv Band VIII/1999, Heft 2. Lüneburg 2001, S. 483–501.

16 Dietmar Albrecht: Reise an Memel und Pregel. In memoriam Johannes Bobrowski, in: Mare Balticum. Lübeck 1992, S. 19.

17 Die Angaben zur DDR-Literatur stammen aus Bernhard Fisch: Der »weiße Fleck« in der Geschichte. Die Entdeckung Ostpreußens in der DDR-Literatur, in: Kulturpolitische Korrespondenz Sonderdienst 63 (15. August 1995), S. 17–23.

18 Neues Deutschland, 9. Dezember 2003: Geburtstag eines nicht sehr bekannten, aber bedeutsamen Königsbergers. Die Frage der Schuld. Vor 80 Jahren wurde Wolfgang Harich geboren – zwei neue Dokumentenfunde. Von Siegfried Prokop.

19 Hans Joachim Mohr: Ostpreußen in Mecklenburg – Geschichte und Gegenwart, in: Ebenroder (Stallupöner) Heimatbrief 38 (2002), S. 95–101.

20 Arno Esch. Ein Vorkämpfer für kosmopolitisches Denken, in: Memeler Dampfboot. Nr. 2 (Februar 2002).

Plädoyer für eine Wiederentdeckung

1 Mirosław Ossowski: Ostpreußen in der deutschen Literatur nach 1945, in: Heimat in Europa. Beiträge einer internationalen Konferenz. Warszawa 2004, S. 40–55, hier S. 53.

2 Ralph Giordano, Ostpreußen ade, S. 16/17.

3 Ludwig von Baczko: Geschichte Preußens, Bd. 1. Königsberg 1792, S. 41.

4 Günter Grass: Im Krebsgang. Göttingen 2002 [7. Auflage], S. 31.

5 Günter Grass, Im Krebsgang, S. 99.

6 Karl Schlögel: Die Mitte liegt ostwärts. Europa im Übergang. München/Wien 2002, S. 39.

7 Joachim Fest: Begegnungen. Über ferne und nahe Freunde. Berlin 2004, S. 180.

8 Matthias Weber, Preußen in Ostmitteleuropa, S. 23.

9 Helga Hirsch: Flucht und Vertreibung. Kollektive Erinnerung im Wandel, in: Aus Politik und Zeitgeschichte B 40–41 (2003), S. 14-26, hier S. 26.

Ausgewählte Literatur

Lange Zeit war Ostpreußen allein dem Primat politischer Instrumentalisierung untergeordnet. Ostpreußens Geschichte – so lautete der einhellige Tenor – mußte entweder *deutsch, litauisch* oder *polnisch*, seit neuestem auch *russisch* sein, wodurch Ostpreußen zu einem Tummelplatz nationaler Legitimationsforschung wurde. Da mittlerweile die Publikationen zur Geschichte Ostpreußens in vielen Sprachen kaum mehr zu überblicken sind, beschränkt sich diese Bibliographie auf wenige deutschsprachige Titel. Gleichzeitig wird die Hinzuziehung polnischer, litauischer und russischer Titel dringend empfohlen, auf deren Aufführung hier aus Platzgründen verzichtet werden mußte. Die alphabetische Aufführung enthält keine Wertungen, manche Titel sind noch stark im deutschtumszentrierten Geist verfaßt und damit Zeugnisse ihrer Zeit.

Albrecht, Dietmar: Wege nach Sarmatien. Zehn Tage Preußenland. Lüneburg 1995.

Ambrassat, August: Die Provinz Ostpreußen. Ein Handbuch der Heimatkunde. Frankfurt/Main 1978 [2. Auflage, unveränderter Nachdruck von 1912].

Antoni, Michael (Bearb.): Dehio – Handbuch der Kunstdenkmäler. West- und Ostpreußen. München 1993.

Arnoldt, D. Daniel Heinrich: Kurzgefaßte Kirchengeschichte des Königreichs Preußen. Königsberg 1769.

Batocki, Adolf v./Gerhard Schack: Bevölkerung und Wirtschaft in Ostpreußen. Jena 1929.

Bednarz, Klaus: Fernes nahes Land. Begegnungen in Ostpreußen. Hamburg 1995.

Bergau, Martin: Der Junge von der Bernsteinküste. Erlebte Zeitgeschichte 1938–1945. Heidelberg 1994.

Berwein, Lothar: Die Ansiedlung von Schweizer Kolonisten im Rahmen der Repeuplierung Ostpreußens. Untersuchung einer 1712 ausgewanderten Gruppe aus der Landvogtei Sax-Forsteck [= Sonderschriften des Vereins für Familienforschung in Ost- und Westpreußen, Nr. 103]. Hamburg 2003.

Bezzenberger, Adalbert: Die Kurische Nehrung und ihre Bewohner. Stuttgart 1889.

Birnbaum, Immanuel: Achtzig Jahre dabei gewesen. Erinnerungen eines Journalisten. München 1974.

Biskup, Marian/Gerard Labuda: Die Geschichte des Deutschen Ordens in Preußen. Wirtschaft-Gesellschaft-Staat-Ideologie [= DHI Warschau. Klio in Polen, Band 6]. Osnabrück 2000.

Blanke, Richard: Polish-speaking Germans? Language and National Identity among the Masurians since 1871 [= Ostmitteleuropa in Vergangenheit und Gegenwart, Band 24]. Köln/Weimar 2001.

Bobrowski, Johannes: Litauische Claviere. Berlin (Ost) 1983.

Bogdan, Danuta: Das Litauische und Polnische Seminar an der Königsberger Universität vom 18. bis zur Mitte des 19. Jahrhunderts, in: Nordost-archiv N.F. Band III (1994), Heft 2, S.393–425.

Boockmann, Hartmut: Der Deutsche Orden. Zwölf Kapitel aus seiner Geschichte. München 1989 [3. Auflage].

Boockmann, Hartmut: Ostpreußen und Westpreußen. Berlin 1995 [3. Auflage].

Borchart, Joachim: Der europäische Eisenbahnkönig Bethel Henry Strousberg. München 1991.

Brocke, Michael/Margret Heitmann/Harald Lordick (Hgg.): Zur Geschichte der Juden in Ost- und Westpreußen [= Netiva. Studien des Salomon Ludwig Steinheim-Instituts, Band 2]. Hildesheim/Zürich/New York 2000.

Budzinski, Robert: Entdeckung Ostpreußens. Leer 1994 [Faksimiledruck der Erstausgabe von 1914].

Cammann, Alfred (Hg.): Märchenwelt des Preußenlandes. Berlin 1992 [3. Auflage].

Clough, Patricia: In langer Reihe über das Haff. Die Flucht der Trakehner aus Ostpreußen. München 2004.

Dönhoff, Marion Gräfin: Kindheit in Ostpreußen. Berlin 1988.

Dönhoff, Marion Gräfin: Namen, die keiner mehr nennt. Ostpreußen – Menschen und Geschichte. Leer 1994.

Dohna-Schlobitten, Alexander Fürst zu: Erinnerungen eines alten Ostpreußen. Berlin 1989.

Eisner, Kurt (Hg.). Der Geheimbund des Zaren. Der Königsberger Prozeß wegen Geheimbündelei, Hochverrat gegen Rußland und Zarenbeleidigung vom 12. bis 25. Juli 1904. Berlin 1904.

Ekdahl, Sven: Die »Banderia Prutenorum« des Jan Długosz – eine Quelle zur Schlacht bei Tannenberg 1410. Untersuchungen zu Aufbau, Entstehung und Quellenwert der Handschrift. Mit einem Anhang: Farbige Abbildungen der 56 Banner, Transkription und Erläuterungen des Textes [= Abhandlungen der Akademie der Wissenschaften in Göttingen, Philologisch-Historische Klasse, Dritte Folge, Nr. 104]. Göttingen 1976.

Ekdahl, Sven: Tannenberg/Grunwald – ein politisches Symbol in Deutschland und Polen, in: Journal of Baltic Studies 22 (1991), S. 271–324.

Ekdahl, Sven: Tannenberg – Grunwald – Žalgiris: Eine mittelalterliche Schlacht im Spiegel deutscher, polnischer und litauischer Denkmäler, in: Zeitschrift für Geschichtswissenschaft 50 (2002), Heft 2, S. 103–118.

Fisch, Bernhard: Der »weiße Fleck« in der Geschichte. Die Entdeckung Ostpreußens in der DDR-Literatur, in: Kulturpolitische Korrespondenz Sonderdienst 63 (15. August 1995), S. 17–23.

Fisch, Bernhard: Nemmersdorf Oktober 1944. Was in Ostpreußen wirklich geschah. Berlin 1998.

Freud, Winfried: Dir ein Lied zu singen. Eine literarische Reise durch das alte Ostpreußen. Rostock 2002.

Fürst, Max: Gefilte Fisch. Eine Jugend in Königsberg. München 1973.

Gaigalat, Wilhelm, Die evangelische Gemeinschaftsbewegung unter den preußischen Litauern. [= Schriften der Synodalkommission ostpreußische Kirchengeschichte, Heft 1]. Königsberg 1904.

Galcova, Svetlana: Die Geschichte des Kaliningrader Gebietes in der sowjetischen Forschung, in: Nordost-Archiv. N.F. Band III (1994) Heft 2, S. 495–505.

Garber, Klaus/Manfred Komorowski/Axel E. Walter (Hgg.): Kulturgeschichte Ostpreußens in der Frühen Neuzeit [= Frühe Neuzeit, Band 56]. Tübingen 2001.

Gause, Fritz: Die Geschichte der Stadt Königsberg in Preußen, 3 Bände. Köln/Graz 1965–71. Neuausgabe Köln/Weimar/Wien 1996.

Giordano, Ralph: Ostpreußen ade. Reise durch ein melancholisches Land. München 1997 [3. Auflage].

Gottwaldt, Alfred: Zur Deportation der Juden aus Ostpreußen in den Jahren 1942/1943, in: Alfred Gottwaldt/Norbert Kampe/Peter Klein (Hg.): NS-Gewaltherrschaft. Beiträge zur historischen Forschung und juristischen Aufarbeitung. Berlin 2005, S. 152–172.

Grass, Günter: Im Krebsgang. Göttingen 2002 [7. Auflage].

Gregorovius, Ferdinand: Die Idee des Polentums. Königsberg 1848.

Groeben, Klaus v. d.: Im Dienst von Staat und Gemeinschaft. Erinnerungen [= Quellen zur Verwaltungsgeschichte, Nr. 9]. Kiel 1995.

Hackmann, Jörg: Ostpreußen und Westpreußen in deutscher und polnischer Sicht. Landeshistorie als beziehungsgeschichtliches Problem [= DHI Quellen und Studien, Band 3]. Wiesbaden 1996.

Hagelweide, Gert: Zur Geschichte der sozialdemokratischen Presse in Ostpreußen 1914–1922. Festschrift für Wilhelm Matull zum achtzigsten Geburtstag am 28. Mai 1983. Gevelsberg 1983.

Hartmann, Stefan: Zur nationalpolnischen Bewegung und zur preußischen Politik in Masuren vor dem Ersten Weltkrieg, in: Zeitschrift für Ostforschung 42 (1993), S. 40–83.

Heckmann, Dieter (Bearb.): Die Beziehungen der Herzöge in Preußen zu West- und Südeuropa (1525–1688). Regesten aus dem Herzoglichen Briefarchiv und den Ostpreußischen Folianten [= Veröffentlichungen aus den Archiven Preußischer Kulturbesitz, Band 47]. Köln/Weimar/Wien 1999.

Helbig, Louis Ferdinand: Der ungeheure Verlust. Flucht und Vertreibung in der deutschsprachigen Belletristik der Nachkriegszeit. Wiesbaden 1988.

Hermann, Arthur (Hg. unter Mitarbeit von Helga-Martina Skowera): Die Grenze als Ort der Annäherung. 750 Jahre deutsch-litauische Beziehungen. Köln 1992.

Hermann, Arthur/Wilhelm Kahle (Hgg.): Die reformatorischen Kirchen Litauens. Ein historischer Abriß. Erlangen 1998.

Hertz-Eichenrode, Dieter: Die Wende zum Nationalsozialismus im südlichen Ostpreußen 1930–1932. Zugleich ein Beitrag zur Geschichte des Masurentums, in: Olsztyńskie Studia Niemcoznawcze [= Ośrodek Badań Naukowych im. Wojciecha Kętrzyńskiego. Rozprawy i Materiały, Nr. 98]. Olsztyn 1986, S. 59–114.

Hertz-Eichenrode, Dieter: Politik und Landwirtschaft in Ostpreußen 1919 bis 1930. Untersuchung eines Strukturproblems in der Weimarer Republik [= Schriften des Instituts für politische Wissenschaft, Band 23]. Köln-Opladen 1969.

Hirsch, Helga: Schweres Gepäck. Flucht und Vertreibung als Lebensthema. Hamburg 2004.

Hoppe, Bert: Auf den Trümmern von Königsberg. Kaliningrad 1946–1970 [= Schriftenreihe der Vierteljahrshefte für Zeitgeschichte, Band 80]. München 2000.

Hoppe, Bert: Zwischen deutscher Geschichte und postsowjetischer Zukunft. Ein Literaturbericht zu Königsberg/Kaliningrad, in: Osteuropa 53 (2003), Heft 2–3, S. 410–422.

Horn, A./P. Horn (Hgg.): Friedrich Tribukait's Chronik. Schilderung aus dem Leben der preussisch-littauischen Landbewohner des 18. und 19. Jahrhunderts mit Anmerkungen Sr. Excellenz des Königl. Staatsministers und Oberpräsidenten Herrn von Goßler-Danzcig. Insterburg 1894.

Hubatsch, Walther (Hg.): Die evangelischen General-Kirchen- und Schulvisitationen in Ost- und Westpreußen 1853 bis 1944 (Bearb. Iselin Gundermann). Göttingen 1970.

Hubatsch, Walther: Geschichte der Evangelischen Kirche Ostpreußens, Bände I–III. Göttingen 1968.

Hubatsch, Walther: Masuren und Preußisch-Litthauen in der Nationalitätenpolitik Preußens 1870–1920. Marburg 1966.

Jähnig, Bernhart/Georg Michels (Hgg.): Das Preußenland als Forschungsaufgabe [= Einzelschriften der Historischen Kommission für ost- und westpreußische Landesforschung, Band 20]. Lüneburg 2000.

Jenks, Stuart: England, die Hanse und Preußen: Handel und Diplomatie 1377–1474, Bd. 1–3. [= Quellen und Darstellungen zur Hansischen Geschichte N.F. Bd. 38/1-3]. Köln/Wien 1992.

Kabus, Ronny: Juden in Ostpreußen. Husum 1998.

Kibelka, Ruth: Memelland. Fünf Jahrzehnte Nachkriegsgeschichte. Berlin 2002.

Kibelka, Ruth: Ostpreußens Schicksalsjahre 1944–1948. Berlin 2001 [2. Auflage].

Kibelka, Ruth: Wolfskinder. Grenzgänger an der Memel. Berlin 1996.

Klatt, Rudolf: Ostpreußen unter dem Reichskommissariat 1919/1920 [= Studien zur Geschichte Preußens, Band 3]. Heidelberg 1958.

Klein, Manfred: »Laßt uns mal deutsch kabelken, Margellchen!«. Wirkungen des Sprachkontakts in Preußisch-Litauen, in: Hans Henning Hahn/Peter Kunze (Hgg.): Nationale Minderheiten und staatliche Minderheitenpolitik in Deutschland im 19. Jahrhundert. Berlin 1999, S. 195–203.

Kluge, Birgitta (Hg.): Königsberg in alten und neuen Reisebeschreibungen. Düsseldorf 1989.

Kluge, Friedemann (Hg.): »Ein schicklicher Platz«? Königsberg/Kaliningrad in der Sicht von Bewohnern und Nachbarn, Osnabrück 1994.

Koschorke, Manfred (Hg.): Geschichte der Bekennenden Kirche in Ostpreußen 1933–1945: Allein das Wort hat's getan. Göttingen 1976.

Kossert, Andreas: Masuren. Ostpreußens vergessener Süden. Berlin 2001 [3. Auflage].

Kossert, Andreas: Preußen, Deutsche oder Polen? Die Masuren im Spannungsfeld des ethnischen Nationalismus 1870–1956 [= DHI Warschau. Quellen und Studien, Band 12]. Wiesbaden 2001.

Kroll, Frank-Lothar (Hg.): Ostpreußen. Facetten einer literarischen Landschaft [= Literarische Landschaften, Band 4]. Berlin 2001.

Kurschat, Heinrich A.: Das Buch vom Memelland. Heimatkunde eines deutschen Grenzlandes. Oldenburg 1990 [2. Auflage].

Lachauer, Ulla: Die Brücke von Tilsit. Begegnungen mit Preußens Osten und Rußlands Westen. Reinbek 1995.

Lachauer, Ulla: Land der vielen Himmel. Memelländischer Bilderbogen. Die Photosammlung Walter Engelhardt. Berlin 1992.

Lachauer, Ulla: Paradiesstraße. Lebenserinnerungen der ostpreußischen Bäuerin Lena Grigoleit. Reinbek 2001 [7. Auflage].

Lass, Edgar Günther: Die Flucht. Ostpreußen 1944/45. Bad Nauheim 1964.

Lehndorff, Hans Graf v.: Ostpreußisches Tagebuch. Aufzeichnungen eines Arztes aus den Jahren 1945–1947. München 1985 [15. Auflage].

Lehndorff, Hans Graf v.: Menschen, Pferde, weites Land. Kindheits- und Jugenderinnerungen. München 1983.

Lenz, Siegfried: Heimatmuseum. München 1997 [11. Auflage].

Lenz, Siegfried: So zärtlich war Suleyken. Masurische Geschichten. Frankfurt/Main 1968.

Linck, Hugo: Der Kirchenkampf in Ostpreußen 1933 bis 1945. Geschichte und Dokumentation. München 1968.

Linck, Hugo: Im Feuer geprüft … als die Sterbenden, und siehe, wir leben … Berichte aus dem Leben der Restgemeinden nach der Kapitulation in und um Königsberg. Leer 1973.

Lipscher, Winfried/Kazimierz Brakoniecki (Hgg.): Meiner Heimat Gesicht. München 1996.

Malinowski, Stephan: Vom König zum Führer. Sozialer Niedergang und politische Radikalisierung im deutschen Adel zwischen Kaiserreich und NS-Staat. Berlin 2003 [2. Auflage].

Manthey, Jürgen: Königsberg. Geschichte einer Weltbürgerrepublik. München/Wien 2005.

Martin, Leonore: Landschaft und Erinnerung – Der »Sarmatische Kosmos« Johannes Bobrowskis, in: Nordost-Archiv, N.F. Band VIII/1999, Heft 2. Lüneburg 2001, S. 483–501.

Matthes, Eckhard (Hg.): Als Russe in Ostpreußen. Sowjetische Umsiedler über ihren Neubeginn in Königsberg/Kaliningrad nach 1945. Ostfildern 1999.

Matthes, Eckhard: Verbotene Erinnerung. Die Wiederentdeckung der ostpreußischen Geschichte und regionales Bewußtsein im Gebiet Kaliningrad (1945–2001), in: Osteuropa 51 (2001), Heft 11–12, S. 1350–1390.

Matull, Wilhelm: Ostpreußens Arbeiterbewegung – Geschichte und Leistung im Überblick [= Ostdeutsche Beiträge, Bd. XLIX]. Würzburg 1970.

Mortsensen, Hans und Gertrud/Reinhard Wenskus: Historisch-geographischer Atlas des Preußenlandes. Wiesbaden 1968ff.

Namowicz, Tadeusz: Flucht, Vertreibung und Zwangsaussiedlung in der westdeutschen Literatur über Ostpreußen, in: Elke Mehnert: Landschaften der Erinnerung. Frankfurt/Main 2001, S. 155–188.

Neumärker, Uwe/Robert Conrad/Cord Woywodt: Wolfsschanze. Hitlers Machtzentrale im II. Weltkrieg. Berlin 1999.

Neuschäffer, Hubertus: Das »Königsberger Gebiet«. Die Entwicklung des Königsberger Gebietes nach 1945 im Rahmen der baltischen Region im Vergleich mit Nord-Ostpreußen der Vorkriegszeit. Plön 1991.

Nikžentaitis, Alvydas: Historische Tradition und Politik. Die Sowjetrepublik Litauen und das Kaliningrader Gebiet, in: Osteuropa 53 (2003), Heft 2–3, S. 229–234.

Nobis, Adalbert Josef: Die preußische Verwaltung des Regierungsbezirks Allenstein 1905–1945 [= Gesamtreihe der Ost- und Westpreußenstiftung, Band 17]. München 1987.

Normann, Alexander von: Nördliches Ostpreußen. Erinnerung und Gegenwart einer Kulturlandschaft. München 2002.

Opgenoorth, Ernst (Hg.): Handbuch der Geschichte Ost- und Westpreußens. Teil I–IV. [= Einzelschriften der Historischen Kommission für Ost- und Westpreußische Landesforschung, Band 10]. Lüneburg 1993–1998.

Ossowski, Mirosław: Ostpreußen in der deutschen Literatur nach 1945, in: Heimat in Europa. Beiträge einer internationalen Konferenz. Warszawa 2004, S. 40–55.

Passarge, Louis: Aus Baltischem Lande. Studien und Bilder. Glogau 1878.

Pietsch, Richard: Deutsch-Kurisches Wörterbuch. Mit einer Einleitung von Friedrich Scholz. Lüneburg 1991.

Pletzing, Christian: Vom Völkerfrühling zum nationalen Konflikt. Deutscher und polnischer Nationalismus in Ost- und Westpreußen 1830–1871 [= DHI Warschau. Quellen und Studien, Band 13]. Wiesbaden 2003.

Range, Jochen D. (Hg.): Baltisch-deutsche Sprachen- und Kulturkontakte in Nord-Ostpreußen, Methoden ihrer Erforschung [= Schriften des Instituts für Baltistik. Band 2]. Essen 2002.

Reifferscheid, Gerhard: Das Bistum Ermland und das Dritte Reich [= Zeitschrift für Geschichte und Altertumskunde Ermlands, Beiheft 1]. Köln/Wien 1975.

Reski, Petra: EinLand so weit. Berlin 2004 [2. Auflage].

Rosenberg, Bernhard-Maria: Die ostpreußischen Abgeordneten in Frankfurt 1848/49. Biographische Beiträge zur Geschichte des politischen Lebens in Ostpreußen. [= Veröffentlichungen aus den Archiven Preußischer Kulturbesitz, Band 6]. Köln/Berlin 1970.

Rosenkranz, Karl: Königsberger Skizzen. Hg. von Hermann Dembowski [= Deutsche Bibliothek des Ostens]. Berlin 1991.

Ruffmann, Karl-Heinz: Deutsche und Litauer in der Zwischenkriegszeit. Erinnerungen eines Memelländers. Überlegungen eines Historikers [= Lüneburger Vorträge zur Geschichte Ostdeutschlands und der Deutschen in Osteuropa, Band 12]. Lüneburg 1989.

Rzempołuch, Andrzej: Ehemaliges Ostpreußen. Kunstreiseführer. Olsztyn 1996.

Sapper, Manfred: Ein Diener seines Herrn. Die zweifelhaften Verdienste von Michail Kalinin, in: Osteuropa 53 (2003), Heft 2–3, S. 244–248.

Schlögel, Karl: Die Mitte liegt ostwärts. Europa im Übergang. München/Wien 2002.

Schüler-Springorum, Stefanie: Die jüdische Minderheit in Königsberg/Preußen, 1871–1945 [= Schriftenreihe der Historischen Kommission bei der Bayerischen Akademie der Wissenschaften, Band 56]. Göttingen 1996.

Schulz-Semrau, Elisabeth: Suche nach Karalautschi. Report einer Kindheit. Halle/Leipzig 1984.

Schulze, Hagen: Otto Braun oder Preußens demokratische Sendung. Eine Biographie. Frankfurt/Main u. a. 1977.

Schumacher, Bruno: Geschichte Ost- und Westpreußens. Würzburg 1987 [7. Auflage].

Sienkiewicz, Henryk: Die Kreuzritter. Berlin [vor 1914].

Solschenizyn, Alexander: August Vierzehn. Darmstadt und Neuwied 1972.

Solschenizyn, Alexander: Schwenkitten 1945. München 2004.

Sommerfeld, Aloys: Juden im Ermland – Ihr Schicksal nach 1933 [= Zeitschrift für die Geschichte und Altertumskunde Ermlands. Beiheft 10]. Münster 1991.

Storost-Vydunas, Wilhelm: Siebenhundert Jahre deutsch-litauischer Beziehungen. Tilsit 1932.

Stüttgen, Dieter: Die preußische Verwaltung des Regierungsbezirks Gumbinnen 1871–1920 [= Studien zur Geschichte Preußens, Band 30]. Köln/Berlin 1980.

Sudermann, Hermann: Bilderbuch meiner Jugend. München/Wien 1988 [2. Auflage].

Sudermann, Hermann: Litauische Geschichten. Berlin 1917.

Surminski, Arno: Jokehnen oder Wie lange fährt man von Ostpreußen nach Deutschland. Reinbek 1996.

Surminski, Arno: Grunowen oder Das vergangene Leben. Reinbek 1992.

Tauber, Joachim: Das Memelgebiet (1919–1945) in der deutschen und litauischen Historiographie nach 1945, in: Nordost-Archiv N.F. Bd. 10 (2001), S. 11–44.

Tazbir, Janusz: Die »Kreuzritter« – kurze Geschichte und lange Legende, in: Ewa Kobylińska/Andreas Lawaty/Rüdiger Stephan (Hgg.): Deutsche und Polen. 100 Schlüsselbegriffe. München/Zürich 1992.

Tebarth, Hans-Jürgen: Technischer Fortschritt und sozialer Wandel in den deutschen Ostprovinzen. Ostpreußen, Westpreußen und Schlesien im Zeitalter der Industrialisierung [= Historische Forschungen. Kulturstiftung der deutschen Vertriebenen]. Berlin 1991.

Tetzner, Franz: Die Slawen in Deutschland. Beiträge zur Volkskunde der Preussen, Litauer und Letten, der Masuren und Philipponen, der Tschechen, Mährer und Sorben, Polaben und Slawinzen, Kaschuben und Polen. Braunschweig 1902.

Thienemann, Johannes: Rossitten. Drei Jahrzehnte auf der Kurischen Nehrung. Berlin und Neudamm 1941.

Tietz, Jürgen: Das Tannenberg-Nationaldenkmal. Architektur, Geschichte, Kontext. Berlin 1999.

Tilitzki, Christian: Alltag in Ostpreußen 1940–45. Die geheimen Lageberichte der Königsberger Justiz. Leer 1991.

Toeppen, Max: Geschichte Masurens. Ein Beitrag zur preußischen Landes- und Kulturgeschichte. Nach gedruckten und ungedruckten Quellen dargestellt. Danzig 1870 [Reprint Aalen 1978].

Toeppen, Max: Historisch-comparative Geographie von Preußen. Gotha 1858.

Traba, Robert (Hg.): Selbstbewußtsein und Modernisierung. Sozialkultureller Wandel in Preußisch-Litauen vor und nach dem Ersten Weltkrieg [= Einzelveröffentlichungen des DHI Warschau, Band 3]. Osnabrück 2000.

Treitschke, Heinrich von: Das deutsche Ordensland Preußen, in: Preußische Jahrbücher 10 (1862), S. 95–151.

Vareikis, Vygantas: Die Rolle des Schützenbundes Litauens bei der Besetzung des Memelgebietes 1923, in: Annaberger Annalen 8 (2000), S. 1–42.

Venclova, Tomas: Im Vorhof Europas. Über Kaliningrad und Litauen, in: Transit. Europäische Revue 23 (2002), S. 156–168.

Voigt, Johannes: Geschichte Preußens. Von den ältesten Zeiten bis zum Untergang der Herrschaft des deutschen Ordens. 9 Bände. Königsberg 1827–39 [Reprint Hildesheim 1968].

Wank, Otto: Bevölkerungsfluktuation zwischen Ostpreußen und den Nachbarländern vom 16. bis 18. Jahrhundert. Ein Beitrag zur Siedlungs- und Bevölkerungsgeschichte mit zugehörigen Namenslisten, in: Altpreußische Geschlechterkunde N.F. 24 (1994), S. 125–218.

Weber, Lotar: Preussen vor 500 Jahren in culturhistorischer, statistischer und militärischer Beziehung, nebst Special-Geographie. Danzig 1878.

Weber, Matthias (Hg.): Preußen in Ostmitteleuropa. Geschehensgeschichte und Verstehensgeschichte [= Schriften des Bundesinstituts für Kultur und Geschichte der Deutschen im östlichen Europa, Band 21]. München 2003.

Weber, Reinhold: Masuren. Geschichte – Land und Leute. Leer 1983.

Weis, Norbert: Königsberg. Immanuel Kant und seine Stadt. Braunschweig 1993.

Weise, Erich (Hg.): Handbuch der Historischen Stätten: Ostpreußen und Westpreußen. Stuttgart 1966 [Kröner-Taschenausgabe, Band 317].

Weiss, Albert: Preußisch Littauen und Masuren. Historische und topographisch-statistische Studien betreffenden Regierungsbezirk Gumbinnen Teil I–III. Rudolstadt 1878/79.

Wiechert, Ernst: Die Jerominkinder. Frankfurt/Main/Berlin 1994.

Wieck, Michael: Zeugnis vom Untergang Königsbergs. Ein ›Geltungsjude‹ berichtet. Heidelberg 1996 [6. Auflage].

Wippermann, Wolfgang: Der Ordensstaat als Ideologie. Das Bild des Deutschen Ordens in der deutschen Geschichtsschreibung und Publizistik [= Einzelveröffentlichungen der Historischen Kommission zu Berlin, Band 24; Publikationen zur Geschichte der deutsch-polnischen Beziehungen, Band 2].Berlin 1979.

Worgitzki, Max: Geschichte der Abstimmung in Ostpreußen. Der Kampf um Ermland und Masuren. Leipzig 1921.

Žalys, Vytautas: Das Memelproblem in der litauischen Außenpolitik, in: Nordost-Archiv. N.F. Band 2 (1993), S. 235–278.

Zweck, Albert: Litauen. Eine Landes- und Volkskunde. Stuttgart 1898 [Deutsches Land und Leben].

Zweck, Albert: Masuren. Eine Landes- und Volkskunde. Stuttgart 1900 [Deutsches Land und Leben].

Personenregister

Ortsregister

In diesem Buch werden grundsätzlich die alten Ortsnamen aus dem Pfarralmanach der Evangelischen Kirche Ostpreußens von 1912/13 verwendet. Um die Zuordnung der alten zu den heutigen Namen zu erleichtern, wurde eine Konkordanz der wichtigsten und auf den Vorsatzkarten verzeichneten Orte Ostpreußens *kursiv* beigefügt. Die *kursiv* gesetzten Ziffern beziehen sich auf Abbildungen.

Bildnachweis

Archive und Leihgeber

akg.images, Berlin: 49, 77, 122

Archiv Museum Stadt Königsberg, Duisburg: 241

Bayerische Staatsgemäldesammlungen, Neue Pinakothek, München: 83

Bildarchiv Preußischer Kulturbesitz, Berlin: 133, 253, 257 oben

Alfred Bresilge, Hannover: 333

Deutsches Historisches Museum, Berlin: 160, 195 oben, 197, 203 unten, 205, 206, 213, 215, 221 unten, 242 unten, 247

Andrius Dručkus, Obeliai: 41

Christel Flohr, Oldenburg: 238 unten

Geheimes Staatsarchiv Preußischer Kulturbesitz, Berlin: 61, 91, 103, 287, 291

Mažosios Lietuvos istorijos muziejus, Klaipėda (Memel): 278

Herzog Anton Ulrich-Museum, Braunschweig: 63
(Museumsfoto B.P. Keiser)

Uwe Neumärker, Berlin: 319, 329, 343, 393

Erika Neunfinger, Krefeld: 237

Alexander von Normann, München: 98 unten, 100, 107

Domas Kaunas, Vilnius: 183, 227, 228

Ostdeutsche Galerie, Regensburg: 126 oben

Ostpreußisches Landesmuseum, Lüneburg: 25, 39, 72, 157, 195 unten, 201, 203 oben, 221 oben, 245, 289

Ostsee-Archiv Heinz Schön, Bad Salzuflen: 327

Jakow Rosenblum, Sowjetsk (Tilsit): 21

Sammlung Andreas Kossert, Berlin/Warschau: 163, 237, 314 unten

Sammlung Herbert Schmidt, Essen: 47

Kurt Schaefer, Pegnitz: 249

Šilutės istorijos muziejus (Heydekrug): 194

Staatliche Museen zu Berlin, Staatsbibliothek: 37, 105, 139

Stiftung Archiv der Parteien und Massenorganisationen der DDR im Bundesarchiv, Berlin: 262

Thomas-Mann-Archiv, Zürich: 251 (Foto Krause/Skaisgirren)
Christian Tilitzki, Berlin: 261
Ieva Tokleikytė-Adomavičienė, Toronto: 169 oben
ullsteinbild, Berlin: 69, 259

Publikationen

30. Tilsiter Rundbrief, Ausgabe 2000/2001: 242 oben

31. Tilsiter Rundbrief, Ausgabe 2001/2002: 345

31. Heimatjahrbuch Landkreis Allenstein/Ostpreußen, Weihnachten 2000: 169 unten (Foto Ernst-August von Teubern), 188 (Foto Hermanowski)

Ast, Jürgen, und Kerstin Mauersberger: Zweite Heimat Brandenburg, Berlin 2000: 381

Baryła, Tadeusz (Hg.): Przesiedleńcy opowiadają. Pierwsze lata Obwodi Kaliningradzkiego we wspomnienach i dokumentach, Olsztyn 2000: 325

Brakoniecki, Kazimierz, und Konrad Nawrocki: Die Atlantis des Nordens. Das ehemalige Ostpreußen in der Fotografie, Olsztyn 1993: 58

Budzinski, Robert: Die Entdeckung Ostpreußens, ND Leer 1994: 181 unten

Dönhoff, Marion Gräfin: Bilder, die langsam verblassen. Ostpreußische Erinnerungen, Berlin 1989: 98 oben

Großgarten – Haarschau – Bergensee, ein Kirchspiel in Masuren II, hrsg. von Dorothea und Alfred Sager, Neumünster 2002: 181 oben (Foto Adolf Szibalski), 238 oben (Foto Horst Preuß)

Heimatbrief für den Kreis Braunsberg Nr. 11 (1998): 391

Heimatbrief für den Kreis Braunsberg Nr. 14 (2001): 388

Königsberger Bürgerbrief, Ausgabe Nr. 42 (Sommer 1994): 114

Königsberger Bürgerbrief, Ausgabe Nr. 58 (Sommer 2002): 371 (Foto Otto Storck)

Land an der Memel. Heimatbrief für den Landkreis Tilsit-Ragnit Nr. 67, 34. Jg. (Weihnachten 2000): 167

Lötzener Heimatbrief Nr. 95 (Mai 2004): 154 (Foto Bernd Brozio)

Ortelsburger Heimatbote 2004: 126 unten (Foto A. Denda)

Unser Bartenstein, 49. Jg. (Juli 1998): 374

»Unser schönes Samland«. Samländischer Heimatbrief der Kreise Fischhausen und Landkreis Königsberg./Pr. Nr. 146 (Sommer 2000): 151 oben, 151 unten (Sammlung Klemm)